COM OS SÉCULOS NOS OLHOS
Teatro musical e político no Brasil dos anos 1960 e 1970

Fernando Marques

COM OS SÉCULOS NOS OLHOS

*Teatro musical e político
no Brasil dos anos 1960 e 1970*

Copyright © Fernando Marques, 2014

Revisão
Luiz Henrique Soares e Fernando Marques

Projeto gráfico
Samuel Tabosa de Castro

Produção
Ricardo W. Neves e Sergio Kon

CIP-Brasil. Catalogação na Fonte
Sindicato Nacional dos Editores de Livros, RJ

M317c

Marques, Fernando
Com os séculos nos olhos : teatro musical e político
no Brasil dos anos 1960 e 1970 / Fernando Marques. — 1. ed.
— São Paulo : Perspectiva, 2014.
368 p. : il. ; 22 cm.

ISBN 978-85-273-1019-2

1. Teatro brasileiro — História e crítica. 2. Teatro —
Aspectos políticos — Brasil. 3. Musicais — Brasil — Séc. XX.
I. Título.

14-17025 CDD: 792.0981
CDU: 792(81)

08/10/2014

Grafia atualizada segundo o Acordo Ortográfico da Língua Portuguesa de 1999,
que entrou em vigor no Brasil em 2009.

Todos os direitos reservados.
Nenhuma parte desta publicação poderá ser armazenada ou reproduzida
por qualquer meio sem a autorização por escrito do autor.

Direitos reservados à
EDITORA PERSPECTIVA S.A.

Av. Brigadeiro Luís Antônio, 3025
01401-000 São Paulo SP Brasil
Telefax: (11) 3885-8388
www.editoraperspectiva.com.br

2014

A razão decisiva graças à qual uma obra conserva uma eficácia permanente, enquanto outra envelhece, reside em que uma capta as orientações e as proporções essenciais do desenvolvimento histórico, ao passo que a outra não o consegue.

Georg Lukács,
em *Introdução a uma estética marxista.*

Tive uma ótica privilegiada para ver O rei de Ramos. *A peça foi escrita por uma encomenda minha, na busca de retomar a tradição interrompida do musical brasileiro. E na busca permanente daquilo que tem sido a maior preocupação da geração à qual pertenço, e a uma visão de mundo semelhante, como a que informa Dias Gomes, Guarnieri, Plínio Marcos, Ferreira Gullar e preocupou Vianinha e Paulo Pontes: o estabelecimento de uma dramaturgia popular, e um estilo nacional de interpretação.*

Flávio Rangel,
em prefácio a *O rei de Ramos*, comédia musical de Dias Gomes.

SUMÁRIO

INTRODUÇÃO: *O sonho de Flávio*   11

CAPÍTULO I: *Do Golpe à Abertura: elementos de historiografia*

1.1. Pré-história estética do período: *A mais-valia* e o CPC   25
     O povo no palco e na plateia   25
     Fuga da casa paterna   29
     A peça   31
     Surgimento do CPC   37
     CPC — a teoria   39
     CPC — a prática teatral   45
     CPC — a dramaturgia   47
     CPC — em síntese   60

1.2. Teatro musical de 1964 a 1979   63
     Quatro famílias estéticas   63
     De *Opinião* a *Dr. Getúlio*   65
     De *Calabar* a *O rei de Ramos*   79

1.3. Em síntese   87

CAPÍTULO II: *As ideias estéticas*

2.1. O épico: Bertolt Brecht   91
     Conexões brasileiras   91
     Percurso e teoria   94
     Um breve método para o teatro   98
     Comentaristas brasileiros: Magaldi, Bornheim, Schwarz   110

2.2. O Coringa de Augusto Boal 134

2.3. Estruturas épicas: Peter Szondi e interlocutores brasileiros 146
    A crise do drama segundo Szondi 146
    O teatro épico segundo Rosenfeld 151
    Teatro épico no Brasil: Iná Camargo Costa 155

2.4. O realismo lukacsiano 158
    Prévias 158
    Acerca de *Introdução a uma estética marxista* 162

2.5. Vanguarda nos trópicos: Ferreira Gullar 169

2.6. Em síntese 174

CAPÍTULO III: *A dramaturgia musical*

3.1. Explicação 179

3.2. Os textos-colagem 181
    Antecedentes de *Opinião* 181
    Opinião por analogia 191
    Os materiais de *Opinião* 193
    Liberdade, liberdade: o espetáculo e sua circunstância 203
    A peça 208

3.3. Os textos diretamente inspirados em fontes populares 212
    Razões do *Bicho* 212
    A peça 216
    Teatro em 1968: engajados e formalistas 228
    Dr. Getúlio: antes do voo 240
    As peças 245
    O texto de 1968 248
    O texto de 1983 254

3.4. Os textos épicos de matriz brechtiana 257
    De *Revolução na América do Sul* a *Zumbi* 257
    Arena conta Zumbi 261
    Coringa conta *Tiradentes* 281

3.5. Os textos inspirados na forma da comédia musical	299
Ditadura e distensão	299
Fontes e estruturas de *Gota d'água*	302
O rei de Ramos	315
3.6. Em síntese	327
4. PARA CONCLUIR	331
5. REFERÊNCIAS	337
Peças	337
Teoria, história e crítica	340
Gravações	349

Introdução

O sonho de Flávio

A tradição do teatro musical brasileiro tem sido errática, irregular. Suas realizações se multiplicam em determinadas épocas, enquanto noutras fases dão a impressão de estar esgotadas, prestes a desaparecer. Com algum exagero, diríamos que, a cada vez que se pensa em encenar um musical, é como se artistas, crítica e público devessem reaprender as convenções que tornam o musical possível.

O espetáculo cantado reviveu na fase de 1964 a 1979, dessa vez sob o influxo do momento político. Partimos da constatação de que *o teatro brasileiro frequentemente se organizou na forma do musical para responder ao regime autoritário*, fustigando-o com melodias e humor; *ao mesmo tempo, delineou imagens do país que, em certos casos, permanecem exatas*. Acreditamos ser tarefa crítica relevante examinar como se deu essa renascença: que conquistas estéticas se somaram, então, ao acervo tradicional que remonta a Arthur Azevedo (1855-1908) e que lições tais espetáculos deixaram para a fatura de novos trabalhos de mesmo gênero, hoje.

Um dos marcos iniciais das peças cantadas no país data de 1859, com *As surpresas do senhor José da Piedade*, texto de Figueiredo Novaes encenado no Rio de Janeiro. A censura não permitiu que a temporada se estendesse para além de três dias — o espetáculo era de sátira política, e a polícia o interditou.[1] Alguns anos transcorreram até que os musicais se fixassem nos hábitos da cidade, o que se deu nas três últimas décadas do século XIX.

---

1 Neyde Veneziano menciona o episódio em *O teatro de revista no Brasil — dramaturgia e convenções* (Veneziano, 1991: 26-27). Salvyano Cavalcanti de Paiva, em *Viva o rebolado! — vida e morte do teatro de revista brasileiro*, explica de outra maneira o fato: a peça "foi proibida pela Polícia por constituir um atentado aos 'bons costumes', à moralidade pequeno-burguesa e semicolonial da população do Rio de Janeiro, segundo informação de Geysa Bôscoli" (Paiva, 1991: 52).

A peça de Novaes foi a primeira revista a se encenar no Brasil, mas antes já se exibiam óperas por aqui, segundo atestam os folhetins redigidos por Martins Pena em 1846 e 1847.[2]

Escritores como Arthur Azevedo e Moreira Sampaio estiveram entre os pioneiros do musical no país. Eles praticaram a opereta (ou a paródia de operetas europeias, caso de *Abel, Helena*, em que Arthur decalca *La belle Hélène*, de Offenbach), a revista (*O mandarim*, *O bilontra*, parcerias de Arthur e Moreira, e *O tribofe*, de Arthur, são exemplos) e a burleta (comédia de costumes musicada). Ou, ainda, gêneros híbridos como a "comédia-opereta", expressão com que Arthur Azevedo define sua *A capital federal*, de 1897, peça programaticamente revisitada pelo diretor Flávio Rangel em 1972.

Uma das espécies mais populares do espetáculo cantado foram as revistas, montagens que tendem ao fragmentário, em geral compostas por superposição de quadros. Conforme diz a pesquisadora Neyde Veneziano (desta vez em *Não adianta chorar*, outra obra dedicada ao gênero), essas peças dividem-se em três tipos básicos: a revista de ano, a revista carnavalesca e a revista feérica, segundo a ordem cronológica (Veneziano, 1996).[3]

A revista de ano recenseava os acontecimentos sociais e políticos ocorridos nos meses imediatamente precedentes, como sugere o seu nome. A revista carnavalesca a substituiu, já nas primeiras décadas do século XX, privilegiando a divulgação dos maxixes, sambas e marchas com vistas à festa popular. Por fim, a revista feérica, apoiada em modelos norte-americanos e franceses, sustentava-se no luxo, com impacto sobre olhos e ouvidos da plateia. O próprio requinte visual e sonoro dos espetáculos feéricos teria ajudado a apressar a morte do gênero, dado o alto custo das montagens. A essa altura, chegamos aos anos 1950.

Em meados da década de 1950, nova geração de autores, diretores e intérpretes aparece — justamente a geração que, nas duas décadas seguintes, responderá pelo espetáculo musical de propósitos políticos. Os primeiros musicais nessa linha seriam *Revolução na América do Sul*, de Augusto Boal, dirigido por José Renato em 1960, no Rio de Janeiro (e logo depois em São Paulo),

---

2 Em crônica de 1894, Arthur Azevedo, ao falar sobre o compositor Giovanni Paisiello (1740-1816), assinalava que somente naquele ano uma de suas óperas vinha a ser encenada no Rio de Janeiro, "apesar de termos ópera italiana desde a época da Independência". Tratava-se de *O barbeiro de Sevilha*, baseada, como a obra posterior de Rossini, na comédia de Beaumarchais (Azevedo, 2009).

3 O primeiro desses três tipos pode ser subdividido em duas categorias: a revista de ano propriamente dita e a revista de enredo, segundo a ênfase posta na revisão dos acontecimentos do ano transcorrido ou no fio de enredo usado para ligar os quadros uns aos outros (1996: 23).

e *A mais-valia vai acabar, seu Edgar*, de Oduvaldo Vianna Filho, encenado por Francisco de Assis no mesmo ano, outra vez no Rio. Criado em 1961 sob o impulso de *A mais-valia*, o Centro Popular de Cultura da União Nacional dos Estudantes trabalharia também com musicais, de que um exemplo é *Brasil — versão brasileira*, de Vianinha, mostrado em diversas cidades do país durante viagem da UNE Volante, em 1962.

Nos meses seguintes ao Golpe de 1964, desferido a 31 de março, os artistas experimentaram alguma perplexidade, embora tenham tido, naquele momento específico, "mais sustos do que problemas", conta Yan Michalski em *O teatro sob pressão — uma frente de resistência*. Os artistas de palco, de todo modo, foram os primeiros a reagir coletivamente ao regime autoritário. Em dezembro daquele ano, estrearia *Opinião*, texto de Vianinha, Armando Costa e Paulo Pontes, sob a direção de Augusto Boal. O espetáculo daria nome ao Grupo Opinião, responsável por outras montagens do gênero, entre elas *Se correr o bicho pega, se ficar o bicho come*, de Vianinha e Ferreira Gullar (1966), e *Dr. Getúlio, sua vida e sua glória*, de Dias Gomes e Gullar (1968). A série de textos e espetáculos, segundo o enfoque adotado, estende-se até 1979, com *O rei de Ramos*, de Dias Gomes — ou até 1983, se levarmos em conta *Vargas*, reedição modificada de *Dr. Getúlio*.

O modo como os aspectos estéticos se mobilizam para sustentar o conteúdo político; a pesquisa (ou a simples utilização) das fontes populares, vital para boa parte desses trabalhos; o uso do verso e o casamento feliz do teatro com a música popular, que se observam por várias vezes nessa fase, são alguns dos temas que nos propusemos assinalar. Para ficar apenas em um desses tópicos, diga-se que o verso — afim a espetáculos nos quais a música assume papel estrutural — então volta a ser praticado, como em *Se correr o bicho pega* e em *Gota d'água*, esta de Chico Buarque e Paulo Pontes (1975), exemplos paradigmáticos.

O casamento bem-sucedido de teatro e canções, embora constitua problema algo externo à análise mesma dos textos, merece menção. Veja-se o caso de *Carcará*, música com que se lançaria Maria Bethânia no show *Opinião*, ou *Upa, negrinho*, melodia de Edu Lobo amplamente conhecida com Elis Regina, que foi buscá-la em *Arena conta Zumbi* (1965), de Augusto Boal e Gianfrancesco Guarnieri, para falarmos de dois entre muitos episódios.

Mais central para a reflexão em torno desses textos é atentar para as estruturas literárias — que implicam enredo, diálogos, presença das canções e aspectos temáticos. Classificamos as peças, a partir das diferentes maneiras como se organizam, em quatro categorias ou famílias estéticas.

São elas: *o texto-colagem*, em forma de show ou de recital, como *Opinião* ou *Liberdade, liberdade* (de Millôr Fernandes e Flávio Rangel, com estreia em 1965), elaborado à base de canções, narrativas e cenas curtas; *o texto diretamente inspirado em fontes populares*, como a farsa de ambientação nordestina *Se correr o bicho pega* ou o drama *Dr. Getúlio*, que baseia a sua estrutura nos enredos das escolas de samba; *o texto épico de matriz brechtiana* (inspirado não só em Bertolt Brecht, mas também em Erwin Piscator e em fontes brasileiras), com fortes elementos narrativos, caso de *Arena conta Zumbi* e *Arena conta Tiradentes* (este, de 1967), ambos de Boal e Guarnieri. Por fim, temos *o texto inspirado na forma da comédia musical* (inclusive na importante variante norte-americana), de que são exemplos o drama *Gota d'água* e as comédias *Ópera do malandro*, de Chico Buarque (1978), e *O rei de Ramos* (escolhemos a peça de Dias Gomes, ao lado de *Gota d'água*, para análise nessa categoria).

*

Um panorama, não exaustivo, do teatro musical feito no período consta do primeiro capítulo deste ensaio. Levamos em conta a gênese da moderna dramaturgia de índole política no país, que ocorre já em 1958 com o drama *Eles não usam black-tie*, de Guarnieri, espetáculo produzido pelo Teatro de Arena de São Paulo e dirigido por José Renato. *Black-tie* não é um musical, mas, vale reiterar, boa parte da dramaturgia de índole política no Brasil, escrita e encenada a partir de fins dos anos 1950, frequentemente se articulou em forma de musical. O gênero correspondia ao programa de um teatro popular, capaz de capturar o público pela sensibilidade ao mesmo tempo que lhe destinava mensagens politizadas. Em *A mais-valia*, por exemplo, o interesse de Vianinha, Chico de Assis e Carlos Lyra (autor das canções, com letras de Vianna) era o de esmiuçar a noção marxista que dá nome à peça, comunicando-a a plateias numerosas com fantasia, humor e música.

Certos nomes e certas ideias são recorrentes no período — confusamente rico, mas, de alguma forma, coerente. Os artistas reagiam a seu momento — não escreviam para a posteridade ou não a visavam primordialmente; pretendiam intervir no instante histórico —, com os atropelos e desacertos compreensíveis em fases de exceção. A atitude ingênua de conscientizar o povo (*povo* foi noção de que se abusou nos anos 1960) começou a ser substituída, ainda no âmbito do CPC, antes, portanto, de 1964, pela atitude mais sensata e generosa de captar nas classes pobres elementos de seu acervo artístico —

o samba, o mamulengo, o cordel, o carnaval —, trocando-se o panfleto pela pesquisa.

Uma vez sublinhada a sua ambição participante, diga-se que, a exemplo do que se dá com toda arte genuína, essas peças permanecem não apenas como documentos de uma fase difícil, mas como obras de arte capazes de falar à sensibilidade contemporânea. É o que nos cabe demonstrar, no terceiro e último capítulo deste trabalho, durante a análise de oito textos teatrais (*Opinião*, *Liberdade, liberdade*, *Bicho*, *Dr. Getúlio*, *Zumbi*, *Tiradentes*, *Gota d'água* e *O rei de Ramos*), eleitos entre vários de mesmo gênero que se produziram no período, segundo critérios a serem explicitados naquele capítulo.

*

A necessidade de enriquecer teoricamente o livro, evitando restringi-lo à crônica (ou mesmo ao exame) das peças, nos leva, no segundo capítulo, sobretudo a quatro textos: *Pequeno órganon para o teatro*, de Bertolt Brecht (1948); *Introdução a uma estética marxista*, de Georg Lukács (1956), publicada no Brasil nos anos 1960; os "Artigos de Augusto Boal" que figuram como introdução a *Arena conta Tiradentes* (1967) e o ensaio *Vanguarda e subdesenvolvimento*, de Ferreira Gullar (1969).

Há relações de afinidade evidentes entre Brecht e Boal, autores que constituem um dos eixos do segundo capítulo; outro eixo ou seção desse capítulo envolve as ideias de Lukács e as de Gullar, principalmente as que estão expressas nos trabalhos citados. Lukács e Gullar, nas obras que serão comentadas aqui, não tratam de teatro (o pensador húngaro tem como referência básica a prosa de ficção, o brasileiro reflete sobre artes plásticas, ficção e poesia), mas participam do clima de ideias estéticas e políticas naquela fase.

Ao falar em Brecht e Lukács, não se deve esquecer o fato de terem sido adversários entre si, com Lukács censurando o suposto formalismo de Brecht (o filósofo polemiza com os autores que considera não realistas no artigo "Trata-se do realismo!", de 1938), enquanto o dramaturgo, em textos de diário divulgados só muito depois de escritos, chama-o depreciativamente de "professor", condenando-o por seu autoritarismo ou dirigismo. É significativo da presença (e do confronto) desses autores entre nós o artigo "Realismo ou esteticismo — um falso dilema", de Dias Gomes, publicado na *Revista Civilização Brasileira* em 1966.

Dispomos ainda de textos recentes. No que toca à matriz brechtiana, há o livro *Brecht — a estética do teatro*, de Gerd Bornheim (1992), e o artigo "Altos e baixos da atualidade de Brecht", de Roberto Schwarz, que consta da coletânea *Sequências brasileiras* (1999), entre outras referências. Os trabalhos mais recentes acerca das ideias e das peças de Brecht nos ajudarão a refletir sobre que aspectos se mantêm interessantes ou válidos em sua obra. No caso do *Pequeno órganon*, são pontos centrais o caráter de nossa era, que teria vocação "científica", isto é, produtiva, capaz de transformar incessantemente a natureza; e os correspondentes traços atribuídos ao texto e ao espetáculo épicos.

Já em *Introdução a uma estética marxista*, de Lukács, ressalta a categoria da particularidade, equidistante das de singularidade e universalidade, das quais pretende ser a síntese. Essa noção reaparecerá, em 1969, no ensaio famoso de Ferreira Gullar, *Vanguarda e subdesenvolvimento*, republicado em 2002. Especialmente importante em Lukács é a noção de que as obras de arte se habilitam a influir e permanecer, para além do tempo em que foram criadas, quando se mostram capazes de flagrar estruturas duradouras, de natureza econômica e política, que compõem o ambiente no qual vivem diversas gerações. Algumas das peças do repertório estudado podem aspirar a essa condição; outras, não no todo, mas em certos aspectos, ainda têm algo a nos dizer.

Liguem-se os debates internacionais a seus equivalentes nacionais, caso dos irritados bate-bocas entre engajados e formalistas, politizados e vanguardistas, que se deram ainda nos anos 1960. Lembrem-se as discussões exaltadas entre Vianinha e os cinemanovistas, por exemplo, que seriam meros debates de índole pessoal se não conjugassem valores estético-políticos, efetivamente atualizados em filmes, peças e artigos. Embora não tenhamos a intenção de estudar detalhadamente essas polêmicas, concentrando-nos antes no exame dos textos, é interessante mantê-las no horizonte, como elemento que foram do cenário em que evoluem os nossos autores (no terceiro capítulo, ao abordamos o ano teatral de 1968, faremos referência a tais pendengas).

Uma terceira vertente abordada, subsidiariamente, relaciona as ideias de Peter Szondi, autor de *Teoria do drama moderno (1880-1950)*, às de Anatol Rosenfeld, que escreveu o breve mas essencial *O teatro épico*, e às de Iná Camargo Costa, autora do ensaio *A hora do teatro épico no Brasil* (1996) e da coletânea de artigos *Sinta o drama* (1998).

O teatro épico, de Anatol Rosenfeld, volume clássico na área dos estudos dramáticos que data de 1965, dialoga com o Peter Szondi de *Teoria do drama moderno*, livro de 1956, publicado no Brasil em 2001. Szondi, com suas ideias sobre as articulações entre conteúdo e forma, correspondendo esta a necessidades de expressão contingenciais, históricas, colabora com nosso trabalho de análise dos textos.

Em *A hora do teatro épico no Brasil*, Iná Camargo Costa estuda a fase de 1958 a 1968. A autora é crítica em relação às ilusões de participação política que os artistas alimentaram em espetáculos que, a partir de 1964, teriam sido perfeitamente contidos e disciplinados pelo mercado, restringindo-se ao público de classe média capaz de frequentar as salas.

Voltaremos também aos prefácios escritos para as peças, alguns verdadeiros programas ou manifestos (as peças logo apareceram em livro: *Se correr o bicho pega, Dr. Getúlio, Gota d'água, O rei de Ramos, Vargas*). Buscaremos mostrar, relendo alguns dos prefácios (no terceiro capítulo, no âmbito da análise dos textos), o quanto o projeto de um teatro participante e popular foi conscientemente composto por seus autores e diretores.

*

Estudar criticamente algumas das principais obras entre as escritas e encenadas no período constitui o aspecto central do trabalho.

Depois de distribuí-las em quatro categorias ou famílias estéticas — que não se pretendem estanques —, descrevendo sucintamente os traços distintivos de cada grupo, devemos apontar, de maneira o quanto possível extensa, os elementos estruturais de cada uma das peças. O arcabouço dramatúrgico, que delineia uma história ou um quadro de eventos, os diálogos, as letras e as indicações de cena estão entre esses elementos. Eles se articulam à mensagem que as obras oferecem — não raro mensagem aberta, incompatível com a mera propaganda.

De todo modo, vale insistir no fato de que as intenções eram participantes: a postura ideológica dos autores não será matéria secundária. A tarefa do crítico consistirá em verificar as relações entre ideias e fatura estética, apontando as estratégias de composição adotadas em cada caso, os modos de operar dos textos e, em última instância, a sua eficácia e interesse de um ponto de vista contemporâneo. Perceber as lições implícitas nas obras com vistas à redação de textos novos de mesmo gênero é uma das ambições deste trabalho.

Ao se destacarem os traços que singularizam as famílias estéticas, valerá notar aspectos como a estrutura feita à base de associação de ideias — por semelhança ou por contraste — que rege espetáculos-colagem como *Opinião*; o vínculo com a tradição cômica, que se soma ao uso do verso popular, traços presentes em *Se correr o bicho pega*; o texto épico, praticado e teorizado por Boal, no qual se mobilizam recursos narrativos para recontar episódios históricos sob novos pontos de vista; e, ainda, a utilização das convenções da comédia musical (a de Brecht, mas também a da Broadway ou Hollywood) articuladas a lições das velhas revistas brasileiras em *Gota d'água*, *Ópera do malandro* e *O rei de Ramos* (como exemplo dessas lições, podemos citar a apoteose com que se encerram atos e espetáculos). Para além dos elementos comuns que assinalam as famílias, cumpre especialmente compreender a forma singular de cada uma das peças em análise.

*

Relacionamos a floração dos musicais, de 1964 a 1979, à vertente não realista do teatro político, teatro feito a partir de *Black-tie* (peça de 1958 tomada por marco; mas outros textos, a exemplo de *Pedro Mico*, de Antonio Callado, encenado no ano anterior, já explicitam empenho social). Ou seja, a matriz dos espetáculos cantados não está em textos realistas como *Black-tie* ou *Chapetuba Futebol Clube* (de Vianinha), mas em peças teatralistas, fantasistas, não miméticas, caso de *Revolução na América do Sul* e de *A mais-valia vai acabar, seu Edgar*, ambas de 1960.

Trata-se de mera constatação, mas vale a pena insistir sobre ela porque o próprio Boal deixou de registrá-la, ao escrever acerca da trajetória do Teatro de Arena. Outros comentaristas notaram a importância épica daquelas duas peças, mas o fizeram segundo objetivos diversos dos nossos. Assim, Cláudia de Arruda Campos menciona o laço entre *Revolução*, de um lado, e *Zumbi* e *Tiradentes*, de outro, sem generalizá-lo (dado, é claro, que o escopo de Campos era justamente o de estudar esses dois musicais). O que buscamos foi generalizar o seu sentido, isto é: *a influência ou o pioneirismo de* Revolução *e* A mais-valia *não se relaciona exclusivamente aos musicais do Arena, mas a toda a safra de musicais políticos no período*.

Os conceitos recenseados e comentados no segundo capítulo em alguma medida reaparecem no terceiro, no momento em que se examinam as peças. É preciso, no entanto, sublinhar que, segundo entendemos, o registro historiográfico daquelas ideias já se afirma importante em si mesmo — sem prejuízo da articulação que se possa perceber entre a teoria e a prática dramatúrgica. Essa articulação não se pretende obter de modo mecânico, mas mediado, já que autores como Brecht e Lukács obviamente não tinham em seu horizonte o teatro que se faria mais tarde no Brasil, produção em parte influenciada por eles.

Tais mediações não se encontram somente nos teóricos e artistas brasileiros (Boal, Gullar, Rosenfeld) que, a distância, dialogaram com os europeus, mas devem ser refeitas agora, no momento mesmo em que analisamos as peças. Preferimos descartar, por inadequada, a aplicação demasiado obediente de quaisquer teorias, buscando antes observar nos próprios textos teatrais a sua linguagem e o seu recado político.

Talvez decorra dessa análise uma teoria de feição ou de matriz local (quando menos, elementos capazes de sugeri-la), mais apta a entender as obras em causa do que a simples aplicação de teorias preexistentes. É natural, no entanto, que o conceito de particularidade, devido a Lukács; a noção de épico, segundo Brecht, Szondi e Rosenfeld; ou ainda a ideia de forma e conteúdo referida por Szondi (a imagem da forma como conteúdo "precipitado", isto é, lançado sobre modelos literários que ele necessariamente adapta ou modifica) respondam em boa dose pela atmosfera em que a crítica das peças tem lugar.

Mas reafirmamos que, ao proceder a essa crítica, verificamos que *as descrições do teatro épico presentes aos textos de Peter Szondi e Anatol Rosenfeld não esgotam o que se lê nas peças brasileiras*. O motivo é espantosamente simples, embora seja, de hábito, diligentemente elidido entre nós: Szondi e Rosenfeld lastrearam a sua teoria em peças do repertório europeu; Rosenfeld exerceu relevante papel de crítico dramático, mas se ateve em *O teatro épico* a modelos de circulação internacional.[4]

A prática brasileira entretanto possui qualidades singulares. Seria no mínimo inadequado reduzir, por exemplo, os textos e espetáculos do Arena à sua (inequívoca e declarada) filiação brechtiana; *Opinião*, ao texto-colagem então praticado noutras plagas; o drama *Gota d'água* e a comédia *O rei de Ramos*, pura e simplesmente, ao modelo da comédia musical norte-americana.

O conteúdo precipita-se em forma, *torna-se* forma, segundo afirmou Szondi. Assim, de modo similar àquele pelo qual os conteúdos históricos, a partir das últimas décadas do século XIX, forçam e refazem a fôrma dramática nas matrizes europeias, por aqui os conteúdos particulares também reescrevem os modelos épicos importados, além de o fazerem quanto

---

4 Aqui, é preciso fazer a ressalva: em artigos como "Heróis e coringas", texto dedicado a examinar o sistema elaborado por Boal para a montagem de *Arena conta Tiradentes*, Rosenfeld aliou competência crítica a considerações propriamente teóricas. Ao analisar *Tiradentes*, recorreremos a esse artigo, que consta de *O mito e o herói no moderno teatro brasileiro* (1982).

O sonho de Flávio 19

ao modelo mais tipicamente dramático da comédia musical, igualmente repaginado entre nós.

Este trabalho não tem o intuito de, além de analisar as peças, configurar desde logo essa possível teoria do teatro (sobretudo épico) a partir da prática brasileira. O que enfatizamos, de todo modo, é que os elementos levantados no exame do musical brasileiro apontam para o fato de que *as teorias correntes, de Brecht a Szondi e deste a Rosenfeld, indispensáveis para abordar essa produção, entretanto não bastam para compreendê-la plenamente.* É claro que, sobretudo em Brecht, com seu rico repertório, muitas das soluções alcançadas nas peças brasileiras já se achavam prefiguradas; talvez se possa dizer, por exemplo, que o aproveitamento da farsa popular realizado no *Bicho*, de Vianinha e Gullar, já houvesse aparecido em *O senhor Puntila e seu criado Matti*, de Brecht.

Até onde podemos enxergar, contudo, nem todas as soluções encontradas nas peças brasileiras admitem ser, sem mais, assimiladas às ancestrais europeias. As diferenças entre a experiência teatral dos europeus e a nossa existem de fato (e, é claro, nem sempre em sentido negativo), merecendo ênfase e atenção. São essas *diferenças* que, acreditamos, ganharam dimensão e significado no período em pauta, a ponto de permitir e mesmo exigir que se elabore uma teoria de matriz local (mas de vocação universal) do épico e do dramático nas suas mesclas com o épico. Questão, enfim, de geografia, ou de geografia política, ou ainda de política literária, a que os estudos teatrais não podem fechar candidamente os olhos.

*

Ressaltamos até aqui dois pontos para nós importantes: a raiz dos musicais políticos em *Revolução* e *A mais-valia* e a riqueza épica ou épico--dramática da produção dos anos 1960 e 1970, a desafiar a imaginação e a competência teórica dos brasileiros, que estamos habituados a refletir conforme bibliografia importada.

O terceiro ponto a destacar é a maturação ideológica, ou a simples mudança dos tempos que os autores souberam acompanhar, que se dá entre 1964 e 1979. Tal fenômeno tem natureza ideológica e estética; traduz-se por se idealizar menos o povo, as camadas pobres, idealização de que se abusou nos anos 1960, mas que desde então dramaturgos como Vianinha buscavam superar; traduz-se ainda, em consequência, por atitude menos exortativa e menos didática em relação aos espectadores.

Ao final da década de 1970, textos como *O rei de Ramos*, sem abandonar em nada as premissas ideológicas de seus ascendentes (por exemplo, a crítica ao capitalismo, sobretudo o de modelo dependente), atuam sem idealização das camadas pobres e sem pedir aos pobres espectadores que se transformem em heróis políticos. Diga-se que tal maturação, que julgamos discernir na *Ópera do malandro* ou em *O rei de Ramos*, de modo algum se poderia alcançar se as peças anteriores não tivessem sido escritas. Não há como ler a história, inclusive a das artes, salvo em seus próprios termos, truísmo que não custa recordar.

Pode-se inquirir o que resta dessas peças. Responda-se com felicidade: muito. O sonho de Flávio Rangel, que, ao encomendar *O rei de Ramos* a Dias Gomes, era o de "retomar a tradição interrompida do musical brasileiro", realizou-se naquele momento. Ao reutilizar práticas da revista em seu texto, Dias reatava o fio da meada com Arthur Azevedo e com os espetáculos cantados de outras épocas, acrescentando-lhes verve política mais ácida, assim como Vianinha, Boal, Guarnieri, Gullar, Buarque, Pontes o fizeram quando reuniram formas cultas e populares, visando recriar o musical.

A tradição do musical brasileiro não tem mais por que se interromper caso levemos em conta, com o cuidado necessário, o que se produziu nos anos 1960 e 1970. Ali se deu o bem-sucedido esforço de refazer o gênero com seus valores plásticos, sonoros e poéticos, políticos e éticos, obra coletiva que nos fornece as chaves para dar continuidade ao projeto de Flávio Rangel. Sem ingenuidade ideológica ou estética, mas com olhos críticos ou, como queria a personagem de Vianna, "com os séculos nos olhos".

Capítulo 1

DO GOLPE À ABERTURA: ELEMENTOS DE HISTORIOGRAFIA

O homem será Deus, do seu verdadeiro tamanho, com a cabeça nos céus, com os séculos nos olhos. E os deuses estarão nas ruas!

Espártaco, personagem de *Brasil — versão brasileira*, de Oduvaldo Vianna Filho.

Pré-história estética do período:
A mais-valia e o CPC

O povo no palco e na plateia

O ano era o de 1960. O cenário, a cidade do Rio de Janeiro, que em abril perdera a condição de capital do país, substituída por Brasília, cartesianamente delineada pelo urbanista Lúcio Costa. A construção da nova sede política fora chamada de meta-síntese no Plano de Metas traçado pelo presidente Juscelino Kubitschek, que tomou posse em 1956, depois de vencida a rebelião militar que tentara impedi-lo de subir ao Palácio do Catete. Novas eleições estavam previstas para outubro de 1960, e as tensões sociais, até certo ponto contidas durante a fase de crescimento econômico que Juscelino conseguira promover, iriam tornar-se especialmente agudas nos anos posteriores a seu período de governo.

No Rio, vindo de São Paulo havia poucos meses, o jovem dramaturgo e ator Oduvaldo Vianna Filho (1936-1974) decidiu escrever, em parceria com Francisco de Assis e Miguel Borges, uma peça que apresentasse de maneira didática, direta, visando à comunicação com plateias numerosas, o conceito marxista de mais-valia. O sentimento de urgência, que marcou várias das manifestações artísticas da época, parecia revelar-se na atitude de Vianna Filho, conforme lembrada com humor amistoso em depoimento de Chico de Assis: "O resultado do trabalho a seis mãos foi que o Vianinha, que não brincava em serviço, fez a peça inteira". Chico de Assis registra ainda: "Eu então resolvi partir para a minha estreia na direção com o texto dele" (Assis, em: Vianna Filho, 1981: 213). Miguel Borges também viria a exercer o seu papel na circunstância da montagem, como crítico que a defendeu em polêmica com Paulo Francis. Ao se reunirem para a parceria que afinal se realizou por caminhos imprevistos, Vianinha, Assis e Borges não poderiam supor o êxito que o espetáculo, capaz de reelaborar as sugestões do texto, iria ter.

O texto em causa chama-se *A mais-valia vai acabar, seu Edgar*, marco nas experiências de teatro político que se iniciaram com *Eles não usam black-tie*, de Gianfrancesco Guarnieri, em 1958, peça dirigida por José Renato no âmbito do Teatro de Arena, grupo paulistano criado em 1953.[5] O Arena fora até ali o principal responsável pela renovação estética e política da cena brasileira, com textos e espetáculos que buscavam mostrar o rosto do homem comum, assim como o viam Guarnieri, Augusto Boal e o próprio Vianinha.[6] Outras obras de caráter popular, deve-se dizer, haviam sido escritas e encenadas antes de *Black-tie*, como é o caso das peças de Ariano Suassuna que estrearam pouco mais cedo; são textos, no entanto, de teor ideológico menos definido que o da peça de Guarnieri.[7] A comédia musical escrita por Vianinha e dirigida por Chico de Assis veio a demarcar fase ou tendência distinta no interior do teatro de índole política que se praticou no Brasil a partir dos anos 1950, a começar pelo papel exercido por *A mais-valia* na própria trajetória de seus criadores.

Vianinha e Chico de Assis faziam parte do elenco que compunha o Teatro de Arena, ao lado de Boal e Guarnieri, para lembrar apenas alguns nomes entre os que pertenciam ao grupo. Em 1960, debates internos separavam, de um lado, os que pretendiam continuar a fazer teatro de temática política, praticando-o, porém, nos limites da sala de 150 lugares situada em São Paulo, ou seja, nos limites do teatro empresarial (ainda que de pequeno porte), dirigido à classe média; e, de outro, os que ambicionavam ter não apenas o povo no palco, tratado como protagonista das peças compostas a partir de *Black-tie*, mas também na plateia; objetivo impraticável na pequena sala,

---

5 Em artigo publicado em *Flávio Império*, livro dedicado ao cenógrafo e pintor, a ensaísta Mariangela Alves de Lima diz sobre o palco em forma de arena: "O espaço em arena abole a perspectiva ilusionista da caixa cênica, cujo ponto de fuga se estrutura a partir da óptica de um espectador privilegiado, ou seja, 'o olho do rei', fixado em um ponto central da plateia, a uma distância média do palco. Circular, sem um ponto de vista privilegiado, a arena equaliza o acesso sendo, portanto, 'democrática'. Nada melhor, como organização espacial, para quem defende uma divisão igualitária da riqueza material e cultural da sociedade". Império trabalhou com os grupos Arena e Oficina, tendo ingressado no Arena em 1959, quando desenhou cenografia e figurinos de *Gente como a gente*, texto de Roberto Freire encenado por Boal (Lima, em: Império, 1999: 17-39).

6 Projeto a que se chamou *nacional-popular*. A dramaturgia nacional-popular teria início com o sucesso inesperado e inspirador de *Black-tie*.

7 *Pedro Mico*, de Antonio Callado, peça que estreou em 1957, no Rio de Janeiro, sob a direção de Paulo Francis, embora tenha como personagem principal a figura do malandro (e não a do operário, como em *Black-tie*), sugere a possibilidade de tomada do poder pelas camadas populares. Aparecida, namorada de Pedro Mico, diz a ele ao final, referindo-se à imaginária invasão das ruas e residências confortáveis da Zona Sul do Rio pelos habitantes dos morros vizinhos: "Você já pensou, Pedro, se a turma de todos os morros combinasse para fazer uma descida dessa no mesmo dia?..." (Callado, 1983: 105).

administrada nos moldes do teatro comercial, moldes a que se ligava, enfim, o modelo estético de tipo realista então desenvolvido pelo grupo. Como se vai ver adiante, *A mais-valia* foi escrita e encenada no momento em que Vianna Filho e Chico de Assis deixavam o Teatro de Arena, correspondendo a mudança de alvos políticos e de estratégias artísticas.

O próprio Vianinha era autor de peça marcada pela estética realista, texto de 1959, consagrado por cinco prêmios: *Chapetuba Futebol Clube*. Em *Chapetuba*, as personagens movem-se em torno do futebol, tema que, na extensão em que surge no texto, nunca fora abordado na dramaturgia brasileira (pode-se recordar *A falecida*, de Nelson Rodrigues, de 1953, como peça na qual o esporte aparece, mas limitado a elemento do ambiente em que se passa a história da ingênua e trágica Zulmira). As figuras criadas por Vianinha circulam na província e trazem, da realidade de onde procedem, a linguagem coloquial, a exemplo do que já se havia visto em *Black-tie*. Será interessante perceber o motivo pelo qual as palavras, em ambas as peças, foram grafadas de maneira deliberadamente errada: Guarnieri explica, em entrevista, que se fazia necessário determinar a dicção coloquial e popular das personagens nas peças do Arena, distinguindo-as, por exemplo, das que habitavam as peças do Teatro Brasileiro de Comédia, o TBC, companhia criada em 1948 e dotada de repertório considerado eclético e elitista pelos jovens politizados que formavam o elenco e o público do Arena. As peças montadas pelo TBC tinham origem no repertório internacional, sendo pouco frequentadas por personagens pobres. Guarnieri declarava na entrevista que nos concedeu, publicada (não na íntegra) no jornal *Correio Braziliense*, no aniversário de 60 anos do dramaturgo:

> Então, ali, a necessidade que eu sentia era de que [o texto] fosse falado como as pessoas falavam. E eu tinha certa preocupação, às vezes, até de dar uma reforçada nisso, tem horas, até, em que eu puxo um pouco. A brincadeirinha de "tu gosta de eu", tem coisinhas do *Black-tie* até de forçar um pouco isso, não é? Se eu tivesse um pouco de experiência, talvez até não tivesse forçado algumas coisas, tivesse abrandado um pouco. Mas isso estou falando agora, falei depois de alguns anos. No momento, não, no momento eu achava muito importante aquilo de preservar uma maneira de falar, de dizer as coisas (em: Marques, trecho inédito, 1994).

A capacidade de transportar a linguagem popular, tratada em alguns momentos quase como se fosse dialeto, da realidade — ou de certa realidade idealizada — para a cena se reencontra em *Gimba*, história do "presidente dos valentes" que retorna à favela de origem, depois de se tornar famoso pelos crimes praticados. A peça, escrita por Guarnieri em 1959 (ano em que Nelson Rodrigues cria o *Boca de Ouro*, texto protagonizado por um marginal, embora em chave diversa da usada por Guarnieri), flagra o drama do homem que volta para resgatar a mulher amada e acaba morto pela polícia, ao mesmo tempo que registra o samba, a música e a dança no morro, como se vê na cena da batucada armada em homenagem ao protagonista. Este corresponde à figura do bandido que então começava a se delinear, diferenciando-se da figura do malandro pelo uso da violência física.[8]

O drama foi representado pelo Teatro Popular de Arte, companhia liderada por Sandro Polloni e Maria Della Costa, que naquele instante procuravam texto de autor brasileiro, e constitui outro exemplo da vertente realista, dedicada a exibir o modo de vida dos mais pobres, emergentes políticos enfim levados à cena. A propósito desse período e desses procedimentos estético-ideológicos, Guarnieri assinalou em outra entrevista, esta de 1998, a influência do cinema neorrealista italiano. De acordo com ele, veio do cinema, portanto, e não do teatro ou apenas do teatro, a inspiração para peças como *Black-tie*, *Chapetuba* e *Gimba*.

Se, como afirma Yan Michalski, a trajetória de Vianinha "concilia quase que prodigiosamente uma considerável diversificação de propostas formais com uma inflexível fidelidade a uma generosa e bem definida visão do mundo e da sociedade" (Michalski, em: Vianna Filho, 1981: 10), *A mais-valia* terá representado a guinada do modelo realista evocado há pouco para o modelo não realista com que o dramaturgo e seus parceiros pretendiam chegar às grandes plateias. A peça, adequada aos propósitos de agitação e propaganda que o teatro passava a alimentar, estimulou, com o sucesso de palco, a criação do Centro Popular de Cultura, o CPC, fundado em março de 1961, no Rio de Janeiro. Os achados formais de *A mais-valia* viriam a inspirar os recursos mobilizados nos espetáculos do CPC: as personagens-tipo, o apelo à farsa e à caricatura dos adversários políticos, as canções e a estrutura episódica ou fragmentária são alguns desses recursos, de que falaremos ao analisar a peça de Vianinha.

---

8 Em outra passagem inédita da entrevista publicada no *Correio Braziliense* a 7 de agosto de 1994, Guarnieri diz: "Aliás, o *Gimba* foi escrito para mostrar essa transformação: quer dizer, que se acabava esse tipo de herói marginal para gerar um outro tipo, que já se encaminhava para o perverso. O Gimba acaba gerando o seu sucessor, o Tico, que já vem numa sociedade mais dura" (em: Marques, 1994).

Fuga da casa paterna

Voltamos ao artigo-depoimento de Chico de Assis, que rememora: "Era o ano de 1960 e nós do Teatro de Arena estávamos no Rio. Tínhamos levado para lá as montagens que haviam feito um movimento novo no teatro paulista" (Assis, em: Vianna Filho, 1981: 213). Chico de Assis refere-se a *Eles não usam black-tie*, de Guarnieri, e a *Chapetuba Futebol Clube*, de Vianinha. O repertório incluía ainda *Revolução na América do Sul* (que estrearia no Rio de Janeiro, para depois ser exibida em São Paulo), de Augusto Boal. Essa última peça prepara a passagem do modelo realista, a que as primeiras obedecem, para o modelo não realista. Valendo-nos de nomenclatura diversa e mais precisa, diremos que *Black-tie* e *Chapetuba* foram escritas em estilo dramático, que pede verossimilhança, psicologias delineadas e linguagem mimética, enquanto *Revolução na América do Sul* estrutura-se em estilo épico, que dispensa as personagens tomadas diretamente ao real para trabalhar com personagens-síntese, impulsionadas, na peça, pelo humor e pelo ritmo ágil, similar ao dos espetáculos do teatro de revista. As cenas descosidas visam ao painel — relativo à situação do trabalhador no Brasil, no início dos anos 1960.

Embora tivesse conhecido fase de crescimento econômico durante o governo JK, o país continuava longe de ver resolvidos os problemas do subdesenvolvimento. "Os setores esquecidos do campo", informa Boris Fausto em sua *História concisa do Brasil*, começaram a se movimentar já em fins de 1955, com o surgimento das Ligas Camponesas nos estados do Nordeste. Na cidade do Rio de Janeiro, organizou-se o Pacto de Unidade e Ação (PUA), frente de ferroviários, marítimos e portuários criada pelos comunistas. A entidade preparou terreno para "a formação do Comando Geral dos Trabalhadores (CGT), que iria desempenhar um papel relevante nas greves do período Goulart" (Fausto, 2001: 238).

O texto de Boal dispensa a verossimilhança, mas não a coerência interna, utilizando o tom de farsa para denunciar a situação absurda de José da Silva, trabalhador que almoça muito raramente, ou nunca. José cumpre périplo pelo qual o dramaturgo pode mostrar as circunstâncias que oprimem a personagem. Veja-se, por exemplo, a visita do Anjo da Guarda à casa de José: o Anjo, representante das multinacionais, expressa-se com sotaque e cobra por tudo o que o brasileiro faz, de escovar os dentes a caminhar; a pasta ostenta marca estrangeira, a sola dos sapatos é fabricada pela Goodyear (Boal, 1986). A história desenha-se aos saltos, em episódios quase sempre ligados, apenas, pela figura do protagonista (em paralelo à sua situação, assistimos

Elementos de historiografia 29

aos preparativos para mais uma eleição no país, criticada pelo ridículo e, de todo modo, relacionada à vida lastimável de José). Essa estrutura de caráter épico, certamente informada pelos textos de Bertolt Brecht (1898-1956) que haviam chegado ao teatro profissional brasileiro em 1958, voltará a aparecer em peças ou esquetes que o próprio Boal e vários outros autores fariam a seguir, no âmbito do CPC.

Chico de Assis informa que "a ida para o Rio foi o início de uma série de processos que levaram o grupo inicial de *Eles não usam black-tie* a tomar outros caminhos. Era o ponto inicial de uma diáspora dos elementos principais do Arena, buscando realizar suas ideias em campos diferenciados" (Assis, em: Vianna Filho, 1981: 213). Ele admite ter puxado "o cordão da gradativa fuga da 'casa paterna' do Zé Renato". O fato de Chico de Assis e Vianinha terem saído do grupo na época da temporada carioca de *Revolução na América do Sul* é significativo, dado que eles de alguma forma levaram consigo as lições propostas na peça de Boal, redimensionando-as em *A mais-valia*.[9] É prudente, no entanto, não sublinhar em demasia a possível influência de *Revolução* sobre *A mais-valia*, pois foram textos elaborados na mesma época, sendo difícil precisar até que ponto houve ascendência daquela peça sobre esta.

O entendimento do que seria a passagem de um a outro modelo, do dramático ao épico, aparece nítido no artigo "A mais-valia tem que acabar, seu Edgar", de Vianna Filho, texto clarividente, malgrado os cuidados escassos de revisão (a notória pressa com que se produziam reflexões ou obras, no período, pode explicar os equívocos). O realismo corresponde, para ele, a "um teatro que volta a prender o homem aos seus sentidos, nos dados imediatos"; pouco adiante, dirá também que esse tipo de teatro "eterniza e empaca os transitórios valores culturais que um determinado processo histórico projeta na consciência social" (Vianna Filho, 1981: 218).

Centrado no indivíduo, no herói solitário que luta para se afirmar diante do mundo inóspito, o cânone realista, mesmo no melhor teatro e no melhor cinema, já não conseguiria representar "as experiências mais fundas da nossa condição caracterizada pela aguda decadência capitalista". Ainda que se admita erro no prognóstico sobre a capacidade de transformação do capitalismo, é necessário perceber: o que está em pauta, para Vianna Filho, são os esquemas de apreensão do mundo, nos quais a arte desempenha tarefa importante. Ele diz de modo mais claro e direto: "O teatro realista

---

9 Chico de Assis foi assistente de direção de José Renato em *Revolução na América do Sul*, além de autor das canções em parceria com Geni Marcondes (Assis, em: Vianna Filho, 1981: 213).

formula e consagra o condicionamento como natural e imutável; abandona a história e se movimenta desenvolvendo ações que surgem de outras ações que só o utilitarismo impede que se estendam até Adão e Eva". E acrescenta com perspicácia: no teatro realista, "a ação restringe-se aos momentos de desequilíbrio como se o equilíbrio social fosse ponto pacífico" (Vianna Filho, 1981: 218, 219).

Abandonar a história era justamente o que não se devia fazer naquele instante, conforme o entendiam Vianinha e outros artistas. Mais do que discutir a "necessidade individual diante do jogo infindável de causas e efeitos", importava debater processos amplos, processos e situações que atingem as pessoas em sua vivência coletiva, para além da consciência individual e, com frequência, de modo inapreensível, ao menos imediatamente, por essa consciência. É verdade, concede Vianinha, que "as conquistas democráticas de nossa época estão intimamente ligadas ao realismo". Porém, denuncia a seguir: "Agora o realismo caiu de costas" (Vianna Filho, 1981: 220).

O sentido da diáspora do Arena, com a busca de situações políticas e artísticas novas, é resumido por Oduvaldo Vianna Filho deste modo:

> É preciso uma outra forma de teatro que expresse a experiência mais ampla de nossa condição. Uma forma que se liberte dos dados imediatos, que organize poeticamente valores de intervenção e responsabilidade. Peças que não desenvolvam ações; que representem condições. Peças que consigam unir, nas experiências que podem inventar e não copiar, a consciência social e o ser social mostrando o condicionamento da primeira pelo último (Vianna Filho, 1981: 221).

Esse "teatro político e circunstancial" viria a realizar-se em *A mais-valia vai acabar, seu Edgar*, texto e espetáculo.

A peça

Chico de Assis *proibiu* Vianinha de assistir aos ensaios de *A mais-valia*, o que naturalmente irritou o dramaturgo. Este só pôde ver os resultados da direção na estreia, sem concordar de pronto com o que encontrou. Mas depois, recém-saído de *Revolução na América do Sul*, veio incorporar-se ao espetáculo, desempenhando um dos vários papéis que seu texto previa.

O que se conhecia do teatro político feito na primeira metade do século, na Europa, por Erwin Piscator (1893-1966) e por Bertolt Brecht, somou-se

Elementos de historiografia 31

à memória recente das revistas brasileiras, de acordo com o depoimento do diretor Chico de Assis. A descrição dos cenários, por exemplo, deixa claro que se procuravam outros moldes, distintos e distantes dos possíveis numa sala como a do Arena de São Paulo. O local, nesse momento, era outra arena, a da Faculdade de Arquitetura, na Urca, "o teatro ao ar livre que tinha abrigado os primeiros shows da bossa nova", anota Assis. Ele recorda: "Entendi que a Arena da Arquitetura, grande como era, devia ter um cenário monumental, e assim um grupo de estudantes de arquitetura passou a criar um cenário de 15 metros de altura com vários planos. Num deles iria ficar o conjunto musical, e nos outros se desenvolviam cenas. Também no plano do chão a peça se desenvolvia". A influência de Piscator provavelmente respondeu pelo uso de recursos não teatrais: "Depois pensamos em usar cinema, e Leon Hirszman veio trabalhar com a gente. Depois do cinema inventamos *slides* e fomos inventando uma parafernália de meios que redundou numa revista musical" (Assis, em Vianna Filho, 1981: 214).

A presença cultural que a revista alcançou no Brasil, até a década de 1950, pode ser comparada à que as telenovelas tiveram a partir dos anos 1970, sob certos aspectos: a revista era diversão popular, dotada de convenções mais ou menos estáveis e destinada a encher os olhos e a desafogar o fígado das plateias. Sabe-se que as três formas básicas e históricas do gênero são a revista de ano, a revista carnavalesca e a revista feérica. Os espetáculos de ano criticavam, apoiados em enredos tênues, os principais acontecimentos do ano recém-terminado. As revistas carnavalescas davam destaque aos maxixes, sambas e marchas, divulgando as canções em tempos anteriores ao rádio ou à sua difusão em grande escala. As revistas feéricas, privilegiando o luxo dos figurinos e cenários, prendiam o espectador pelos olhos — em montagens caras que acabaram, por seu custo temerário, por contribuir para a morte do gênero.

É provável que Chico de Assis tenha utilizado fórmulas dessa última espécie do espetáculo revisteiro, a mais recente das três vertentes mencionadas (descartados, por motivos compreensíveis em se tratando de montagem feita por jovens, o luxo e o apuro excessivo). Assim como se deu com Piscator e Brecht em relação ao espetáculo musical alemão, o diretor brasileiro procurou redirecionar aquelas fórmulas, buscando aplicá-las à comunicação dos conteúdos políticos que o texto de Vianna propunha. No livro *Teatro da militância*, Silvana Garcia menciona, acerca do teatro de Piscator, "a produção pioneira de uma *revista vermelha*": o espetáculo exibido em Berlim, em 1924, chamou-se *Revista clamor vermelho*. Escreve Silvana:

Composta de 14 esquetes, a revista aborda a problemática do trabalhador alemão diante de suas lutas específicas e da campanha eleitoral. Piscator emprega aí os procedimentos tradicionais do cabaré e do circo — sátira musical, esquete humorístico, duo operístico, conjuntos ginásticos —, utiliza a projeção documental de diapositivos, propõe combinações criativas que vão desde a transformação do palco em um ringue de boxe, onde comediantes representando personalidades políticas locais disputam o jogo do poder — naturalmente, com a vitória final do comunista! —, até uma fantasia futurista na qual um marciano observa e interpreta, a seu modo, a luta de classes num país vizinho (a Terra) (Garcia, 1990: 60-61).

Armou-se em *A mais-valia*, portanto, com base direta ou indireta nesses elementos, uma revista musical socialmente empenhada, sem que se perdesse a leveza necessária ao gênero — e ainda que não se tenha sabido transmitir todas as noções em pauta, como registra Maria Silvia Betti no livro *Oduvaldo Vianna Filho*. Certa perplexidade foi experimentada "por alguns operários que haviam assistido à peça a convite dos organizadores, e que (...) muito provavelmente não entenderam a essência do conteúdo veiculado" (Betti, 1997: 93). Deve-se notar o paradoxo, embora, como lembra a pesquisadora, ele esteja longe de invalidar a experiência de Vianna, Assis e colaboradores.

A poética do espetáculo vem sugerida no texto que os atores dizem, olhos postos no público, em versos no início da peça: já que "somos poucos", anunciam, "Então é fazer papéis a mão-cheia:/ Mudo de roupa sou bom, sou mau, sou gago,/ Sou quatro, mocinho, fico na fila". O compromisso realista está, portanto, programaticamente afastado. As falas recortam-se lúdicas, talhadas em trocadilhos e rimas; as canções, com melodias compostas por Carlos Lyra, músico oriundo da bossa nova, têm a simplicidade adequada aos propósitos da peça e participam ativamente do espetáculo. *A mais-valia* transcorre em ritmo ágil, às vezes frenético, e sempre farsesco.

A história contada na peça opõe dois grupos, o dos Desgraçados, que representam os trabalhadores, e o dos Capitalistas. As personagens acham-se reduzidas a tipos, o que já se evidencia no nome coletivo que a elas se atribui. Os indivíduos marcam-se apenas por números que vão de 1 a 3, no caso dos patrões, e de 1 a 4, no caso dos empregados. Há outros grupos: o dos Economistas, senis e subservientes à ordem instituída; o dos Feirantes; a dupla de Barbeiros.

A situação dos trabalhadores revela-se pelo humor absurdo, como acontecera em *Revolução na América do Sul*: na hora escassa do descanso, as figuras demonstram que já não se lembram de como sentar (na peça de

Boal, a experiência de almoçar pertence à memória remota do protagonista José da Silva). A circunstância é crítica: D4 (note-se o trocadilho), isto é, Desgraçado 4, reclama: "E tenho dois minutos de descanso? Nunca vi o sol, não tomei leite condensado, não canto na rua, esqueci de sentar, quando chega a hora de descansar, fico pensando na hora de trabalhar! Chega!" (Vianna Filho, 1981: 227).

É a deixa para a primeira das seis canções de *A mais-valia* ser entoada por D1 (as músicas foram registradas em partituras manuscritas, reproduzidas ao final da peça). A ironia está em que se trata de canção fácil, mas melodiosa, anunciando os prêmios reservados aos bons trabalhadores: "A paga vem depois que a gente morre,/ Você vira um anjo todo branco,/ Rindo sempre da brancura,/ Bebe leite em teta de nuvem,/ Não tem fome, não tem mais saudade,/ Pinta o céu da cor da felicidade". A canção de Lyra e Vianna poderia ser um inspirado *jingle* — o efeito, aqui, é naturalmente irônico.

Movida por falas às quais não falta humor, destinadas, por exemplo, a caracterizar a obsessão sexual de uma das figuras em cena, D3 ("Você só pensa em mulher?", pergunta-se para que ele responda: "Nua"), a história irá repartir-se em três momentos básicos. No primeiro deles, são repassados os mecanismos ideológicos que ajudam a eternizar o regime econômico. Assim, o Capitalista 2, ou C2, conta a própria história de vida, que vem a ser a história tantas vezes reiterada do *self-made man*. O autor procura denunciar, ludicamente, o arsenal retórico desse grupo de personagens.

Outra das seções em que o argumento pode ser desmembrado é a da busca da verdade — verdade social que os lugares-comuns brandidos pelos burgueses já não conseguem esconder. A figura de D4, embora ainda não saiba exatamente o que procura, sairá à caça do conhecimento que o texto, didático, identifica à noção econômica da mais-valia. A certa altura, deflagrado o movimento de busca, a personagem dirá: "A gente pode descobrir as coisas atrás do jeitão mentiroso que elas têm".

A terceira e última das seções corresponderá ao encontro das chaves para que se desnude a realidade, cuja visão encontra-se nublada pelos muitos filtros ideológicos. O "congresso dos sábios economistas" desempenha, na comédia, papel relevante nesse sentido. Ali, os sábios, professores francamente alienados até mesmo dos assuntos em pauta no congresso, levantam hipóteses para explicar o "valor das mercadorias e preço". Um deles imagina que o preço dos produtos seja determinado por sua qualidade; outro entende que o determinante "é a etiqueta!". Um terceiro, o único moço entre os congressistas, caracterizado como gago, dirá que "o valor das mercadorias é determinado pelo tempo de trabalho que se consome na sua fabricação". O que o atento D4 apreende aqui é, portanto, o pré-requisito para que ele e, segundo as expectativas do texto, os espectadores venham a entender os processos resumidos na noção de mais-valia: o conceito de "tempo de trabalho socialmente necessário" à produção das mercadorias.

A mais-valia, ou a remuneração do capital que se acha embutida já no preço de custo dos produtos (remuneração correspondente à diferença entre o valor do trabalho e o valor dos salários efetivamente pagos aos trabalhadores), virá a ser desvendada por D4, que, de posse daquela noção, se empenha em divulgá-la, conduzindo o colega D1 a uma feira imaginária. Na feira de sonho, em tom de fábula, o conceito é repassado para que o espectador possa apreendê-lo melhor. D1 constata, desolado: "Eu trabalhei oito horas...", ao que D4 acrescenta: "E gasta pra viver — pra poder trabalhar no dia seguinte — só duas horas... As outras seis horas... ficam na feira... é o lucro!" (Vianna Filho, 1981: 271).

Como notou Marx, o capitalismo baseia-se na exploração de uma espécie de mercadoria capaz, ela própria, de produzir mercadorias: o trabalho humano. Remunerando-o abaixo do que de fato vale (ou seja, segundo valor inferior ao dos produtos que os operários fabricam), o capital toma do trabalho os dividendos com que poderá multiplicar-se. A esse processo, diz o dramaturgo, dedicado a divulgar noções marxistas básicas, chama-se mais-valia.

A história, sempre talhada em tom de farsa, encaminha-se para o conflito decisivo entre Capitalistas e Desgraçados, estes agora cientes de como se reproduzem e potencializam as diferenças sociais, para falarmos conforme os pressupostos assumidos pelo texto. A divulgação desse conhecimento (conhecimento elementar, mas capaz de alterar as relações entre ricos e pobres, como pretende a peça) amedronta os Capitalistas, que mandam prender D4. A prisão terá, no entanto, de ser relaxada porque os trabalhadores ameaçam fazer greve se o companheiro não for libertado. Na iminência de arcar com prejuízos insuportáveis, os patrões se veem obrigados a soltar o subversivo.

O confronto entre patrões e trabalhadores é, portanto, contornado ou ultrapassado com a ameaça de greve — para que o final da história se faça apoteótico, assim como ocorria nas velhas e politicamente inocentes revistas musicais. Tudo o que existe, descobrem os que nada têm, "é nosso". Tudo, sem exceções de qualquer tipo: "A vida é tua! A vida é tua!", exultam as personagens, enfim liberadas da ignorância que as condenava à inação política (Vianna Filho, 1981: 223-282).

Elementos de historiografia 35

O que poderia haver de ingenuidade no desfecho atenua-se pelo fato de se tratar de comédia — gênero que concede álibis e direitos diversos a seus autores, entre eles o direito ao final feliz, acima das estritas disposições da vida real. Pode-se mesmo dizer que um dos princípios da comicidade consiste no desprezo à realidade — princípio que, na farsa, se converte em desprezo absoluto. Com isso, exercita-se o desejo de mudar ou de corrigir a vida objetiva. No caso, em seus aspectos políticos.

As estratégias estéticas adotadas pelo autor mostram seu débito com Bertolt Brecht nas indicações de cena que pedem, por exemplo, que os apetrechos utilizados pelos atores na caracterização dos tipos, a certa altura, sejam "tirados do baú, à vista do público", ressaltando adiante que "a preparação fica bem visível para o público" (Vianna Filho, 1981: 230, 233). Se as convenções sugeridas no texto e potencializadas na montagem têm algo a ver, de fato, com as revistas da Praça Tiradentes (onde, no Rio de Janeiro, se concentravam as salas dedicadas a esse gênero de espetáculos), por outro lado percebe-se tratar-se de revista informada por Brecht, com suas insistentes recomendações de que a ilusão cênica fosse rompida; até porque um mínimo de ilusão ou de envolvimento se fazia preservar naqueles espetáculos populares, ao passo que, em *A mais-valia*, a ilusão é deliberada, recorrentemente quebrada, como atestam aquelas rubricas.

Vale deter o olhar sobre as canções de Lyra e Vianna, para encerrarmos as considerações sobre a peça. São seis as melodias registradas, embora o texto exija que os atores cantem noutros instantes além daqueles em que as músicas aparecem.

A primeira delas, já mencionada, chama-se *A paga* e traz a indicação de andamento: "canção lenta". O efeito irônico, resultante de se ter aqui a música com que se consolam (muito provisoriamente, é verdade) os trabalhadores, já foi apontado. Outra música exibe espírito bem diferente: é a *Canção da farinha*, em que a indicação de andamento (ou de interpretação) pede "ritmo". A letra alude a processos mercantis e, por isso mesmo, o símile carrega, outra vez, ironia: "Olha a farinha,/ Limpa e bem purinha,/ Branca/ Como lembrança de paixão...".

A *Valsa do feliz* comparece à cena em que se elege "o homem mais feliz do país", em concurso semelhante àqueles que o rádio e a televisão sempre foram pródigos em promover, com prêmios como que caídos do céu, desligados do talento ou do esforço dos eventuais contemplados. Revela-se aí, sugere o texto, mais um estratagema ideológico entre os destinados a abrandar o descontentamento dos mais pobres. A brincadeira crítica prende-se a que a valsa é gênero normalmente reservado a derramamentos líricos. O exagero descarnado da letra, em proposital desacordo com os esquemas melódicos habituais nas valsas, torna a canção risível: "Não quer comer, não quer beber,/ Ri sem saber por quê./ A mãe morreu, o irmão sumiu,/ Logo, logo vai pro beleliu...".

A marcial *Hei de vencer* empresta fôlego aos propósitos do *self-made man*: "Hei de vencer,/ Lutar até morrer/ Pela vitória,/ Pelo meu bem querer./ Glória,/ Hei de vencer,/ Hei de sorrir,/ Hei de mamar!". Já o *Jingle do Velostec*, último tipo de automóvel, garante que este "é o melhor pra pegar mulher": critica-se a superficialidade dos valores que movem o consumo. Por fim, *O melhor, mais bonito é morrer* vale-se de recurso semelhante ao usado na primeira das seis canções, isto é, o ritmo lento e a melodia gostosamente assobiável contrapõem-se com algum sarcasmo à letra, que oferece uma espécie de epitáfio aos desempregados: "Já que não há o que fazer,/ Se não há onde trabalhar,/ Se meu braço tem de parar,/ O melhor, mais bonito é morrer...".

O modelo não realista de *A mais-valia*, com seus processos jovialmente lúdicos, vinculados ao intuito de mobilização das consciências, não foi o único a ser praticado por Vianinha a partir de 1960: ele retornaria a padrões realistas em peças como *Quatro quadras de terra*, texto de 1963. Mas a comédia estreada no Rio de Janeiro daria ensejo a toda uma escola dramatúrgica, a do Centro Popular de Cultura, que se valeu com frequência dos esquemas experimentados na peça levada à cena por Chico de Assis (ainda que textos convencionalmente realistas como *Quatro quadras de terra* tenham integrado os programas teatrais da entidade). Humor, canções e proselitismo político reúnem-se nessa produção, de que falaremos a seguir.

O modelo não realista, que se afirma em *Revolução na América do Sul* e em *A mais-valia*, dará base à floração dos musicais nas décadas de 1960 e 1970, obras das quais nos vamos ocupar mais tarde.

Surgimento do CPC

Figuras fundamentais na criação do Centro Popular de Cultura, o dramaturgo Oduvaldo Vianna Filho e o sociólogo Carlos Estevam Martins conheceram-se já por ocasião dos preparativos para se escrever e encenar *A mais-valia*, em 1960. Vianinha buscava apoio teórico para entender melhor a noção marxista, preocupado ainda com os meios mais eficazes de divulgá-la em forma de teatro. À procura de interlocutores, encontrou Carlos Estevam — que depois presidiria o CPC, tornando-se um de seus principais teóricos.

O jovem sociólogo ligava-se ao Instituto Superior de Estudos Brasileiros, o ISEB, que havia sido fundado em 1955, subordinado ao Ministério da Educação. O ISEB, anota Boris Fausto (desta vez na *História do Brasil*), ganhou relevo no governo Kubitschek, "pois o Poder Executivo procurou fazer com que ele funcionasse como órgão de apoio e assessoria ao Programa de Metas", auxiliando na formulação da ideologia nacional-desenvolvimentista que marcaria o período JK. Sabe-se que "de seus conselhos participavam professores, intelectuais, representantes da cúpula militar, dos ministérios e do Congresso" (Fausto, 2003: 426).

Entre os intelectuais que circulavam na entidade, achavam-se o liberal Hélio Jaguaribe, o socialista Alberto Guerreiro Ramos e o marxista Nelson Werneck Sodré — este, informa Caio Navarro de Toledo no artigo "Intelectuais do ISEB, esquerda e marxismo", atuando um pouco à margem de seus pares, devido às suas posições políticas. Outro nome que se deve citar é o de Álvaro Vieira Pinto, autor da alentada *Consciência e realidade nacional*, obra considerada "'suma do conhecimento isebiano' na medida em que pretenderia sintetizar os resultados de diferentes análises acerca da formação social brasileira desde os anos 30", registra Toledo (em: Quartim de Moraes, 1998: 245-270). Vieira Pinto professava marxismo híbrido ou eclético e era palestrante de sucesso junto aos jovens.

Quando se tratou de compreender o conceito de mais-valia e de traduzi-lo para público amplo, Vianinha, Chico de Assis e Miguel Borges pensaram em procurar algum dos intelectuais do ISEB para ajudá-los. Álvaro Vieira Pinto foi o primeiro a ser lembrado. O mestre "galvanizava os jovens com suas aulas de ciência e materialismo dialético na Faculdade Nacional de Filosofia", que era "o polo da agitação estudantil no Rio e celeiro de militantes para o PCB", informa Dênis de Moraes na biografia *Vianinha, cúmplice da paixão*. Chico de Assis frequentava o ISEB e acabou por consultar Carlos Estevam Martins, assistente de Vieira Pinto: "Estevam elaborou um esquema explicativo sobre a mais-valia, utilizando *slides* e cartazes" (Moraes, 2000: 103).

Estreando em julho de 1960, sustentando-se por oito meses em cartaz com cerca de 400 espectadores por sessão, o espetáculo logrou reunir a juventude universitária, que transformou o teatro de arena da Faculdade de Arquitetura em ponto de encontro e de debates. Finda a temporada, Vianinha, Estevam e o cineasta Leon Hirszman viram-se diante da necessidade de criar novos estímulos que mantivessem reunidas aquelas pessoas. "Carlos Estevam sugeriu um curso de filosofia como meio de manter coeso o grupo. O professor José Américo Motta Pessanha, idolatrado pelos alunos da Universidade do Brasil, topou a tarefa. Vianinha encarregou-se de arranjar o local: o auditório da União Nacional dos Estudantes, na Praia do Flamengo" (Moraes, 2000: 112). A entidade era então presidida por Aldo Arantes, crítico do elitismo e defensor de que as universidades efetivamente participassem da vida nacional. Artistas e estudantes possuíam nítidos pontos de contato ideológicos.

Em plano mais imediato, o CPC surgiu como forma de dar sequência à discussão propiciada pelo curso ministrado por Motta Pessanha, discussão descrita por Hirszman como "muito rica, muito viva". Em março de 1961, já sob o governo errático de Jânio Quadros, criava-se o Centro Popular de Cultura da UNE, que iria existir até 1º de abril de 1964, quando golpistas incendiaram o prédio da entidade estudantil.

CPC – a teoria

Vianinha chegou a dizer, em entrevista concedida a Luís Werneck Vianna em 1974, que o que se fazia no CPC era "um pronto-socorro artístico" (Vianna Filho, 1983: 163). Fernando Peixoto, na introdução à coletânea *O melhor teatro do CPC da UNE*, organizada por ele, fala em "'pastelaria' de dramaturgia e espetáculos". Peixoto recorda que a entidade, atuante sobretudo a partir de meados de 1961, "assumia integralmente, com plena consciência de sua necessidade e limites, uma tarefa de agitação e propaganda deliberadamente circunstancial" (Peixoto, 1989: 9).

Se é verdade que o CPC trabalhou segundo o propósito imediato de participação "em muitos momentos especialmente urgentes e conturbados da vida política brasileira" e internacional (por exemplo, na circunstância do bloqueio naval imposto pelos Estados Unidos a Cuba em 1962), também é verdade que esse comportamento correspondia a uma linha de trabalho. Essa linha não dispensava as improvisações e as atitudes voluntaristas em razão das quais o CPC já foi exaustivamente criticado, inclusive pelos que nele atuaram. Mas, com erros e acertos, resultou de reflexões que conservam algum interesse ainda hoje — quando menos, pelo que dizem sobre a situação histórica em que foram formuladas.

O documento mais característico produzido no âmbito do grupo foi o Anteprojeto do Manifesto do Centro Popular de Cultura. O texto, "redigido por Carlos Estevam Martins, em março de 1962, pretendia lançar os fundamentos de um trabalho concreto no campo da arte revolucionária destinada às grandes massas", anota a historiadora Beatriz Domont no livro *Um sonho interrompido — o Centro Popular de Cultura da UNE, 1961-1964*. As ideias de Estevam foram expostas ainda no volume *A questão da cultura popular*, de 1963.

"Sectário" e "paternalista" são dois dos adjetivos com os quais se combateram as posições assumidas por Estevam no Anteprojeto (jamais se chegou a redigir o manifesto propriamente dito, o que fez o texto preliminar adquirir foros de documento permanente). De todo modo, registra Beatriz Domont, trata-se do "primeiro estudo do gênero realizado no Brasil, que serviu de instrumento de debate para intelectuais e artistas, e à luz do qual se discutiu a formação de agências de cultura popular em diversos estados do país" (Domont, 1998: 127). Agências essas que foram efetivamente criadas, embora aquele sonho viesse a ser interrompido em abril de 1964.

Outro texto produzido por intelectual ligado ao CPC foi *Cultura posta em questão*, de Ferreira Gullar, publicado em 1963 e tirado de circulação pelo golpe vitorioso no ano seguinte. Menos dogmático que o Anteprojeto, o livro de Gullar tem, no entanto, caráter mais pessoal, além de se estender por assuntos que o texto de Estevam não chega a abordar ou, quando os aborda, o faz de maneira genérica — entre eles, o debate acerca das vanguardas, nas artes plásticas e na literatura. Gullar entra no debate em torno das revoluções estéticas, numerosas ao longo do século passado, procurando ligá-lo às condições efetivas de produção artística no Brasil, enquanto as formulações de Estevam guardam tom e intenções mais teóricas ou programáticas.

O Anteprojeto divide-se em sete seções, das quais as primeiras intitulam-se "Arte popular revolucionária" e "Os funcionários da servidão". Nessas páginas iniciais, Carlos Estevam Martins define a situação da arte em meio às demais práticas sociais — a atividade artística não paira acima do solo, etérea, mas relaciona-se às outras atividades humanas. Em seguida, o autor divisa a atitude servil, segundo seus termos, dos que, em arte, desempenham o papel de representantes das ideias dominantes, tenham consciência disso ou não.

Assim, ele percebe três caminhos para o artista: o de submissão à ordem; o de insubmissão inconsequente a essa ordem, sem plano de conjunto para a tomada do poder e para a transformação da realidade; e, por fim, a insubmissão consequente, a dos artistas revolucionários.

No terceiro segmento, "O novo é o povo", Estevam afirma: "O CPC é assim o fruto da própria iniciativa, da própria combatividade criadora do povo". Alguns problemas conceituais surgem a essa altura, ligados entre si. O autor parece idealizar a entidade e seus poderes, em verdade limitados;

40   COM OS SÉCULOS NOS OLHOS

idealiza também o trabalho dos intelectuais naquele tempo e lugar, como se lhes tivesse sido delegada a responsabilidade de conduzir a população em geral a bom termo no campo da luta de classes (noções como a de vanguarda revolucionária procedem de Lenin, reaparecendo no texto brasileiro); por fim, idealiza o próprio povo, conceito complexo de que frequentemente se abusou, simplificando-o, nos debates político-estéticos da época. Dizê-lo não implica depreciar o texto de Estevam e as ideias que elabora, mas apenas notar que o conceito de povo, assim como acontece a outras noções expostas no Anteprojeto, não chega a ser discutido ou sequer explicitado, mas é dado como sabido de antemão.

O autor adota essas posições de modo claro e mesmo enfático, ao dizer que "os membros do CPC optaram por ser povo, por ser parte integrante do povo, destacamento de seu exército no *front* cultural". Quanto a esse aspecto, deve-se dar razão a Heloísa Buarque de Hollanda, embora atribuindo ao texto relevância maior do que a importância que a estudiosa lhe confere: o Anteprojeto "termina (...) por escamotear as diferenças de classes, homogeneizando conceitualmente uma multiplicidade de contradições e interesses" (Hollanda, 1992: 19). É o próprio Anteprojeto que abre o flanco à crítica, ao identificar, sem maior precisão lógica ou ideológica, os interesses da classe revolucionária (vanguarda que se supõe existente no seio do povo) aos "interesses gerais de toda a sociedade".

De acordo com o raciocínio exposto no Anteprojeto, o próximo passo é o de renunciar ao "livre desenvolvimento" da atividade criadora. Assim, a adesão ao programa revolucionário deve implicar o esforço consciente, por parte dos artistas nele empenhados, no sentido de se libertarem das "imperfeições e desfalecimentos" pequeno-burgueses que obstam o engajamento político ou diminuem a sua eficácia.

Na quarta seção, intitulada "O povo e suas três artes", residem aspectos igualmente polêmicos: trata-se da distinção entre "arte do povo", "arte popular" e "arte popular revolucionária". Na primeira das três categorias, "o nível de elaboração artística é tão primário que o ato de criar não vai além de um simples ordenar os dados mais patentes da consciência popular atrasada" (Martins, em: Domont, 1998: 138). O escasso apreço pelo povo evidencia-se aqui — atitude que, no curso das atividades do próprio CPC, virá a ser substituída pela postura mais humilde e mais atenta de pesquisa das fontes populares (podem-se constatar os efeitos que essa nova atitude terá observando-se a produção posterior a 1964, em peças como *Se correr o bicho pega, se ficar o bicho come*, redigida por Vianinha e Gullar e encenada pelo

Elementos de historiografia 41

Grupo Opinião em 1966). A arte do povo liga-se ao meio rural ou à periferia dos centros urbanos que ainda não tenha sido tocada pela industrialização. Artistas e destinatários da arte, neste caso, não se distinguem uns dos outros.

A arte popular, a segunda das categorias propostas, dirige-se por sua vez a público urbano; nela, o artista diferencia-se dos demais indivíduos, tornando-se especialista em produzir obras destinadas ao consumo de "receptores improdutivos", isto é, artisticamente passivos. A reflexão sobre arte popular parece mais verossímil que as definições de arte do povo reproduzidas há pouco, embora seja igualmente acerba. Estevam tem razão — para dar-lhe crédito, basta consultar a nossa experiência de consumidores — ao dizer que a arte popular, como ele a define, "representa sempre um salto mágico para um plano mágico de existência ao qual ninguém sabe como chegar e de onde ninguém sabe como voltar para as provas do cotidiano". A evasão propiciada pelas telenovelas contemporâneas (ainda que compensada por outros mecanismos, menos alienantes, que os folhetins televisivos também oferecem) demonstra-o diariamente.

A última das três rubricas em que se repartiria a arte é a da arte popular revolucionária. Fora dela, "não há arte popular", isto é, obras vinculadas de fato aos interesses do povo, interesses que a facção revolucionária, no interior das classes trabalhadoras, trata de representar e promover. O eixo dessa atividade liga-se à "transmissão do conceito de inversão da práxis, o conceito do movimento dialético segundo o qual o homem aparece como o próprio autor das condições históricas de sua existência" (Martins, em: Domont, 1998: 143).

Estevam afirma com agudeza, na quinta seção, "Popularidade e qualidade", que toda opção artística implica limites; não somente a opção que ele faz e que chama de "revolucionária" os possui — no que é, talvez, resposta defensiva ou prévia aos que poderiam criticar a conversão de valores estéticos em valores preponderantemente políticos. Distingue entre forma e conteúdo para definir as escolhas feitas, de um lado, pela "arte ilustrada" e, de outro, pela arte popular revolucionária — esta última privilegiaria o conteúdo, isto é, a mensagem politicamente transformadora. As ilusões de perenidade, alimentadas por artistas cultos, são devidamente alfinetadas já na sexta parte do texto, "Expressão e comunicação": "Para sentir-se criando para todos, o artista de minorias não necessita mais que sentir-se criando para si mesmo", acusa.

Mas há problemas também aqui. O primeiro deles parece ser a separação algo mecânica entre conteúdo e forma. Outro, talvez mais importante, diz respeito à crença de que o público popular seja "artisticamente inculto", achando-se "inserido a tal ponto em seu contexto imediato que lhe está vedado participar da problemática específica da arte". Importa perceber, porém, com Estevam, que "o artista revolucionário não tem evidentemente nenhum preconceito em relação à necessidade de elaborar e apurar cada vez mais os meios expressivos de que dispõe. Na verdade, o que o caracteriza não é a negligência formal mas o compromisso de clareza assumido com o seu público". Diz ainda que "nossa arte só irá aonde o povo consiga acompanhá-la, entendê-la e servir-se dela" (Martins, em: Domont, 1998: 150).

A essa altura, Carlos Estevam parte de premissas corretas — por exemplo, a de que a linguagem molda o pensamento que expressa, ou seja, a de que a forma condiciona o conteúdo ou identifica-se a ele. Mas não consegue responder, por isso mesmo, à crítica dos que apontam os limites de uma arte que se atenha a formas convencionais ou, para usar o termo utilizado pelo próprio Estevam, estereotipadas. Nessas passagens, o que se evidencia, afinal de contas, é a necessidade de se fazer o *sacrifício* de simplificar a mensagem e as formas artísticas, dado ser esse o modo de alcançar o povo — objetivo político essencial.

Na sétima e última seção, "A superioridade da arte 'superior'", o ensaísta critica o "realismo vulgar" e, no extremo oposto, o formalismo. Filosoficamente, o que está em pauta liga-se à exata compreensão de fenômeno e essência e das relações entre essas categorias, noções que ecoam ideias do pensador húngaro de expressão alemã Georg Lukács (1885-1971), embora Estevam não o mencione diretamente. Para Carlos Estevam, a teoria estética "dita 'superior'" não concebe a realidade como algo que se reflete na consciência e que se vale desta para manifestar-se; aquela teoria é incapaz de distinguir o que, na realidade exterior, seja essência ou fenômeno; por fim, a teoria de origem burguesa, criticada por ele, não percebe as relações dialéticas entre fenômeno e essência.

Ferreira Gullar, no ensaio *Vanguarda e subdesenvolvimento*, de 1969, irá ampliar os argumentos aqui esboçados por Carlos Estevam Martins. Trata-se, para os dois autores, de entender que nem tudo o que se dá à consciência pode ser tomado, sem mediações, por expressão do real. Lukács, mestre de ambos, notou que a confusão mental vivida por personagens que se tornaram paradigmáticas na literatura moderna corresponderia antes à incapacidade de apreender a realidade em suas instâncias essenciais, misturando-se o que é mero fenômeno ao que é substancial, trocando-se as causas pelos efeitos. Para o filósofo, os autores do cânone moderno — entre eles, James Joyce — teriam tratado as dificuldades de apreensão e de representação da realidade como se elas correspondessem à própria

Elementos de historiografia 43

realidade — julgada aleatória, imprevisível e, no limite, irrepresentável. No entanto, ainda segundo Lukács (filtrado sobretudo por Gullar no ensaio citado há pouco), o real não se dá de maneira aleatória, como o irracionalismo modernista pretenderia, mas pressupõe estruturas e estas podem ser não apenas apreendidas como representadas literariamente. Para entendê-las, será preciso voltar os olhos para as diferenças de classe — no Brasil, radicais.

Assim, "a qualidade essencial do artista brasileiro, em nosso tempo", diz Estevam, "é a de tomar consciência da necessidade e da urgência da revolução brasileira". A arte do CPC pretende popularizar-se ao repudiar "a métrica e a ótica do ego da arte alienada", ambicionando, "ao contrário, intensificar em cada indivíduo a sua consciência de pertencimento ao todo social", conclui Carlos Estevam Martins (em: Domont, 1998: 127-157).

As esperanças acalentadas pela esquerda brasileira, nos primeiros anos da década de 1960, de tomar o poder e de transformar as estruturas da sociedade explicam, ao menos em parte, o tom enfático e pouco afeito a contemporizações adotado na redação do Anteprojeto. Para utilizar exemplo relativo à fase imediatamente anterior ao Golpe, lembre-se o otimismo de Vianinha, expresso em entrevista dada a uma publicação cubana, quando sua peça *Quatro quadras de terra*, em 1964, ganha prêmio em concurso promovido pela Casa de las Américas, na jovem Cuba revolucionária (Fidel Castro chegara ao poder na ilha em 1959). O repórter pergunta a certa altura: "Como vê o futuro político do Brasil?". O dramaturgo responde: "Em primeiro lugar, do ponto de vista das conquistas populares, irreversível. O povo brasileiro já se organizou o suficiente para não permitir um recuo nas suas conquistas democráticas". Pouco adiante, Vianinha ressalva: "No Brasil, me parece, (...) a mais importante luta ainda é contra as tendências sectárias que procuram entregar somente a alguns setores as tarefas revolucionárias. É preciso, a cada momento, ter uma tática, um centro tático, realmente baseado nas condições objetivas da realidade. No mais um futuro e tanto..." (Vianna Filho, 1981: 291). Já se manifestava, aqui, uma autocrítica — considerando-se Vianinha, como se deve, radar autorizado da situação política naqueles anos.[10] Por outro lado, o dramaturgo e seus pares desconheciam que o perigo maior era mesmo o das forças conservadoras.

---

10 Alternativamente, pode-se entender a declaração de Vianna como representativa das posições do Partido Comunista Brasileiro, ao qual ele era filiado. Desde 1958, o PCB vinha defendendo posições gradualistas, consideradas excessivamente contemporizadoras pelas "tendências sectárias" menos dispostas a conciliações. A esse respeito, veja-se o artigo "A política cultural dos comunistas", de Celso Frederico, mencionado adiante (Frederico, em: Quartim de Moraes, 1998).

A insuficiência conceitual que se nota em passagens importantes do Anteprojeto — documento, de resto, redigido com elegância e eloquência — prende-se fundamentalmente à defesa, assumida pelo autor sem nuanças ou ressalvas, de que a arte se subordine ao propósito de transformação da realidade política, defesa somada à crença de que essa tarefa somente se poderia cumprir pela simplificação radical das formas. A premissa explícita é a de que o povo, ao qual se dirigiriam as canções, poemas, peças ou filmes de agitação, não entenderia obras que ultrapassassem os seus supostamente precários recursos intelectuais. A radicalidade do Anteprojeto, equívoca em diversos pontos, serviria, contudo, a dar alento a um debate que, já em 1963, tomava outro rumo — o de reconhecer a cultura artística ou política elaborada, ao longo de gerações, pelos mais pobres, buscando entender seus instrumentos, em lugar de dá-los como conhecidos a priori.

CPC – a prática teatral

Os espetáculos do CPC foram frequentemente exibidos na rua, em praça pública, inclusive nas duas ocasiões em que a equipe viajou, acompanhando a UNE Volante, em 1962 e 1963. A própria experiência dos espetáculos, no contato direto com plateias diversificadas, por vezes alheias aos códigos utilizados nas montagens, contribuiria para que os artistas se questionassem e, assim, buscassem alterar métodos e propósitos.

As entrevistas feitas pela jornalista Jalusa Barcellos com 33 pessoas (todas integraram o movimento, exceto Lindbergh Farias), reunidas no livro *CPC — uma história de paixão e consciência*, são instrutivas a respeito desse e de outros aspectos na trajetória da entidade. Diga-se que, além do núcleo original, no estado da Guanabara, existiram outros centros, surgidos em São Paulo, Rio Grande do Sul, Minas Gerais, Bahia.

O autor e diretor teatral João das Neves, um dos depoentes no livro de Jalusa Barcellos, recorda, respondendo a pergunta sobre os espetáculos de rua, que se trabalhava "em cima do fato político, ou seja, nós teatralizávamos o fato". E acrescenta:

> Há o fato político em si, como ele bate, como repercute, e o que pode resultar da encenação, enquanto encenação, enquanto divertimento. Quanto a esse segundo aspecto, acho que nós conseguimos apreender uma linguagem que já vinha das próprias camadas populares. A forma

Elementos de historiografia

delas se expressarem... não só no Brasil, mas também como se expressam tradicionalmente essas camadas populares mundo afora. Isto porque, se você for ver, há mais de quinhentos anos se faz o mesmo teatro de rua, que tem algumas raízes na *commedia dell'arte*, nos folguedos populares dos portugueses, que por sua vez passaram isso para nós... Então, eu acho que na época nós soubemos aproveitar tudo isso, talvez até de forma intuitiva. Porque não há do que duvidar: todo teatro de rua tem o mesmo código! Qualquer teatro no mundo usa bonecos maiores na rua, por exemplo. Então, eu acho que nós conseguimos apreender e utilizar muito bem essa linguagem (Neves, em: Barcellos, 1994: 263).

João das Neves já não está tão certo quanto à eficácia especificamente política daqueles trabalhos: "Acho leviana, inclusive, qualquer dedução a respeito, já que não nos foi dado tempo para fazer qualquer aferição nesse sentido. Tudo foi muito rápido". O CPC esteve nas ruas durante período curto e, embora tenha multiplicado suas atividades por todo o país, apenas o Rio de Janeiro, particularmente a Cinelândia e a Central do Brasil, áreas muito movimentadas, assistiram a um número ponderável desses espetáculos breves, às vezes interrompidos pela chegada da polícia. Ao lembrar o pernambucano Movimento de Cultura Popular, o MCP, anterior ao CPC e que seria, para o movimento carioca, uma das referências, João das Neves diz: "No Rio, tínhamos o [governador] Lacerda e tomávamos porrada da polícia. Todos nós fomos presos algumas dezenas de vezes porque estávamos fazendo teatro de rua. Em Pernambuco, não. Lá, o movimento foi estudado dentro do governo Arraes, portanto havia mais possibilidade de você fazer uma coisa em profundidade. Aqui, você tinha que brigar com as autoridades, tentar conseguir licença e só depois partir para a ação ou agir na marra" (Neves, em: Barcellos, 1994: 264). Pode-se recordar, a propósito, que Miguel Arraes esteve entre os primeiros políticos a serem detidos logo após o Golpe de 64.

Os códigos utilizados nos trabalhos do grupo, no entanto, nem sempre foram universalmente compreendidos, ao contrário do que afirma João das Neves. Se é fato que certas convenções se fazem obrigatórias para trabalhos teatrais de rua em qualquer latitude, há símbolos que, eficazes para plateias estudantis, não chegam a ser decodificados por plateias de extração social distinta. É o que relata o ator e produtor teatral Carlos Miranda, outro depoente no livro de Jalusa Barcellos. Miranda participou de espetáculos do CPC e foi um dos administradores da entidade. Lembrando episódio ocorrido em Pernambuco, ele conta:

Então, quando fomos fazer a *História do Formiguinho* [*A estória do Formiguinho* ou *Deus ajuda os bão*, de Arnaldo Jabor] no Arraial de Bom Jesus, em Pernambuco, onde era a sede do MCP, numa concha acústica, foi terrível. O público era o mais popular possível, das favelas pernambucanas. Começamos com a *Canção do subdesenvolvido* [de Carlos Lyra e Chico de Assis, um dos maiores sucessos do CPC], que foi um desastre total, porque o público não entendia absolutamente nada do que estava sendo colocado ali... (...) Bom, quando apareceu o "Tio Sam", o povo gritava "Papai Noel", "Papai Noel!". Quando acabou o espetáculo estávamos todos arrasados, e foi a partir daí que começou a pesar no CPC uma coisa de que ele foi muito acusado, aliás: de maniqueísta e de tentar usar uma linguagem de classe média para fazer a cabeça dos operários, através desses autos (Miranda, em: Barcellos, 1994: 117).

De acordo com Miranda, depois desse episódio "passou a pesar também uma grande preocupação com a linguagem, especialmente dos artistas que compunham o CPC" (um dos que se sentiam especialmente frustrados e preocupados com a incompreensão do público, em passagens como a relatada, era o inquieto Vianinha). Conhecimento da linguagem e conhecimento do público a que ela se destina tornaram-se pontos essenciais para os artistas do Centro Popular de Cultura, que buscaram tirar lições de reviravoltas como aquela e as teriam utilizado em novos trabalhos, não tivesse o grupo existido por tempo tão breve. Quando veio o Golpe, a tendência já era a de levar o trabalho teatral de volta a recintos fechados. A peça *Os Azeredo mais os Benevides* inauguraria o Teatro da UNE, quando o prédio foi incendiado.

CPC – a dramaturgia

A antologia *O melhor teatro do CPC da UNE*, organizada por Fernando Peixoto e publicada em 1989, nos oferece oito títulos, amostra do que se produziu no âmbito da entidade. São quatro peças curtas (as três primeiras, esquetes), duas de extensão média e dois textos longos, que se podem considerar peças teatrais completas.

O primeiro dos textos breves, conforme a ordem em que aparecem na coletânea, é *Não tem imperialismo no Brasil*, de Augusto Boal, esquete em que o autor reescreve a sétima cena de sua *Revolução na América do Sul* e que integrou o mural *Miséria ao alcance de todos*. O segundo chama-se *O petróleo ficou nosso*, de Armando Costa, extraído do mural *Imperialismo e petróleo.* De acordo com Fernando Peixoto, os dois esquetes são exemplos de "teatro para rua ou caminhão". A comicidade predomina nesses textos, embora em *O petróleo ficou nosso* também exista (e talvez seja mais relevante) o elemento patético.

A terceira peça curta é o quadro dramático *Petróleo e guerra na Argélia*, de Carlos Estevam Martins. A quarta, outro quadro dramático, dotado de elementos humorísticos eventuais, intitula-se *Clara do Paraguai* e é de Armando Costa.

Uma das peças de extensão mediana é a já mencionada farsa *A estória do Formiguinho* ou *Deus ajuda os bão*, de Arnaldo Jabor. O texto, com tipos caricatos, denunciava a resolução do governo Lacerda que proibia a reconstrução de barracos nos morros cariocas. Outra peça de extensão mediana chama-se *Auto dos noventa e nove por cento* e foi escrita por seis autores: Antônio Carlos Fontoura, Armando Costa, Carlos Estevam Martins, Cecil Thiré, Marco Aurélio Garcia e Oduvaldo Vianna Filho. O bem-humorado *Auto* fez sucesso em eventos estudantis e deu pretexto a perseguições da polícia por criticar o acesso difícil às universidades — apenas um por cento dos brasileiros frequentava, então, escolas de nível superior.

As peças mais longas são textos especialmente consistentes (ainda que neles se possam encontrar aspectos falhos ou discutíveis). *A vez da recusa*, de Carlos Estevam Martins, sofreu censura vinda dos próprios dirigentes da UNE, por questionar ações irresponsáveis praticadas por líderes estudantis. *Brasil — versão brasileira*, de Oduvaldo Vianna Filho, aborda problemas amplos, como a oportunidade das alianças entre classes sociais diversas, pondo-os em debate, encarnados na trajetória das personagens. A comicidade, de que o CPC fez largo uso, aparece em ambas as peças, mas nelas não desempenha papel central. Tanto em *A vez da recusa*, recortada principalmente em estilo dramático, realista, quanto em *Brasil — versão brasileira*, em que predominam procedimentos épicos (entre eles, *slides* e canções), prevalece o tom sério.

Comentaremos ainda outras duas peças, ambas de Vianinha, que se encontram em outros livros: *Quatro quadras de terra* e *Os Azeredo mais os Benevides*, esta considerada pela estudiosa Iná Camargo Costa, autora de *A hora do teatro épico no Brasil*, um dos melhores trabalhos do autor (Costa, 1996).

Em *Revolução na América do Sul*, Augusto Boal já havia explorado o tema do Anjo da Guarda — a ironia começa no nome da personagem —, figura cômico-fantástica, assim chamada por acompanhar cada passo de José da Silva, representante do trabalhador brasileiro. O diálogo entre José e o Anjo encontra-se na sétima cena da peça. O Anjo, desta vez simplesmente chamado Ele, volta no esquete *Não tem imperialismo no Brasil*.

A situação mostra dois homens, identificados por números (Homem 1, Homem 2), que discutem se há ou não imperialismo por aqui. O Anjo representa a presença norte-americana no país, com direito a cômico sotaque. A ação é ágil, bem-humorada e nada realista. Embora conduza à conclusão obrigatória de que "tem imperialismo no Brasil", o texto deixa certa margem a que o espectador chegue a essa conclusão pelas próprias pernas: a mensagem é bastante clara, óbvia, mas não explícita. Os recursos cênicos são os mínimos necessários; a curtíssima história apresenta-se com eficácia.

O petróleo ficou nosso, de Armando Costa, mostra 16 personagens, envolvidas na realização de um comício ou na repressão a ele. Aparecem o Velhinho, seis Populares, quatro Policiais, a Mulher e quatro Nacionalistas. A prática de escrever literalmente como se fala, que surgira poucos anos antes em *Eles não usam black-tie*, ressurge aqui. Por exemplo, quando o Nacionalista 2 diz "o comício é que vai fazê o povo pensá".

Os Nacionalistas e a Mulher trazem uma pequena torre que simbolizará, na praça, o petróleo e a campanha em sua defesa. Diante do assédio violento dos policiais, "populares recuam. A torre está armada. Nacionalistas se defendem e se afastam da torre. A massa começa a fugir. Mulher carrega a torre". A Mulher faz discurso veemente: "O nosso petróleo, o petróleo do Brasil. Ele está no fundo da terra. E nós é que temos de tirar. Se não, nós é que vamos pro fundo da terra", diz a moça, antes descrita como bonita e valente ("Mulher bonita", diz o Nacionalista 1, ao que o outro acrescenta: "Mulher de raça"). O fato de ter sido assim descrita irá intensificar o efeito dramático no momento em que a moça recebe um tiro; o efeito, no todo, é de crescendo, culminando com o disparo.

Dois homens a socorrem, enquanto outros carregam a torre. Ao final, o dado humorístico reaparece quando o Velhinho que víramos no início ressurge de trás do muro e, munido de uma lata de tinta, escreve na parede em letras grandes: "O petróleo é nosso" (em: Peixoto, 1989: 31-38).

Em *Petróleo e guerra na Argélia*, Carlos Estevam Martins compõe quadro dotado de força patética, valendo-se de seis personagens: Major, Sentinela, General, Oficial, Capitão, todos franceses, e Argelino, este vítima de tortura diante do espectador. A preocupação de abordar também os temas de política internacional, procurando relacioná-los — ainda que por analogia — à situação brasileira, comparece a este esquete e ao seguinte, *Clara do Paraguai*, de Armando Costa.

Se o primeiro texto da antologia é puramente farsesco e o segundo mistura comicidade e drama, *Petróleo e guerra na Argélia* será puramente dramático. O Major perdeu um dos braços na guerra, mas quer continuar a fazê-la, enquanto o General se revela cansado da carnificina, embora não exatamente por motivos humanitários, como se vê ao final, quando espanca o Argelino até matá-lo. As causas econômicas da guerra transparecem nas falas trocadas entre Major e General, assim como o que há de sórdido na atitude dos que a promovem. A cargo de bons atores, o breve texto de Carlos Estevam pode ter impacto sobre o público. Seu talento de autor teatral seria confirmado em *A vez da recusa*.

Clara do Paraguai, de Armando Costa, mobiliza 10 personagens: Delegado; Zizico, explorador de mulheres; Odette, prostituta; o guerrilheiro Aguirre; Moça, namorada de Aguirre; Hernando (o guerrilheiro, a Moça e Hernando encontram-se detidos em delegacia brasileira); Guarda, Agente, Prefeito e Bêbado (de quem apenas se ouve a voz). Como no texto anterior, o tratamento é basicamente dramático, salvo pelas intervenções do homem embriagado, freguês da cadeia, anárquicas e engraçadas.

O autor traça resumidamente, nas falas, o quadro em que os países pobres se acham: dependentes dos países ricos e obedientes a suas imposições. O drama de consciência vivido pelo Delegado talvez peque por ser muito sumariamente exposto — os acontecimentos se amontoam em poucos minutos —, mas tem carga patética: pretendem obrigá-lo a matar alguém torpemente, o que o repugna (mas não a ponto de impedi-lo de cumprir a ordem). Um trabalho atento de direção poderá amenizar os saltos, dando credibilidade à sequência de ações.

As falas discursivas justificam-se porque o líder revolucionário, Aguirre, tem de argumentar com o Delegado — ou deixar-se matar. A figura do Agente, que vem exigir o assassinato do guerrilheiro ("O homem não sai vivo daqui", diz ele), guarda sugestão suprarrealista: "Sujeito de terno, óculos escuros, aparência irracional, extra-humana, automática. Não propriamente de estúpido nem mal-educado. Simplesmente um homem-máquina, emissário de alguma força oculta", conforme pede uma das rubricas (em: Peixoto, 1989: 62). A peça, mais extensa que as precedentes, é outro exemplo da tentativa de refletir, com os recursos do teatro, sobre a realidade política nacional e internacional.

Em *A estória do Formiguinho* ou *Deus ajuda os bão*, de Arnaldo Jabor, o clima é francamente caricatural, com tipos de farsa. A peça pretende enfim exortar o sujeito pobre e favelado a reagir contra os que o exploram e oprimem, utilizando para isso o recurso do riso. Como acontece em *A mais-valia*, de Vianinha, a personagem principal cumprirá uma espécie de jornada até o entendimento: o frágil Formiguinho irá perceber que nenhuma autoridade local, nacional ou internacional — no seu périplo, chegará ao presidente norte-americano e ao Super-Homem — pode ajudá-lo a alcançar seu objetivo, o de simplesmente prover de uma porta o barraco onde mora. O aprendizado inclui o reconhecimento dos aliados naturais: Formiguinho passa pelo Nordeste, onde descobre que a situação no campo também é ruim para os trabalhadores.

Note-se o uso da música, que participa de boa parte da peça e comparece, por exemplo, ao diálogo entre Formiguinho e o cantador nordestino, com quem ele tece "um dueto operário-camponês". O autor pede mudança de gêneros musicais; deve haver gêneros diversos conforme fale o carioca ou o nordestino. Quando, adiante, Formiguinho chegar aos Estados Unidos, um coro de três moças o receberá cantando em estilo de revista da Broadway, conforme recomenda a rubrica.

A fatura do texto parece apressada e tosca. A peça pode, no entanto, tornar-se engraçada, a depender naturalmente da eficiência dos atores: a cena em que o truculento Carlos Lacerda é furiosamente satirizado está entre as passagens capazes de provocar o riso.

A história conduz, enfim, à tomada de consciência por parte do protagonista. Menos frágil do que ele próprio imaginava, Formiguinho retorna ao morro e enfrenta os representantes da ordem, liderando a revolta de moradores antes passivos e submissos. A essa altura, as falas deixam de ser jocosas e tornam-se exortativas: "Viu, pessoal? Viu só como a gente pode fazer o que quiser, que o mundo não cai. E o negócio é esse, pessoal. É lutar e lutar. Eu descobri isso. No Brasil inteiro o povo inteiro morre, morre mesmo. Esses caras são assassinos. Deputado é assassino, político é assassino, padre é assassino, milionário é assassino, americano é assassino".

No lance final, Formiguinho e companheiros de favela cercam o Governador, agarram-no "e o levam de cabeça para baixo para fora". A caricatura de Lacerda sai de cena aos berros: "Socorro! aiaiaiaia... polícia! Democratas, salvem-me, capitalistas, salvem-me, salvem-me!" (em: Peixoto, 1989: 98, 99).

O *Auto dos noventa e nove por cento*, de março de 1962 (é um dos poucos textos, na antologia, que trazem a data de redação), constrói uma espécie de súmula farsesca da história brasileira, em geral, e da história das universidades no Brasil, em particular. A estrutura da peça tem a ver com a revista política que pelo menos um dos autores, Vianinha, já havia utilizado noutras ocasiões. Assim como na revista, prevalece a estrutura fragmentária, à base de colagem.

A cronologia, ainda que seja referência vaga — a peça procede aos saltos, sem grande reverência à série histórica ou à verossimilhança —, encarrega-se de garantir alguma lógica à exposição dramática.

Na folha de rosto, já se lê o agradecimento irônico: "Sem a colaboração da Universidade, essa peça jamais poderia ser escrita". Não apenas o elitismo, mas também o anacronismo das instituições de ensino superior serão criticados no decorrer do auto — gênero que os artistas tomaram de empréstimo à tradição teatral popular ou ao que imaginaram ser essa tradição.

Uma Voz recita prólogo falsamente parnasiano, dando início aos trabalhos: "Tudo era silêncio na imensa terra verde e imensa, debruçada no céu a convidar os homens à humanidade". As primeiras cenas mostram um Brasil pretensamente paradisíaco, em que os índios repartem o produto do trabalho entre si, solidários. É claro que se trata de índios falando português macarrônico, infantil, de farsa. Seja como for, esse comunismo primitivo parece funcionar — para começar a fazer água com a chegada dos portugueses, representados pelo Padre, que se expressa em latim igualmente macarrônico. Os índios formam o Coro que acentua os traços de revista musical.

A perda da pureza indígena, a chegada dos africanos e a perseguição cômica de Napoleão a dom João VI são recenseadas até chegarmos ao "primeiro vestibular". Mas, nele, privilegiam-se os filhos de famílias portuguesas, preterindo-se os da terra. A Independência e a República, a seguir, representam esperanças frustradas de que o ensino se torne direito universal. Depois de 1822, os "barõezinhos" ocupam as vagas, em detrimento de outros, despossuídos. Depois da República, os prediletos passam a ser os "latifundiariozinhos". As elites se reorganizam — mas mantêm o poder e, com isso, estudar continua a ser direito de poucos.

Mais adiante, outros aspectos, além do elitismo, serão satirizados: o conservadorismo, o beletrismo, a falta de sentido prático e de relações com o mundo real, moderno, aspectos que a universidade continuaria a exibir, de acordo com a perspectiva polêmica assumida no texto.

O formato épico emprestado às cenas, que saltam sem cerimônia no espaço e no tempo, traz agora uma série de aulas mediadas pelo Bedel, que anuncia as disciplinas e o início das preleções. O humor tangencia o absurdo, buscando atingir as práticas acadêmicas pelo ridículo. Assim, a sociologia ministrada aqui despreza a noção de classe social; a arquitetura valoriza desmedidamente as colunas clássicas, passando longos anos a estudá-las, enquanto é cega para o caos urbano das favelas; a filosofia se perde e se exaspera em torno de questões puramente abstratas — que, do modo como são tratadas, se tornam alucinadamente cômicas. O Professor "solta um urro" e diz, apoplético, à guisa de conclusão dos silogismos: "Eu sou o nada! (*Gritando*) Eu sou o nada. Esta aula não existe! Vocês não existem! Eu sou um não professor. Vocês são uns merdas!". Os alunos, em resposta, "gritam, urram, latem", numa zorra completa.

O *Auto* associa humor e música. Os Alunos, assim como antes fizeram os Índios, armam seu coro. Um Estudante, solista, manifesta-se em versos: "Estamos todos em forma/ Pela reforma que não virá./ O reitor nos informa/ 'Como reforma?/ Se Universidade não há?'". A seguir, entra o Coro: "Cátedras do Brasil, parasitas da nação! Que bela lição!". As intervenções do Coro e as do Estudante solista alternam-se, no que constitui um dos processos usados na peça (em: Peixoto, 1989: 101-135). O texto evoca não apenas as revistas musicais brasileiras, como também as revistas politizadas de Erwin Piscator, feitas na Alemanha dos anos 1920.

*

São contraditórias as informações acerca de *A vez da recusa*, no que diz respeito às oportunidades em que a peça foi ou não à cena. O Relatório do Centro Popular de Cultura, reproduzido no livro de Jalusa Barcellos, informa que o texto teria sido encenado em julho de 1961, com direção de Chico de Assis. Segundo o documento, a peça foi "representada em Niterói, no Congresso da UNE, e em Brasília, no Congresso da UBES".

A lembrança que o autor do texto guarda é, no entanto, outra — confirmada por depoimento de Sérgio Ricardo, autor da música, e pelo que diz Fernando Peixoto na introdução a *O melhor teatro do CPC da UNE*: o espetáculo terá sofrido censura. Há outro dado controverso quanto à montagem: o nome de seu diretor, que de acordo com Estevam e Ricardo teria sido Arnaldo Jabor (e não Chico de Assis, este mencionado por Peixoto, informação que consta ainda do Relatório do CPC).

Carlos Estevam Martins recorda que "as relações com a UNE, em um determinado momento, foram muito atritadas". Lembra em seguida que *A vez da recusa* "foi censurada". E relata:

> Era uma peça com quarenta personagens, um musical, com música de Sérgio Ricardo e direção do Arnaldo Jabor. No papel principal, Joel Barcelos. No ensaio geral da peça, nós convidamos a diretoria da UNE para assistir. Ensaio geral! Tudo pronto para entrar no ar, com lançamento na

semana seguinte. Aí, a diretoria da UNE assistiu e disse não! A alegação era de que tinha um personagem que era o presidente da UNE e que nós tínhamos feito um negócio muito crítico. Os caras acharam que era demais (Martins, em: Barcellos, 1994: 87).

A história contada em *A vez da recusa* parece premonitória, já que se encerra com um golpe de Estado, pelo qual "o prédio da UNE era cercado e acabava incendiado. O final da peça é um prédio pegando fogo e as decisões finais sendo tomadas pelos personagens. Quase uma premonição...", depõe Estevam (em: Barcellos, 1994: 87).

Não foram, no entanto, as eventuais qualidades proféticas da peça o que determinou a censura imposta ao espetáculo (o episódio terá acontecido provavelmente em 1963). Os motivos exatos não são, contudo, absolutamente claros. Para entender as questões em pauta, lembremos o enredo: estudantes de determinada faculdade, politicamente atuantes, veem-se obrigados a protestar contra a suspensão de um colega, que se atreveu a mencionar Marx numa prova, tendo sido, por isso, contemplado com nota baixa pelo professor (o aluno, indignado, o destratou e foi punido). Ocorre que, nesse momento, a Colômbia procura manter viva uma revolução recente, e os norte-americanos se negam a comprar o café colombiano. Na visão dos estudantes, cabe ao Brasil apoiar a Colômbia, recusando-se a vender café aos Estados Unidos.

O dilema apresentado, a partir desse ponto, é: os estudantes, se entrarem em greve contra a atitude do professor, estarão desmobilizados para a luta mais ampla que, na visão de alguns deles, reside na questão do café, importante no plano internacional, luta a ser travada em aliança com setores proletários — no caso, a categoria dos portuários e a dos marítimos. A greve, que o diretor da faculdade desejava evitar, agora passa a ser estimulada por ele. A história evolui para uma situação em que, depois de terem mentido acerca do comportamento do professor — para combatê-lo, resolveram caluniá-lo, acusando-o de ter tentado seduzir uma estudante —, os universitários, liderados pelo "presidente de um diretório acadêmico", Rogério, trancam-se na sala da diretoria da Associação Brasileira dos Estudantes (referência óbvia à União Nacional dos Estudantes), comunicam-se com a imprensa valendo-se de novas mentiras (dizem que "150 estudantes e 10 operários" encontram-se ali, a seu lado) e tentam articular, por alto-falantes, manifestação contra a venda do café aos EUA.

Para Fernando Peixoto, *A vez da recusa* pode nos surpreender "porque questiona diretamente o conteúdo do movimento estudantil, na medida em que desmascara agressivamente a ingenuidade ou o infantilismo ou a imaturidade ou a irresponsabilidade de um grupo de dirigentes isolados da massa que usa a mentira como arma de luta, provocando erros irreparáveis" (Peixoto, 1989: 21). Tendemos a concordar com Peixoto — as ações de Rogério e aliados tangenciam o crime, dado que expõem a própria vida e a de terceiros. Mas o que mais incomodou os dirigentes que proibiram a peça talvez tenha sido o fato de que, em toda a trama, Jorge, o presidente da ABE (personagem que representa o presidente da UNE), se mostre hesitante, sem maior controle dos acontecimentos, disparados pelo voluntarismo quase suicida de Rogério. Carlos Estevam diz em seu depoimento:

> O presidente da UNE era um personagem que estava ocupando uma posição institucional e, num momento de crise, as massas, com suas lideranças naturais, tendem a ultrapassar as pessoas que estão em posições institucionais. Era a tese geral: o presidente da República pode ser ultrapassado pela massa, os parlamentares também podem, e aí, pusemos também o presidente da UNE. Acontece que eles não aguentaram, e como o presidente era da AP [Ação Popular, movimento católico], parecia que era uma crítica da outra corrente dos estudantes [ligada ao PCB, que com a AP formava a ala esquerda do movimento estudantil] (Martins, em: Barcellos, 1994: 88).

É curioso que Carlos Estevam, que não se pretendia artista, mas teórico, tenha sido o autor de um dos melhores textos produzidos no âmbito do CPC. Dividida em três atos, com boa estrutura realista em que se enxergam apresentação, desenvolvimento e clímax dos conflitos, *A vez da recusa* recorre ainda a processos modernos, como o do contraponto, quando cenas diferentes, em lados opostos do palco, acontecem de modo praticamente simultâneo. Seus pontos mais frágeis são o sectarismo ingênuo, expresso no Prólogo, e a fala final, de exortação (ambígua, é verdade). Entremeados à história, no momento em que os estudantes promovem atividades teatrais durante a greve, encontram-se trechos do *Auto dos noventa e nove por cento*. A estrutura de *A vez da recusa*, comparada à de *Brasil — versão brasileira*, é, como afirma Peixoto, "mais desigual". A peça de Vianinha "é bem mais rigorosa". No entanto, prossegue Fernando Peixoto, "são ambas coesas: começam e acabam, num tributo à estética piscatoriana, de forma mais épica, utilizando *slides* e canções revolucionárias, mas incluem, internamente, instantes de profunda emoção — os personagens não são desenhos esquemáticos, mas sim trabalhos [ou 'trabalhados'] com extrema precisão" (Peixoto, 1989: 21).

Elementos de historiografia

Figuras talhadas de modo nada maniqueísta, em diálogos ágeis, secos e precisos, conferem qualidade à peça de Estevam Martins.

*

Antes de comentar *Brasil — versão brasileira*, de Oduvaldo Vianna Filho, vale lembrar o que dizem vozes autorizadas com relação às fases que precedem e sucedem o Golpe de 1964, para entendermos a atmosfera ideológica do período, sintetizada na peça.

O artigo "Cultura e política, 1964-1969", de Roberto Schwarz, famoso nos círculos culturais, faz o balanço do período a que se refere o título e teria gerado polêmica. No texto, Schwarz fala, entre outros temas, da noção de povo alimentada pelo Partido Comunista Brasileiro, noção "apologética e sentimentalizável, que abraçava indistintamente as massas trabalhadoras, o lumpenzinato, a *intelligentzia*, os magnatas nacionais e o exército" (Schwarz, 2001: 13).

Essa noção apologética de povo não se teria inaugurado em 1964, mas procederia de fins dos anos 1950. Como informa Celso Frederico no artigo "A política cultural dos comunistas", "em 1958 o Partido Comunista Brasileiro aprova a *Declaração de Março* e, com ela, imprime uma guinada em sua atuação política com reflexos diretos na esfera cultural". O documento visava à "desestalinização" das esquerdas, em consonância com a tendência deflagrada pelo XX Congresso do Partido Comunista da União Soviética, ocorrido em 1956, congresso no qual os crimes do ditador Stalin, morto três anos antes, haviam sido denunciados. Celso Frederico registra:

> O texto de 58 reafirmava a tese sobre o caráter *nacional* e *democrático* da revolução nos países coloniais, tal como fora formulada, pela primeira vez, em 1928, no VI Congresso da Internacional Comunista de Moscou. De acordo com essa visão estratégica, a primeira fase do processo seria a luta anti-imperialista e antifeudal; só depois de cumprida essa etapa, a transição para o socialismo entraria na ordem do dia (Frederico, em: Quartim de Moraes, 1998: 275-276).

Para o PCB, tratava-se de considerar o imperialismo norte-americano como inimigo comum às diversas classes e de buscar, em consequência, alianças com a burguesia nacional. O resultado de tal atitude, segundo escreveu Roberto Schwarz no artigo citado, era o absurdo:

O símbolo desta salada está nas grandes festas de então, registradas por Glauber Rocha em *Terra em transe* [filme de 1967], onde fraternizavam as mulheres do grande capital, o samba, o grande capital ele mesmo, a diplomacia dos países socialistas, os militares progressistas, católicos e padres de esquerda, intelectuais do Partido, poetas torrenciais, patriotas em geral, uns em traje de rigor, outros em blue jeans. Noutras palavras, posta[s] de lado a luta de classes e a expropriação do capital, restava do marxismo uma tintura rósea que aproveitava ao interesse de setores (burguesia industrial? burocracia estatal?) das classes dominantes (Schwarz, 2001: 13-14).

A "deformação populista do marxismo" enlaçou-se com o poder ou, pelo menos, tornou-se inofensiva a ele, deixando de cultivar alianças com quem de direito, isto é, o povo, e tornou-se "a própria atmosfera ideológica do país", afirma o articulista.

A partir desse quadro e dessas premissas, ele irá analisar a produção de 1964 a 1969. Algumas percepções são importantes para o que nos interessa agora: uma delas é a de que, no pré-64, artistas e intelectuais de esquerda, oriundos da classe média em sua maioria, haviam-se preparado para dialogar com o povo, as camadas pobres da população — no que foram impedidos pelo governo golpista de Castelo Branco. Depois do Golpe, certo ranço populista e a impossibilidade de diálogo com os trabalhadores teriam limitado o alcance das manifestações culturais que se pretendiam engajadas. A esse respeito, pode-se voltar ao argumento formulado por alguns dos participantes do CPC, o de que a entidade não teve tempo de rever suas posturas; o processo de revisão apenas começava quando veio o Golpe.

A visão que Roberto Schwarz tem do período anterior ou posterior a 1964, especialmente o modo como enxerga a atuação do PCB, conciliatória, segundo ele, deve ser cotejada com a de outros autores. Nesse sentido, a peça *Brasil — versão brasileira* é exemplar. Considerada, por Fernando Peixoto, uma das produções mais maduras da "pastelaria" em que o Centro Popular de Cultura da UNE se havia convertido, dadas a urgência do protesto político e as intenções didáticas, mais do que estéticas, da entidade, sobretudo em seus primeiros tempos, a peça de Vianinha corresponde parcialmente à defesa, em forma teatral, da plataforma do Partidão. Deve-se notar que essa defesa não se faz sem ambiguidades: de fato, o instinto de autor teatral impediu que Vianinha caísse na mera propaganda. A realidade, contraditória e difícil, comparece à peça.

Elementos de historiografia

Valendo-se fartamente de recursos épicos — canções, *slides*, vozes gravadas —, Vianinha conta a história de uma greve contra o pano de fundo das pressões norte-americanas sobre a Petrobrás. A burguesia brasileira, embora a peça não a veja como santa, isto é, como aliada incondicional, sempre confiável, procura resistir a essas pressões — e nisso enfrenta não só os representantes do capitalismo internacional, no caso a Esso, mas o próprio governo brasileiro, cordialmente inclinado a ceder às exigências ianques.

Dois operários comunistas, Diógenes e Espártaco, pai e filho, ou seja, as gerações velha e nova de "soldados" do PCB, encarnam posições conflitantes no interior do Partido. Diógenes, comunista à moda antiga, quer o confronto com os patrões e o governo, não tem sensibilidade para nuanças ou composições de momento; age um pouco à moda dos "bolsões sinceros, mas radicais" de que mais tarde o general Geisel falaria, referindo-se à direita militar.

Espártaco, seu filho, encarna a posição encampada (e ao mesmo tempo problematizada) pelo autor: a necessidade de lutar contra o suposto inimigo comum, o capitalismo internacional, o imperialismo. A certa altura, próxima do ponto culminante da peça, os americanos pressionam para se limitar o alcance da Petrobrás; com isso, atingem também a fábrica de Hipólito Vidigal — e o capitalista brasileiro, então, demite funcionários. Este trecho, relativo ao momento em que os operários discutem a realização de uma greve de protesto contra a demissão de 40 trabalhadores da empresa de Vidigal, representa bem o conflito:

> DIÓGENES — (*Pegando o papel.*) Sou contra. Sou contra... Isso é baboseira. Sou contra. Sou contra essa nova linha do Partido. Eu lutei toda a minha vida e agora o Partido vem me dizer que patrão e operário são aliados? Então sou um merda. Pensei que havia luta de classe.
>
> ESPÁRTACO — Nós vamos fazer uma greve. Isso é luta de classe ou não? Mas não pode esquecer que tem um inimigo principal, que está apodrecendo o Brasil inteiro. Precisa é tirar o americano daqui. Se burguês quer tirar americano também, pode vir. Eu quero é um Brasil novo. Já. Amanhã.
>
> DIÓGENES — Partido de menina agora. Partido de enfermeirinha. Vão ajudar quem mata a gente, quem comeu minha vida, quem me deixou velho mais cedo, quem me tirou a mulher e o filho pequeno, quem me meteu num barraco no meio de porco. Não quero assim. Tenho vinte anos de Partido! Tem que me respeitar. Não vai ter Revolução assim. Chega de reunião. Chega de reunião.

ESPÁRTACO — Quem põe a gente na merda é todo mundo. Até você, até eu que não entendo as coisas direito. Tem é que descobrir o mais filho da puta e acabar com ele. Acabar primeiro com ele... (Vianna Filho, em: Peixoto, 1989: 299-300).

A seguir, Diógenes tenta arbitrariamente encerrar a reunião, mas Espártaco o enfrenta. Pouco adiante, a greve será convocada. O argumento de Espártaco: "É porque a Petrobrás está sendo sabotada. Por causa de um acordo com a Esso que fizeram. Precisamos ir à greve, companheiros. Parar essa fábrica. (Aponta.) E todas as outras" (1989: 301). Embora Espártaco acredite na utilidade de se aliar a Vidigal, não deixa de promover a greve, o que contraria os interesses imediatos do capitalista.

O desfecho de certa forma lembra o que diz Schwarz, quando fala em "salada" de setores díspares (nem tão diversos aqui, no entanto): operários comunistas e católicos, representados por Espártaco e Tiago, conscientes de suas diferenças, mas ligados por ideais idênticos, fazem discursos diante do corpo de Diógenes. O velho comunista morre de pé sob os tiros da polícia.

A cena final, em seu tom declamatório de exortação ao combate, talvez seja o ponto mais frágil do texto — estruturado, de modo geral, com habilidade. É o que nos parece hoje; mas devemos repor a peça em seu contexto, entendendo as suas intenções de agitação política. *Brasil — versão brasileira* traça o esquema dos impasses do movimento popular no país em 1962, sem perder o sentido teatral e sem deixar de apelar para as emoções do espectador, mesmo lidando mais com tipos — ou melhor, emblemas — do que com personagens.

A observação de Iná Camargo Costa no artigo "Teatro e revolução nos anos 60", publicado no livro *Sinta o drama*, procede: ela diz que o capitalista, o bom burguês nacionalista, é representado como não confiável. Na atitude do empresário, teve origem a repressão policial à manifestação operária, que culmina com a morte de Diógenes, atingido por um tiro. Permanece, no entanto, o apelo à união das esquerdas no desfecho — com a provável exclusão do burguês Vidigal (Costa, 1998: 183-191).

O empresário Hipólito Vidigal exibe atitude ambivalente: por um lado, ele tenta dobrar seus pares no Conselho Nacional do Petróleo, onde estão representados o poder político (o presidente da República, misto de Juscelino Kubitschek e Jânio Quadros), a indústria brasileira (o próprio Hipólito), a burguesia brasileira decididamente conservadora (Prudente de Sotto, "presidente do Banco do Brasil e um dos maiores acionistas da

Elementos de historiografia 59

Refinaria Capuava") e o poder imperialista (na figura do emissário da Esso, o pragmático e frio Lincoln Sanders). Em síntese, jogam-se no Conselho os interesses brasileiros em extrair e refinar petróleo contra os interesses norte-americanos em continuar a vender o produto ao país. Vidigal recusa-se a votar pela prorrogação do contrato do governo com a empresa Kellog (atrasada na entrega de uma obra), que ele entende estar sabotando os interesses nacionais. Se, nessa circunstância, age em defesa de ideais coletivos — os de independência econômica brasileira —, por outro lado é duro na negociação com seus empregados, que ameaçam entrar em greve se o empresário não aumentar salários.

A peça mostra como as pressões conservadoras sobre Vidigal podem tornar-se insuportáveis, obrigando-o a se manter fiel, mesmo a contragosto, a seus pares no poder, para sobreviver como empresário. Nesse sentido, embora encareça a necessidade de união das esquerdas — o que envolve, no caso, comunistas e católicos —, a peça afinal apresenta como dificilmente praticável a participação das elites na frente anti-imperialista.

Canções, *slides*, vozes gravadas oferecem a moldura épica às cenas em que se movem as personagens, numa peça em que Vianinha, malgrado o tom declamatório de algumas passagens, articulou habilmente problemas complexos de conteúdo e forma. *Brasil — versão brasileira*, dirigida por Armando Costa, participou do programa do CPC ao longo da primeira UNE Volante, excursão a diversos estados realizada de março a maio de 1962.

A segunda UNE Volante aconteceu de abril a junho do ano seguinte e dela tomou parte a montagem de *O filho da besta torta do Pajeú*, depois chamada *Quatro quadras de terra*, peça composta em chave dramática e não épica. Outra obra de Vianinha que comentaremos brevemente a seguir intitula-se *Os Azeredo mais os Benevides* — esta, caracteristicamente épica.

CPC – em síntese

O CPC, ainda que não tenha alcançado o objetivo de levar informação política às classes populares, de fato incomodava os poderosos da época — assim como a UNE, a que se vinculava: um dos primeiros atos da ditadura foi, como já se disse, o de atacar o prédio da entidade estudantil, no bairro do Flamengo, no Rio de Janeiro, onde funcionava o CPC. Os jovens paramilitares do Comando de Caça aos Comunistas, que agiam sob as vistas grossas do governador Carlos Lacerda, não apenas queimaram o prédio como distribuíram rajadas de metralhadora que podiam ter matado, por exemplo, o compositor Carlos Lyra ou o dramaturgo Oduvaldo Vianna Filho, entrincheirados no local.

Naquele momento, as Ligas Camponesas organizadas no Nordeste, os sindicatos reunidos em torno do Comando Geral dos Trabalhadores (CGT), Paulo Freire e seu projeto de alfabetização politizada, o veemente Leonel Brizola, governador do Rio Grande do Sul, eram alguns dos indivíduos e entidades que movimentavam o país. O CPC vinha inserir-se nesse quadro. O idealismo que animou Ferreira Gullar, Oduvaldo Vianna Filho, Carlos Diegues, Arnaldo Jabor, Cecil Thiré e muitos outros artistas evidenciou-se também no fato de que eles trabalharam quase sempre sem qualquer remuneração, literalmente por amor à causa, produzindo esquetes, poemas, filmes e canções tão panfletários quanto bem-humorados.

No livro *Um sonho interrompido*, a historiadora Beatriz Domont narra a história do grupo, lembrando os motivos que levaram à sua criação, motivos a que já aludimos. Na dramaturgia e nos palcos, o Teatro de Arena de São Paulo havia feito uma revolução com *Eles não usam black-tie*, peça de Gianfrancesco Guarnieri, lançada em fevereiro de 1958. Tratava-se de criar uma alternativa ao espetáculo considerado elitista que se praticava no Teatro Brasileiro de Comédia, o TBC, uma espécie de sucursal latino-americana do bom gosto europeu (o que, é claro, não lhe retira a importância no desenvolvimento das artes cênicas no país). *Black-tie* forneceu a chave para a mudança: a peça conta a história de operários às voltas com uma greve por melhores salários, em linguagem absolutamente coloquial. Mudados o texto e a cena, faltava transformar o público.

O Arena cindiu-se em 1960 no debate desta questão: alguns de seus membros entendiam que se devia continuar a trabalhar no Teatro de Arena, sala com 150 lugares que, de fato, passou a ser frequentada por um público mais jovem — mas ainda proveniente da classe média. Outros, como Vianinha, queriam levar o teatro ao povo, ao trabalhador, sem acesso às casas de espetáculo. Estava criada a plataforma básica de onde o CPC iria decolar no ano seguinte. Uma simplificação radical da linguagem artística, visando alcançar todos os tipos de público, faria parte do programa.

O segundo capítulo do livro de Domont oferece uma pequena biografia de Vianinha, visto como figura emblemática do CPC. Na época, "tudo era motivo para reunião", e Vianna Filho, até nos excessos, representava bem o grupo: ele adorava as reuniões. Pondo de lado os aspectos anedóticos, que também importam na trajetória do Centro, a mania das assembleias retratava, afinal, o espírito de discussão constante, de inquietação intelectual e política

Elementos de historiografia 61

que marcou a geração de Vianna. No último capítulo de seu trabalho, em que Domont recolhe depoimentos dados por Ferreira Gullar, Cacá Diegues, Cecil Thiré, Vera de Sant'Anna e Carlos Lyra, várias passagens ressaltam o carisma e a capacidade de autocrítica de Vianinha — que, quando veio o Golpe, já se encaminhava para novos conceitos de arte popular, buscando superar as simplificações.

A hesitação entre os modelos dramático e épico ou realista e não realista aparece ao se cotejarem as peças *Quatro quadras de terra* e *Os Azeredo mais os Benevides*, pertencentes aos últimos tempos do CPC. *Quatro quadras de terra* é texto realista em que se mostra, com a concentração necessária ao estilo, a tentativa de resistência por parte de um grupo de camponeses à expulsão das terras onde vem vivendo e trabalhando há vários anos. Iná Camargo Costa, referindo-se à peça, resume: "Sua característica fundamental é a adoção de um partido nitidamente dramático, de tinturas naturalistas (ao estilo gorkiano), a começar pela restrição do espaço da *ação dramática* ao interior e imediações da casa dos camponeses em processo de expulsão das terras do coronel. Um nítido recuo em relação a *Mais-valia* e a *Brasil, versão brasileira*", avalia a pesquisadora (Costa, 1996: 91). Certa linearidade e certo sentimentalismo melodramático, apontados por Jefferson Del Rios no artigo "*Quatro quadras de terra*: riscos dramatúrgicos em nome de uma luta maior" (Del Rios, em: Vianna Filho, 1981: 285-287), tornam a história arrastada ao representar, quase momento a momento, a demanda dos lavradores, que têm contra si o poder de proprietários e políticos.

Vianinha exercita o modelo épico, em texto mais feliz que o precedente, em *Os Azeredo mais os Benevides*, filiado a *Mãe Coragem*, de Brecht (a peça de Vianinha foi premiada em 1966 pelo Serviço Nacional de Teatro e publicada dois anos depois em edição do SNT). Os acontecimentos apresentados no texto brasileiro abrangem 20 anos, "correspondendo exatamente ao auge e declínio do ciclo do cacau na Bahia", entre 1910 e 1930 (Costa, 1996: 92). Humor, versos e música participam da comédia, que conta a "história de uma amizade errada" entre o proprietário das terras, Espiridião, e um de seus trabalhadores, Alvimar. Uma revolta contra a decisão de expulsar os trabalhadores (o assunto é similar ao de *Quatro quadras de terra*) termina com o assassinato pela polícia, a mando de Espiridião, do líder do movimento, filho de Alvimar. A linguagem seca, como que em *staccato*, dá ao texto certo ar de farsa, malgrado o desfecho sombrio.

Outros textos da época (estes, de recorte principalmente dramático) merecem menção aqui. É o caso de *A semente* (1961), de Gianfrancesco

Guarnieri, ambientada na metrópole; *O pagador de promessas* (1960), de Dias Gomes, peça cuja ação se passa em cenário provinciano; e *Vereda da salvação* (1964), de Jorge Andrade, que transcorre no campo. Os modelos épico e dramático viriam ambos a informar os esforços dos autores no período que se inicia em 1964 — com as necessidades de engajamento impostas (ou limitadas) pelas circunstâncias, às quais o teatro, entre as diversas artes, responderia pioneiramente.

Teatro musical de 1964 a 1979

Quatro famílias estéticas

Os textos teatrais que se fizeram no período de 1964 a 1979 devem ser estudados prestando-se atenção especial às datas e eventos a que eles reagem e que em parte os condicionam. De fato, essas obras não foram compostas visando plateias remotas ou póstumas; ao contrário, buscaram integrar-se no instante histórico, dele participar e, no horizonte da utopia, contribuir para mudá-lo.

Naturalmente, se a vigência dessas peças se limitasse àqueles momentos, seu interesse estaria diminuído, não para a pesquisa histórica, mas para o juízo estético que delas pudéssemos formar, décadas após seu nascimento. Verifica-se que aspectos vitais dessas obras permanecem fecundos, artisticamente falando — a tarefa é a de situá-los e descrevê-los.

Assim, no presente capítulo, de natureza mais historiográfica do que crítica, dispomos as peças em ordem linear, conforme as datas de estreia. O segundo capítulo estará dedicado a questões teóricas. Já na terceira e última seção, procederemos à análise crítica das obras; os textos — combinados, tanto quanto possível, à música que lhes corresponde e à notícia das montagens — serão organizados segundo quatro categorias, nas quais podemos distribuí-los com vistas a entendê-los melhor. Essas famílias estéticas, diga-se, não se pretendem estanques, mas permeáveis umas às outras.

As peças em pauta no período que nos importa são, em ordem cronológica: *Opinião*; *Liberdade, liberdade*; *Arena conta Zumbi*; *Morte e vida severina*; *Se correr o bicho pega, se ficar o bicho come*; *Arena conta Tiradentes*; *O rei da vela*; *Roda-viva* e *Dr. Getúlio, sua vida e sua glória*, apresentadas entre 1964

Elementos de historiografia 63

e 1968; *Calabar*, que estrearia em 1973, mas que só pôde ir à cena em 1980; e, a partir de 1975, *Gota d'água, As folias do látex, Ópera do malandro, O rei de Ramos* e *Vargas* (esta, em 1983, uma reedição modificada de *Dr. Getúlio*). Ao todo, 15 peças, se contabilizarmos *Vargas* (evidentemente, outros textos ou montagens poderão ser mencionados).[11]

Essas peças ganham breve comentário no resumo historiográfico que consta das próximas páginas. Para a categorização proposta, porém, vamos utilizar não todas, mas 13 das 15 obras relacionadas acima (*O rei da vela* e *Roda-viva* não serão levadas em conta para esse fim: o texto de Oswald de Andrade originalmente não prevê música, embora a direção de José Celso tenha transformado a peça num musical; já o texto de Chico Buarque revela-se frágil,[12] apesar das boas canções). Adiantamos, a seguir, as quatro famílias nas quais iremos distribuí-las no terceiro capítulo — quando selecionaremos textos representativos de cada uma das categorias para análise detalhada.

A primeira das famílias estéticas é a do *texto-colagem*, correspondente a espetáculo próximo do show ou do recital. Nesse caso, encontram-se *Opinião*, de Vianinha, Armando Costa e Paulo Pontes, e *Liberdade, liberdade*, de Millôr Fernandes e Flávio Rangel.

Outra família consiste no *texto épico de matriz brechtiana*, categoria em que se enquadram *Arena conta Zumbi* e *Arena conta Tiradentes*, ambos de Boal e Guarnieri, além de *Calabar*, de Chico Buarque e Ruy Guerra.

Uma terceira categoria contempla o *texto inspirado diretamente em fontes populares*. A essa família, pertencem *Morte e vida severina*, de João Cabral de Melo Neto, poema dramático ligado aos autos pastoris; *Se correr o bicho pega, se ficar o bicho come*, farsa de ambientação nordestina,

---

11 Outras obras poderiam constar da lista de musicais no período, evidentemente. Talvez fosse esse o caso de *Rasga coração*, de Vianinha, peça terminada em 1974, ano da morte do autor, e que chegou à cena em 1979, participando com destaque do clima de abertura que então alcançava os palcos. Não a incluímos neste panorama porque se trata, a nosso ver, de um drama com música, mais do que exatamente de um musical; o próprio autor chamou *Rasga coração* de "drama brasileiro em duas partes". Acrescente-se a circunstância (que constitui um dos critérios na escolha do repertório) de que a grande maioria dos musicais em causa teve canções ou trilhas instrumentais compostas especialmente para eles, ou se valeram de música recentemente criada, o que não é o caso de *Rasga coração* (onde velhas canções integram o complexo jogo de planos temporais armado por Vianna Filho). PS em 2012: Mantemos essas ponderações apenas em parte. É preciso ressaltar, depois de assistir à montagem de *Rasga coração* que estreou no Rio em 2007, sob a direção de Dudu Sandroni, com Zécarlos Machado no papel de Manguari, que a peça, de estrutura original, é sem dúvida um musical pleno.

12 Como o admite o próprio compositor e dramaturgo, em entrevista sobre seu teatro registrada no DVD *Bastidores* (Buarque, 2005).

COM OS SÉCULOS NOS OLHOS

escrita por Vianinha e Ferreira Gullar; *Dr. Getúlio, sua vida e sua glória* e sua reedição, *Vargas*, de Dias Gomes e Gullar, que aproveitaram a forma do enredo carnavalesco em textos que mesclam elementos dramáticos e épicos; e *As folias do látex*, de Márcio Souza, que revisita a fórmula da revista, politizando-a à maneira de Piscator.

Por fim, no quarto grupo de obras, temos o drama e a comédia musicais. É o caso do drama *Gota d'água*, de Chico Buarque e Paulo Pontes (baseado na tragédia grega *Medeia* e na adaptação televisiva feita por Vianinha da peça de Eurípides); e das comédias *Ópera do malandro*, de Chico Buarque, e *O rei de Ramos*, de Dias Gomes. Essas três peças baseiam-se nas convenções da comédia musical e, eventualmente, nas da revista. Essa família estética é a do *texto inspirado na forma da comédia musical*.

Note-se que o texto em verso, frequentemente praticado nessa fase, atravessa as quatro categorias, aparecendo em *Morte e vida severina*, *Se correr o bicho pega* e *Gota d'água*, peças integralmente escritas em versos medidos e rimados (no caso da primeira, rimas em geral toantes), e noutras obras, em que se combinam prosa e verso, entre as quais estão *Zumbi* e *Dr. Getúlio*.

Contamos, a seguir, um pouco da história dessas peças e espetáculos.

De *Opinião* a *Dr. Getúlio*

O governo Goulart imaginava-se apoiado no que se chamou de dispositivos militar e sindical, rede de alianças que era, em verdade, precária, como os acontecimentos confirmariam. No início de 1964, João Goulart pretendeu efetivar as reformas de base — urbana e agrária, entre outras —, pontos-chave de seu programa, contornando as resistências do Congresso e "começando a realizar por decreto" as mudanças, registra Boris Fausto. O historiador explica: "Para mostrar a força do governo, reuniria grandes massas em uma série de atos onde iria anunciando as reformas. O primeiro grande comício foi marcado para o dia 13 de março no Rio de Janeiro. Ele ficou conhecido como o 'comício da Central' (...). Cerca de 150 mil pessoas aí se reuniram sob a proteção de tropas do I Exército para ouvir a palavra de Jango e Brizola, que, aliás, já não se entendiam" (Fausto, 2003: 459).

A tática adotada pelo governo acabou por acirrar ainda mais os ânimos políticos. A 19 de março, a Marcha da Família com Deus pela Liberdade, "organizada em São Paulo, a partir das associações das senhoras católicas ligadas à Igreja conservadora", protestou contra o governo somando cerca de 500 mil manifestantes e demonstrando que "os partidários de um golpe poderiam contar com uma significativa base social de apoio". A contrarrevolução foi afinal deflagrada pelo general Olímpio Mourão Filho, que, com a anuência do governador de Minas Gerais, Magalhães Pinto, mobilizou tropas e tanques — os soldados seguiram de Juiz de Fora para o Rio de Janeiro sem encontrar adversários. "Na noite de 1º de abril, quando Goulart rumara de Brasília para Porto Alegre, o presidente do Senado Auro Moura Andrade declarou vago o cargo de presidente da República" (Fausto, 2003: 460, 461).

Já se disse que os artistas de teatro foram os primeiros a se organizar para resistir ao Golpe de 64, depois de alguns meses de perplexidade. O *Show Opinião*, escrito por Vianna Filho, Armando Costa e Paulo Pontes, estreia em dezembro daquele ano, no Rio de Janeiro, utilizando-se da colagem de canções, piadas, histórias curtas. O espetáculo parte, entre outros motes, da biografia de seus protagonistas, Nara Leão, Zé Kéti e João do Vale. Respectivamente, a moça de classe média alta, oriunda — e dissidente — da bossa nova; o sambista de morro, carioca pobre e assumidamente negro (Zé Kéti brinca, a certa altura, cantando o partido-alto: "Preto não vai para o céu/ Nem que seja rezador/ Preto, cabelo de espinho,/ Vai espetar Nosso Senhor./ O samba é bom,/ Batido na mão..."); e o nordestino que, expulso pela seca e pelas relações sociais anacrônicas, se emprega, no Rio, na construção civil.

Assim, por exemplo, Zé Kéti fala sobre a vida de compositor, lembrando o cerco aos intérpretes, por muitos anos, até conseguir ter gravada uma de suas canções. Diz que, com o sucesso, pôde comprar "móveis no estilo francês" e frequentar semanalmente a feira de onde trouxe para casa, durante três meses, duas sacolas cheias de mantimentos. É a deixa para Nara e coro interferirem, bem-humorados: "Ela come dois quilos de carne por dia, meu Deus, que horror./ Mas na hora da coisa ela fica com coisa e não quer amor..." (CD *Show Opinião* [1995]).

O tom alegre pode dar lugar ao triste ou ao indignado, como na famosa *Carcará*, em meio à qual, no estilo brechtiano, Nara Leão brada estatísticas que dão conta do número de migrantes vindos do Norte para o Sul em busca de vida menos ruim. Em estados brasileiros como Alagoas, o índice de fugitivos da miséria chegara, em 1950, a 17% da população, grita a ex-musa da suave bossa nova. A denúncia social vem sob a forma da colagem que mantém o ritmo aceso alternando textos e músicas, material de procedência variada. Trata-se, propõem os autores, de "aceitar tudo, menos o que pode ser mudado".

As intenções participantes do show são ressaltadas em texto publicado no disco de 1965, em que se divulga "uma condensação do espetáculo feita de modo a preservar-lhe as qualidades e a autenticidade originais". O texto, sem assinatura, diz:

> Cerca de 100 mil pessoas viram e aplaudiram o espetáculo [no Rio de Janeiro, em São Paulo e em Porto Alegre]. Qual a razão desse êxito? O *Show Opinião* é uma experiência nova no teatro brasileiro. Mas não nasceu por acaso: ele é fruto do trabalho de longos anos de um grupo de intelectuais e artistas que romperam com a cultura de elite e decidiram-se a levar a cultura ao povo. Para fazer cultura com e para o povo, meteram-se nas entidades estudantis, nos sindicatos. Pesquisaram, estudaram, debateram, erraram, acertaram. Este grupo chama-se hoje Grupo Opinião e o show foi concebido e escrito por três de seus membros: Oduvaldo Vianna Filho, Armando Costa e Paulo Pontes. Rompendo com os métodos usuais, o espetáculo foi feito de modo a revelar o substrato humano, social, político, que se encontra sob as composições musicais de João do Vale e Zé Kéti e na opção de Nara ao se tornar a intérprete da música popular socialmente engajada. Escrita a peça, foi chamado Augusto Boal, do Teatro de Arena de São Paulo, para dirigi-la, montando-se o espetáculo no Teatro do Super Shopping Center, do Rio (CD *Show Opinião*, encarte).

O fato de ter havido, a partir de então, efetiva ruptura com "a cultura de elite" nos espetáculos do Opinião e do Arena seria posto em dúvida em 1970 no artigo "Cultura e política, 1964-1969", de Roberto Schwarz, citado acima, ou em trabalhos mais recentes como os livros *Teatro e política: Arena, Oficina e Opinião*, de Edélcio Mostaço, de 1982, e *A hora do teatro épico no Brasil*, de Iná Camargo Costa, de 1996 — ainda que esses autores nem sempre utilizem os mesmos enfoques e argumentos ao questionar o valor que teriam aqueles textos e montagens.[13]

---

13 Edélcio Mostaço e Iná Camargo Costa criticam o teatro político feito a partir de 1964 sob pontos de vista diversos. Mostaço pretere os espetáculos do Arena e do Opinião, que teriam criado ilusões de engajamento, em favor dos trabalhos do Oficina. O tropicalismo praticado por este grupo, segundo o ensaísta, "colocava-se numa *terceira via*" em relação à esquerda e à direita, validando-se, entre outros traços, "pela inclusão em seu discurso do onírico" (Mostaço, 1982: 117). Já Iná Camargo, em *A hora do teatro épico no Brasil*, acredita que o teatro de agitação que se ensaiara no pré-64 diluiu-se depois do Golpe, quando *Opinião* e montagens subsequentes (inclusive as do Oficina) alimentaram pretensões participantes que já não possuíam base social efetiva. Terão sido não apenas hostilizadas pelo Estado autoritário, mas também neutralizadas pelo mercado.

O "infeliz conúbio com a demagogia" era indigitado já em 1965 em crítica de Décio de Almeida Prado a *Arena conta Zumbi*, para citarmos exemplo ainda mais precoce (Décio, no entanto, no mesmo artigo reconhecia tratar-se de "um espetáculo agressivo e inteligente"). O debate ramifica-se em várias discussões e uma de suas raízes remonta aos tempos do CPC, com a cisão tácita ou explícita entre os que defendiam os direitos criadores do artista (o cineasta Cacá Diegues estava nesse grupo) e os que enfatizavam seus deveres emergentes de participação política (o teórico e dramaturgo Carlos Estevam Martins, por exemplo). Deveremos abordar aspectos do assunto mais tarde, no segundo e no terceiro capítulos.

O princípio da colagem tende ao painel, ao mosaico: constitui procedimento épico, pelo qual os atores entram e saem de suas personagens constantemente. Outro texto organizado conforme esse modelo é *Liberdade, liberdade*, de Millôr Fernandes e Flávio Rangel (dirigido por Flávio, o espetáculo foi produzido pelo Grupo Opinião em parceria com o Teatro de Arena). Os autores compilaram cenas, canções e frases de origens diversas, ligadas pelo tema do título, mobilizando dezenas de nomes famosos, de Jesus Cristo e Jean-Louis Barrault, de Platão a Moreira da Silva, de Osório Duque Estrada à escola de samba Império Serrano. A expectativa de que a peça não viesse a ter problemas com a censura, dado o prestígio de alguns daqueles nomes (há também sentenças tomadas a Abraham Lincoln, Thomas Jefferson, Winston Churchill), acabou por se frustrar: em *O teatro sob pressão*, Yan Michalski informa que, na temporada paulistana (a estreia se deu no Rio de Janeiro), o espetáculo chegou a sofrer 25 cortes (Michalski, 1989: 24).

Em sua edição de 25 de abril de 1965, o jornal *The New York Times* comentava *Liberdade, liberdade*, que estreara quatro dias antes no Rio: "Os espetáculos teatrais que elevam a voz com protestos políticos contra o regime semimilitar do Brasil estão produzindo, no país, bom entretenimento e uma nova visão dramática". O jornal afirmava também: "Essas produções refletem o amplo sentimento existente entre os jovens intelectuais brasileiros de que o regime do presidente Humberto Castelo Branco, com sua forte posição anticomunista, é hostil à liberdade cultural e intolerante quanto às críticas de esquerda no que se refere às condições econômicas e sociais do país" (em: Fernandes e Rangel, 1977: 9).

O texto do correspondente norte-americano consta do livro com a peça e nota ainda que "essa atitude encontra campo para ataques nas atividades das comissões militares de inquérito [os Inquéritos Policial-Militares, frequentes na fase imediatamente posterior ao Golpe], as quais prenderam muitos estudantes, professores e intelectuais por se envolverem em atividades *subversivas*. Tem havido também expurgos de *esquerdistas* nas universidades, e apreensão de livros" (em: Fernandes e Rangel, 1977: 10).

Liberdade, liberdade exibe passagens especialmente densas, como a das palavras corajosas do filósofo Miguel de Unamuno diante dos franquistas, em episódio ocorrido durante a Guerra Civil Espanhola. Mas, a exemplo do que *Opinião* havia feito, recorre também a humor e música (Nara Leão está de novo no elenco, dessa vez ao lado de Vianinha, Paulo Autran e Tereza Rachel). Brinca-se com a incompetência militar para lidar com uma série extensa de assuntos. A certa altura, um oficial afirma, ao se defrontar com uma dificuldade: "Este é um problema que qualquer criança de três anos é capaz de resolver". Depois, confuso, acrescenta: "Tragam-me uma criança de três anos" (Fernandes e Rangel, 1977: 75).

Entre os fatos "que podem ser mudados", estão as relações humanas no Brasil, marcadas, no que diz respeito às classes e às raças, pela herança escravocrata. *Arena conta Zumbi*, musical em que Gianfrancesco Guarnieri e Augusto Boal se associam a Edu Lobo, estreia em maio de 1965 e leva o espectador paulista à saga nordestina e seiscentista dos Palmares. Narra-se a trajetória de gerações de líderes, através do século XVII, de Zambi a seu bisneto Ganga Zumba ou Zumbi. As várias formas de açoite ou de tortura infligidas aos escravos são relacionadas em cena do início da peça (repartida em dois atos), comentando-se em seguida: "E foi através desses instrumentos engenhosos que se persuadiu o negro a colaborar na criação das riquezas do Brasil" (Boal e Guarnieri, em: *Revista de Teatro*, 1970: 33).

O tema de uma comunidade africana em guerra contra as forças portuguesas, áspero, não exclui humor. Motivos sexuais, relativos à vida cotidiana no território Zumbi, ensejam o riso ou o sorriso. E a ironia aparece quando, por exemplo, uma rápida passagem alude a um mercado em que se vendem escravos "purinhos", "em perfeito estado de conservação", "macho e fêmea" recém-chegados da África; faz-se desconto no caso dos "estropiados" (Boal e Guarnieri: 32).

Texto e música alternam narração e cenas. Estas, distantes do modelo tipicamente dramático da história que, encerrada em si, caminha com as próprias pernas em direção a um clímax e a um desfecho, sem interferências autorais, antes ilustram, encarnam o ponto de vista, as intenções épicas dos dois dramaturgos.

Vale observar os gêneros musicais que, nascidos no Brasil, foram mobilizados para a peça, entre eles o samba, a bossa nova, os ritmos de capoeira.

Elementos de historiografia 69

E a qualidade de algumas das canções, depois famosas, capazes de sobreviver fora do contexto original, como *Upa, negrinho*, amplamente conhecida com Elis Regina. *Arena conta Zumbi* fornece bom exemplo do musical total, por assim dizer, espetáculo em que boa parte do texto é cantada e em que os diálogos e os trechos narrativos falados subordinam-se a um ritmo a que a música dá, em larga medida, o tom. A orientação vocal dos atores é falha, segundo se constata ouvindo a gravação do espetáculo; o elenco poderia render mais. O que falta em afinação e qualidade de timbres, no entanto, sobra em garra e senso teatral. O espetáculo inaugura as práticas depois cristalizadas no Sistema do Coringa (entre elas, a de dois ou vários atores se revezarem na interpretação de cada uma das personagens, evitando-se a identificação estrita de uma personagem a um único ator). O método, articulado por Augusto Boal, daria base à montagem de *Arena conta Tiradentes*, dois anos depois.

Sucesso de público, *Arena conta Zumbi* não obteve, no entanto, unanimidade crítica. Décio de Almeida Prado, em artigo publicado na ocasião da estreia, citado acima, faria restrições ao "maniqueísmo" do espetáculo, embora sabendo situar os propósitos do grupo. O crítico escreveu: "Augusto Boal e Gianfrancesco Guarnieri nada têm de ingênuos. Se reforçaram de tal maneira as linhas capitais da peça, até que não se visse nada além do arcabouço, é que desejavam contrapor outros mitos aos mitos burgueses, inclusive o da superioridade da raça branca. Acreditam que a luta social se faz por meio de gigantescas simplificações, cuja finalidade é a de fortalecer o ardor dos combatentes". Décio, embora buscando compreender as intenções em pauta, discordava dos autores: "E é exatamente isso que não nos agrada em *Arena conta Zumbi*" (Prado, 1987: 67).

Aquelas reduções, segundo ele, remetem à "visão tradicional da sociedade", apenas com os termos opressor-oprimido invertidos, aproximando-se da demagogia. Lendo o texto e ouvindo a fita cassete com trechos da montagem, hoje, o que se nota não é propriamente demagogia, já que as intenções do grupo são entregues, às claras, desde a primeira cena ao juízo do espectador; mas é verdade que a ênfase e as simplificações apontadas por Décio de Almeida Prado em *Zumbi* caracterizam, em boa medida, texto e espetáculo.

O crítico iria elogiar, naquele mesmo ano de 1965, outra montagem, esta de caráter semiprofissional: *Morte e vida severina*, poema dramático de João Cabral de Melo Neto levado à cena pelo Teatro da Universidade Católica, o Tuca, com melodias de Chico Buarque, sob a direção de Silnei Siqueira, em São Paulo. A trajetória de Severino, em sua viagem do agreste ao litoral de Pernambuco, perde traços individuais para tornar-se exemplar do destino de homens e mulheres que vivem sob condições naturais e sociais miseráveis. À medida que o peregrino alcança novas regiões, muda "mais a qualidade do que a quantidade" da pobreza, como lembra Décio, mencionando trechos do poema (que fala em áreas "onde a caatinga é mais seca", no interior, e em áreas em que miséria aparece "toda vestida de lama", no litoral).

Esse quadro se apresenta, no entanto, sem que o poeta faça concessões ao sentimentalismo fácil: concordamos com Décio de Almeida Prado em que o texto exibe "esse empenho, tão característico de nossa época, de ser exato, medido, preciso, inclusive em poesia, sem que tal rigor de pensamento venha a prejudicar a espontaneidade ou a originalidade da obra de arte". O crítico alude à rima toante e à redondilha, com o "regresso deliberado às raízes ibéricas", cujo resultado "tem um cunho entre arcaizante e popular, lembrando Gil Vicente e a literatura de cordel nordestina, mas submetendo ambas essas fontes à severa disciplina 'cabralina'" (Prado, 1987: 101).

A trilha sonora do filme de Zelito Viana (adaptação do texto para o cinema lançada em 1977), composta por Airton Barbosa, mescla trechos do poema narrativo *O rio*, do mesmo João Cabral, a *Morte e vida severina*. O procedimento é perfeitamente legítimo: Severino caminha do interior para o Recife e, em *O rio*, o Capibaribe cumpre o mesmo trajeto (contado pelo próprio rio Capibaribe que, por prosopopeia, fala em primeira pessoa). As canções recorrem a ritmos e escalas regionais, estilizando-os para criar o ambiente musical adequado à história. Os arranjos valeram-se de violão, viola, flauta, percussão e coro, em vários momentos; ao final, temos o trio de forró — sanfona, triângulo e zabumba —, quando a atmosfera festiva celebra a chegada de uma nova vida, o nascimento de um menino, acontecimento com que o autor encerra o seu *Auto de Natal pernambucano* (conforme o subtítulo da peça).[14]

"Uma ordem social aberta à sua própria modificação" é justamente o que desejam Oduvaldo Vianna Filho e Ferreira Gullar, de acordo com o prefácio a *Se correr o bicho pega, se ficar o bicho come*, peça encenada pelo Grupo Opinião em abril de 1966, com direção de Gianni Ratto, e publicada sob a guarida do atuante Ênio Silveira naquele mesmo ano. O texto integrou a coleção Teatro Hoje, coordenada por Dias Gomes para a editora Civilização Brasileira, pertencente a Ênio.

---

14 Quanto à instrumentação das canções no espetáculo de 1965, o músico Romário Borelli relatou, em depoimento que nos concedeu, que a montagem original e a remontagem, de 1969 (esta com direção musical de Borelli), utilizaram "dois violões e um atabaque".

No prefácio, os autores alinham as razões políticas, artísticas e ideológicas para a fatura do *Bicho*. As primeiras dizem respeito a resistir a um grupo, o dos militares, que, empolgando o poder, se atribui o direito de tutelar os demais segmentos da população. As razões artísticas localizam as fontes na literatura popular — "a quantidade de acontecimentos sobrepujando a análise psicológica, a imaginação e a fantasia sobrepujando a verossimilhança" — e em Brecht. No autor alemão, "a forma não é mais tirada da natureza; é tirada da beleza, da necessidade de expressão do artista". O mais rigoroso teorema destinado a demonstrar, por exemplo, que "o homem não ajuda o homem", como ensina Brecht em uma de suas peças didáticas, não excluirá o encantamento: em última análise, o processo deve devolver ao espectador "seu amor à ação, à intervenção, à criação", abrindo-lhe "o apetite para o humano".

Esse programa é diligentemente aplicado à história de Roque, personagem que passa de apaniguado do coronel Honorato a perseguido pelo mesmo coronel, por tentar seduzir Mocinha, a filha do patrão. O enredo comporta várias reviravoltas e analisa, com os instrumentos da comédia, a composição das forças políticas no Nordeste brasileiro.

A peça utiliza canções largamente. Os diálogos são escritos em versos de sete sílabas, o metro do cordel, ou, mais raramente, de cinco sílabas. Outras medidas poderão aparecer, por exceção. É óbvio que o uso do verso tem muito pouco a ver, aqui, com propósitos idealizantes e mitificadores, como acontece (por exemplo) em peças clássicas francesas. Pelo contrário, dá inúmeras oportunidades a jogos verbais engraçados, nos quais a fala de uma personagem pode ligar-se à de outra pelo ritmo ou pela rima. E ajuda a instaurar, desde o começo da história, o clima cômico. A naturalidade, a leveza, a própria banalidade do verso de sete sílabas respondem por esses efeitos.

A música — segundo o que se depreende das indicações do texto — suplementa a ação, resume-a ou explica-a. Pode ainda servir como sinal de intensificação, acirramento da ação; ao mesmo tempo indica e promove esse acirramento, como acontece na cena em que Roque e seu pai brigam, sem se reconhecerem filho e pai; ou na cena em que Roque é espancado por camponeses. Nesta última, a personagem canta enquanto toma tapas e chutes; o ritmo das pancadas coincidirá comicamente com o das tônicas poético-musicais... Nos dois casos, o andamento se acelera e, por isso mesmo, ganha em comicidade. Trata-se de um processo capaz de convocar as qualidades críticas do espectador, divertindo-o.

O ambiente físico e social é naturalmente ilustrado pela música, que, desse modo, tem qualidades de cenário ou de elemento cenográfico — não visual, mas sonoro: situa a história em determinada região, determinada área; no caso, o Nordeste, de modo similar ao que se verifica em *Morte e vida severina*.

O Teatro de Arena volta a enredo histórico em *Arena conta Tiradentes*, texto de Augusto Boal e Gianfrancesco Guarnieri que estreia em abril de 1967, em São Paulo. O argumento reedita momentos decisivos da Inconfidência Mineira, ocorrida em fins do século XVIII, e é levado à cena conforme as regras do recém-estruturado Sistema do Coringa, que começara a ser pensado por Boal durante a montagem de *Arena conta Zumbi*.

Quatro técnicas básicas, procedentes de *Zumbi*, distinguem o método aplicado a *Tiradentes*: a desvinculação de ator e personagem; o espetáculo "contado por toda uma equipe, segundo critérios coletivos"; a mistura de gêneros ou de estilos e a presença da música. Quanto a esse último aspecto, vale a pena lembrar as palavras de Boal em um dos textos nos quais desenvolve as novas ideias, publicados como introdução à peça:

> A música tem o poder de, independentemente de conceitos, preparar a plateia a curto prazo, ludicamente, para receber textos simplificados que só poderão ser absorvidos dentro da experiência simultânea razão-música. Um exemplo esclarece: sem música, ninguém acreditaria que às margens plácidas do Ipiranga ouviu-se um grito heroico e retumbante, ou que, qual cisne branco em noite de lua, algo desliza no mar azul. Da mesma maneira, e pela forma simples com que a ideia está exposta, ninguém acreditaria que este "é um tempo de guerra" se não fosse a melodia de Edu Lobo [o autor refere-se a passagem de *Arena conta Zumbi*] (Boal, em: Boal e Guarnieri, 1967: 26).

O Sistema do Coringa será examinado em detalhe no segundo capítulo deste trabalho. Por ora, devemos apenas destacar as metas "de caráter estético e econômico" previstas no método. A primeira delas refere-se a como resolver o problema de apresentar, "dentro do próprio espetáculo, a peça e sua análise". Em lugar de recorrer ao coro, como os gregos o fizeram, aos apartes da tradição cômica ou ao *raisonneur*, comentarista dos acontecimentos nas peças realistas, Boal optou por inventar o Coringa, sem esconder a sua natureza, mas desvelando a sua condição de "paulista de 1967", ou seja, alguém que pertence não ao mundo das personagens, mas ao mundo real, exterior à peça. O Coringa comenta o espetáculo valendo-se de ponto de vista francamente autoral.

Outra meta liga-se a uma das técnicas já aludidas, relativa ao estilo. Trata-se de aproveitar gêneros e estilos existentes, da farsa ao melodrama e do naturalismo ao expressionismo, utilizando-os conforme a conveniência de cada uma das cenas, afinal relacionadas sob a perspectiva unificadora do Coringa.

A terceira meta pretende a incorporação das inovações, sem que novas conquistas venham excluir as mais antigas: "E isto deve ser feito dentro de uma estrutura que seja inteiramente flexível e absorvente de qualquer descoberta e ao mesmo tempo imutável e sempre idêntica a si mesma", diz Boal. O ensaísta compara o teatro ao futebol, que conta com regras fixas, ressalvando que, "dentro dessa estrutura imutável ou pouco modificável, nada deverá impedir a originalidade de cada 'jogada' ou cada 'cena', 'capítulo', 'episódio' ou 'explicação'" (1967: 33, 34).

O quarto ponto refere-se a solucionar o impasse entre aspectos subjetivos e aspectos objetivos do comportamento das personagens. De um lado, estão os heróis clássicos de que fala Hegel, que podem "livremente exteriorizar os movimentos do seu espírito", sendo, portanto, donos de seus atos, mesmo na derrota (a sua eventual queda também teria origem subjetiva). De outro, as criaturas à maneira de Brecht, que dependem do contexto em que se inserem; para estas, um dos polos de conflito "é sempre a infraestrutura econômica da sociedade, ainda que seja o outro um valor moral" (1967: 35). No método brasileiro, opta-se por uma composição das duas concepções, embora com o predomínio da segunda tese, de tipo marxista.

A quinta e última das metas tem motivos econômicos. Assim, "a montagem obediente ao sistema do Coringa torna-se capaz de apresentar qualquer texto com número fixo de atores, independentemente do número de personagens, já que cada ator de cada coro [coros deuteragonista, *mocinho*, e antagonista, *bandido*] multiplica suas possibilidades de interpretação. Reduzindo-se o ônus de cada montagem, todos os textos são viáveis" (1967: 35).

Boal fala ainda em "duas estruturas fundamentais" para se alcançarem as metas do Coringa, "a de elenco e a de espetáculo". Importante aqui é a exigência de que o protagonista — na peça em pauta, o alferes Joaquim José da Silva Xavier — mantenha-se na esfera do mundo ficcional, interpretado por um único ator, que o representará em termos naturalistas com vistas a promover a empatia; enquanto as demais personagens serão vestidas por diversos atores, em rodízio.

Estruturado em dois atos, *Tiradentes* compõe-se de dedicatória (cantada na abertura), explicações ("O teatro naturalista oferece experiência sem ideia, o de ideia, ideia sem experiência. Por isso, queremos contar o homem de maneira diferente"); cenas propriamente ditas, que podem oscilar do farsesco ao dramático (neste último caso, veja-se a morte de Tiradentes); além de intervenções dos corifeus, que diferem do Coringa por pertencerem efetivamente ao mundo ficcional.

A peça procura traçar analogias entre a situação no século XVIII, com os pesados dízimos impostos pela Coroa portuguesa à Colônia, e a situação no pós-1964, quando a contrarrevolução se fez para, entre outras providências, impedir mudanças nas relações de poder internacionais — quando os autores falam em Portugal, deve-se pensar nos Estados Unidos. Intelectuais como Cláudio Manuel da Costa e Tomás Antônio Gonzaga, embora não se tornem vilões completos, são vistos como tontos, dedicados a fazer versos e a sonhar com "bonitas leis" quando deveriam estar atentos à reação portuguesa, afinal precipitada pela delação.

O tom de exortação — deliberado, mas nem por isso menos questionável — compromete a qualidade de algumas cenas ou letras (cantadas com melodias de Gilberto Gil, Sidney Miller e Caetano Veloso). Feita a ressalva, devem-se perceber as evidentes virtudes teatrais de *Tiradentes*, entre elas a agilidade na combinação dos climas cômicos e patéticos. Essas virtudes foram reconhecidas também no espetáculo, na ocasião da estreia, por comentaristas como Sábato Magaldi (Magaldi, 1998).

Representantes de outra vertente importante no teatro que se realiza naquele momento, o diretor José Celso Martinez Corrêa e o Teatro Oficina redescobrem Oswald de Andrade, levando à cena pela primeira vez *O rei da vela*, em setembro de 1967, em São Paulo. Aqui, já não se trata de adular o público, tentando *conscientizar* cidadãos cientes até o cansaço do que se passa no país, como supostamente o Arena teria feito em *Zumbi* e em *Tiradentes*, segundo Edélcio Mostaço afirma em *Teatro e política*. Trata-se de promover, no plano do espetáculo, uma colagem na qual se misturam a cena épica inspirada em Brecht e a paródia do teatro de variedades, da opereta, da ópera. Tudo casado à crítica patrocinada por Oswald, que espinafra os vícios tropicais — entre eles, o oportunismo sem escrúpulos — na figura de Abelardo I, o usurário rei da vela: "Herdo um tostão de cada morto nacional", diz a personagem. A atitude do Oficina, para dizê-lo de modo breve, difere da sustentada pelo Arena: o grupo de Zé Celso adota postura anárquica, em contraste com a atitude mais cartesiana e otimista que seria a do grupo de Boal e Guarnieri.

O cruel e cínico Abelardo I liga-se subservientemente a Mr. Jones, testa de ferro do capital internacional, e, no papel de senhor, às chamadas classes menos favorecidas — alguns de seus membros vêm ao escritório do agiota para implorar empréstimos, que Abelardo concede a juros esmagadores. Mas Abelardo II, seu auxiliar, irá ludibriá-lo, arruinando-o e conduzindo-o ao suicídio. O que se sublinha com ironia a partir da coincidência dos nomes é a continuidade: "passam os homens, permanece o sistema", analisa Décio de Almeida Prado no artigo "O teatro e o modernismo". Texto e espetáculo convocam o espectador a encarar, mediante as falas debochadas e a salada de gêneros, "a realidade de uma comédia histórica monstruosa", disse o crítico francês Bernard Dort, impressionado com a montagem que visitou a Europa em 1968.

Décio de Almeida escreve: José Celso, "ao explorar *O rei da vela* para fins de encenação, acabou por descobrir três estilos, apropriados às diferentes fases do texto" (dividido em três atos). Depois de fazer restrições ao uso da ópera, "que caracterizaria o terceiro ato, por ser o da 'tragicomédia da morte'", o crítico louva os achados relativos aos dois primeiros atos, para os quais foram mobilizados recursos provenientes do circo e da revista:

> Já os dois outros estilos do espetáculo fluíam naturalmente das sugestões do texto: a ferocidade e o grotesco do circo, para o primeiro ato; a comicidade canalha da revista, para o segundo. O teatro voltava assim, na ânsia de apreender o Brasil elementar, primordial, aos dois gêneros apontados por Antônio de Alcântara Machado (e, de passagem, por Mário de Andrade) como os mais aptos a exprimir "as graças e desgraças da descivilização brasileira" (Prado, 1993: 38).

Em *Roda-viva*, a primeira peça de Chico Buarque, que estreia em janeiro de 1968 no Rio, sob a direção furiosa de José Celso Martinez Corrêa, o mote das ilusões políticas perdidas, que o poeta iria desenvolver em outros textos, se anuncia, mesmo limitado à figura do cantor Benedito Silva e às relações deste com o mercado de shows e discos, potencializado pela jovem e já onipresente televisão[15] — mercado que consagra o artista e, depois, o descarta.

As 50 laudas que constituíam a comédia foram transformadas pelo diretor José Celso num espetáculo obediente à tese do "teatro da crueldade", teoria devida ao francês Antonin Artaud, refeita à moda da casa. José Celso dizia em entrevista a Tite de Lemos, publicada em março de 1968:

> Para um público mais ou menos heterogêneo que não reagirá como classe, mas sim como indivíduo, a única possibilidade é o teatro da crueldade brasileiro — do absurdo brasileiro —, teatro anárquico, cruel, grosso como

---

15 "Em 1960, apenas 9,5% das residências urbanas tinham televisão; em 1970, a porcentagem chegava a 40%", informa Boris Fausto (Fausto, 2001: 268).

Com os Séculos nos Olhos

a grossura da apatia em que vivemos. (...) Cada vez mais essa classe média que devora sabonetes e novelas ficará mais petrificada; no teatro, pelo menos, ela tem que degelar — na base da porrada (Corrêa, 1998: 98-99).

João Antonio Esteves, ator e professor de artes cênicas da Universidade de Brasília, com quem conversamos, assistiu à montagem paulista de *Roda-viva* em 1968 e recorda: os atores passeavam em meio à plateia, instalavam-se no colo dos espectadores, sujavam de sangue as suas roupas — como na cena em que devoravam pedaços de fígado cru, alusiva à voracidade com que a televisão e sua audiência comem o coração dos ídolos. João Antonio informa que as respostas às provocações eram as mais distintas, mas parece possível identificar duas atitudes básicas, extremas: a de rejeição ou, pelo contrário, de aceitação cúmplice do espetáculo. "Tinha gente que se incomodava profundamente e saía do teatro, indignada"; e havia "os que ficavam, que eram quem compactuava", porção majoritária.

A história composta por Chico Buarque não exigia, como tampouco proibia, o tratamento dado pelo diretor à peça, em trabalho fora dos limites do Oficina. Pode-se resumir o enredo conforme os seguintes passos, distribuídos em dois atos: o cantor Benedito Silva, que ainda não conhece o êxito, encontra-se com o Anjo, figura caricata de empresário, que cinicamente o transforma em Ben Silver, decalque dos astros norte-americanos.

Aliado ao Capeta, representante da imprensa de escândalos, o Anjo conduz a carreira de Silver até que o rapaz, em crise de consciência — seu amigo Mané o condena, aos palavrões, por seu comportamento inautêntico —, embriaga-se e é flagrado em pleno porre pelo jornalismo venal. O Anjo opera nova metamorfose, fazendo de Ben Silver o telúrico Benedito Lampião e levando-o a cantar no exterior, onde exibirá nossos mais puros e valentes valores musicais. Novos ataques ao músico, vindos agora de nacionalistas irritados com o fato de ele, "depois de defender a reforma agrária", ter ido "receber dólares dos americanos", obrigam o Anjo a destiná-lo à morte não apenas artística, mas física, substituindo-o por Juju — a viúva do ídolo, fantasiada de *hippie*, nova protegida do empresário. Com todos esses saltos, característicos de farsa, Chico satirizava os vários tipos — o cantor de iê-iê-iê, o compositor de protesto — em voga nas telas e nos palcos em 1968.

A temporada de *Roda-viva* em São Paulo envolveu episódio melancolicamente famoso: o espancamento de atores e técnicos pelos delinquentes do Comando de Caça aos Comunistas, o CCC, que invadiu o Teatro Ruth Escobar a 17 de julho. O ataque levou Nelson Rodrigues a comentar, consternado, em

Elementos de historiografia 77

crônica publicada poucos dias depois do incidente: "Desde a Primeira Missa, nunca se viu, aqui, indignidade tamanha" (Rodrigues, 1996: 62). O grupo enfrentaria novas violências em setembro, em Porto Alegre.

Ferreira Gullar, agora ao lado de Dias Gomes, volta a utilizar o verso em *Dr. Getúlio, sua vida e sua glória*, que o Opinião encena em agosto de 1968, com estreia em Porto Alegre, a poucos meses do AI-5. Dessa vez, a música nos leva à quadra de uma escola de samba no Rio de Janeiro.

A peça conta duas histórias paralelas. No plano da realidade, a escola, com Simpatia, Tucão, Marlene, passistas, músicos, ensaia o enredo que mostrará em breve na avenida: a trajetória de Getúlio Vargas, com ênfase em seus momentos decisivos, finais. No plano da ficção, as cenas da vida do ditador, ensaiadas na quadra da escola, materializam-se à nossa frente. Teatro dentro do teatro, portanto, estrutura habilmente manipulada por Dias Gomes e Gullar. As duas tramas, no final, se enlaçam, e a morte de Getúlio, a personagem do enredo, será também a de Simpatia, o presidente da escola que lutava para manter seu posto, conquistado pelo voto, com Tucão, o ex-presidente, bandido que não aceita a derrota na eleição que fez de Simpatia o novo líder. Marlene, ex-amante de Tucão e atual namorada de Simpatia, encarna outro motivo do ódio entre os dois homens.

A primeira rubrica avisa: "A ação transcorre, toda ela, na quadra de uma Escola de Samba. É um grande pátio, onde não há móveis, utensílios de qualquer natureza. Apenas um praticável onde fica a Bateria" (Gomes e Gullar, 1968: 5). Esta, na maior parte das vezes, introduz e sustenta o samba-enredo que volta recorrentemente ao longo de toda a peça, calando-se para dar lugar ao ensaio em que se conta parte da saga de Getúlio. Mas pode tocar em momentos como aquele em que, já no final, o Autor — que faz as vezes de narrador — vem à cena para anunciar os lances decisivos da trajetória de Vargas. Aqui, a Bateria dá a trilha de fundo, arma a atmosfera, prepara o desfecho.

Note-se o jogo ficção-realidade pelo qual as cenas do enredo carnavalesco, em que aparecem personagens tiradas da vida real — Getúlio, seu irmão Benjamim, Alzira Vargas, Carlos Lacerda —, têm diálogos em prosa; enquanto as cenas reais — as falas do Autor ou as conversas de Simpatia e Tucão, por exemplo — foram, em geral, escritas em verso. O efeito, curiosamente, é o seguinte: as cenas do enredo, ficcionais, ganham aspecto realista, enquanto por um paradoxo feliz, as que corresponderiam à vida real têm o tom fantástico, lúdico, que os versos e a música lhes emprestam.

De *Calabar* a *O rei de Ramos*

Saltaremos alguns anos, pulando os anos de chumbo da repressão violenta, da prática institucionalizada da tortura, da censura feroz à imprensa e às artes — fase na qual os musicais, e o teatro mais diretamente político ou polêmico, escasseiam. Sem deixar de mencionar, porém, o retorno a Arthur Azevedo promovido por Flávio Rangel em 1972, com a montagem de *A capital federal*, texto de 1897, uma "comédia-opereta", segundo a definição do autor.[16] O espetáculo mereceu elogio do cronista Nelson Rodrigues, que tempos antes havia sido bastante azedo com Flávio, ao dizer que ele não era um diretor de teatro, mas "de préstito carnavalesco". Agora, diante de *A capital federal*, Nelson redime-se: o espetáculo "causa uma embriaguez leve, tão leve como a euforia de um anjo" (Rodrigues, em: Siqueira, 1995: 229).

Para Flávio, a montagem tinha o sentido de recapturar valores importantes e quase esquecidos. Em entrevista a Sábato Magaldi, opina:

> Exagerando um pouco, eu diria que as três coisas que o dramaturgo brasileiro sabe fazer são: a chanchada, a revista e o drama social. E a tradição da chanchada foi interrompida pela atuação estetizante do TBC. Realmente a importância do TBC no teatro brasileiro é fundamental, mas o fluxo da dramaturgia do teatro brasileiro foi estancado. Minha geração, instruída pelo TBC, condenou erradamente o tipo de espetáculo que faziam a Alda Garrido e o Jaime Costa. Esquecemos que eles eram herdeiros de uma tradição que deveria ter sido mantida e adaptada. No Brasil, há muitas formas de teatro que não foram sequer exploradas. É o caso da *Capital federal*. A maior parte do público ignora que essa é uma forma de teatro rica e importante, que vem desde 1897 (Rangel, em: Siqueira, 1995: 223-224).

Saltando a fase que vai de 1968 a 1973, chegamos a *Calabar, o elogio da traição*, de Chico Buarque e Ruy Guerra. Aliás, os tempos, em 1973, continuavam sombrios: a censura proibiria a apresentação do espetáculo em cima da hora, quando já se haviam realizado todos os gastos humanos

---

16 A peça poderia ser qualificada como burleta. Referindo-se a *A capital federal* e a *O mambembe* (1904), também de Arthur Azevedo, esta chamada "burleta" pelo dramaturgo, Décio de Almeida Prado pondera: "Talvez, por sua indeterminação, [este] seja o rótulo mais apropriado a tais peças, que, sem preocupações estéticas, retiram a sua substância e a sua forma a um só tempo da comédia de costumes, da opereta, da revista, e até, com relação a certos efeitos cenográficos, da mágica" (Prado, 1999: 148). A burleta seria gênero de síntese, em voga no Brasil na passagem do século XIX para o XX.

e materiais necessários à montagem, dirigida por Fernando Peixoto. Só em 1980 *Calabar* viria à cena. A peça reporta-se ao episódio histórico em que o brasileiro Calabar bandeia-se para o lado dos holandeses — que disputavam com os portugueses o controle econômico do açúcar em Pernambuco — para debater os conceitos de traição e traidor, assim como Brecht já pusera em causa a noção de herói, lembra Peixoto em texto introdutório. Para isso, misturam-se procedimentos épicos e dramáticos, com predominância dos primeiros, mesclando-se ainda climas sérios e cômicos.

Calabar, o suposto traidor, teria escolhido o lado menos ruim, o dos flamengos. O príncipe Maurício de Nassau, déspota com tintas renascentistas, chega a estas terras e promove mudanças benéficas à população nativa, mas, afinal, será apeado do poder: a seus financiadores de além-mar pouco interessavam as melhorias realizadas por ele na colônia.

Deve-se notar a fragilidade de *Calabar*, compensada em parte pela beleza lírica ou bem-humorada das canções. As letras podem destinar-se a revelar tendências ou a armar cenários, mas podem ainda, como acontece em *Tira as mãos de mim*, valer como diálogo — nesse caso, Bárbara, falando a Sebastião do Souto, compara Calabar, já morto, a Souto, afirmando a inferioridade deste: "Ele era mil, tu és nenhum,/ na guerra és vil, na cama és mocho...".

O texto, em certos instantes, assume o tom de discurso indignado, dedicado a exortar o espectador a agir na modificação do real (o caso histórico serve de metáfora à situação brasileira em 1973, quando a propaganda oficial impunha o dilema: "Brasil, ame-o ou deixe-o"). É fato que isto se dá sem simplificações excessivas. Trata-se de panfleto de bom nível, dotado de humor e de eventuais momentos densos de poesia, mas, em teatro, o panfleto pode reduzir a tensão dramática — ou épica. É o que parece acontecer com a peça.

A própria questão da empatia se torna problemática: Bárbara, no primeiro ato, é vista por três vezes, mas em funções de narrador ou de sujeito lírico, antes do momento importante em que interpela três militares de algum prestígio, ligados aos portugueses, o negro Dias, o índio Camarão e o pobre Souto. A moça questiona com energia a atitude pragmática, avessa a escrúpulos, adotada pelos três. Contudo, para que acreditemos em sua possibilidade de fazê-lo, temos de nos identificar com ela — e o texto não nos dá grandes chances nesse sentido.

A peça, em seu recorte épico, deixa à personagem — isto é, a atriz que a representa — a tarefa de se impor junto à plateia. Bárbara canta a perda de seu homem, exorta-nos a prestar atenção às próximas cenas e censura o castigo dado a Calabar — rebeldes provenientes da elite nem sempre encontram a

80   Com os Séculos nos Olhos

morte, diz ela. A intérprete precisará afirmar-se muito eficientemente para, dessas intervenções puramente líricas ou épicas, retirar a força dramática necessária à inquisição posterior, feita a Dias, Camarão e Souto; claro, é preciso ainda que *acreditemos* na presença destes. Não se negam qualidades ao texto; procura-se indicar os seus limites.

Já *Gota d'água*, de Chico Buarque e Paulo Pontes, baseada na *Medeia* de Eurípides revista por Vianinha (que adaptou a trama clássica para a televisão, em *Caso especial* escrito no início dos anos 1970, exibido na TV Globo), é artisticamente mais feliz. A peça estreia em dezembro de 1975 no Rio, sob a direção de Gianni Ratto, depois de algum temor quanto à atitude da censura, que acabou por liberá-la. Redigida em versos medidos e rimados, entre os quais predomina o metro decassílabo, traz algumas canções antológicas.

Os autores referem-se, no prefácio, à circunstância histórica em que o texto foi escrito. Ressalta, aqui, o tema da cooptação, o recrutamento de talentos por um capitalismo que, necessitado de quadros, aprende a convocá-los, ao contrário do que acontecera em fases menos dinâmicas da economia brasileira, quando a pequena classe média e, dentro dela, os intelectuais e artistas estiolavam-se em modestos empregos mal remunerados; empregos que, garantindo a sobrevivência, limitavam projetos de vida mais ambiciosos. Trata-se agora da seleção dos mais capazes, com todos os problemas éticos nela implicados.

Gota d'água apresenta a história de Joana, abandonada por Jasão, homem mais jovem com quem ela viveu durante 10 anos e de quem tem dois filhos, situando-a nos subúrbios cariocas. Como na peça grega e na adaptação televisiva, somos confrontados desde as primeiras cenas com os lamentos de Joana. O sambista Jasão, com seu oportunismo, constitui emblema dos poucos indivíduos ou setores da classe média, ou mais raramente das camadas pobres, a serem convidados para a festa dos ricos.

O drama não exclui lances de humor. Um desses momentos aparece na forma de canção cantada em coro, *Flor da idade*. O contexto é o de uma cena no bar a que Jasão comparece, depois de discutir com mestre Egeu, que ganha a vida consertando eletrodomésticos. Egeu exerce autoridade moral no ambiente que Jasão está prestes a deixar, assim como deixou a mulher, Joana. Ela coleciona motivos para queixar-se da condição feminina e prepara a vingança, convicta de que "Não se pode ter tudo impunemente/ A paz do justo, o lote do ladrão/ mais o sono tranquilo do inocente". O tom dominante, diga-se, nada tem de leve ou alegre: o humor atenua passagens dolorosas, mas também pode acirrá-las, por contraste.

Elementos de historiografia 81

No bar, os homens festejam irresponsavelmente o casamento próximo de Jasão com Alma, a filha do rico Creonte: "A gente faz hora, faz fila na Vila do Meio-Dia...", cantam eles, desatentos ao drama de Joana, que se desenrola em um dos apartamentos próximos. De modo semelhante, e ainda mais nítido, o primeiro ato carregado de maus presságios se encerrará, por antítese, com uma embolada cheia de bom humor. A música mobiliza vários dos vizinhos e representa a corrente de boatos, a respeito de Creonte, Jasão, Joana, que circula na Vila do Meio-Dia. O primeiro ato terminado em tons de apoteose é procedimento comum nas revistas e comédias musicais, onde os autores foram buscar o recurso, mesclando-o ao tema e aos processos dramáticos em *Gota d'água*.

O texto comove quando se aproxima do argumento de *Medeia*, contemplando os embates entre Joana e Jasão, o ódio que ela sente, as disposições de Creonte, convertido aqui em dono do conjunto habitacional onde se passa a história. A interpretação de Bibi Ferreira na personagem principal está registrada em disco e, ouvindo-a, temos acesso a aspectos do espetáculo, que terá sido em boa parte monitorado pela atuação simultaneamente visceral e técnica da estrela. A bela *Gota d'água* é um dos textos a serem analisados com vagar no terceiro capítulo deste trabalho.

A história se repete como comédia musical. É o que nos diz Chico Buarque na *Ópera do malandro*. A montagem estreia em julho de 1978, dirigida por Luís Antonio Martinez Corrêa (encenador responsável por duas edições de *Theatro musical brasileiro*, espetáculos nos quais contou a história do gênero, realizados nos anos 1980). O texto baseia-se na *Ópera dos três vinténs*, de Bertolt Brecht e Kurt Weill, de 1928, que por sua vez se inspira na inglesa *Ópera do mendigo*, de John Gay, 200 anos mais velha que a descendente alemã (Chico Buarque e equipe também se apoiaram no texto inglês, como esclarece nota na edição da peça).

O momento histórico, referido por Luiz Werneck Vianna no prefácio à *Ópera do malandro*, é, agora, outro: a abertura política e, com ela, a econômica aparecem no horizonte. Qualquer brasileiro de juízo sabia que o milagre, lastreado na dependência com relação aos países ricos e, internamente, numa concentração de renda brutal, não se sustentaria mais. O presidente Geisel falava em distensão enquanto lançava, em 1977, o "pacote de abril" que, entre outras medidas, criava a figura do senador indireto, popularmente conhecido como biônico e destinado a ajudar a garantir a sobrevida do regime.

É fácil perceber o quanto o grupo que se reuniu em torno de Chico e Luís Antônio tinha razão: aqui estamos, modernos — Werneck termina seu texto perguntando: "E agora?" —, mas tão parecidos com o que sempre fomos. Trata-se da "modernização autoritária" tanto em 1945, quando se passa a história da *Ópera*, quanto em 1978, quando os capitães preparavam-se para abandonar o barco.

A peça comenta a redemocratização e suas ilusões reportando-se a acontecimentos de 1945 e 1946, data da Constituição que revoga em parte as disposições autoritárias do Estado Novo. A premissa, bastante sensata, é a de que a invasão legal de praias brasileiras pelos capitais e produtos norte-americanos beneficiará os mesmos gatos pingados de que, em *Gota d'água*, Corina fala ao dizer: "Parte, Jasão, pro banquete da meia dúzia". De quebra, aquela invasão deixa no idioma as sequelas de uma série de sestros e anglicismos: é como se, batizando em inglês qualquer birosca, *shoppings* e *malls*, nos tornássemos mais próximos do ideal.

No plano da forma, vale perceber, por exemplo, como uma canção, recurso épico — no caso, *Geni* —, pode sustar por minutos a ação e com isso criar, por paradoxo, o suspense tipicamente dramático. Recursos épicos e dramáticos eventualmente se equivalem: a canção, que nos distanciaria do drama, segundo a cartilha brechtiana, serve para nos atar a ele, já que o desfecho da cena só acontecerá quando Geni, ou Genival, terminar a sua longa ladainha.

O gênero, aqui, é o da comédia musical — que se distinguiria da revista, grosso modo, pela presença clara de um fio dramático. A estrutura se assemelha à do musical americano: canções intercaladas à história que, no entanto, segue lépida, parando aqui e ali para nos deliciar com as melodias e letras. Evidentemente, o efeito hipnótico que os números cantados produzem, nos filmes de Hollywood, não se repete aqui, na *Ópera*, empenhada em fazer pensar, capaz de usar a ironia sem parcimônia.

Ou não: a distância entre a *Ópera do malandro* de Chico ou a *Ópera dos três vinténs* de Brecht e Weill, de um lado, e os espetáculos da Broadway e os filmes de Hollywood, de outro, pode ser apenas convencional ou aparente, uma ilusão devida à boa vontade política do observador.

É o que lembra o crítico Anatol Rosenfeld acerca da obra de Brecht e Weill, em artigo sobre o dramaturgo, publicado em *Teatro moderno*. Rosenfeld nota que a peça, embora destinada a fazer o espectador acordar de sua alienação, acaba encontrando o sucesso comercial na Broadway, onde fica em cartaz por sete anos... Pode-se ligar esse fato às palavras de Iná Camargo Costa em *A hora do teatro épico no Brasil*, quando afirma que o teatro político por aqui redunda, no pós-64, em espetáculos perfeitamente

Elementos de historiografia 83

inofensivos (Iná entende que o impulso originário do CPC se perdeu ou se diluiu nos anos posteriores ao Golpe). É claro que essa não é uma questão fechada, mas cabe refletir sobre o "pobre B.B.", caçado como bruxa durante o macarthismo[17] e, alguns anos depois, autor de sucesso no reduto mais caro e conservador do teatro americano. Mudou a Broadway, ou Brecht e a teoria sobre o cancelamento da hipnose estão, na verdade, equivocados? O problema está em saber se a música, em cena, afinal colaborou, ao contrário do que se pretendia, para embalar o público, niná-lo, adular seus sentidos, reconduzindo-o assim à evasão.

É provável que as questões, aqui, tenham de ser enquadradas em moldura mais ampla que a estética e ideológica, avançando sobre as práticas de produção e consumo das obras de arte.

A revista *As folias do látex*, do amazonense Márcio Souza, foi apresentada pela primeira vez em maio de 1976, tendo sido remontada dois anos depois. Manaus, Rio, São Paulo e Brasília viram o espetáculo, que o autor e diretor chamou, em prefácio, de "metavaudeville" (Souza, 1978).

De fato, o gênero das revistas pode, sem abdicar de seu caráter de entretenimento — se o fizesse, estaria sendo seriamente deturpado —, carregar conteúdos nada fúteis. O espetáculo pretende resumir a história da borracha na Amazônia, com o fausto e a imprevidência das elites que se beneficiaram da exploração daquela matéria-prima, procurada intensamente pela indústria mundial nas últimas décadas do século XIX e nas primeiras do século XX.

Márcio Souza recorre, à moda de Piscator e Brecht, a frases projetadas ou recitadas para a abertura de algumas das seções da peça. Prólogo e apoteose — a "pose triunfal" na cena que encerra o primeiro ato, quando a Amazônia cede ao assédio do Americano, enlaçando-se com ele — são procedimentos da revista conscienciosamente utilizados aqui.

Os diálogos se ressentem dos cacoetes estilísticos de Oswald de Andrade, autor que, muito provavelmente, influenciou o dramaturgo de *As folias do látex*. Certos cacoetes só parecem legítimos em seu proprietário. O deslize não empana, porém, a possível eficácia cênica da revista, que mescla crítica política à opereta de Offenbach, polcas e valsas de Ernesto Nazareth às de

---

17 O macarthismo propriamente dito dar-se-ia no início dos anos 1950, mas a comissão diante da qual Brecht compareceu, a 30 de outubro de 1947, tinha índole semelhante à dos processos que viriam a ser dirigidos pelo senador Joseph McCarthy. "O objeto imediato desses interrogatórios de 1947 era a 'subversão' em Hollywood", esclarece Frederic Ewen, biógrafo de Brecht, ao tratar do período em que o dramaturgo viveu nos Estados Unidos (Ewen, 1991: 391).

Johann Strauss, informações secas e sérias acerca da migração nordestina para a Amazônia durante o ciclo da borracha a humor ingenuamente malicioso — como convém aos trabalhos do gênero.

Três personagens importantes para a história recente do teatro musical no Brasil reúnem-se na equipe de *O rei de Ramos*, grande sucesso que estreia em março de 1979: o dramaturgo Dias Gomes, o diretor Flávio Rangel e o compositor Chico Buarque, autor das canções, ao lado de Francis Hime. As intenções do trio e de seus colaboradores, ao tecer o espetáculo, correspondem ao projeto de um teatro político e popular como, desde os anos 1960, Vianinha e Paulo Pontes, entre outros autores, o compreendiam.

O rei de Ramos conta a história de uma disputa entre contraventores, Mirandão e Brilhantina, rivais ferozes. Os bicheiros esbarram no amor inesperado de Taís, filha de Mirandão, e Marco, filho de Brilhantina. Existe algo de *Romeu e Julieta* no argumento, mas, como lembra Flávio Rangel, "aquilo que em Shakespeare termina em tragédia, aqui termina em marcha carnavalesca".

Outra analogia se percebe, esta entre a peça de Dias Gomes e a *Ópera do malandro* de Chico Buarque: o recurso à apoteose, ao *gran finale* que, em ambos os casos, serve para denunciar ironicamente as saídas de que o capitalismo lança mão — o cartel, a democracia da meia dúzia, o roubo legal ou ilegal.

Flávio Rangel diz em texto introdutório:

> A peça foi escrita por uma encomenda minha, na busca de retomar a tradição interrompida do musical brasileiro. E na busca permanente daquilo que tem sido a maior preocupação da geração à qual pertenço, e a uma visão de mundo semelhante, como a que informa Dias Gomes, Guarnieri, Plínio Marcos, Ferreira Gullar e preocupou Vianinha e Paulo Pontes: o estabelecimento de uma dramaturgia popular, e um estilo nacional de interpretação (Rangel, em: Gomes, 1987: 7).

As palavras de Flávio guardam laços com as ideias que o Teatro de Arena e o Centro Popular de Cultura da UNE haviam começado a formular, anos antes. Ainda no prefácio à peça, o diretor nos diz que, nas reuniões promovidas pela equipe, "os nomes mais citados talvez tenham sido o de Arthur Azevedo e os dos autores das comédias de costumes anteriores à nossa época" (Rangel, em: Gomes, 1987: 8).

É bom mencionar as palavras de Dias Gomes para entendermos a tarefa confiada à música em *O rei de Ramos*, que "não é uma revista":

É uma peça onde a música desempenha um papel dramático, contribuindo para esclarecer e fazer andar a narrativa. Mas foi minha intenção, ao pesquisar e manipular aquelas raízes populares, como queria Vianna Filho, usar, de uma maneira apropriada ao nosso tempo, a dinâmica e a forma de comunicação direta que fizeram da revista, por várias décadas, o nosso teatro popular (Gomes, 1987: 10-11).

Apenas para deixar claras certas noções básicas: se a revista se assemelha a uma colcha de retalhos a que um tênue fio de enredo ou a figura do compadre, comum às diversas cenas, vem dar unidade, a comédia musical oferece um lugar importante à história, apresentando-a dramaticamente e pontilhando-a com canções.

Talvez os críticos mais severos possam reclamar outro destino para Taís e Marco, firmes, no início da história, em sua negação da autoridade dos pais e, aparentemente, também do mundo de crimes e mutretas em que os velhos chafurdam. Mas não é inaceitável o caminho que o autor lhes traça: para ficarem juntos, tornando-se necessários àquele mundo em que resolvem afinal ingressar, Marco, formado em economia no exterior, e a namorada acabam indicando aos respectivos pais como funciona o capitalismo profissional, de que Mirandão e Brilhantina, até ali, não são mais do que uma caricatura sem esmalte. Marco os inicia nos segredos do monopólio, da concorrência desleal... e legal.

Os bicheiros, reconciliados, se agrupam em cartel e passam a planejar, como qualquer grande empresa ou conjunto de empresas que se preze, o lançamento de filiais pelo planeta. Deverão vencer, assim, a ameaça da zooteca, ou seja, o bicho regulamentar, e a decadência que seus *negócios* vinham apresentando com o refluxo dos apostadores.

Dias Gomes e Ferreira Gullar retornam, em 1983, a *Dr. Getúlio, sua vida e sua glória*. O texto foi modificado em alguns aspectos para que pudesse refletir o novo momento, em que a abertura política pontificava, e mudou de nome para *Vargas* (o título anterior transformou-se em subtítulo). Na direção, o mesmo Flávio Rangel, aparentemente incansável.

Dias Gomes não considera *Dr. Getúlio*, ou *Vargas*, um musical no sentido estrito; para ele, trata-se de uma peça em que a música aparecia de "maneira meramente acidental", como diz na introdução que escreveu para *O rei de Ramos*. Temos o direito, no entanto, de incluí-la nesta série de espetáculos cantados, feitos de 1964 a 1983: uma leitura minimamente atenta nos fará perceber que o papel da música é mais que "acidental", sobretudo na segunda versão do texto, quando a tarefa das canções parece ampliar-se.

86   COM OS SÉCULOS NOS OLHOS

Ao assumir a forma do samba-enredo, criação popular, como base para *Vargas*, os autores se inseriam, segundo declaravam já em 1968, "na linha de pesquisa do novo teatro brasileiro que parte da premissa de que é preciso libertar o palco de todas as convenções anteriormente estabelecidas". Não se trata de trocar velhas convenções por novas, simplesmente. Para eles, "o enredo é uma forma de narrativa livre, aberta, que pode prescindir até mesmo da lógica formal, muito embora a sua característica de desfile pressuponha uma ordenação. Mas essa ordenação pode ser quebrada, subvertida, sem prejuízo de uma unidade e uma coerência próprias" (Gomes e Gullar, 1983: 10).

Mais do que questionar, como fez o então governador Leonel Brizola, a ausência de João Goulart na história de Getúlio — ausência justificada pelo recorte da saga getuliana, tomada em seus momentos finais, quando Jango se encontrava afastado da arena política —, talvez devamos nos queixar da pequena ênfase dedicada à truculência com que o ditador reprimiu e, por várias vezes, eliminou fisicamente os dissidentes. É verdade que a polícia, a espancar manifestantes, comparece à peça, mas autores e diretor privilegiaram a deposição e o suicídio de Vargas (que voltara ao poder pelo voto em 1950), encarando-os como a consequência de suas atitudes nacionalistas, inassimiláveis pela direita local e internacional.

Em síntese

É importante perceber o quanto, para a geração de Flávio Rangel, o exame da realidade brasileira precedia a elaboração das obras; o quanto a inovação formal como que decorria do conhecimento que pudéssemos obter dessa mesma realidade, das fontes populares, dos problemas sociais crônicos, do vigor com que os nordestinos pobres responderam à seca e ao cerco das elites com o cordel, o repente, o mamulengo, assim como os cariocas fizeram, da miséria nacional, sambas ambiguamente belos. O conteúdo gerava a forma nova — tão certo quanto, "sem forma revolucionária, não há conteúdo revolucionário", para lembrarmos o bordão maiakovskiano.

Essa atitude atenta ao acervo popular parece ligar-se à última fase do Centro Popular de Cultura da UNE, quando a pretensão, por parte de artistas de classe média, de *conscientizar* politicamente as classes pobres converte-se na busca — ainda que tantas vezes desajeitada — de aprender com elas.

As ideias estéticas que circularam no período serão discutidas a seguir, no segundo capítulo. Foram colhidas em autores como o dramaturgo e teórico Bertolt Brecht, do *Pequeno órganon para o teatro*, e o filósofo e crítico literário Georg Lukács, da *Introdução a uma estética marxista*, influentes no país desde os anos 1950,[18] e em artistas e ensaístas brasileiros, entre eles Augusto Boal, Ferreira Gullar e Anatol Rosenfeld.

Ressalve-se que Lukács e Gullar (este, em *Vanguarda e subdesenvolvimento*, de 1969) não falam de teatro nas obras abordadas (o primeiro tem como referência maior a ficção; o segundo trata de ficção, poesia e artes plásticas), mas participam com elas da atmosfera intelectual que então se respira.

A produção de peças e espetáculos se fez acompanhar, nos anos 1960 e 1970, de reflexões político-estéticas, algumas vezes formuladas de modo algo breve e fragmentário, mas, noutras ocasiões, desenvolvidas de maneira mais extensa, como é o caso do Sistema do Coringa, articulado por Augusto Boal em 1967, ou, em chave não especificamente teatral, os ensaios de Ferreira Gullar. Essas ideias alcançam os dias atuais, relidas nas suas fontes originárias ou desdobradas em textos dos próprios Boal e Gullar, assim como em trabalhos de Roberto Schwarz, entre outros autores. Buscaremos comentá-las com vistas a entender o papel que desempenharam no período e o modo como se relacionaram, ou se relacionam, às peças que temos estudado.

---

18 Lukács e Brecht confrontaram-se em fins dos anos 1930, quanto o filósofo impunha seu conceito de realismo, indigitando como "formalistas" as pesquisas que buscassem contorná-lo (Lukács, em: Machado, 1998). Brecht deixou anotações irritadas em seus diários, criticando Lukács pelo dirigismo, notas só divulgadas anos depois (Brecht, 2002). No debate brasileiro, há momentos em que as posições em torno de Lukács ou de Brecht se acirram e se tornam antagônicas, como se lê nos artigos "Realismo ou esteticismo — um falso dilema", de Dias Gomes, e "Humanismo e irracionalismo na cultura contemporânea", de Carlos Nelson Coutinho, textos publicados em 1966. Dias manifesta simpatia por Brecht, repelindo as tentativas de se limitar o horizonte das experiências estéticas, enquanto Coutinho argumenta, com algum poder de persuasão, em favor das teses de Lukács.

Capítulo 2

AS IDEIAS ESTÉTICAS

A desordem no mundo, eis o tema da arte. Impossível afirmar que, sem desordem, não haveria arte, e tampouco que haveria arte: nós não conhecemos um mundo que não seja desordem.

Brecht, em *Escritos sobre teatro*.

O épico: Bertolt Brecht

Conexões brasileiras

A recepção à obra do dramaturgo e ensaísta alemão Bertolt Brecht no Brasil inicia-se, ou ganha força, nos anos 1950. Montagem pioneira de texto do autor no país foi feita por elenco de amadores: em 1951, os alunos da Escola de Arte Dramática (EAD), de São Paulo, dirigida por Alfredo Mesquita, representaram *A exceção e a regra*, uma das chamadas peças didáticas de Brecht, escrita em 1930.[19]

O dramaturgo, naquele momento, era desconhecido do público — não só no Brasil —, mas os especialistas em teatro tinham notícia de sua obra, como se verifica ao ler crítica publicada por Décio de Almeida Prado na imprensa paulistana, na qual comenta o espetáculo da EAD. É provável que se tratasse de contato recente; se a reedição do artigo em livro tiver sido fiel até a pequenos equívocos do original, a grafia "Bertold", em lugar da usual "Bertolt", será sinal de intimidade ainda incipiente com o autor alemão (Prado, 2001: 140-142).

---

19 Em "Brecht no Brasil, um projeto vivo", apresentação da coletânea *Brecht no Brasil — experiências e influências*, o organizador do livro, Wolfgang Bader, afirma que a primeira peça do dramaturgo encenada no país foi *Terror e miséria do Terceiro Reich*, montagem realizada "por alemães exilados" em 1945, em São Paulo. O trecho do artigo de Bader onde aparece a informação é o seguinte: "Brecht entra no Brasil por três diferentes caminhos: primeiro, pelas traduções francesas de que se valem os escritores modernistas, a partir dos anos 40, para apresentar o autor, através de poemas e teses teóricas; segundo, por alemães exilados, que nos anos 40 começam diversas atividades teatrais, sobretudo em São Paulo, cidade onde é feita a primeira encenação de uma peça de Brecht aqui: *Terror e miséria do Terceiro Reich* (1945); terceiro, pelo contato direto que vários profissionais de teatro e críticos brasileiros tiveram nas suas viagens à Europa com peças de Brecht quando assistiram a montagens francesas ou a encenações do 'Berliner Ensemble' na França. Como frágeis raízes, esses encontros brasileiros com Brecht se robustecem e crescem ao longo dos anos 50 para acelerarem-se no ano da morte do autor, em 1956, e florescerem a partir do final dos anos 50" (Bader, 1987: 15).

De fato, o dramaturgo tornara-se conhecido fora da Alemanha já a partir de 1928, com o sucesso em Berlim da *Ópera dos três vinténs*, composta em parceria com o músico Kurt Weill, sucesso multiplicado por montagens realizadas noutros países. Mas os anos de exílio, que se estenderam de 1933 a 1948, certamente limitaram a divulgação de suas peças e artigos, estes sempre muito ligados à prática de palco.

De todo modo, desde seu retorno à Europa (primeiro à Suíça, depois à Áustria e finalmente à Alemanha, em outubro de 1948), os textos brechtianos voltariam a espalhar-se para além do solo e do idioma alemães. Considere-se que as montagens norte-americanas haviam tido alcance limitado, como diz o biógrafo Frederic Ewen: "Quanto ao seu impacto sobre a América [onde Brecht viveu por alguns anos] e o público americano, não se podia dizer que fosse amplo ou profundo" (Ewen, 1991: 395).

Mas o biógrafo registra que, já em 1951, o teatro de Brecht "ganhava fama no exterior". Na França, produziu-se naquele ano "uma versão bastante comovente de *Mãe Coragem*". No ano seguinte, o Berliner Ensemble — a companhia que Brecht e sua mulher, a atriz e diretora Helene Weigel, criaram em novembro de 1949, em Berlim Oriental — viajou, impressionando os vizinhos: "Em Varsóvia seu impacto foi enorme, levando um crítico polonês a afirmar que a companhia e seus espetáculos e repertório revolucionavam e liberalizavam inteiramente a vida teatral da Polônia".

Ewen informa ainda que "as peças de Brecht tornaram-se parte do repertório-padrão também na Alemanha Ocidental, ocupando lugar de destaque depois de Shakespeare, Goethe e Schiller. A República Democrática Alemã [fundada em outubro de 1949] conferiu-lhe o Prêmio Nacional de Primeira Classe em outubro de 1951" (Ewen, 1991: 423). O passaporte para o reconhecimento internacional era, então, frequentemente conferido pelos franceses, e o Berliner Ensemble iria consolidá-lo em 1954, quando a companhia venceu o Festival de Paris com *Mãe Coragem*.

Voltando à recepção brasileira a Brecht, outro exemplo encontra-se em três artigos de Sábato Magaldi publicados na imprensa entre outubro de 1956 e fevereiro de 1957, mais tarde reproduzidos em livro sob o título de "A concepção épica de Brecht" (o dramaturgo morrera em agosto de 1956). A simpatia pelas teses e peças brechtianas, embora sem adesão irrestrita, evidencia-se nas palavras com que o crítico abre a série de artigos. O fato de que a sua ressonância mundial apenas principiava também foi registrado por Magaldi:

Há poucos anos o teatro de Bertolt Brecht (1898-1956) começa a alcançar cidadania universal e, já hoje, ao menos para um círculo de críticos e espectadores, situa-se como o mais representativo do nosso tempo. À insatisfação generalizada contra uma dramaturgia que se confinava entre quatro paredes, que se consumia em psicologismo deliquescente ou em verbalismo estéril — o autor de *O círculo de giz caucasiano* respondeu com uma obra larga, aberta, generosa, épica. Os problemas de suas peças transcendem o deleite de um público restrito e instauram o verdadeiro teatro popular (Magaldi, 1989: 269).

O crítico, a seguir, qualifica o que entende por "teatro popular": "Essa verificação pode prestar-se a equívocos, porque o conceito de teatro popular ora se vincula a ideologias políticas, ora é utilizado pejorativamente, para sugerir abdicações estéticas. No caso de Brecht, porém, o popular deve ser entendido na mesma dimensão em que são populares Ésquilo, Shakespeare, Lope de Vega e a *Commedia dell'Arte*". Segundo Magaldi, "a genialidade do criador supera deficiências da paixão polêmica do teórico" (1989: 269). O ensaísta analisa a obra fazendo alguns reparos às ideias enunciadas por Brecht, críticas às quais vamos nos referir mais tarde.

A primeira montagem profissional de uma peça de Brecht no Brasil deu-se em 1958, quando a Cia. Maria Della Costa encenou *A alma boa de Setsuan*, espetáculo que seria comentado por Sábato Magaldi em agosto daquele ano. Referência à montagem, dirigida por Flaminio Bollini, acha-se ainda em texto de Vianinha, intitulado "Momento do teatro brasileiro" (o escrito provavelmente se conservou inédito até a sua edição em livro), datado de outubro de 1958. Membro do Teatro de Arena, Vianinha, aos 22 anos, arrolava o espetáculo entre os fatos auspiciosos da temporada:

> Esse ano, neste sentido, é de importância enorme. *Eles não usam black-tie*, de Gianfrancesco Guarnieri, é o símbolo de todo um movimento de afirmação do teatro brasileiro. Além disso? Jovens diretores: Antunes Filho, Flávio Rangel, Augusto Boal, Fernando Torres, José Renato, o elenco do Teatro Brasileiro de Comédia, que estuda e amadurece de espetáculo para espetáculo, Ariano Suassuna, Jorge Andrade e a próxima montagem de *Pedreira das almas*, o desenvolvimento dos cursos da Escola de Arte Dramática, o excepcional trabalho de ajuda e estímulo ao teatro pela Comissão Estadual do Teatro, dirigida por elementos da própria classe teatral, a pelo menos estabilização do preço do ingresso, o aumento de público, a realização de espetáculos populares, a montagem de Brecht pela Cia. Maria Della Costa, a fundação de um Seminário de Dramaturgia

As ideias estéticas 93

de São Paulo, um Laboratório de Interpretação, pesquisando uma forma nacional da arte de representar, tudo o mais (Vianna Filho, 1983: 24).

Prudente ou dialético, Vianinha acrescentava: "De acordo. Ainda é um início. Mas início para chegar ao mais alto dos objetivos: teatro brasileiro". O mesmo Vianna Filho utilizaria versos do *Canto da grande capitulação*, de *Mãe Coragem*, como epígrafe para a peça *Os Azeredo mais os Benevides*, de 1964. Em outros ensaios reunidos em *Vianinha — teatro, televisão, política* (onde se encontra "Momento do teatro brasileiro") também aparecem menções a Brecht.

Para fechar estas referências à chegada de Brecht ao Brasil, podem ser citadas ainda as menções ao dramaturgo que se leem no prefácio a *Se correr o bicho pega, se ficar o bicho come*, peça de Vianna Filho e Ferreira Gullar, encenada pelo Grupo Opinião e publicada em 1966. Em Brecht, segundo o prefácio assinado pelo grupo, a forma literária "não é mais tirada da natureza", isto é, já não precisa corresponder ao realismo e ao estilo dramático a ele identificado (o realismo foi programaticamente questionado desde 1960 por autores como Vianinha). Tratava-se de trocar as práticas realistas e dramáticas pelas formas alusivas e épicas, mais adequadas, conforme se imaginava, à expressão dos conflitos políticos, de índole coletiva — mais amplos, portanto, do que os conflitos centrados no indivíduo que a moldura realista costuma implicar.

A presença das ideias de Brecht no Brasil, assim, faz-se perceptível especialmente a partir de meados dos anos 1950. Resumimos a seguir aspectos básicos da trajetória e das teses do autor alemão, recordando depois os comentários que receberam no país. Abordaremos mais tarde o Sistema do Coringa, teoria devida a Augusto Boal, que incorpora lições brechtianas ao mesmo tempo que a elas acrescenta fórmulas novas. Este e outros autores brasileiros buscaram assimilar a influência de Brecht, desdobrando-a em soluções originais.

Percurso e teoria

No que diz respeito à formação do escritor ou, mais largamente, às fontes para a elaboração da teoria épica, lembre-se a admiração de Brecht pela obra do dramaturgo alemão Georg Büchner (1813-1837), precursor da estrutura episódica, sobretudo em *Woyzeck*. O ator Karl Valentin, que atuava em espetáculos de variedades, de alguns dos quais o jovem Brecht participou como intérprete, e o teatro de agitação e propaganda do diretor Erwin Piscator, com quem colaborou, além de Shakespeare e dos clássicos alemães, também constituem referências importantes. O teatro oriental foi outra das fontes que o interessaram.

A trajetória de Brecht pode ser repartida em três fases básicas, se adotado ponto de vista, digamos, exterior. A primeira dessas etapas vai do início dos anos 1920, ainda sob a febre expressionista que resulta em peças como *Baal* e *Tambores na noite*, a 1933, quando é obrigado a fugir da Alemanha encampada por Hitler. Em fins dos anos 1920, seus textos haviam-se tornado incisivamente políticos, caso da *Ópera dos três vinténs* (malgrado a superficialidade dessa obra, dado o tom ligeiro e até certo ponto convencional em que se apoia). As ideias que conformam o teatro épico irão se adensar ainda nesse período, quando Brecht escreve *Ascensão e queda da cidade de Mahagonny*, outra parceria com Weill.

Em 1931, formula o quadro famoso, em que opõe as características do teatro dramático às do épico. Vale a pena revê-lo:

> Forma dramática — Forma épica; o espetáculo "encarna" a ação — faz do espectador um observador crítico; consome sua atividade — desperta-a; provoca nele sentimentos; obriga-o a decisões. O espectador se imiscui na ação — opõe-se a ela. O teatro age por meio da sugestão — por meio de argumentos. Os sentimentos são conservados — traduzem-se por juízos. Supõe-se o homem conhecido — O homem é objeto de estudo. O homem é universal, imutável — O homem muda e é mutável. Tensão no desfecho — Tensão desde o início. Cada cena está em função de outra — justifica-se por si mesma. Os acontecimentos são lineares — apresentam-se em curvas. *Natura non facit saltus* — *Facit saltus*. O mundo tal como é — O mundo se transformando. O homem estático — O homem dinâmico. Seus instintos — Seus motivos. O pensamento condiciona o ser — O ser social condiciona o pensamento (Brecht, em: Magaldi, 1989: 270).

A segunda fase, a do exílio, durante a qual Brecht troca de país "como quem troca de sapatos", conforme ele próprio, inclui passagem (amarga sob certos aspectos) pelos Estados Unidos, que iriam conhecer a obsessão anticomunista no pós-guerra. Algumas de suas melhores peças foram escritas nesses anos: *Mãe Coragem e seus filhos*, *Vida de Galileu* (ambas de 1939), *A alma boa de Setsuan* (1940). Sempre em termos gerais, pode-se dizer que a última fase inicia-se com a volta à Europa em fins dos anos 1940, quando o escritor se associa ao esforço de construção do socialismo na recém-criada Alemanha Oriental.

O trajeto do dramaturgo, poeta e pensador parece confirmar a suspeita de que não existem grandes autores sem ideias recorrentes. Seu trabalho teórico, não menos rico que suas peças e poemas, desenvolve-se no sentido de ampliar e detalhar ideias que começa a articular nos anos 1920 e que irá defender até a morte em 1956, valendo-se de erudição, argúcia e ironia. Brecht não foi propriamente o inventor, mas o autor, diretor e teórico mais consequente do que se convencionou chamar teatro épico — estilo que implica o muito citado "efeito de distanciamento".

O curioso, na trajetória do poeta e ensaísta, é que seus adversários foram igualmente assíduos nas objeções às suas teses e espetáculos. Já em 1927, num texto curto, intitulado "Considerações sobre as dificuldades do teatro épico", Brecht admite que os princípios do modelo inovador — que ele, enfático, define como "o estilo teatral de nosso tempo" — ainda se encontram "em estado embrionário". Afirma, nesse texto, que a característica essencial do novo gênero residiria "talvez em que não apela tanto ao sentimento quanto à razão dos espectadores". Como os inimigos já o acusavam de cerebralismo e frieza, viu-se obrigado a tocar na tecla a que teria de voltar por toda a vida: "Mas seria totalmente falso negar o valor afetivo do teatro épico" (Brecht, 1970: 36, 37).

A expressão "dramaturgia épica" ou "não aristotélica" envolve uma contradição em termos, convidando à polêmica. Aristóteles (384-322 a.C.), na *Poética*, texto que inaugura a teoria literária e, em particular, a teoria teatral no Ocidente, define a tragédia, por oposição à epopeia, como sendo o gênero em que a história se comunica ao público mediante "atores agindo, não narrando". A ação trágica destina-se enfim a produzir nos espectadores um efeito de catarse, de purificação emocional. Brecht entende que "essa depuração se cumpre por obra de um ato psíquico muito particular: a *identificação* emotiva do espectador com as personagens do drama" (1970: 121).

A revolução brechtiana começa aqui: ele se recusa a estimular a projeção emocional dos espectadores nas personagens; recusa-se a promover a empatia entre público e intérpretes. Relacionando empatia a alienação e imobilismo, entende não dever incentivar a atitude passiva das plateias em tempos que exigiam, justamente, debate e participação política — lembre-se que a Alemanha do final dos anos 1920 irá assistir à ascensão nazista, apoiada em recursos de propaganda fortemente empáticos e passionais.

Para alcançar o efeito pretendido, autores, atores, cenógrafos e músicos do teatro épico mobilizarão os seus recursos no sentido de *distanciar* a ação representada no palco de seu público, tornando estranho o que parecia rotineiro, abrindo assim espaço para reflexão e crítica. A peça composta nesses termos incorpora elementos narrativos; os intérpretes trabalham como se opinassem sobre as personagens; a música interrompe e comenta a ação; os cenários sugerem mais do que definem lugar e tempo.

Uma das grandes questões implicadas na tradição de tipo aristotélico — que fará germinar, na França, a dramaturgia de um Racine e as reflexões de um Voltaire, por exemplo — era a da finalidade maior do teatro: instruir ou deleitar? Fornecer lições morais ou simplesmente divertir o público? Os dramaturgos ocidentais, através dos séculos, inclinaram-se frequentemente a pensar o teatro como instituição moral. Nisso, eles e Brecht estariam de acordo. O problema, segundo o autor da *Ópera dos três vinténs*, é que as lições ministradas chegavam prontas para a plateia, sem que esta fosse convidada a tomar decisões.

Em artigo de 1936, intitulado justamente "O teatro épico", Brecht responde "aos ataques de muitos inimigos" que consideravam seu trabalho "demasiado moralizador". Atento ao espírito do que chama de "época científica", ele afirma que seu objetivo "não era tanto a moral quanto o estudo". E lembra: "A fome, o frio e a opressão não somente são difíceis de suportar por motivos de índole moral". Não era o caso, portanto, de falar em nome da ética, propriamente, "mas em nome das vítimas". Seu teatro queria fazê-las acordar e ver que, como diz noutro texto, "os oprimidos são os responsáveis pela subsistência da opressão, e nada detém aquele que tenha reconhecido a sua circunstância".

Na "Breve descrição de uma nova técnica de arte dramática que produz um efeito de distanciamento", de 1940, o autor busca detalhar quais seriam os procedimentos que o ator épico deve adotar em seu trabalho. De saída, ainda nos ensaios, o ator "deve tratar de compreender as particularidades" de sua personagem "e não aceitar nenhuma delas como inevitável, como algo 'que não poderia ter sido de outra maneira', como algo que 'era de se esperar dado o caráter dessa personagem'". Em vez de figuras prontas para todo o sempre, guiadas por destino inexorável, o que se tem de ressaltar é o caráter transitório, mutável, histórico de seres ligados a determinadas circunstâncias — transformáveis pela vontade dos homens, vistos agora como donos de seu destino.

As ideias estéticas 97

Já diante do público, o intérprete "não permitirá que em cena se opere a *transformação total* de sua pessoa em personagem. Ele não é Lear, Harpagão, Schweyk, ele *mostra* essa gente". O ator já não apresenta seu texto como se o estivesse improvisando, "mas como se o citasse" — por exemplo, à maneira do homem que, tendo testemunhado um acidente, reproduz os gestos do acidentado. Ou à maneira do gozador que imita o modo de caminhar de um amigo, provocando o riso geral (1970: 170, 171).

O texto em que Brecht enumera e desenvolve mais extensamente as suas ideias chama-se *Pequeno órganon para o teatro*, ensaio que comentamos a seguir. Na abertura, uma surpresa: o autor defende o prazer como a finalidade mais alta do teatro, acima, até, das considerações morais. Era, de novo, uma resposta aos detratores e aos críticos apressados. Para ele, somos "filhos de uma era científica", época em que a atitude crítica, isto é, transformadora, foi posta a funcionar diante da natureza: as cidades, os transportes, as comunicações renovaram-se imensamente. Essa atitude crítica, no entanto, não chegou à sociedade que, como há séculos, continua dividida entre dominadores e dominados. O teatro, divertindo mas fazendo pensar, renunciando a consolar um público ávido por compensações efêmeras, deve contribuir — essa é a perspectiva do autor — para mudar o mundo.[20]

Um breve método para o teatro

Brecht escreveu seu ensaio mais importante em 1948, ainda no exílio. Ele já havia retornado à Europa, vindo dos Estados Unidos, e estava na Suíça quando redigiu o texto, que seria publicado no ano seguinte. Utilizamos para nosso comentário três traduções distintas, duas delas para o português, outra

---

20 A obra brechtiana é menos assertiva do que se pode supor. Em *O método Brecht*, livro publicado no Brasil em 1999, o crítico norte-americano Fredric Jameson analisa ideias e processos mobilizados pelo dramaturgo. A primeira pista do que seja o "método" liga-se ao recorte das cenas, tornadas autônomas. A história pode ser cortada em fatias "como linguiça", o que visa promover distanciamento, pelo qual enredo e realidade exterior mostram-se em seu caráter transitório, mutável, e não natural, eterno — o encadeamento das cenas e a conformação das histórias devem ser reelaborados por intérpretes e espectadores. Outra técnica destinada a produzir estranhamento é a da citação, ou representação em terceira pessoa, com a qual se ratifica "a natureza 'imaginária' do eu, mantendo-o à distância no palco e permitindo que seu ventriloquismo se autodesigne" (Jameson, 1999: 85). Esse teatro pretende fazer notar a identidade das personagens como construída historicamente — passível, portanto, de ser reavaliada e modificada. O estranhamento "não é exatamente um conceito filosófico e muito menos um sistema"; serve antes a desmistificar as diversas instâncias de poder e suas estratégias (1999: 126).

para o inglês, devidas a Fiama Pais Brandão, Flávio Moreira da Costa e John Willett; as citações procedem da primeira.

O *Pequeno órganon para o teatro* compõe-se de Prólogo e de 77 parágrafos numerados, com extensão variada. Relaciona-se, do ponto de vista formal, ao *Novum organum* de Francis Bacon (1561-1626); este, por sua vez, constitui resposta ao *Organon* de Aristóteles. A circunstância não deixa de ser significativa, dado que a reflexão brechtiana procura interrogar toda a tradição e, para isso, remete à *Poética* aristotélica, vista como fonte de preceitos teatrais prestigiosos, hegemônicos por séculos.

A noção de empatia, a que Brecht irá opor a de distanciamento, é, para ele, uma das premissas aristotélicas: a identificação dos sentimentos do espectador com os da personagem, sob a chancela do ator, oferece a condição para a catarse de que fala Aristóteles — catarse que os recursos de estranhamento encarregam-se justamente de evitar, substituindo-a pela atitude construtiva, monitorada pela razão e não pelas emoções (é como se Brecht pretendesse transformar o público em coautor do espetáculo). Trata-se, contudo, de premissa implícita: uma breve releitura da *Poética* faz notar que o filósofo grego não definiu empatia (sequer mencionou a palavra), ainda que esta, de fato, pareça básica para o entendimento da catarse.[21] Lembre-se também, com Gerd Bornheim, que Aristóteles relacionou a descarga de emoções, que se operaria no espectador diante do desfecho trágico, à produção de conhecimento, o que Brecht parece desconhecer ou descartar (Bornheim, 1992: 218-219).

O autor inicia o texto admitindo que, até aquele momento, a exposição de seus conceitos estéticos se fizera de modo fragmentário. A seguir, diz que o teatro épico, segundo ele o vinha propondo desde os anos 1920, "caracterizava a eliminação de todos os valores culturais, na produção contemporânea, como um indício de decadência; acusava os recintos de diversão noturna de se terem degradado e passado a ser mais um ramo do comércio burguês de estupefacientes" (Brecht, 2005: 126). O autor se refere aqui, entre outros textos, às suas "Notas sobre a ópera *Ascensão e queda da cidade de Mahagonny*", redigidas por volta de 1930, em que afirma: "Numa sociedade

---

21 Há na *Poética* menção indireta do que modernamente entendemos por empatia. Acha-se na seção XVII do texto, na qual Aristóteles afirma, ao falar sobre a arte do poeta trágico: "Mais persuasivos, com efeito, são os poetas que, naturalmente movidos de ânimo igual ao das suas personagens, vivem as mesmas paixões; e por isso, o que está violentamente agitado excita nos outros a mesma agitação, e o irado, a mesma ira" (Aristóteles, 1987). Encontramos a indicação em Frederic Ewen (Ewen, 1991: 197-198).

As ideias estéticas

como a atual, não é possível conceber a inexistência de um tipo de ópera como o que vimos condenando. As ilusões que ele comporta têm uma importante função social. O êxtase é imprescindível, nada o pode substituir" (2005: 37). E, leitor não apenas de Marx, mas também de Freud, cita o ensaísta de *O mal-estar na civilização* (livro de 1930): "A estes estupefacientes, em determinadas circunstâncias, se deve atribuir a responsabilidade do desperdício de grandes quantidades de energia, que poderiam ser empregadas para melhorar o destino humano" (Freud, em: Brecht, 2005: 37).

Brecht pretende formular e praticar uma estética em que não se desprezem o conhecimento e a utilidade social, mas soube desde sempre que a recepção de toda obra de arte implica prazer. No *Pequeno órganon*, afirma o prazer ou a diversão como a finalidade maior do teatro, o que leva alguns a criticarem o texto considerando que, nesse aspecto, teria havido recuo em relação às atitudes incisivas da juventude. No Prólogo, Brecht explica as razões que o tinham motivado, cerca de duas décadas antes, a expulsar o entretenimento, como algo ilegítimo, do palco:

> Aspirava-se a um teatro próprio de uma época científica e, como era muito difícil para os planejadores desse teatro requisitar ou furtar do arsenal dos conceitos estéticos vigentes sequer apenas o bastante para manter os estetas da imprensa à distância, preferiram simplesmente ameaçar afirmando o seguinte propósito: "extrair do instrumento de prazer um objeto didático e reformar determinadas instituições transformando-as de locais de diversão em órgãos de divulgação" (2005: 126).

Estas últimas palavras procedem das citadas "Notas sobre a ópera *Mahagonny*". Se, àquela altura, Brecht resolveu adotar atitude provocadora por motivos táticos, inclusive de ordem política (os nazistas subiriam ao poder em 1933), o fato de ver o teatro, no *Pequeno órganon*, "como recinto de diversão" pode também ter intenção retórica, buscando contrabalançar a postura de 20 anos antes.

Ele recorda que "toda essa porção de inovações", as do teatro épico, surgiu "num período em que não havia possibilidade de demonstração prática (no período nazi e durante a guerra)", o que tornou "premente analisar qual a posição deste gênero de teatro dentro da estética, ou, então, determinar os traços de uma estética adequada a esta espécie de teatro". E acrescenta: "Seria demasiado difícil, por exemplo, apresentar a teoria do distanciamento fora de uma perspectiva estética" (2005: 126).

No Prólogo, Brecht afinal propõe uma síntese entre os elementos "didáticos" e "de divulgação" (ou, em outra tradução, "de comunicação das massas") e os elementos estéticos, ou seja, entre os propósitos de intervenção prática e os propósitos propriamente artísticos do teatro. Ele o faz ao afirmar que "poder-se-ia mesmo escrever, hoje em dia, uma estética das ciências exatas", ligando-se o sentido da beleza às descobertas científicas. Nessa passagem, o autor menciona intelectuais célebres como Galileu, Einstein e o físico norte-americano Robert Oppenheimer (difícil falar em "beleza" neste último caso: Oppenheimer foi um dos inventores da bomba atômica).

Parece claro, insistimos, que o "emigrar do reino do aprazível" ou do "meramente aprazível" (o advérbio, que comparece a uma tradução e não a outra, faz diferença) constituiu a estratégia possível em tempos nos quais predominava o "insípido espírito de iguaria" dos trabalhos artísticos, sem falar nas circunstâncias políticas que, a partir de 1933, obrigaram Brecht e outros artistas e intelectuais de esquerda a fugirem da Alemanha.

Em 1948, seria preciso retomar uma ótica estética (beleza e prazer estão implicados aqui) para se explicarem teorias como a do distanciamento — num momento em que o mundo entrava numa fase nova, a do pós-guerra, dividido em duas grandes áreas de influência, a capitalista e a comunista. Momento em que o autor voltava a seu país, depois de 15 anos de exílio, quando se abriam novas perspectivas de trabalho. Era hora de balanço, realizado no *Pequeno órganon*.

Importa saber qual é, ou deve ser, a natureza estética do teatro que opera em uma época científica — o que ele buscará definir nas páginas seguintes.

*

No primeiro tópico, o autor define a arte teatral como a que apresenta "imagens vivas de acontecimentos passados no mundo dos homens", fatos "que são reproduzidos ou que foram, simplesmente, imaginados". E reitera: "o objetivo dessa apresentação é divertir". Essas noções abrangem, para ele, o teatro antigo e o moderno. Nos dois parágrafos seguintes, insiste em que a finalidade maior da arte teatral é a do entretenimento, lembrando: "A causa dos divertimentos é, dentre todas, a que menos necessita ser advogada" (2005: 127, 128).

Talvez os argumentos relacionados por Brecht no quarto parágrafo não bastem para afirmar o objetivo de divertir como o mais importante desde sempre: "Dizer que o teatro surgiu das cerimônias do culto não é diferente

As ideias estéticas 101

do que dizer que o teatro surgiu precisamente por ter se desprendido destas; não adotou a missão dos mistérios, adotou, sim, o prazer do exercício do culto, pura e simplesmente". A dedução é feita com sagacidade, não há dúvida, mas o autor se exime de acrescentar quaisquer provas; nem seria o caso de fazê-lo num texto de índole polêmica e doutrinária, mais que de natureza disciplinadamente científica. Nessa linha, aduz: "E a catarse aristotélica, a purificação pelo terror e pela piedade, ou a purificação do terror e da piedade, não é uma ablução realizada simplesmente de uma forma recreativa, é, sim, uma ablução que tem por objetivo o prazer" (2005: 128). O prazer não nasce, na catarse, de modo meramente acidental, mas, segundo Brecht, corresponde à sua finalidade mesma.

Deve-se voltar à afirmação feita anteriormente: a causa dos divertimentos dispensa advogados; ninguém iria espontaneamente ao teatro se a visita não encerrasse pelo menos a promessa da diversão. O que se pode constatar, mais uma vez, é que o dramaturgo pretendeu devolver, com ênfase, todos os direitos ao entretenimento, direitos que parecera negar tempos antes. Nas páginas seguintes, irá relacionar prazer a conhecimento — a capacidade de aprender agradavelmente seria típica dos filhos de uma era científica, na qual os homens ampliam seu domínio sobre as leis naturais. Trata-se de estender esse domínio racional à sociedade, em benefício de muitos ou de todos, dirá no decorrer do texto.

*

O teatro realiza-se conforme as condições sociais de tempos e lugares diversos, visando ao prazer; assim, as histórias têm sido contadas de maneiras igualmente diversas. Souberam entreter os gregos, "para quem não havia possível escapatória da lei divina, ainda que esta fosse desconhecida"; os franceses sob Luís XIV, "com a sua graciosa autossuficiência que o código de deveres palacianos exige dos grandes senhores do mundo"; ou os ingleses elisabetanos, "com o seu narcisismo de homens novos, totalmente libertos de inibições" (2005: 130).

A discrepância entre as imagens cênicas, elaboradas ao longo dos séculos, e os objetos a que elas pretendem aludir não perturba a fruição: não terá perturbado o público de distintas épocas e tampouco nos molesta hoje, diz o ensaísta. Uma vez mantida certa constância nas convenções utilizadas, certa consistência na própria inexatidão com que se retratam os eventos, os espectadores podem entregar-se à ilusão teatral sem maiores remorsos ou hesitações. Importa menos a fidelidade a modelos reais que a coerência interna das obras; o que mais conta é a capacidade de se aterem a determinados padrões de representação artística. Mas, se temos notícia de tantas formas de fazer teatro e se algumas delas continuam a nos encantar, pergunta Brecht retoricamente, não nos falta "ainda descobrir o prazer específico, a diversão própria da nossa época?".

Haveria descompasso entre o legado tradicional e os nossos hábitos; mesmo as gloriosas peças de Shakespeare já não conseguem falar plenamente à sensibilidade moderna, quando não as abordamos conforme esta sensibilidade. Nosso tempo define-se pelas grandes transformações econômicas, industriais e urbanas, operadas na segunda metade do século XIX e na primeira do século XX (transformações que só se têm acentuado nas fases posteriores). Brecht lembra que, no curso de algumas décadas, "a humanidade pôde revelar forças de uma amplitude até então nunca sonhada".

Notam-se aqui as mudanças substantivas, objetivas, que rapidamente alteraram (e cada vez mais rapidamente alteram) a vida humana. No entanto, "a nova visão da natureza não incidiu também sobre a sociedade", pois "o que poderia ser o progresso de todos torna-se a vantagem de alguns apenas, e uma parte crescente da produção é votada à criação de meios destruidores destinados a guerras poderosas, a guerras em que as mães de todas as nações, com os filhos apertados contra si, esquadrinham estupefatas o céu, no rastro dos inventos mortíferos da ciência" (2005: 134).

A crença nos valores críticos do marxismo, tacitamente referido como "a nova ciência, que se debruça sobre a natureza das diversas sociedades humanas e que foi fundada há cerca de cem anos", leva o autor a afirmar que, se a perspectiva científica incidir sobre as realizações da classe burguesa, isto representará "o fim do seu domínio". Brecht assinala que "a ciência e a arte têm em comum o fato de ambas existirem para simplificar a vida do homem; a primeira, ocupada com a sua subsistência" (exceto, é claro, nos casos em que se dedica a criar artefatos de morte), "a segunda, em proporcionar-lhe diversão".

Este é um dos pontos fundamentais de seus argumentos — num planeta tornado, de fato, a pátria de todos, "a arte extrairá diversão da nova produtividade". Então, indaga: "Qual será a atitude produtiva, em relação à Natureza e à sociedade, que, no teatro, nos recreará, a nós, os filhos de uma época científica?". E responde: "Essa atitude é de natureza crítica". Falar em época científica, nesse sentido, equivale a falar em tempos laboriosos e não dogmáticos (2005: 135).

As ideias estéticas 103

O teatro deve associar-se "a todos os que estão, necessariamente, mais impacientes por fazer grandes modificações" — as vastas massas residentes nos subúrbios das cidades. A esta altura, é inevitável recordar a coincidência desses ideais com os que foram alimentados, ingenuamente ou não, pelos artistas que politizaram o teatro brasileiro a partir dos anos 1950. Brecht resume: "O teatro tem de se comprometer com a realidade, porque só assim será possível e será lícito produzir imagens eficazes da realidade". O real identifica-se aqui às fronteiras que separam as classes e aos interesses dos setores menos privilegiados. Nesses grupos, à maneira marxista, Brecht depositava esperanças: "São estes os verdadeiros filhos de uma época científica como a nossa, cujo teatro não se poderá desenvolver se não forem eles a impulsioná-lo", ainda que, como reconhece linhas antes, seja possível acharem "difícil remunerar a nossa arte" ou compreender, "logo à primeira vista, a nossa nova forma de diversão" (2005: 136).

O autor afirma que, "em muitos aspectos, nós teremos de aprender a descobrir aquilo de que necessitam e de que modo o necessitam; mas podemos estar seguros do seu interesse" (2005: 136). A premissa ideológica, segundo a qual artistas empenhados em mudanças devem se aliar aos que se acham impacientes por modificações, ou seja, a classe trabalhadora, não traz consigo a crença de que se conheçam de antemão os caminhos para realizá-las.

Essa premissa, porém, baseia-se na aludida impaciência por mudanças, disposição que, ao menos noutras situações históricas (a do Brasil dos anos 1960, entre outras), nem sempre se irá verificar da maneira e na extensão imaginadas por alguns artistas e intelectuais. Voltaremos a este ponto ao encerrarmos os comentários acerca de Brecht.

*

Depois de estabelecer as metas maiores para o teatro em 1948, em contexto no qual têm lugar transformações de ordem econômica e técnica, de que em boa parte descendem aquelas a que assistimos hoje, Brecht compara esse teatro e essa atitude ideais às atividades literárias e cênicas tais como ele as encontra naquele momento. Recorre ao humor ao dizer que, diante do efeito que os espetáculos exercem sobre o público — efeito de fascínio mistificador que remonta à Idade Média, "a época das feiticeiras e dos clérigos" —, preferiria que "os atores fossem antes tão maus quanto possível". Pois, quanto melhor trabalharem, maior a submissão dos espectadores; "tal estado de enlevo de forma nenhuma nos compraz" (2005: 138).

O frequentador de teatro, por sua vez, deseja substituir o mundo real, contraditório e difícil, por um mundo harmonioso; o espectador em geral não quer conhecer o que se acha além da sala, mas pretende simplesmente evadir-se, fugir, sonhar. Assim, transformam-se os "filhos do século científico", com certa anuência destes, numa "intimidada massa crente, 'fascinada'".

Brecht possivelmente alude aos naturalistas quando afirma que, cerca de meio século antes, "reproduções algo mais fiéis do convívio entre os homens", e personagens que se rebelam contra os males sociais, conseguiram ampliar o repertório de sentimentos e ideias nos palcos, mas, sustando determinado tipo de prazer, o da mera evasão, não chegaram a oferecer outro em troca. O público ainda ansiava pela velha espécie de entretenimento, "um alívio para o seu dia a dia" (como se diz das novelas televisivas brasileiras hoje).

De novo com humor, o ensaísta nos exorta a prosseguir e parafraseia o dito antigo segundo o qual a fé move, ou remove, montanhas: anunciando o que definirá depois como efeito de distanciamento, ele pergunta ironicamente (segundo o tradutor para o inglês, tendo os tradutores para o português perdido o jogo de palavras): "Have we not seen how disbelief can move mountains?". Sim, a *descrença* move montanhas. Desde os gregos, o teatro dedicou-se a apresentar situações irrecorríveis, eventos inevitáveis; valerá trabalhar, agora, na direção contrária (Brecht, em: Cole, 1961: 84-85).

*

As ideias de Brecht têm sido, com frequência, compreendidas apenas parcialmente; é comum que se tome o empenho social, explícito em suas formulações, como a atitude de quem descarta as sutilezas e singularidades. Há passagens no *Pequeno órganon*, no entanto, que apontam em sentido distinto, a exemplo dos parágrafos 36 a 40, entre outros.

No tópico 36, o autor, pensando no acervo relativo a outros tempos ou na visão moderna desses tempos, reclama que se promova "uma ruptura com o nosso hábito de despojar das suas diferenças as diversas estruturas sociais das épocas passadas"; costumamos "fazê-las aproximarem-se mais ou menos da nossa, a qual, por sua vez, adquire, por meio desta operação, o caráter de algo sempre existente, portanto, eterno". Pelo contrário, cumpre ressaltar a efemeridade de outras fases históricas, destacando-se assim o caráter transitório de nossa própria época.

Ele acrescenta, no parágrafo seguinte, que se poderiam representar os textos contemporâneos "tal como se fossem peças históricas". Desse modo,

As ideias estéticas 105

apareceriam como singulares as circunstâncias em que se move o espectador. Neste deve nascer, assim, uma atitude crítica.

Tais ideias se complicam ou se enriquecem quando Brecht admite que, para além das situações sociais que infalivelmente condicionam o comportamento de pessoas e personagens, pode haver ainda outras diferenças quanto às nossas reações. Dito de outro modo: além de enxergar as circunstâncias que obrigam dada personagem a agir como age, percebendo que, mudadas as circunstâncias, também seriam outras as suas atitudes, devemos perceber "o ser vivo, o próprio e inconfundível, aquele que não é absolutamente semelhante ao seu semelhante".

Fica sugerida a existência de uma instância individual, irredutivelmente singular, a operar entre as demais instâncias — sociais, históricas, políticas — que conformam a vida humana. Não somos o mero resultado previsível de nossas circunstâncias, embora não possamos fugir a elas ou desconsiderá-las. Esse aspecto do que é único representa-se ao se "configurar na imagem a contradição". Brecht nos oferece, para indicá-lo, a metáfora do homem que profere "um discurso num vale e que, de vez em quando, muda de opinião, ou apenas diz frases que se contradizem, de maneira que o eco, acompanhando-o, põe as frases em confronto" (2005: 144).

O espetáculo irá esboçar tais fantasmas deixando que eles tomem forma no espírito do espectador segundo o determine a própria participação desse espectador — estimulado a assistir aos eventos ficcionais ao mesmo tempo que mantém "livre e móvel o espírito atento". Estas são passagens que tangenciam a obscuridade, sem dúvida porque encerram ideias complexas; referem-se, afinal, a uma postura artística e teórica não normativa ou didática, mas aberta e dialética.

A partir do parágrafo 42, Brecht tratará do efeito de distanciamento, conceito nuclear em suas ideias e em sua prática teatral. Lembrando que o teatro antigo e o teatro medieval já tornavam estranhas as suas personagens mediante o uso de máscaras, e que o teatro asiático ainda hoje trabalha com efeitos desse tipo, criados por música e pantomima, o ensaísta faz a distinção: os objetivos sociais daqueles procedimentos eram de índole diversa dos propostos por ele. Os novos efeitos de distanciamento visam despir os eventos da atmosfera "de familiaridade que os resguarda, hoje em dia, de qualquer intervenção". As situações e personagens devem perder a sua aura conhecida ou rotineira, tornando-se surpreendentes, para que possamos refletir criticamente sobre elas.

Brecht passa aos conselhos ou recomendações aos atores, conforme os objetivos épicos. O intérprete precisa pôr entre parênteses as técnicas capazes de induzir o público à empatia; por exemplo, deve atuar com os músculos relaxados — um simples gesto de voltar a cabeça com o pescoço retesado "pode arrastar atrás de si, 'magicamente', os olhares", diz. O ator não se converterá na personagem que interpreta, "o que não significa que, ao representar pessoas apaixonadas, precise mostrar-se frio". Busca-se evitar que o ator ostente os mesmos sentimentos de suas criaturas, justamente para que o espectador também não se veja forçado a fixar-se nesses sentimentos: "O público deve gozar, neste campo, de completa liberdade" (2005: 148).

O aqui e o agora dramáticos deixam-se substituir por uma espécie de imagem dupla: o acontecimento e seu retrato mantêm-se independentes, separados. Os eventos em cena transcorrem de modo que o público os veja no seu todo, distanciadamente (os efeitos de suspense, como se pode depreender, perdem prestígio). O entretenimento promovido pelo espetáculo épico, enfim, liga-se menos à evasão, ao mergulho emocional na história, e mais às descobertas propiciadas pelas situações, em suas analogias com a vida real.

Essas descobertas são conscientemente buscadas nas várias instâncias que compõem o espetáculo, do texto à interpretação. Privilegiam-se as contradições — por exemplo, entre o caráter e os atos das personagens —, vistas como mais férteis que as consonâncias para a produção de sentido: "Será impossível demonstrar as leis da dinâmica social em 'casos ideais', pois a 'impureza' (contradição) é, justamente, um atributo do movimento e de tudo o que é movido". A atitude de pesquisa conduz o texto e a cena épicos: "É apenas necessário, absolutamente necessário, que se verifiquem, de um modo geral, condições de experiência, isto é, que haja possibilidade de conceder uma experiência contrária para cada caso, respectivamente. A sociedade é, desta forma, tratada como se o que faz, fosse feito por ela a título de experiência" (2005: 151).

No plano técnico, tais objetivos atualizam-se, por exemplo, quando não se descarta a empatia ou os recursos que a ela conduzem: empregam-se os processos empáticos sem lhes atribuir função nuclear, como na interpretação tradicional (com a qual Brecht tem dívidas, é claro), e sim "como um método de observação entre muitos" e, como tal, "útil durante o ensaio". Já na sala de espetáculo, o público deve ser instado a examinar as circunstâncias em que determinado fato acontece, verificando as contradições e alternativas que a situação sugere e recompondo a história segundo a sua própria ótica.

As ideias estéticas 107

Vale sublinhar o conselho relativo à observação, "elemento essencial da arte de representar", no estágio de composição das personagens. Não se trata de meramente imitar as pessoas como as vemos no mundo real, copiando seu comportamento e levando-o sem mais à cena, até porque "o objeto original possui sempre fraco poder de afirmação". Ou seja, o intérprete deve reelaborar o que observa; mediante esse trabalho, será capaz de dar a ver as pessoas e situações reais, isto é, poderá representá-las com eficácia. O modo como estuda os seus modelos influi sobre o resultado: "Para passar do decalque à reprodução, o ator deve olhar para as pessoas como se elas lhe estivessem mostrando o que fazem, como se recomendassem que refletisse sobre o que fazem" (2005: 152).

Releva o caráter de exercício — intelectual, moral e também emocional — que o palco deve assumir, com o fito de ajudar a resolver as situações em sociedade, afiando-se os instrumentos para modificá-las. Este trecho resume bem os meios e os objetivos no que toca aos intérpretes: "Junto com o texto, [o ator] terá de decorar suas primeiras reações, reservas, críticas e perplexidades, para que elas não venham a ser, porventura, banidas 'por absorção' da configuração definitiva do seu papel e sejam, pelo contrário, conservadas, permanecendo perceptíveis. Tanto as personagens como os elementos cênicos devem apenas despertar a atenção do público, em lugar de arrebatá-la" (2005: 153).

*

Brecht identifica as ações praticadas pelas personagens, umas em relação às outras, como pertencentes à "esfera do *gesto*" (ou *Gestus*, conforme a tradução), âmbito que envolve tanto as inflexões vocais quanto os movimentos corporais. Nada ou quase nada escapa a essa esfera, que guarda natureza substancialmente social. Mesmo a dor física teria as suas expressões previamente configuradas na cultura em que se insere a personagem ou a pessoa a que a obra teatral alude.

O autor analisa uma de suas peças, *Vida de Galileu*, para ilustrar o conteúdo do gesto; torna-se claro que, nesse âmbito, os dados não se definem de antemão, e uma mesma peça, cena ou fala poderá admitir concepções diversas, o que resultará em performances distintas. O gesto de que fala Brecht corresponde às motivações que sustentam as atitudes das personagens e as relações que mantêm entre si ("É com uma interpretação como a que acabamos de realizar, expondo o 'gesto' que informa a ação, que o ator se apodera da personagem", diz referindo-se ao exame de *Vida de Galileu*); o conceito corresponde ainda a cada uma das ações que compõem a fábula ("Cada acontecimento comporta um 'gesto' essencial"). O autor justamente pede aos intérpretes que só se considerem senhores das personagens depois de entender todos os momentos — singulares ou contraditórios entre si — contidos em suas trajetórias, relacionando-os aos contornos gerais da história (2005: 158, 159).

Aqui se compreende melhor a recomendação feita pouco antes, segundo a qual o ator não deve descartar, mas fixar as críticas, reservas ou perplexidades que porventura lhe venham à cabeça enquanto estuda o seu papel (a admiração, o espanto, o susto são etapas ou sintomas importantes no processo pelo qual assimilamos informações ou nos adestramos em comportamentos novos). As contradições eventualmente intuídas devem permanecer vivas, ao final dos ensaios, o que deverá enriquecer o desenho das personagens.

O autor valoriza a fábula, "cerne da obra teatral": "São os acontecimentos que ocorrem entre os homens que constituem para o homem matéria de discussão e de crítica, e que podem ser por ele modificados". Pouco adiante, no mesmo parágrafo 65, resume: "A tarefa fundamental do teatro reside na 'fábula', composição global de todos os acontecimentos-gesto, incluindo juízos e impulsos" (2005: 159).

No plano da estrutura em que se relacionam as cenas, destaque-se uma vez mais o caráter episódico, segundo o reclama Brecht. Uma sequência fechada de cenas, que se pode construir pelo nexo causal estrito e pelo ritmo sem intervalos, tende a impedir ou a dificultar que os espectadores reflitam sobre o que estão vendo, interpondo às cenas os seus juízos críticos. Para que a participação se faça possível, os eventos ficcionais "não devem seguir-se de maneira imperceptível": o autor defende que se devolva ao espectador não propriamente a posse dos meios de produção artística, mas o domínio lúcido de seus efeitos.

Nos parágrafos finais do texto em pauta, podemos destacar as observações acerca do papel da música, da cenografia e da coreografia no teatro reivindicado por Bertolt Brecht. Há similaridades (e também diferenças: veja-se, no terceiro capítulo, o caso de *Zumbi*) entre o modo como se utilizam as canções no espetáculo épico do autor alemão e o modo como estas aparecem em peças e montagens brasileiras.

Brecht recomenda que os atores evitem passar com naturalidade da fala ao canto, como acontece com frequência, recordamos, na comédia musical americana (lembrem-se os filmes musicais feitos nos Estados Unidos, muito

As ideias estéticas 109

vistos no Brasil). Parece claro: o espetáculo musical brechtiano, embora seja devedor de formas desenvolvidas nos EUA ou esteja, simplesmente, relacionado às mesmas fontes (o *music-hall* inglês, o *vaudeville* francês, o próprio cabaré alemão), afasta-se em aspectos essenciais de seu similar norte-americano, ao menos em teoria. Ainda nessa linha, lê-se que a música "tem de resistir por completo à 'sintonização'" que a transforma em "autômato subserviente" — processo muito perceptível no musical americano e que, por vezes, comparece também ao musical brasileiro do período que estudamos. De modo mais largo, o que está em causa, aqui, é o poder que as canções têm de embalar o espectador, fascínio a que nem sempre os espetáculos resistem ou querem resistir. O mais importante, nesse aspecto, parece mesmo ser as canções conservarem certa independência em relação aos demais elementos da montagem, mantendo vivo, assim, o seu poder de comentar e criticar as ações.

A cenografia também deve permanecer distante da ilusão, cabendo-lhe antes aludir aos ambientes reais, sem buscar reproduzi-los; a economia sugestiva, em cores neutras, das imagens de *Mãe Coragem* com o Berliner Ensemble constitui exemplo.[22] Ao falar, a seguir, da coreografia, o ensaísta menciona valor essencial à sua estética: a dança pode importar justamente por ser capaz de promover efeitos de distanciamento, replicando de maneira estilizada os movimentos da vida real; afinal (voltando ao que sustentara em polêmica com Georg Lukács), Brecht diz, numa das últimas seções do *Pequeno órganon*, que "arte, quando espelha a vida, o faz com espelhos especiais". Ele acrescenta: "A arte não deixa de ser realista por alterar as proporções, deixa, sim, quando as altera de tal modo que o público, ao utilizar as reproduções, na prática, em ideias e impulsos, naufraga na realidade" (2005: 164).

As imitações da realidade feitas pela arte apontam para o convívio humano, devolvem-nos a ele, cujas normas serão tratadas como provisórias e imperfeitas com vistas a poderem ser modificadas.

Comentaristas brasileiros: Magaldi, Bornheim, Schwarz

Sábato Magaldi, Gerd Bornheim e Roberto Schwarz são três dos comentaristas brasileiros da obra de Bertolt Brecht. Vale a pena rever, reflexivamente, o que disseram sobre os textos e ideias do autor alemão.

---

22 Algumas dessas imagens podem ser vistas no documentário *A vida de Bertolt Brecht* (Alemanha, 2006), de Joachim Lang, que consta de *Brecht no cinema*, caixa com três DVDs lançada no Brasil em 2010.

Magaldi foi um dos primeiros críticos teatrais no país a atentar para a importância do projeto brechtiano, ainda que discordando dele em alguns aspectos; Bornheim é autor de ensaio extenso acerca da obra do escritor, provavelmente o mais amplo entre os que se devem a brasileiros (outro bom livro, chamado *Trabalho de Brecht*, de José Antonio Pasta Júnior, detém-se em ângulos mais específicos); Roberto Schwarz, por fim, escreveu o artigo "Altos e baixos da atualidade de Brecht", no qual analisa concepções e processos de um ponto de vista contemporâneo. Os três ensaístas são, pelas razões aludidas, importantes quando se trata de recensear a recepção dada a Brecht em língua portuguesa até aqui.

Em "A concepção épica de Brecht", série de artigos originalmente publicados entre 1956 e 1957, depois reunidos sob esse título na coletânea *O texto no teatro* (1989), Sábato Magaldi afirma a sua admiração pelas peças e ideias do escritor — mais por aquelas do que por estas. O crítico faz reparos a alguns dos aspectos teóricos da obra; acusa os "esquemas às vezes primários" que teriam sido traçados por Brecht, ressaltando, no entanto, a qualidade de sua dramaturgia.

A primeira ressalva refere-se às restrições feitas por Brecht ao sistema aristotélico, ao considerá-lo conservador. O ensaísta alemão acredita que, visando à empatia e, com ela, à catarse, o teatro preconizado por Aristóteles na *Poética* negligencia o conhecimento de tipo racional, privilegiando o impacto emocional sobre a audiência. Magaldi apoia-se em Geneviève Serreau para contestar o autor de *Galileu*, pois, "ao lado da catarse, Aristóteles fala da anagnose, que significa reconhecimento, ou, mais exatamente, passagem da ignorância à consciência por meio do drama. E a própria catarse não é absolutamente uma operação 'mágica' para Aristóteles; ele não a toma como benéfica senão se está acompanhada de consciência" (Serreau, em Magaldi: 1989, 270). Gerd Bornheim, cujos escritos serão resumidos e comentados adiante, também percebe alguma insuficiência nas críticas brechtianas a Aristóteles.

Pode-se arriscar uma terceira percepção, reconhecendo os motivos de Brecht e os de Magaldi. Embora inegavelmente exista um teatro de filiação aristotélica, e dado que um dos elementos presentes nesse teatro é a empatia, buscada com vistas a sustentar o resultado catártico, talvez a descendência se haja desgarrado de suas fontes, e não se possa atribuir ao teatro grego o efeito alienante que Brecht denunciava no teatro que lhe foi contemporâneo — teatro com o qual esteve em constante polêmica. Noutras palavras: o que Brecht atribui a Aristóteles e aos clássicos gregos talvez não corresponda a

As ideias estéticas

eles tão bem quanto corresponde à sua descendência no teatro dos séculos XIX e XX. Brecht terá razão, mas não precisamente contra Aristóteles.

Outro aspecto a considerar, de acordo com Magaldi, refere-se à separação nítida, que só se deve aceitar em teoria, entre os traços definidores do teatro dramático e os do teatro épico. Um rápido exame da própria dramaturgia brechtiana encontra vários exemplos de textos em que elementos dramáticos e épicos se acham reunidos. Um caso a citar é o de *O senhor Puntila e seu criado Matti*, comédia em que história e personagens se delineiam claramente, estendendo-se por todo o âmbito da obra. O enredo, no entanto, aparece interpolado por comentários, sobretudo na forma de canções, que equivalem a intervenções narrativas, destinadas a fazer o público refletir. Esse processo verifica-se em outros textos teatrais de Brecht. Assim, em boa parte das peças brechtianas "haveria fusão das formas dramática e épica".

Principalmente a noção de que "a forma dramática pinta o homem estático e imutável" deve ser posta em dúvida, acredita Magaldi. O crítico reporta-se à trilogia *Oréstia*, de Ésquilo, situada na gênese do teatro ocidental, para lembrar que mesmo as personagens trágicas podem evoluir e transformar-se. Gerd Bornheim, anote-se, vê o problema de outro modo, situando-o na moldura do que chama de "a crise de nosso tempo", ampla a ponto de revolver as próprias bases da cultura ocidental. Voltaremos ao tema pouco adiante, ao tratar das ideias de Bornheim.

Segundo Magaldi, "o que realmente Brecht aprimora é a técnica da composição por cenas isoladas" (referida explicitamente no *Pequeno órganon*, entre outros textos). Essa inovação nada tem de inocente ou cosmética, diga-se; elementos formais e ideológicos, em Brecht, caminham juntos. Nessa linha, vale o propósito de aguçar a nossa capacidade de observação e crítica, sob a premissa de que o homem é mutável e de que nem mesmo os sentimentos escapam à circunstância histórica. No âmbito do evento teatral, artistas e espectadores têm a tarefa de buscar definir em que sentido e de que modo os seres humanos, socialmente ligados, devem modificar-se; a unidade social mínima, diz Brecht no *Pequeno órganon*, não consiste em um, mas em dois homens. A luz posta sobre o indivíduo, característica do texto dramático, troca-se pela ênfase nas relações sociais, tônica do texto épico.

*

A questão da validade de cada um dos modelos revela-se controversa: é possível que determinados conteúdos não se ajustem à forma puramente dramática. E podemos pensar que problema simétrico também ocorre, perguntando se dilemas de índole sentimental ou existencial cabem na moldura épica.

Manifestações políticas, uma greve, por exemplo, tema coletivo e amplo, conseguem ser quando muito aludidas em diálogo, e não largamente apresentadas, caso se adote a forma dramática de exposição — o que teria ocorrido em *Eles não usam black-tie*, de Gianfrancesco Guarnieri, conforme sustenta polemicamente Iná Camargo Costa em *A hora do teatro épico no Brasil*.[23] Nesse livro, a estudiosa comenta a produção do período de 1958 a 1968 e, em determinados instantes, propõe debate com os críticos Décio de Almeida Prado e Sábato Magaldi quanto à recepção às ideias de Brecht no país. Segundo a autora, teria havido resistência ao escritor e a suas concepções, inclusive por motivos ideológicos (Costa, 1996).

Almeida Prado e Magaldi responderam em artigos, publicados em jornais, aos reparos feitos por Iná Camargo Costa (a réplica de Sábato foi reproduzida no livro *Depois do espetáculo*, de 2003). Para nós, a questão não reside em ter havido ou não resistência a Brecht (os primeiros contatos com as suas propostas talvez tenham dado margem a naturais divergências ou a eventuais incompreensões), mas em saber se as formas artísticas (literárias e cênicas, no caso) moldam ou limitam de antemão, e irrevogavelmente, os conteúdos a serem transmitidos. Ou, antes, se os conteúdos de fato forjam esta ou aquela forma e se, portanto, a implicam necessariamente (a ideia de que a matéria reclama técnicas específicas para se exprimir encontra-se na *Teoria do drama moderno*, de Peter Szondi). A questão só pode encontrar resposta minimamente satisfatória, dados os objetivos deste trabalho, quando analisarmos os textos teatrais, o que faremos no próximo capítulo. Vamos nos limitar, por ora, ao registro da polêmica.

*

---

23 Em entrevista que nos concedeu em 1998, por ocasião dos 40 anos da estreia de *Eles não usam black-tie*, Guarnieri a certa altura comentava as observações de Iná. Depois de resumi-las, perguntamos: "Como é que você vê essas observações? Existem formas burguesas e formas populares de escrever teatro?". O dramaturgo respondeu: "De fato, eu acho que é possível você definir assim, um teatro burguês, de forma burguesa, vamos dizer, e um teatro mais popular, que seria definido mais na linha do teatro épico. (...) O negócio é ver a eficácia disso. E eu acho que uma das qualidades do *Black-tie* é de fato concentrar, no drama familiar, no drama que pode ser considerado, entre aspas, familiar — porque eu não considero, extrapola totalmente, visivelmente, e todo mundo sente que extrapola —, um problema da vastidão épica de uma greve e do grande conflito entre o coletivo e o individual. Então, embora respeite as outras opiniões, não me satisfaz você botar numa camisa de força uma obra que teria de obedecer a determinados... Acho que não. Olha, vale tudo, podendo-se atingir o objetivo" (em: Marques, 1998).

As ideias estéticas 113

Adiantamos, contudo (com licença para a digressão), que as formas dificilmente terão validade geral; o que será verdadeiro tanto para a peça dramática, pouco apta a reportar assuntos de índole coletiva, quanto para a peça épica (ou a atitude intelectual a ela associada), inapetente para os temas do amor e, sobretudo, da morte (falamos, na verdade, de formas puras, só existentes em teoria).

A esse respeito, lembramos a referência feita por Brecht ao *Hamlet*, num dos parágrafos finais do *Pequeno órganon*: o que se oferece ali, está claro, é apenas uma proposta, entre outras possíveis, de abordagem do texto clássico, e mesmo essa proposta acha-se muito sumariamente explicitada. Seja como for, note-se que a questão da morte e suas ressonâncias, a nosso ver nucleares no *Hamlet*, não foram sequer afloradas por Brecht; ou, se o foram, a ênfase recai nos largos problemas políticos: ele sugere (produtivamente, sem dúvida) que montagens contemporâneas explorem o conflito entre a nova mentalidade reflexiva, encarnada no príncipe, e a velha ordem feudal a que ele retorna, nos passos finais da história (2005: 160-161).

Se o drama épico equivale à forma pela qual as demandas supraindividuais ou públicas se expõem, e se toda morte é inarredavelmente pessoal, o tema da finitude não será expresso em teatro a não ser que os refletores visem o indivíduo e sua irremissível solidão frente à morte (o amor, por mais variados que sejam os seus modelos culturais, também se dá no âmbito da pessoa).

Toda forma literária tem seus limites, embora eventualmente possa ultrapassá-los; o amplo teatro épico proposto por Brecht não será exceção. No entanto, fechando estas notas, devemos perceber que, na teoria, o modelo épico apresenta dificuldades, sim, quando se trata de iluminar os temas ligados ao indivíduo; mas devemos perceber também que, na prática, certas peças de Brecht, como *Vida de Galileu*, efetivamente descobrem os meios adequados a expor a personagem não apenas em sua circunstância social e histórica, mas também em sua conformação única, estritamente individual, revelando "o ser vivo, o próprio e inconfundível, aquele que não é absolutamente semelhante ao seu semelhante", como escreve Brecht em passagem do *Pequeno órganon* (2005: 144); citação que, é claro, assinala que mesmo em teoria algo se formula nesse sentido.

Sobre o assunto, veja-se o que diz Bornheim: "Se se pensar no esmero dedicado por Brecht à figura de indivíduos em seus grandes textos, notadamente a partir de *Mãe Coragem*, pode-se ter uma ideia do itinerário percorrido por nosso poeta. Entretanto, a sombra da categoria do objeto continuará a se fazer presente, e a explicação causal permanecerá sendo também a mais definitiva" (1992: 150).[24]

Para o exame integral do humano, as lentes do dramaturgo (ou diretor, ou intérprete) devem abrir-se em planos gerais ou fechar o foco, sempre que necessário, sobre o rosto das personagens. É justamente o que parece ocorrer nas técnicas usadas por Shakespeare em seu ilimitado *Hamlet*.

*

De volta ao comentário sobre "A concepção épica de Brecht", destaquem--se três vertentes em que se repartiriam as peças maduras do autor, segundo Sábato Magaldi. O crítico adverte tratar-se de grupos tênues, que confinam uns com os outros, mas nota, entre essas peças escritas a partir de 1930, aquelas em que se evidencia ser impraticável fazer o bem; outras, em que a personagem toma consciência do contexto em que vive, engajando-se na luta para modificá-lo; e, por fim, os textos em que se desmonta "a engrenagem do nosso mundo" (1989: 274).

Entre as histórias que levam a concluir que o bem, em dadas circunstân-cias, mostra-se impossível, estão *A exceção e a regra*, peça didática de 1930, e *A alma boa de Setsuan*, texto de 1940. Por coincidência, essas foram duas das primeiras obras do autor a serem encenadas no Brasil, em 1951 e 1958, respectivamente. No segundo grupo, encontra-se, por exemplo, *Os fuzis da senhora Carrar*, história da mãe espanhola que esconde armas, recusando-se a ver os filhos envolvidos na luta antifascista, até que um dos rapazes é assassinado, quando a mulher então resolve tomar partido. A peça suscitou elogiada montagem dirigida por Flávio Império (sob o título de *Os fuzis de dona Tereza Carrar*) em 1968. Por fim, o grupo das peças em que se desmonta a máquina do mundo envolve *Mãe Coragem e seus filhos*, *O círculo de giz caucasiano* e *O senhor Puntila e seu criado Matti*, todas encenadas no país.

Ao falar sobre as obras, Magaldi procura caracterizar o desenvolvimento de um humanismo brechtiano, sublinhando o "reconhecimento de uma moral condicionada". A visão solidária dos homens em sociedade tende a ser imperfeita, relativa, transitória, como que necessariamente maculada pelas circunstâncias, sempre em devir. O objetivo de se chegar a mundo menos

---

24 As categorias filosóficas do sujeito e do objeto serão mobilizadas por Bornheim no exame da obra de Brecht, como se verá adiante.

As ideias estéticas   115

ruim, contudo, atravessa as condições que o relativizam e que lhe emprestam a inevitável feição histórica.

Magaldi, no terceiro e último artigo da série, aborda as personagens brechtianas, apontando certo primarismo de que se ressentem algumas delas. Mas, "como norma", o dramaturgo constrói grandes caracteres, postos à prova em episódios que saltam no tempo e no espaço. A larga concepção épica, livre para explorar espaço e tempo sem os limites da forma estritamente dramática, dá oportunidade ao desenvolvimento das personagens, nota o crítico.

Brecht às vezes vai buscar as suas criaturas no teatro de outras épocas e de outros povos, mas seu intuito não é o de convertê-las em símbolos do humano universal. O autor visa a que, a partir de certas vivências exemplares (até porque limítrofes), possamos refletir sobre nossa própria época. No intervalo que nos separa da Roma Antiga ou da velha China, teríamos a oportunidade de enxergar como poderiam ser diversos o comportamento e o destino das criaturas. "Conclui-se", diz Sábato Magaldi, "que as personagens brechtianas pertencem à nossa sociedade, movem-se em meio às aflições de hoje e, na busca de um caminho, procuram solução para os dramas presentes. (...) Cada uma das peças está encharcada de profunda meditação sobre a vida atual". Acrescenta, logo a seguir: "Por esse motivo, Brecht volta sempre às personagens que podem encarnar as contradições e as grandes forças do nosso mundo" (1989: 277).

Vale perguntar se essas forças e contradições são as mesmas hoje e em que aspectos essenciais porventura mudaram, mais de meio século depois da morte do poeta. Gerd Bornheim, autor do ensaio *Brecht — a estética do teatro*, livro de 1992, e Roberto Schwarz, que publicou o longo artigo "Altos e baixos da atualidade de Brecht" na coletânea *Sequências brasileiras*, de 1999, nos ajudam a meditar sobre o que permanece válido e o que admite adaptação para os nossos dias na obra do pensador e dramaturgo. Comentamos a seguir ideias de Bornheim e de Schwarz.

*

No capítulo "O teatro épico", pertencente à *Estética do teatro*, vale destacar dois aspectos, ambos ligados à questão das personagens brechtianas. O primeiro deles: Bornheim situa o problema das personagens em moldura mais ampla que a das obras em que elas se inserem, rebatendo o argumento, formulado por Sábato Magaldi, de que Brecht se equivocou ao imaginar que a personagem, na forma dramática (e não épica), não seria capaz de se transformar. Bornheim lembra que drama é ação e, portanto, as criaturas necessariamente se modificam no decorrer das histórias. Para ele, não é isso o que se deve discutir.

O território de que se fala, ao se abordar a imutabilidade das figuras em cena, é de natureza filosófica — algumas correntes de pensamento no século XX pretendem "que a estrutura última da realidade, sua base ontológica, seja destituída de sentido, o que acarretaria uma certa paralisação da ação dramática: certa fixidez do homem decorreria da fixidez ontológica", tema exaustivamente trabalhado por um dramaturgo como Samuel Beckett.

Embora assumam atitudes antípodas, Brecht e Beckett problematizam, ambos, "a concepção clássica do homem" que remonta aos gregos e que, sem dúvida, tem passado por transformações cruciais (sob o impacto da "presença cristã", sobretudo), mas que até recentemente se manteve "imutável porque instalada numa ordem cósmica que nunca desfalece em sua soberania".

Em nosso tempo, "ao contrário e contraditando tudo, é exatamente aquela estabilidade ontológica [de matriz grega] que cai por terra". Faz-se possível hoje, desse modo, "contrapor duas concepções do homem". À concepção clássica, se pode opor tanto o pessimismo existencial de um Beckett, cuja obra não se aparenta à estabilidade grega (no autor de *Esperando Godot*, o mundo como que chegou a um impasse), quanto o empenho dialético de um Brecht.

Pode-se ir ainda além, compreendendo que "não se trata mais de substituir uma definição da realidade humana por outra, porque o espaço em que agora se move o teatro torna tudo móvel, e torna viável essa contraposição entre o móvel e o imóvel" (1992: 144-145). Em suma, e diferentemente do que terá acontecido por séculos, faz sentido, hoje, perguntar o que é o homem, a partir da admissão de que não o conhecemos de uma vez por todas. Diante da falência dos modelos clássicos, Beckett denuncia impasses insolúveis, enquanto Brecht buscaria saídas. É à moderna fixidez ontológica perfilhada pelos dramaturgos do Absurdo, portanto, que o autor alemão irá se contrapor ao afirmar que o homem é capaz de transformar-se.

Haverá alguma similitude entre essa polêmica tácita e aquela que envolveu Georg Lukács e Ernst Bloch, reconstituída em *Debate sobre o expressionismo*, de Carlos Eduardo Jordão Machado. O filósofo húngaro, no que constitui premissa de sua visão do mundo e da arte, sustentou que a realidade é passível de totalização, sendo inteligível e, por isso, transformável, ideia que contraria tendências literárias ditas irracionalistas, afirmadas, por exemplo, por James Joyce e pelo próprio Beckett.

As ideias estéticas 117

Ainda nesse âmbito, há uma fórmula devida a Bertolt Brecht, citada por José Antonio Pasta Júnior em *Trabalho de Brecht*, segundo a qual a totalização, ou totalizações, dos fenômenos se mostra possível, mas somos nós que a fazemos, nós a compomos, não é dada de antemão — fórmula sugestiva e paradoxal, pois falar em totalização construída pelos agentes parece implicar que se negue a ideia de uma realidade completa em si mesma, de que nos coubesse apenas descobrir as linhas essenciais (Pasta Júnior, 1992).

A dramaturgia brechtiana supõe que respostas a dilemas dessa ordem só se podem encontrar nas relações sociais que os próprios seres humanos desenvolvem. Essa dramaturgia procura explorá-las de modo a produzir conhecimento.

Abordando um segundo aspecto daquelas preocupações, Bornheim desloca-se para o terreno marxista, buscando formular melhor o problema de até que ponto as personagens — isto é, as pessoas e grupos que elas representam — podem mudar a si mesmas e às suas circunstâncias. Para isso, reporta-se ao último item do esquema traçado por Brecht a propósito da ópera *Mahagonny*, em 1931: parafraseando Karl Marx, o dramaturgo opõe, à sentença idealista "o pensamento determina o ser", a noção materialista de que "o ser social determina o pensamento". A natureza mesma do materialismo, não apenas o de Brecht, mas o do próprio Marx, estará em debate a essa altura.

Deve-se definir o que se entende por "ser" na sentença mencionada. Mais: vale aferir de que maneira o adjetivo "social" modifica o sentido da frase. De saída, assinala-se: ao termo "ser", corresponde o conceito de objeto, o mundo impessoal dos processos e das coisas; ao termo "consciência", evidentemente, equivale o conceito de sujeito ou de subjetividade.

Segundo Bornheim, a frase original de Marx, depois vulgarizada em manuais e resenhas (ou em textos dos próprios Marx e Engels), surge em *A ideologia alemã* na seguinte forma: "Não é a consciência que determina a vida, mas [é] a vida que determina a consciência". Ocorre que a palavra "vida" alude, sobretudo, ao convívio e ao comércio humanos, a "indivíduos vivos, reais", "atuantes". Consciência, por sua vez, é aqui a consciência pertencente a esses mesmos indivíduos. Ou seja, um termo se inscreve no outro; os homens participam da vida que, por sua vez, dialeticamente lhes determina a consciência.

Com efeito, escreve Bornheim: "A linguagem de Brecht aproxima-se dessa colocação de Marx, já que ele fala não só em ser, mas em ser social, e o social pressupõe indivíduos que trabalham e produzem, e que são dotados por isso mesmo de consciência". Assim, as teses idealista e materialista, opostas, se fazem acompanhar de uma terceira fórmula, pela qual se busca "estabelecer uma dialeticidade entre os dois termos ["ser" e "consciência"], através, ao menos precipuamente, do trabalho; neste terceiro caso, a tônica transfere-se dos dois termos para a relação que se estabelece entre ambos" (1992: 147).

A ideia de que o homem resulta, sem mais, das condições que o cercam se deixa substituir, aos poucos, pela concepção que vê no homem o destino do homem. É verdade que "o ponto de partida do marxismo de Brecht privilegia a tese de que o objeto é princípio de constituição do sujeito", entendendo-se por objeto o conjunto das relações sociais; mas, à medida que a obra evolui, abandona-se progressivamente a ideia de que o ser determina o sujeito, trocando-a pela que faz a tônica incidir sobre a relação entre as categorias (1992: 149, 150).

Aqui, voltamos à percepção de que o Brecht maduro irá compor grandes caracteres, quando, ao todo-poderoso "processo", se soma a densidade com que são delineadas as personagens, o que acontece sobretudo a partir de *Vida de Galileu* e de *Mãe Coragem*, peças de 1939. Nesses textos, já não se poderá separar de modo simples o que se deve à personagem e o que se atribui ao ambiente sócio-histórico a seu redor (ainda que "a sombra da categoria do objeto" continue a se fazer presente e que "a explicação causal" permaneça "sendo a mais definitiva", como diz Bornheim).

*

No capítulo intitulado "A dramaturgia não aristotélica: o conceito", Bornheim lembra, retornando a Aristóteles, o que deve ser o efeito do texto e do espetáculo trágicos: a catarse. Discordamos do ensaísta quando diz que o "resultado" da catarse consiste na empatia. Parece-nos ocorrer o inverso, sendo a empatia condição da catarse (ainda que, ao final do espetáculo, os processos empáticos, até ali estimulados com vistas ao efeito catártico, se acentuem; o desfecho trágico acaba realimentando os próprios processos de identificação que o ajudaram a se formar).

Há em Aristóteles uma série de prescrições para que se produza a empatia necessária aos fins da tragédia. Tais fins relacionam-se à emergência, na plateia, dos sentimentos do terror e da piedade, com a subsequente catarse, ou seja, a purificação dessas emoções, que se opera mediante essas mesmas emoções (no próprio passo em que vivencia terror e piedade, o espectador livra-se, homeopática e momentaneamente, desses sentimentos). O teatro ocidental, descendente do palco grego, teria conservado essas premissas.

Bornheim comenta: "A questão toda termina restringindo-se, assim, à concentração dos efeitos da ação ao nível das emoções — e é exatamente isso o que deve ser rejeitado por uma dramaturgia não aristotélica" (1992: 215).

No entanto, a exemplo do que já fizera Sábato Magaldi, Bornheim critica a opinião de Brecht sobre o teatro de ascendência aristotélica, nas passagens em que o dramaturgo opõe, sem mediações, razão a sentimentos. Na origem, a reviravolta trágica, indutora de medo, compaixão e, depois, de catarse, também se ligava de algum modo à produção de conhecimento; o resultado pretendido era, afinal, pedagógico. Bornheim diz ainda que, ao se promover o efeito de distanciamento, pensado por Brecht em contraposição à empatia, não se descartam por completo as emoções, já que o sentimento de espanto e seus correlatos costumam estar associados à percepção do familiar como estranho; essa percepção conduz em linha direta, ou equivale, ao distanciamento.

Brecht encontrava bons motivos, na situação política de seu tempo, para definir de modo tão estrito a fronteira entre a inteligência e os afetos. O dramaturgo suspeitava dos sentimentos e pretendia evitá-los diante do "fascismo e de sua grotesca acentuação do emocional" e de "certa decadência também do momento racional na doutrina marxista", como escreveu aludindo, provavelmente, ao engessamento do ideário de esquerda sob Stalin (Brecht, em: Bornheim, 1992: 216). O contexto político levava o poeta a desconfiar das emoções, tantas vezes estimuladas com propósitos mistificadores.

Mas, reitere-se, sentimento e razão de alguma forma se associam, e os afetos nem sempre trilham caminhos de engodo e torpor. O mesmo Brecht o reconhecerá noutros instantes, como no *Pequeno órganon*, onde, como já apontamos, ressalta as funções de entretenimento que a cena também deve ter. Trata-se, enfim, de consolidar "a atitude crítica do espectador em relação aos acontecimentos reais, e isso a um nível adequado à arte". A diversão torna-se instrutiva, o ato de conhecer revela-se agradável.

As emoções em geral, e não somente as diretamente ligadas a entretenimento e prazer, ocupam lugar no teatro épico (ou dialético, para lembrar a designação que Brecht preferirá mais tarde). Deve-se esclarecer de vez esse ponto ouvindo o que diz o dramaturgo no primeiro volume de seu *Diário de trabalho*, redigido de 1938 a 1941. Comentando um livro "sobre teatro moderno", *New theaters for old*, publicado em Nova York, em 1940, no qual o cenógrafo Max Gorelik "trata o teatro épico de maneira muito capaz e cuidadosa, mesmo que isso trescale um pouco a fenol, já que não lhe é possível negar sua paixão avassaladora por laboratórios", Brecht anotava em março de 1941:

Fica claro para mim que a configuração antagônica "razão neste canto — emoção naquele" precisa desaparecer. O relacionamento de *ratio* e *emotio*, com todas as suas contradições, tem de ser examinado minudentemente, e não se pode permitir que os opositores simplesmente apresentem o teatro épico como racional e contraemocional. (...) Os princípios épicos garantem uma atitude crítica por parte do público, mas essa atitude é eminentemente emocional. Esse tipo de crítica não deve ser confundido com crítica num sentido puramente científico, é muito mais abrangente, não limitado pelos preceitos de nenhuma disciplina, é muito mais prático e fundamental. E além disso há soluções possíveis, em base épica, para a apresentação de processos que dificilmente poderiam ter sido mostrados na forma antiga. Os motores sociais são agora visíveis enquanto funcionam, ao passo que durante muito tempo o único modo como ocorriam era escondido atrás de uma "situação". (...) Inúmeros acontecimentos que interessam e impressionam apaixonadamente o dramaturgo e o público não têm espaço no velho teatro (Brecht, 2002: 172-173).

Aristóteles enfatiza a importância das ações, "a trama dos fatos", e nisso o filósofo grego e Bertolt Brecht acham-se de acordo, diz Bornheim. A ênfase nas ações, já nos antigos, deslocaria a tônica da catarse para o desenvolvimento do enredo, com seus dons imitativos da vida real. Aristóteles, no entanto, acrescentamos, não deixa de ser ambíguo nesses aspectos, porque ao mesmo tempo que ensina ser a tragédia imitação de ações, e não de caracteres, exige que tudo o que as personagens dizem e fazem tenha raiz em seu caráter (que não se confunde, é certo, com a moderna concepção de psicologia). As personagens, seus atos e sua coerência, a trama dos fatos e o resultado catártico não se podem separar, e nesse sentido cabe ler com cuidado mesmo as lições da *Poética*.

Bornheim menciona a dicotomia sujeito-objeto, "pressuposto maior do pensamento brechtiano", comentando-a ainda com base nos modelos gregos. É a própria história do teatro o que tem lugar aqui: à medida que retornamos aos primórdios da cultura ocidental, o acento recai sobre a instância do objeto; já a era burguesa privilegia a subjetividade. O indivíduo, na forma como o conhecemos, é invenção moderna.

Brecht entende que não se podem discutir as emoções, ligadas ao polo do sujeito, sem se levar em conta que elas, como tudo o mais, são históricas, encontram-se expostas ao passar do tempo, à função e ao sentido que os homens lhes conferem nas diversas épocas. Ainda assim, o dramaturgo julga discernir aspectos permanentes no âmbito das emoções. Bornheim discorda, rejeitando a tentativa brechtiana de "salvar" algo na esfera dos afetos.

O autor alemão atribui aos sentimentos certo caráter estável quando se ligam ao "progresso histórico", enquanto seriam perecíveis quando limitados a expressar "interesses de classe". Para Bornheim, "o mais importante não se resume em querer salvar algum resto de estabilidade, e sim em mostrar a radical historicidade de tais fenômenos" (1992: 223).

De todo modo, o que se desperdiça com o evolver dos séculos burgueses, que evoluem na direção de saturar a subjetividade, é "a dimensão por assim dizer objetiva das emoções". O teatro grego era socialmente integrador, seu sentido resultava político por emprestar coesão aos diversos grupos de espectadores (parlamentares, artesãos, militares, mulheres, adolescentes), grupos que o espetáculo lograva reunir e, simbolicamente, representar.

Diz Bornheim: "na medida em que o próprio mundo se faz mutável (coisa inimaginável para um grego) e deve ser transformado, o herói trágico [tornado possível pela "estabilidade social de fundo"] perde sua viabilidade, ainda que isso não signifique que se deva recusar a priori o elemento trágico: ele poderia, pensa Brecht, ser admitido (mas como?) desde que submetido aos princípios do teatro épico" (1992: 228-229). Saltam-se aqui os períodos neoclássico e burguês, à procura das sínteses épicas, vistas como adequadas a novos tempos (sínteses que curiosamente logram certo retorno à objetividade clássica...).

A esse propósito, o dramaturgo pergunta: "Seria possível colocar, no lugar do terror em face do destino, o desejo de saber, e no lugar da compaixão, a solicitude?" (Brecht, em: Bornheim, 1992: 229). O caminho para realizar façanhas dessa natureza residiria "nesse 'desvio' que é o recurso aos efeitos de distanciamento, e que deveria ocupar o lugar da empatia", afirma o ensaísta brasileiro (1992: 229).

Dessa maneira, o ciclo se fecha: em vez de empatia, distanciamento que permite crítica; em lugar do terror, o desejo de saber (o espectador torna-se ativo), a atitude de quem pergunta pelas causas dos eventos; e, onde se sentia piedade, alcança-se a solicitude, a solidariedade, ou seja, a disposição para alterar as relações entre as pessoas e classes.

A busca das causas que se escondem sob os fenômenos é vital nesse sentido. Bornheim aponta possíveis limites na concepção brechtiana de causalidade, pois, "para Brecht, a causalidade continua sendo interpretada como linear: A é causa de B, e o que lhe interessa é torná-la clara, submissa à eficácia da transparência cênica" (1992: 231). A noção de indeterminismo, que surge nas teorias físicas modernas, irrita Brecht, segundo seu comentarista. Não é menos certo, porém, que a relativa estabilidade newtoniana permanece válida para uma série extensa de fenômenos, e pode haver analogia entre a abordagem desses fenômenos e o modo de entender os eventos sociais, frequentemente explicáveis por liames de causa e efeito, ainda que complexos.

O indivíduo não encontrará mais as razões de seu comportamento em si mesmo, antes será determinado por motivações várias; em grande parte, de índole exterior, coletiva. Bornheim diz, referindo-se ao papel do indivíduo na dramaturgia nova: "A superação do paradoxo está na massa: são os movimentos de massa que hoje oferecem a realidade forte — ou a causa forte —, e não mais o indivíduo, ou a 'bela alma' schilleriana" (1992: 232).

A pessoa, objeto privilegiado do drama burguês, não desaparece na cena épica, mas ressurge mediada pelo conjunto das relações políticas e pela classe a que pertence. Seus atos, que deflagram acontecimentos ou reagem a eles, não têm origem apenas em sua natureza singular, mas principalmente nas circunstâncias sociais que a condicionam, nas situações às quais responde. Nas principais peças de Brecht, percebemos, dá-se verdadeiro embate entre o indivíduo e seu entorno: veja-se a luta pela sobrevivência, em plena guerra, empreendida pela teimosa e tragicômica Mãe Coragem ou a relativa, temporária derrota imposta pela mentalidade vigente aos projetos de Galileu. O efeito de distanciamento chama a atenção para os elos entre o indivíduo e seu contexto (noutros termos, sujeito e objeto, consciência e ser social), para o intervalo de um a outro: "mortos os deuses e os ideais da ilustração burguesa, só resta à mostração da verdade habitar essa distância entre o indivíduo e o mundo", assinala Bornheim (1992: 234).

*

No artigo "Altos e baixos da atualidade de Brecht", publicado em 1999, o crítico Roberto Schwarz faz o balanço das diferenças que apartam o mundo habitado pelo dramaturgo e o nosso, meio século mais velho. Naturalmente, a distância existente entre a Europa da primeira metade do século XX e o Brasil, tanto o da década de 1960, fase em que Brecht foi especialmente influente no país, quanto o de períodos posteriores, também é objeto de sua reflexão. Tradutor de peças do dramaturgo, com cujas atitudes estéticas e políticas tem afinidades, Schwarz percebe intervalos grandes entre as ideias brechtianas e as que seriam praticáveis no Brasil e no mundo contemporâneos. Destacamos e examinamos algumas dessas divergências, suscitadas pelo tempo histórico, fechando as considerações acerca do autor alemão.

Entre as observações feitas pelo crítico, de saída se pode destacar a que diz respeito à "desnaturalização", processo pelo qual, mediante recursos de

As ideias estéticas 123

distanciamento, o espectador adquire consciência de que o mundo à volta funciona segundo relações de tipo contingente e não natural. Esse espectador, de volta a seus papéis cotidianos, poderá interferir sobre tais relações, mudando o curso dos acontecimentos: "Assim, uma vez que entendêssemos que a injustiça é social, e não natural, a dificuldade como que ficava superada e a transformação do mundo estava ao alcance da mão", diz Schwarz, referindo-se a uma das principais premissas brechtianas (Schwarz, 1999: 116). Tal crença, afirma o crítico, hoje se mostra "desconcertante", inviável.

As situações sociais percebidas como estáveis ou mesmo imutáveis por seus agentes, sobretudo no caso dos que se acham em condição subalterna, ligam-se antes aos períodos pré-modernos, de tipo feudal, e menos à movimentada fase histórica de predomínio burguês no século XX, analisa Roberto Schwarz. Assim, a "sangrenta desorientação", a "desordem induzida" de que fala Brecht no prólogo da peça *A exceção e a regra*, de 1930, exortando o público a se dar conta de que desorientação e desordem nada têm de natural, dificilmente seriam de fato sentidas como espontâneas; pelo contrário, nos momentos em que o mundo salta dos eixos, a experiência de seus habitantes só pode ser a de instabilidade ou estranheza.

Schwarz vê, entre o diagnóstico acerca da sociedade feito por Brecht e o conselho dado por ele ao público, "certo desajuste", "uma insuficiência objetiva". Os cidadãos não encaram como natural o mundo em que ocorre, por exemplo, a ascensão nazista ou, mais tarde, a Segunda Guerra Mundial; seria inócuo, portanto, alertá-los nesse sentido (repare-se entretanto que "natural", para Brecht, tem significado de "inevitável" — o que talvez correspondesse ao sentimento de muitos diante do terror nazista). Tampouco bastará compreender que a sociedade pode ser outra para estarmos aptos a modificá-la.

"E reside mesmo aí, nessa ilusão de naturalidade, o bloqueio que aprisiona os explorados em sua condição, fechando-lhes a saída em direção de uma sociedade justa?", indaga o crítico. Ele sugere que não. Feito o questionamento, a seguir concede: "Note-se que nem por isso a postura distanciada e pedagógica de Brecht perde a força poética" (1999: 117). Algo se conserva das lições brechtianas: essencialmente, trata-se de conhecer o mundo e, para isso, devemos pô-lo entre aspas; o que se exibe na cena deverá ser esmiuçado para que, depois, se possa fazer o mesmo em relação à sociedade ali representada.

A percepção do mundo como contingente e, portanto, passível de ser alterado é apenas o primeiro passo entre os previstos por Brecht, segundo condições ideais de recepção dos espetáculos. Uma vez estabelecido que tudo se pode mudar e que o estado de coisas se constrói conforme interesses de classe, se deverá proceder ao exame do quadro apresentado em cada texto: a desigualdade que vicia os critérios da justiça, a impossibilidade de agir com bons sentimentos no mundo pautado pelo egoísmo, a ironia que cerca a noção de neutralidade científica e tantos outros retratos críticos.

Em suma: é verdade que o distanciamento reclamado por Brecht se apoia na ideia de que tratamos o mundo como familiar e, para enxergá-lo melhor, nos é necessário vê-lo como estranho, alheio; é verdade, ainda, que a premissa segundo a qual sempre vivenciamos o entorno como compreensível e natural não se sustenta em tempos de crise. Mas os efeitos de distanciamento não se esgotam naquele ato inaugural de desnaturalização, ainda que Brecht o entendesse como básico.

Mesmo que se desqualifique o primeiro movimento de desfamiliarização, por desnecessário ou redundante, permanece o convite a estudar o mundo em que vivemos, aspecto no qual reside a "força poética" desse teatro. Resta pouco a tornar estranho quando a sociedade se converte em ambiente explosivo e perigoso; de todo modo, a disciplina que busca fazer claras as relações entre pessoas e classes se mantém válida, na medida em que consiga estimular nossa capacidade de refletir e de agir. A eficácia pretendida por Brecht evidentemente estará identificada à eficiência dos próprios recursos de distanciamento propostos — e, como nota Schwarz, alguns deles envelheceram, fato de que falaremos adiante.

*

Roberto Schwarz repassa as fases em que dramaturgos e encenadores brasileiros, atentos às respectivas ocasiões históricas, aproveitaram ou reelaboraram textos e ideias de Brecht. Antes de recapitular esses momentos, lembra que o escritor voltara para a Europa, em 1948, do exílio nos Estados Unidos, onde tivera problemas com o endêmico anticomunismo norte-americano, tornado doutrina de Estado. Schwarz observa: a República Democrática Alemã em que Brecht vai residir, "sem prejuízo de ser um regime policial, bem como uma imposição e um satélite da União Soviética, pretendia realizar uma aspiração histórica da humanidade" (1999: 117). Embora Brecht guardasse alguma distância do comunismo autoritário e burocrático (que já conhecia desde os anos 1930, em seu rosto mais cruel, nos expurgos stalinistas que perseguiram ou assassinaram amigos seus, como registrou no primeiro

As ideias estéticas 125

volume do *Diário de trabalho*), acreditava na possibilidade de se alcançar um tempo em que as forças produtivas ficassem livres de sujeições.

Em 1958, ano em que se deu a primeira montagem profissional de uma peça de Brecht no país, *A alma boa de Setsuan*, com elenco liderado por Maria Della Costa e Sandro Polloni, a tendência nos grandes centros nacionais, sobretudo em São Paulo, era a de trocar a atualização técnica e estética à moda do Teatro Brasileiro de Comédia, o TBC, feita segundo figurinos europeus, pela pesquisa de temas, linguagem e personagens locais. Estes foram sugeridos pela atmosfera política sob a qual ocorreu o inesperado sucesso de *Eles não usam black-tie*, de Gianfrancesco Guarnieri, que estreou no Teatro de Arena em fevereiro daquele ano.

"Entrava em movimento a radicalização do populismo desenvolvimentista, que iria desembocar em anos de pré-revolução — ou seja, de questionamento cotidiano da intolerável estrutura de classes do país — e no desfecho militar de 64", recorda Schwarz (1999: 118-119). Trocavam-se as alianças de classe, a faixa etária principal dos consumidores, com ênfase nos jovens universitários, e o "critério de relevância" dos produtos artísticos, numa "clara guinada à esquerda". Depois de descrever o novo perfil dos agentes — "setores progressistas da elite, os trabalhadores organizados e a franja esquerdizada da classe média, em especial os estudantes e a intelectualidade jovem" —, observa que, "para efeitos ideológicos, essa liga meio demagógica e meio explosiva agora era o povo". Apesar das ilusões políticas, destinadas a colidir com as forças que fizeram ou patrocinaram o Golpe de 64, deve-se notar, com Schwarz, que "a impregnação das artes do espetáculo pela tarefa histórica de dar voz às desigualdades nacionais teve importância imensa, que até hoje não se esgotou" (1999: 119).

Nesses anos anteriores ou posteriores ao Golpe (que viria a se desdobrar, mais violento, em dezembro de 1968), a obra de Brecht revelava-se uma fonte útil. Morto em 1956, o dramaturgo e teórico oferecia, em tese, toda a sua trajetória à visitação brasileira, e é provável que um texto como o *Pequeno órganon para o teatro*, de 1948, tenha sido lido por artistas nativos — ainda que em versão francesa ou inglesa, na eventual falta de traduções em português. Quanto a esse contato com as ideias de Brecht, lembre-se o comentário de Sábato Magaldi sobre *Arena conta Tiradentes*, peça de Augusto Boal e Gianfrancesco Guarnieri, publicada em 1967 ao lado de artigos que, no seu conjunto, explicam o Sistema do Coringa, criado por Boal. Magaldi menciona ali o *Pequeno órganon*, estabelecendo similaridades e diferenças entre o ensaio alemão e o brasileiro (Magaldi, 1998: 125-130).

Para Schwarz, o Brecht capaz de incidir sobre a imaginação dos artistas locais naqueles anos à volta de 1964 terá sido, principalmente, o "artista consequente dos anos 20 e 30". Mas as várias etapas do trabalho brechtiano se misturam aqui: tornou-se conhecido no Brasil o quadro de *Mahagonny*, citado páginas acima, a que o dramaturgo voltou em ocasiões posteriores a 1931 (quando teria sido divulgado pela primeira vez). A *Revista Civilização Brasileira*, em seu terceiro número, de julho de 1965, traz dois artigos de Brecht, "O mundo atual pode ser reproduzido pelo teatro?" (1955) e "Teatro de diversão ou teatro pedagógico" (1936); neste último, ressurge resumido o quadro originalmente publicado nas *Notas sobre Mahagonny* (*Revista Civilização Brasileira*, nº 3, 1965: 199-210).[25]

Feitas essas observações, o que mais importa fixar, com Schwarz, é certa coincidência de atmosferas, existente apesar de toda a distância de tempo, espaço e cultura, entre os anos 1920 na Europa, ainda próximos das revoluções russa e alemã, e os anos 1960 na América Latina, quando a perspectiva de revolução parecia plausível. Há desencontros, porém. Bertolt Brecht procedia de um país em que se articulavam a gíria e a "linguagem nua dos interesses e das contradições de classe", terra de operariado vasto e escolado nas lutas políticas e sindicais (esse quadro não era de todo estranho ao Brasil, mas ficaria mais marcado em fins dos anos 1970, como se vai comentar adiante). Aquela linguagem contrasta com a fala popular brasileira que condensa nossas conhecidas relações de favor e as "saídas da malandragem". Enfim, e mais importante, em Brecht se tratava de criticar a mitologia burguesa do indivíduo, enquanto, por aqui, nosso zé-ninguém pré-burguês ainda precisava alcançar os seus direitos de cidadão.

"O desajuste principal", nessa linha, envolve a própria noção de distanciamento, praticamente uma exigência no teatro brechtiano (ainda que assuma graus diversos conforme a peça e os propósitos de cada montagem). O distanciamento, vale reiterar com Schwarz, "devia abrir um campo entre o indivíduo e seus funcionamentos sociais, de modo a dar margem à consciência crítica, tornando patentes a estrutura absurda da sociedade, a lógica de classe do processo e o irrisório da luta individual" (1999: 121). Aqui, a ênfase nacionalista — ou a simples discordância teórica — levou a resultados como

---

25 A *Revista Civilização Brasileira*, publicada pela editora de mesmo nome, pertencente a Ênio Silveira, foi importante veículo das esquerdas, de 1965, quando foi lançada, a 1968, quando fechada pelo regime autoritário. Permanece fonte preciosa de pesquisa sobre o período. Silveira e sua editora retomariam a revista, sob o nome de *Encontros com a Civilização Brasileira*, em 1978, já às portas da abertura política.

As ideias estéticas 127

o do Coringa, em que os procedimentos narrativos admitiam, a seu lado, os apelos à empatia, como pretendeu Boal em *Arena conta Tiradentes* (o que suscitou a crítica de Anatol Rosenfeld no artigo "Heróis e coringas", feita "com simpatia e acuidade", diz Schwarz; o texto de Rosenfeld será comentado no terceiro capítulo deste trabalho).

Retornando à época anterior ao Golpe, quando peças como *Revolução na América do Sul*, de Augusto Boal, e *A mais-valia vai acabar, seu Edgar*, de Vianinha, na passagem dos anos 1950 para os 1960, ajudaram a inaugurar a nova tendência teatral, Schwarz ressalta a utilidade alcançada pelas referências brechtianas, numa fase em que "o ascenso político da massa trabalhadora e dos conflitos próprios à sociedade industrial tornavam caduco o quadro estreito do drama burguês e levavam a jovem dramaturgia a reinventar a roda, isto é, a lógica do teatro narrativo — com resultado tão vivo quanto precário. Nesse contexto, o trabalho brechtiano tinha muito a oferecer". Brecht emprestava substância à obra daqueles artistas, colaborando para "elevar bruscamente o patamar da ambição, numa área até então de pouco arrojo" (1999: 122).

A união entre teatro e música popular, destacada por Schwarz, é importante e peculiar nesse período intenso que vai de 1958 a 1968. O teatro emprestou à canção densidade crítica e moldura ideológica, lançando-a num quadro de cultura mais consequente que o do mero entretenimento; por sua vez, a canção fornecia ao teatro seus dons empáticos e seu vasto público, incluídos setores sociais que o antigo Teatro Brasileiro de Comédia e companhias derivadas sequer sonharam em cortejar, exceto, justamente, a partir de 1958 — quando a companhia de Maria Della Costa encena Brecht e quando, pouco depois, o TBC abre suas portas para a nova dramaturgia de Dias Gomes, com *O pagador de promessas*, ou Guarnieri, com *A semente*, ambos sob a direção do jovem Flávio Rangel.

Ainda sobre as diferenças do acervo brechtiano em relação ao contexto brasileiro, haveria, conforme Schwarz, descompasso entre a solidez das bases culturais em que Brecht se apoiou e a nossa indisciplina de povo jovem. Aquelas bases se verificariam, por exemplo, na procedência dos compositores que foram seus parceiros, entre eles Kurt Weill, originário da vanguarda dodecafônica. Weill tinha sido, digamos, desencaminhado pelo dramaturgo para a seara popular, do que resultaram *Três vinténs* e *Mahagonny*. Em contraste, os músicos brasileiros que se aproximaram do teatro estariam mais servidos de talento que de teoria. Algo semelhante teria acontecido no que diz respeito ao preparo dos elencos, e mesmo (em menor escala) no que toca à bagagem literária dos autores.

Certamente, como lembra Schwarz, muito se improvisou, para bem e para mal, em todo o período; o crítico não chega, porém, a ser assertivo demais nos reparos, e naturalmente assinala alguns dos cometimentos artísticos de então, julgando-os francamente admiráveis. De todo modo, cabe ressalvar, na área específica da música, que nossa indigência técnica e teórica não era tão grande; a bossa nova havia feito a sua revolução estética em 1959; um herdeiro direto das lições de Tom Jobim, Edu Lobo, escreveria as melodias de *Arena conta Zumbi*, em 1965, compondo entre outras a canção *Pra você que chora* (a letra é de Guarnieri). Uma pérola pouco divulgada, surpreendentemente rica e nova (ainda agora) nas suas flutuações melódico-harmônicas.

O fato é que a parceria entre autores e compositores, entre o teatro e a música popular, resultou num espetáculo-colagem como *Opinião*, em que se esboçava no palco a aliança entre as camadas pobres (representadas pelos compositores Zé Kéti e João do Vale) e a classe média menos conservadora (encarnada em Nara Leão); nos épicos *Arena conta Zumbi* e *Arena conta Tiradentes*; na farsa *Se correr o bicho pega, se ficar o bicho come*, cujas fontes eram a literatura e os ritmos nordestinos; ou, ainda, no drama histórico *Dr. Getúlio*, dotado de humor e inspirado nos enredos das escolas de samba. Ligaram-se então "os processos da arte popular, o experimentalismo estético e a encenação política" (1999: 123).

O sucesso desses espetáculos, analisa Schwarz, já não correspondia, porém, ao projeto amplo que animara os seus artistas nos anos anteriores a 1964. Eles começavam a amadurecer no mesmo momento em que viam cortada a possibilidade de acesso ao povo. Os movimentos operário e camponês foram, logo depois do Golpe, fortemente atingidos; a ditadura os desorganizou com prisões e proibições. A classe média, no entanto, foi até certo ponto poupada nos primeiros quatro anos de regime militar, e, apesar da censura, ainda se podiam escrever e encenar espetáculos críticos. Assim, as plateias, de volta às pequenas salas, embora numerosas, estiveram restritas às camadas médias: o teatro perdera contato com o público popular.

A "ida ao povo" ficaria, desse modo, com o travo de "experimento glorioso e interrompido", define Schwarz. Aqui, o descompasso entre Brecht e seus colegas brasileiros diz respeito, por exemplo, às "emoções nacionais" no citado *Arena conta Tiradentes*, espetáculo em que se procura recuperar algo da empatia, vista como necessária ao momento (de fato, o texto assume com certa frequência o tom de exortação, tom que muitas vezes comparece ao teatro nesses tempos).

As ideias estéticas   129

No cinema, Glauber Rocha realiza *Terra em transe*, dividindo as opiniões nos setores de esquerda ao mostrar um país caótico, sem governo possível, distante do Brasil de linhas definidas, ainda que miseráveis, imaginado pelos intelectuais mais ligados à ideia positiva de revolução. O encenador José Celso Martinez Corrêa, em *O rei da vela* (e sobretudo, depois, em *Roda-viva*), tematiza a própria derrota, misturando força criadora e irresponsabilidade política. O olhar atento, ou mesmo frio, que procura enxergar os liames habitualmente pouco visíveis entre os indivíduos, as classes, os eventos sociais, proposto por Brecht, não se esquece de todo, mas nem sempre se pratica ou se pode praticar no Brasil convulso dos anos 1960.

O "golpe dentro do golpe", isto é, o Ato Institucional nº 5, corta bruscamente o movimento e as pesquisas em dezembro de 1968; a censura inviabiliza a produção crítica e as perseguições agora desabam também sobre a classe média (jornalistas, artistas, professores, clero, estudantes). Instaura-se a tortura como prática. O regime, "ao sujeitar ao terror a sua própria base social, perdia o que lhe restava de critério e alcançava um patamar superior de barbárie", diz Schwarz (1999: 124-125).[26]

Mas "proibir não é refutar" e, apesar de todos os pesares, o ideário de esquerda manteria algum prestígio na área intelectual, embora, como se disse, restrito ao público de classe média. E, de 1968 a fins dos anos 1970, se vê obrigado a recorrer a mensagens cifradas para driblar os censores.

*

A dramaturgia política e musical que fizera sucesso, dentro de limites estritos, de 1964 a 1968 reaparece nos anos 1970, com os percalços conhecidos (por exemplo, a censura proibiu *Calabar*, em 1973, às vésperas da estreia, quebrando financeiramente os produtores). Alguns espetáculos mantêm os rumos do teatro cantado e engajado, entre eles *Gota d'água* e, já em tempos de abertura, *Ópera do malandro*, *O rei de Ramos*, *Vargas* (este realizado em 1983, ano anterior ao do movimento das Diretas Já).

Isso para nos atermos ao tema deste trabalho, pondo entre parênteses uma dramaturgia também crítica que floresceu a partir de 1968, centrada no indivíduo (dado que os temas propriamente políticos estavam proibidos ou eram de aceitação difícil pelo regime), tendência que contou com Antonio Bivar, Leilah Assunção, Consuelo de Castro, Isabel Câmara e José Vicente (os quatro últimos tendo estreado em 1969), precedidos por Plínio Marcos —

---

26 "Patamar *superior* de barbárie" (grifamos) são palavras um pouco desconcertantes.

Dois perdidos numa noite suja e *Navalha na carne*, em 1966 e 1967, mostraram personagens marginais e linguagem crua, radicalizando o uso literário dos palavrões e da gíria.[27]

"A surpresa viria mais adiante, ao longo dos anos 70, quando a abertura política deu espaço à retomada das posições anteriores — *mas estas já não convenciam*", sublinha Schwarz. Faríamos a ressalva de que as peças musicais citadas há pouco pareceram, sim, conectadas a seu momento — mas é verdade que este, em rápido devir, já se transformava noutra coisa. Nos anos 1980, o país que as obras artísticas e reflexivas da cultura de esquerda tinham por objeto havia sido drasticamente modificado. As indústrias tinham crescido, afirmara-se uma sociedade de consumo nos moldes capitalistas modernos, ainda que muito excludente; os meios de comunicação cobriam todo o país; as cidades incharam, as favelas explodiram, a mendicância e a criminalidade multiplicaram-se — nas palavras ingênuas de uma dona de casa carioca em fins dos anos 1970, "de repente apareceu pobre de tudo quanto é lado".

Fechando o foco, de volta ao teatro, lembre-se que a derrocada do comunismo, anunciada pelo menos uma década antes de se consumar, e o novo rosto do capitalismo mundializado, errático, voraz "afetavam a técnica teatral de Brecht na sua credibilidade", e de alguma forma atingiam também a obra dos que versavam princípios político-estéticos afins. Diz Schwarz: "O vínculo entre o experimentalismo acintoso e a luta pela transformação política da sociedade conferia à literatura de Brecht um tipo particular de pertinência, para não dizer autoridade. Pelas mesmas razões, ela ficaria mais vulnerável que outras ao desmentido que a história infligiu a suas expectativas" (1999: 125).

Associados ao esforço de construção socialista nos anos 1950, os textos de Brecht de alguma forma embutiam um horizonte diverso do que se desenhou na década de 1980, no mundo e no Brasil. Ficavam sem lastro "a clarividência e a dianteira histórica *presumidas*". Assim, as esperanças ou ilusões de esquerda têm hoje, elas próprias, de ser distanciadas, postas entre aspas; nessa operação, devem-se buscar as demandas públicas que, herdeiras daquelas, se articulem com senso de realidade à nova situação. Nas palavras de Roberto

---

27 De José Vicente, lembre-se o musical *Hoje é dia de rock*, texto mais alusivo que realista no qual se apresenta a história de uma família mineira marcada por dons poéticos e místicos (Vicente, 2010: 207-302). A montagem dirigida por Rubens Corrêa, de grande apelo, foi lançada pelo Teatro Ipanema, no Rio, em outubro de 1971. Yan Michalski a considera a "mais importante" do ano, havendo sido capaz de construir "um inigualável monumento teatral à mentalidade de 'paz e amor' que empolgava, então, amplas faixas da juventude" (Michalski, 1989: 48, 50). Guardo cara memória do espetáculo, o primeiro a que assisti, aos 13 anos.

As ideias estéticas

Schwarz: "Uma encenação à altura do que a contragosto todos aprendemos tem de levar em conta esse horizonte difícil, sob pena de transformar em *kitsch* de segundo grau a gesticulação da sobriedade" (1999: 126).

Lembre-se ainda que, "durante alguns anos, atípicos à vista do que se passava no mundo 'adiantado', o antagonismo entre trabalho organizado e capital pareceu comandar a cena brasileira à maneira clássica, prevista pela esquerda" (1999: 128). O ensaísta se refere às greves da segunda metade dos anos 1970 e à criação do Partido dos Trabalhadores em 1980. Ou seja, enquanto na Europa o capitalismo pôde cooptar as demandas proletárias mediante aumento de salários e previdência social, no Brasil ocorria enfrentamento entre patrões e operários (confronto que, no mundo rico, levou afinal àquele tipo de concessões e acordos).

Mas a tendência econômica global não apontava nessa direção — e o capital, vitorioso no mundo, pulverizou também por aqui as reivindicações organizadas, rapidamente tornadas corporativas ou restritas a grupos melhor posicionados no mercado de trabalho, em tempos de desemprego crônico. O capital hoje "evolui sem adversário de peso equivalente", o que operou também mudanças na atitude ideológica dos conservadores: refletindo o triunfo sem contrastes do dinheiro sobre o interesse coletivo, a desigualdade social ora se escancara, sem máscaras, justificando-se em si e por si, como nova natureza.

Certos recursos de distanciamento, eficazes no contexto de Brecht e que poderiam ser reutilizados para desmistificar e iluminar o quadro atual, no entanto se desgastaram. O teatro às claras, o urdimento e o maquinário à mostra, o ator que se refere ao próprio ato de representar reportando-se diretamente ao público — tudo isso, hoje pouco mais que um conjunto de clichês, perdeu força quando se trata de promover a necessária análise do que se passa além do palco.

O legado brechtiano, diante da emergência de mudanças, inclusive no Brasil, onde as fraturas sociais continuam expostas, "tem tudo para ressurgir em novo patamar"; mas agora possui caráter muito mais de pergunta do que de resposta. Deparamos mais perplexidades do que certezas. Será preciso reelaborar os recursos de distanciamento, que foram encampados pela publicidade ou pela propaganda oficial; a decisão de fazer do teatro e da literatura armas de conhecimento mantém-se viva, mas devemos desbastar o ideário e o repertório de processos do mestre daqueles procedimentos que perderam viço, retificando-o ao contato de suas próprias peças.

A teoria brechtiana do espetáculo revitaliza-se ou pode revitalizar-se justamente quando se repensam os textos teatrais, como faz Schwarz na segunda parte de seu artigo ao analisar *Santa Joana dos Matadouros*, que ele próprio traduziu. A capacidade de articular parodicamente a herança clássica alemã — Schiller, Goethe, Hölderlin — ao cenário cru da indústria de carnes, como se dá nessa peça, num ambiente onde prosperidade e miséria andam juntas e onde soam patéticos certos lugares-comuns literários (as alturas celestes contrapostas ao inferno subterrâneo mimetizam involuntariamente a escala social), mostra o quanto o dramaturgo ainda é capaz de nos dizer. Nesse e em outros casos, os aspectos cênicos, fórmulas à parte, devem resultar do reexame dos textos. Estes, quando surpreendem movimentos históricos essenciais — como é o caso, em *Santa Joana*, de um capitalismo *absoluto*, superior a culpas ou recalques —, permanecem capazes de lançar luz sobre a realidade social, conforme percebe Roberto Schwarz.

Imaginamos haver apreendido conexões equivalentes, sobretudo relativas às questões locais, mas não só a elas, ao analisar as peças brasileiras. Ainda que os anos 1980 e as fases seguintes tenham feito caducar algumas das premissas estéticas e ideológicas em que os musicais se apoiaram, acreditamos que muito do repertório de ideias e técnicas mobilizado por eles se possa sustentar, para além do contexto a que responderam. Deve-se aferir o quanto os dramaturgos souberam flagrar tendências históricas duradouras (virtude alegada por Georg Lukács para as obras de arte perenes), associando tal capacidade ao que hoje ainda nos ensinam sobre as estruturas propriamente literárias.

*

Conforme se disse, a recepção à obra de Bertolt Brecht, iniciada nos anos 1950, tem um de seus primeiros analistas em Sábato Magaldi. Admirador das peças, o crítico entende haver certa insuficiência nas ideias brechtianas, ordenadas em "esquemas às vezes primários", como em passagens nas quais o autor alemão polemiza com Aristóteles em torno do peso que os sentimentos possuem nos textos e espetáculos clássicos. Para Magaldi, Brecht teria subestimado a índole racional que, ao lado dos efeitos empáticos, o teatro grego — tomado por paradigma da cena ocidental — também soube exibir. Ele ainda diverge da noção de que no estilo dramático, ao contrário do que aconteceria no épico, o homem apareça como imutável, segundo afirmou Brecht no quadro de *Mahagonny*.

Aspecto a nosso ver mais importante nos comentários de Magaldi sobre o projeto brechtiano reside na percepção de um humanismo que incorpora o devir histórico e descrê de substâncias dadas de uma vez por todas, mas

As ideias estéticas 133

que, embora reconheça as contingências e a "moral condicionada", aspira a ultrapassá-las. As personagens de Brecht "movem-se em meio às aflições de hoje", e o exame de suas trajetórias pode contribuir na construção da utopia social que o dramaturgo, descontados todos os pesares ou justamente por causa deles, pretendeu propor.

Gerd Bornheim estuda, em livro, alguns dos aspectos de que se ocupou Sábado Magaldi em seus artigos. Bornheim concorda com Magaldi em que Brecht terá sido pouco atento a certas constantes do teatro grego, que não se limitou a promover impacto emocional sobre o público. Bornheim diverge de Sábato, porém, quanto à imutabilidade dos heróis trágicos ou dramáticos, buscando ver a questão sob moldura abrangente, de natureza filosófica. Nessa linha, o herói e o mundo que o cerca perderiam a nitidez de contornos clássicos, projetando-se na vertiginosa instabilidade moderna.

O filósofo discorre sobre as categorias do sujeito e do objeto: Brecht, inspirado em Marx, muitas vezes privilegiou o segundo polo, tendo chegado, no entanto, na prática mesma das peças, a perceber e a expressar a interdependência das categorias. Noutras palavras, o homem que se deixa moldar pelas contingências históricas é o mesmo ser capaz de modificá-las. Inclusive na direção da solidariedade, ponto de fuga dos quadros sociais esboçados pelo dramaturgo.

Por fim, Roberto Schwarz, autor do texto mais recente entre os que examinamos, analisa a atualidade de Brecht em contexto meio século posterior ao habitado pelo dramaturgo. Ele aponta o descompasso entre as premissas brechtianas e as circunstâncias contemporâneas. No entanto, ao estudar em detalhe uma das peças de Brecht, Schwarz assinala o quanto o escritor soube avançar sobre os choques de classes no mundo de hoje, encontrando-se em seus textos teatrais perspectivas capazes de representar com agudeza o nosso próprio tempo.

O Coringa de Augusto Boal

Augusto Boal partiu de Brecht para formular seu método de dramaturgia e encenação, o Sistema do Coringa (ou simplesmente Coringa), procurando, contudo, soluções originais, adequadas ao teatro engajado da década de 1960.

Seis textos servem como introdução à peça *Arena conta Tiradentes*, de Boal e Guarnieri, publicada em 1967. Trazem o título genérico de "Artigos de Augusto Boal", e neles se expõe o método criado pelo diretor do Teatro de Arena (sob o título de "O sistema 'coringa'" e com pequenas alterações, os textos reaparecem no livro *Teatro do oprimido e outras poéticas políticas*, lançado em 1975 e várias vezes reeditado).

O método resume-se ainda noutro escrito da mesma época, intitulado "Rascunho esquemático de um novo sistema de espetáculo e dramaturgia denominado Sistema do Coringa", originalmente divulgado na revista *Teatro Paulista 1967* e reproduzido na edição dedicada ao Arena pela revista *Dionysos*, em 1978.

Esses dados enfatizam que teoria e prática ali se formularam de modo interligado e simultâneo. A experiência literária e cênica de *Arena conta Zumbi*, dois anos anterior à de *Tiradentes*, dera impulso às pesquisas que resultariam na montagem e nas reflexões de 1967. Essas reflexões mostravam-se filiadas a Bertolt Brecht e ao teatro político que se encenava naqueles anos, no Brasil e no exterior, mas constituíam corpo de ideias autônomas, relacionadas criticamente ao entorno político imediato, o da primeira fase do regime militar, de abril de 1964 a dezembro de 1968. Há que se perceber, sobretudo, o caráter abrangente, global, das propostas do Coringa quanto aos espetáculos que elas pretenderam sustentar.

No primeiro artigo da série, chamado "Elogio fúnebre do teatro brasileiro visto da perspectiva do Arena" (título posteriormente trocado para "Etapas do Teatro de Arena de São Paulo"), Boal constata as dificuldades enfrentadas pela atividade teatral, com o sumiço dos espectadores. Fatores econômicos e políticos, associados, achavam-se na base da "debandada do público" e ameaçavam sustar pesquisas estéticas. A seguir, o autor aponta a existência de duas tendências na cena brasileira, a "clássica" e a "revolucionária", ligando o Arena a esta última. Por fim, ainda nesse texto, ele apresenta o panorama das fases percorridas pelo grupo desde 1956, explicando a gênese das ideias e propósitos em *Tiradentes*.

No breve e por vezes bem-humorado quadro das vicissitudes econômicas, Boal registra a vitória da inflação sobre os salários: "Falta dinheiro no bolso da plateia", diz. Questões mais propriamente políticas também surgem aqui: "De um lado, o teatro perde seu público; de outro, perde o apoio econômico que poderia promover o barateamento dos ingressos, facilitando o retorno das plateias" (Boal, em: Boal e Guarnieri, 1967: 12).

As ideias estéticas 135

Para fornecer elementos à busca de soluções, o dramaturgo descreve o que foi feito pelo Teatro de Arena em 10 anos. Ele distingue quatro etapas na trajetória do elenco: a primeira fase, realista, apoiada em textos internacionais, tateia à procura de caminhos de 1956 a 1958. Já a segunda fase, ainda realista, é a da "fotografia" e descobre em *Eles não usam black-tie*, de Guarnieri, o rumo do texto e do gesto brasileiros.

A terceira etapa é a da "nacionalização dos clássicos" (Maquiavel, Lope de Vega, Molière), na qual a fotografia, isto é, o apego ao observável, à cópia naturalista, substitui-se pelas sínteses que tendem ao universal — com o risco de se perderem, no entanto, precisamente as singularidades alcançadas a partir de *Black-tie*. Por fim, dá-se a fase dos musicais, na qual o produto mais importante, até aquele momento, fora *Arena conta Zumbi*. Dessa vez, acredita Boal, a representação da realidade, promovida pelos espetáculos, poderá reunir aspectos singulares e universais, noções que ecoam a terminologia filosófica de Georg Lukács.

Referindo-se à terceira fase, a dos clássicos nacionalizados, diz: "Uma vez desenvolvida esta etapa, verificou-se sem grande esforço que, se a anterior [a de peças como *Black-tie* e *Chapetuba Futebol Clube*] restringe-se além do desejável na exaustiva análise de singularidades, esta reduzia-se demasiado à síntese de universalidades. Uma apresentava a existência não conceituada; outra, conceitos etéreos". Boal ressalta: "Era necessário tentar a síntese" (1967: 19-20).

Esse novo nível de pesquisas, que apenas se começou a atingir em *Zumbi* (foram rompidas velhas convenções sem se estabelecerem outras), iria resultar em *Tiradentes*. Ao texto teatral, corresponde no plano teórico o Sistema do Coringa, que o autor descreverá nos próximos artigos da série.

Há dois pontos a ressaltar ainda no primeiro dos "Artigos de Augusto Boal". Um desses tópicos refere-se à questão do estilo, quando o ensaísta atribui a peças de fatura distinta o mesmo rótulo — o do realismo ou, como diz, da "fotografia". Outro ponto liga-se ao problema da empatia, que vamos lembrar adiante.

Falemos primeiramente da questão estilística. Ao relacionar as várias peças inscritas na segunda fase do Teatro de Arena, que seria a etapa do realismo fotográfico lastreada em textos brasileiros, inaugurada em 1958, Boal lança nessa rubrica as obras efetivamente realistas, caso do *Black-tie* e também de *Gimba*, de Guarnieri, e de *Chapetuba Futebol Clube*, de Vianinha, ao lado de outras que não obedecem às convenções fotográficas, entre elas *Revolução na América do Sul*, de sua própria autoria.

O ensaísta deixa de distinguir, assim, linhas dramatúrgicas diferentes (não nos referimos aqui a autores diferentes, mas a convenções distintas, que podem conviver no interior da obra de um mesmo autor, conforme se dá frequentemente nesse período). São linhas que caminham paralelas no Arena e no teatro brasileiro de modo geral, mas constituem tendências diversas: uma delas é a do realismo fotográfico propriamente dito, que portanto cabe perfeitamente na rubrica "a fotografia", usada por Boal para designar a segunda etapa do grupo, a de *Black-tie* e *Chapetuba*. Essas peças trazem diálogos retirados diretamente da língua cotidiana (e popular) e obedecem às imposições lógicas, temporais e espaciais, advindas do propósito de fornecer aos espectadores a ilusão mimética de realidade — ou seja, obedecem às imposições do estilo dramático. Pode-se mencionar ainda, nessa rubrica, o drama *Gimba*. A peça utiliza música, mas justifica seu uso à maneira realista, ao ligá-la ao ambiente onde se passa a história, um morro carioca (seria preciso anotar, porém, certa intenção ritualística atribuída por Guarnieri ao canto e à batucada na favela).

Outra linha, que Boal não se preocupou em discernir, é a da farsa, gênero eminentemente não realista em seu desprezo pelas restrições de ordem material ou psicológica. Poderíamos chamar essa tendência de realismo farsesco, levando em conta certo hibridismo que a caracteriza. Nela, enquadram-se peças como a citada *Revolução na América do Sul*, além de *A mais-valia vai acabar, seu Edgar* (escrita por Vianinha logo após a sua saída do Arena). Em chave distinta da comicidade farsesca, mas também dotada de natureza não realista em muitos de seus aspectos, encontra-se *Brasil — versão brasileira*, criada por Vianinha no âmbito do Centro Popular de Cultura (*A mais-valia* e *Brasil — versão brasileira* foram examinadas no primeiro capítulo deste trabalho). Veja-se que o tom de farsa pode se somar aos procedimentos épicos (a farsa tem alguma afinidade com eles na liberdade com que trata os temas), como se dá em *Revolução* e *A mais-valia*.

As duas tendências — de um lado, o realismo estrito; de outro, o realismo farsesco, épico ou épico-farsesco — aparentam-se na medida em que seus autores, em qualquer dos casos, buscam assuntos no cotidiano doméstico e político dos brasileiros. São linhas que, embora distintas, se identificam no propósito de entender o país e sua estrutura de classes, bem como as possibilidades que oferecem a mudanças. As afinidades entre as duas tendências acham-se nos aspectos temáticos e ideológicos — e se limitam a eles.

Do ponto de vista estético, trata-se de mecanismos literários e teatrais diferentes. Importa marcar a distinção porque, a nosso ver, será justamente

As ideias estéticas

de textos como *Revolução* e *A mais-valia* que se irão deduzir, mais adiante, os procedimentos ou, ao menos, alguns dos procedimentos que informam *Zumbi* e *Tiradentes*, para nos atermos à produção do Arena; poderiam ser lembrados, nesse mesmo sentido, outros musicais.

Mencionemos tais elementos e processos, sem pretender esgotá-los: a descontinuidade das cenas, epicamente recortadas e libertas de amarras realistas (os grandes saltos no tempo, por exemplo, não poderiam ocorrer em *Black-tie* ou em *Chapetuba*, ambas obedientes às medidas temporais do drama tradicional); o humor, sobretudo quando alcança a comicidade de farsa, como acontece em *A mais-valia* e em *Revolução na América do Sul*; a atitude lúdica no trato das falas, por vezes conjugadas ao verso e a seus processos (as rimas marcam as réplicas em *A mais-valia*, usa-se o verso em passagens de *Revolução*); a música, pela qual o que pudesse restar de realismo estrito ficaria bastante comprometido nessas peças. Deve-se acrescentar, a essa lista de processos, outros recursos épicos (*slides*, por exemplo) fartamente utilizados em *Brasil — versão brasileira*.

Por esse caminho, vale concluir: a fase dos musicais, a quarta na trajetória do Arena, em que se destacam *Zumbi* e *Tiradentes*, embora tenha sido imediatamente precedida pela etapa da "nacionalização dos clássicos", retoma e desenvolve alguns dos processos mobilizados na segunda fase do grupo, a da "fotografia", ou em textos e espetáculos de artistas que empreendiam pesquisas similares naquele período. *Revolução na América do Sul* e, fora do âmbito do Arena, *A mais-valia vai acabar, seu Edgar* e *Brasil — versão brasileira* são realistas somente no sentido de que se ocupam do país e de suas contradições, tendo na vida nacional a sua origem e a sua destinação; mas buscavam certa "sintonia da realidade" (da qual falarão Vianinha e Gullar no prefácio a *Se correr o bicho pega*), não a sua cópia fiel.

Sugerimos aqui (ou reiteramos, já que aludimos a esse ponto no primeiro capítulo) o vínculo da atmosfera não realista com a dos musicais que constituem o objeto principal deste trabalho. Constatamos: os espetáculos cantados, feitos entre 1964 e 1979, descendem de peças como *Revolução na América do Sul*, *A mais-valia vai acabar, seu Edgar* ou *Brasil — versão brasileira*, encenadas de 1960 a 1962. Em suma, aqueles musicais filiam-se à linha não realista do teatro político.

Vamos falar mais sobre a questão da empatia, como é tratada na teoria do Coringa e na prática de *Arena conta Tiradentes*, ao longo desta seção e, no terceiro capítulo, ao analisar a peça. Então trataremos também das críticas feitas "com simpatia e acuidade" por Anatol Rosenfeld, no artigo "Heróis e coringas", ao método e ao espetáculo.

Por ora, limitamo-nos a ressaltar a importância que esse tópico — ponto de doutrina — parecia ter para Boal, aspecto em que ele se afastava de Brecht e das frequentes advertências, feitas pelo dramaturgo alemão, quanto à identificação emocional entre ator e personagem ou entre personagem e espectador. Na verdade, Boal pretende reunir, nos mesmos espetáculos, distanciamento e empatia, promovendo estranhamento em torno de algumas personagens (em geral, as que estão associadas ao poder ou ao estado de coisas que se quer superar) e adesão sentimental em torno de outras (o mito de Tiradentes carrega o sinal dos que enfrentam a ordem política, lutando para transformá-la). Não custa notar que as decisões de natureza estético-política, tomadas àquela altura, tinham base na prática cênica. Boal explica:

> *Zumbi* destruiu convenções, destruiu todas que pôde. Destruiu inclusive o que deve ser recuperado: a empatia. Não podendo identificar-se a nenhum personagem em nenhum momento, a plateia muitas vezes se colocava como observadora fria dos feitos mostrados. E a empatia deve ser reconquistada. Isto, porém, dentro de um novo sistema que a enquadre e a faça desempenhar a função que lhe seja atribuída. Atualmente o Arena elabora esse novo sistema, denominado "Sistema do Coringa" (1967: 21).

Acrescentamos a estas notas sobre o primeiro dos "Artigos de Augusto Boal" que, apesar do grande sucesso de público alcançado por *Zumbi*, o autor e diretor tinha consciência dos riscos de um teatro constrangido a manter-se no circuito da classe média, sem possibilidade de diálogo fora desses limites. Ele recorda que, "quando a fase nacionalista do teatro foi sucedida pela nacionalização dos clássicos, o teatro chegou ao povo, indo buscá-lo nas ruas, nas conchas acústicas, nos adros de igrejas, no Nordeste e na periferia de São Paulo" — o que se deu no período anterior a 1964. "Estes espetáculos, festas populares, eram gratuitos", diz.

O clima ideológico predominante (embora marcado por equívocos e ilusões, como se veria mais tarde, de acordo com Schwarz e outros analistas) facilitava patrocínios ou, quando menos, condições de trabalho favoráveis (censura amena ou menos agressiva, por exemplo). É o que se depreende da afirmação de Boal feita a seguir: "Conseguia-se apoio econômico que tornava o desenvolvimento possível. Já não se consegue. A plateia foi golpeada. Que pode agora acontecer?".

As condições, antes menos árduas, mudaram: "O único caminho que parece agora aberto é o da elitização do teatro. E este deve ser recusado, sob pena de transformarem-se os artistas em bobos de corte burguesa, ao invés de encontrarem no povo a sua aspiração e o seu destino", escrevia Boal (1967: 21).

No segundo artigo da série, intitulado "A necessidade do Coringa", Boal explica as técnicas que marcaram o texto e a montagem de *Zumbi*, a que já nos referimos no primeiro capítulo. Bastará recordá-las: a desvinculação ator-personagem; os atores agrupados sob perspectiva unificada, narrando coletivamente a história; a multiplicidade dos gêneros e estilos e, por fim, o uso da música. *Zumbi* havia apenas justaposto aspectos singulares e universais; *Tiradentes* tentará a síntese, buscando o "particular típico" — expressão devida a Lukács.

O terceiro artigo tem o título de "As metas do Coringa" e descreve cinco objetivos fundamentais do método e das montagens que este venha a inspirar.[28] A primeira dessas metas refere-se à necessidade de se apresentarem, no interior da peça, análises sobre personagens e acontecimentos, desvelando motivos que a ação dramática, por si só, não permite perceber. Ao longo da história teatral, os autores usaram recursos como os do solilóquio e do aparte (este muito presente na tradição cômica) para que pensamentos e intenções das personagens fossem conhecidos da plateia. Em qualquer dos casos, argumenta Boal, esses eram recursos associados a personagens envolvidas no enredo. Ele vê a necessidade de se exibir a visão autoral mesma, sem disfarces ou artifícios. Tal visão será comunicada ao público pela figura do Coringa, "paulista de 1967", ou seja, contemporâneo dos artistas e espectadores.

A segunda meta procura ampliar as divisas de estilo e de gênero. Em lugar de os autores dramáticos se prenderem a fontes únicas — realista, expressionista, cômica, dramática —, podem recorrer, em tese, a todos os caminhos estéticos existentes. Mesmo em *Zumbi*, a "atmosfera geral de fantasia" era o que autorizava os saltos de um a outro estilo ou gênero. Em *Tiradentes*,

---

28 Na entrevista que concedeu ao *Correio Braziliense* em 1994, citada, Gianfrancesco Guarnieri explica por que discordava da teorização feita por Boal. Para Guarnieri, *Arena conta Zumbi* correspondia a "um tipo de dramaturgia específico, uma dramaturgia específica. Ela exige certo comportamento de atores, certa orientação de atores. Agora, essa orientação é ditada pela própria proposta dramatúrgica. O que eu discordei, discordo foi da teorização posterior. A discussão é esta: eu acho que um espetáculo como, por exemplo, o *Arturo Ui* [*A resistível ascensão de Arturo Ui*, de Brecht, encenada em 1970], que não se assemelha à proposta de *Arena conta Zumbi*... Sai-se perdendo quando se usa em *Arturo Ui* o mesmo método usado em *Zumbi*, atores fazendo diversos papéis, apenas um personagem fixo... Acho que o público se perde mais numa questão formal de ver quem é quem a cada momento do que em ver o que aquela cena, aquela ação significa. E foi comprovado mesmo que, quando se tentou fazer espetáculos dentro das postulações desse método, a coisa não deu certo. Porque exige, sim, uma dramaturgia especial. Tem que ser feito pensando já nessa forma de apresentar, nessa forma de narrar, de contar" (em: Marques, 1994).

o ecletismo pretende tornar-se estrutural: quaisquer receitas artísticas podem participar do jogo cênico. Os riscos de anarquia ou confusão serão evitados pela perspectiva unificadora do Coringa. "Cada cena deve ser resolvida, esteticamente, segundo os problemas que ela, isoladamente, apresenta", propõe o diretor.

O terceiro objetivo consiste em criar estrutura capaz de abranger as inovações estéticas, sem que novas conquistas tenham de cancelar as precedentes, como tão frequentemente acontece na luta pelo poder artístico empreendida pelas vanguardas. Essa meta implica as anteriores. De acordo com ela, o espetáculo deverá transcorrer segundo normas previamente conhecidas do público (a serem explicitadas adiante), mas de maneira que, ao mesmo tempo que os espectadores têm noção clara das motivações do espetáculo, se garanta espaço às surpresas. A analogia proposta por Boal compara o teatro ao esporte.

Ele examina ainda o problema das personagens-sujeito, contrapostas às personagens-objeto (estamos aqui no campo filosófico estudado por Bornheim a propósito de Brecht). A tradição aristotélica, que encontra em Hegel um de seus descendentes, sustenta que "as ações concretas têm origem na subjetividade do personagem". O drama, desse modo, é visto como exercício de liberdade, defrontando-se o herói, de um lado, e o mundo exterior com suas leis, de outro. Essas leis costumam vir encarnadas noutras figuras, com as quais o protagonista entra em conflito, pondo-se à prova.

A tendência relativa à personagem-objeto tem um de seus representantes em Brecht — "o teórico e não necessariamente o dramaturgo", anota Boal. Neste caso, a sociedade, na luta de classes e nas articulações de matriz econômica, constituirá um dos polos de todo conflito, ainda que a outra ponta dos esquemas dramáticos tenha índole moral. Boal pretende somar as duas correntes (embora enfatize os pressupostos marxistas, associados à noção de personagem-objeto): liberdade subjetiva e infraestrutura econômica deverão estar, ambas, presentes aos textos e espetáculos preconizados por ele, que afirma:

> Procura-se assim restaurar a liberdade plena do personagem-sujeito, dentro dos esquemas rígidos da análise social. A coordenação dessa liberdade impede o caos subjetivista conducente aos estilos líricos: expressionismo, etc. Impede a apresentação do mundo como perplexidade, como destino inelutável. E deve impedir — esperamos — interpretações mecanicistas que reduzam a experiência humana à mera ilustração de compêndios (1967: 35).

As ideias estéticas 141

Percebem-se nessa passagem traços do debate que alimentou as polêmicas sobre arte ao longo do século XX. Numa das pontas, a realidade considerada opaca ou mesmo ininteligível; de outro lado, no qual se situa Boal, a noção de que o real é apreensível pela razão, ainda que não se possa reduzi-lo a fórmulas fáceis. O empenho transformador contrapõe-se, no aludido debate, ao ceticismo quanto à possibilidade de mudar o mundo; ceticismo que, dados os impasses históricos, recorrentes e trágicos, também tem motivos para sustentar-se.

A quinta e última das metas em causa é de natureza material, pois o fato de cada ator poder multiplicar-se em vários papéis reduziria gastos e, com isso, "todos os textos são viáveis". Expostos os objetivos do método, resta conhecer as "duas estruturas fundamentais" para alcançá-los, a de elenco e a de espetáculo.

O quarto artigo da série aborda "As estruturas do Coringa". Duas funções essenciais, e de natureza oposta, devem ser destacadas a propósito: a função protagônica, presa à "realidade concreta e fotográfica", e a do Coringa, cuja "realidade é mágica: ele a cria".

Esse é um dos aspectos originais no método proposto por Boal: a tentativa de síntese entre a identificação realista, associada às lições do diretor russo Constantin Stanislavski (1863-1938), responsável pelo adensamento dos laços psicológicos entre intérprete e personagem, e o distanciamento crítico, de índole teatralista, atitude relacionada às teorias de Brecht, autor sob certos aspectos antípoda de Stanislavski. A função protagonista será atribuída à figura "que o autor deseje vincular empaticamente à plateia".[29]

---

29 Odette Aslan, em *O ator no século XX*, anota: "Stanislavski parece querer resolver um duplo problema: levar o espectador a acreditar na realidade daquilo que é apresentado em cena e incitar o ator a acreditar nela. Não confia na imaginação e propõe verdadeiros suportes para que o comediante confunda a vida da peça com a própria vida. (...) Depois de haver dedicado um grande cuidado à verossimilhança dos rostos e pensado que o fato de se maquiar, de vestir o figurino exato da personagem ajudava o ator a tornar-se a personagem, tal abordagem pareceu-lhe insuficiente. A verdade deve provir de mais longe, de algo mais profundo: é preciso encontrar a verdade interior. (...) A personagem não existe somente no momento em que entra em cena ou no momento em que tem uma réplica a dar, existe antes e depois, tem uma continuidade. Antes de projetar a personagem em cena, o ator precisa elaborar a concepção global dessa personagem e desenvolver um mecanismo consciente para traduzi-la em público", valendo-se, para essas tarefas, de sua própria experiência de vida e de sua memória afetiva (Aslan, 2007: 73). Trata-se do realismo interior, delineado especialmente com a montagem de peças de Anton Tchekhov pelo Teatro de Arte de Moscou, dirigido por Stanislavski e Dantchenko, encenadas entre 1898 e 1904 (ano em que estreia *O jardim das cerejeiras*, o último texto daquele dramaturgo). Em fases posteriores, Stanislavski valorizará as ações físicas e seus efeitos sobre a definição dos sentimentos; o suporte afetivo deixa de ocupar o centro de suas pesquisas

Recorrendo à empatia, Boal quer evitar que a experiência do público se limite à apreensão racional dos acontecimentos; em contrapartida, pretende também que essa experiência não se restrinja, regressivamente, à simples adesão emocional. A história e a empatia dela resultante serão acompanhadas de análise dos eventos, empreendida pelo Coringa. Este, como sugere o nome, "pode desempenhar qualquer papel da peça", inclusive o do Protagonista (em momentos determinados).

Os demais atores em geral estarão reunidos em dois coros, o Deuteragonista e o Antagonista, cada um deles liderado pelo respectivo Corifeu. Boal chama o primeiro de Coro-Mocinho; o segundo, de Coro-Bandido. Assim, no exemplo do *Hamlet*, de Shakespeare, o príncipe, Horácio, Marcelo ou o Fantasma seriam vistos como deuteragonistas, enquanto o rei Cláudio, a rainha Gertrudes, Laertes e Polônio, como antagonistas. O propósito de tornar claras as intenções dramáticas ressalta na maneira como se ordenam as personagens. Os figurinos, nessa linha, obedecem a dois tipos: um deles, básico, identifica a filiação a este ou àquele coro. Outro se destina a indicar papéis sociais: soldados, clero, proletários, aristocratas.

A estrutura de elenco no Sistema do Coringa completa-se com a Orquestra Coral, composta por trio de músicos que tocam violão, flauta e bateria, basicamente, e que também devem cantar. O papel da música importa, à maneira brechtiana, sobretudo nos momentos em que se comenta a ação. Os instrumentistas e vocalistas, entre outras tarefas, podem reforçar as observações cantadas ou recitadas pelo Coringa, na passagem de uma para outra cena.

A estrutura de espetáculo, segundo o sistema de Boal, divide-se em "sete partes principais": mantidas as iniciais maiúsculas com que o autor grafou as palavras, são elas Dedicatória, Explicação, Episódio, Cena, Comentário, Entrevista e Exortação.

Dedicado o espetáculo "a alguém ou a alguma coisa", marcando-se de saída os seus propósitos, a peça transcorrerá segundo episódios que reunirão "cenas mais ou menos interdependentes". Esses episódios, por sua vez,

---

ou, por outra, estas se ampliam com o estudo das ações motoras. O diretor italiano Flaminio Bollini, no âmbito do TBC, para o qual encenou *Ralé*, de Gorki, em 1951; e o ator Eugênio Kusnet (autor do livro *Ator e método*, de 1975), colaborador do Teatro Oficina, companhia influenciada por ele, são divulgadores consequentes das noções e técnicas stanislavskianas no país. Em 1963, o Oficina realizava *Pequenos burgueses*, também de Gorki, espetáculo do qual participou Kusnet. "Não era difícil perceber que se tratava do mais perfeito espetáculo brasileiro, concebido na linha realista (a direção era de José Celso)", registram Sábato Magaldi e Maria Thereza Vargas em *Cem anos de teatro em São Paulo* (Magaldi e Vargas, 2000: 304).

compõem "tempos", isto é, atos. O primeiro tempo deverá ser sempre mais extenso que o segundo, recomenda o autor. Nisto, ele segue prática dramática tradicional: nas estruturas em dois atos, o segundo costuma ser mais breve e ágil que o primeiro. Entende-se: uma vez desatados os conflitos, o andamento da história tende a se acelerar em direção ao desfecho.

As explicações devem fazer baixar a temperatura emocional, ao interromperem a ação. Devem ser escritas em prosa e confiadas ao Coringa. Induz-se o espectador a encarar os fatos apresentados conforme a perspectiva de quem conta a história — o próprio elenco, representado pelo Coringa. As explicações podem ter natureza jornalística, ao se deixarem influenciar pelas circunstâncias; são dinâmicas, mudando conforme lugar e data em que o espetáculo seja mostrado.

"As cenas se ligam entre si pelos Comentários, escritos preferentemente em versos rimados, cantados pelos Corifeus ou pela Orquestra ou por ambos", diz Boal, acrescentando que essa associação de uma cena a outra se faz "ilusionisticamente". O comentário pode destinar-se, por exemplo, a informar sobre local e hora em que se passará o próximo segmento. E ainda: "Considerando que cada cena tem seu estilo próprio, quando necessário, os Comentários deverão advertir a plateia sobre cada mudança" (1967: 42).

Boal propõe que se lance mão de entrevistas, pelas quais o público deverá conhecer o pensamento das personagens. Esse recurso tem função similar à dos solilóquios e apartes tradicionais. E o espetáculo se encerra com uma exortação, procedimento compreensível segundo as intenções do diretor naquela fase histórica, mas que hoje pode parecer deslocado, por excessivamente didático. De todo modo, "o sistema é permanente apenas dentro da transitoriedade das técnicas teatrais" (1967: 43).

Nos dois últimos textos, "*Tiradentes*: questões preliminares" e "Quixotes e heróis", Boal se dedica menos a falar do método em abstrato do que a comentar as decisões tomadas durante a redação e a montagem de *Arena conta Tiradentes*. Deve ser registrado o principal objetivo da montagem, que consistiu na "análise de um movimento libertário que, teoricamente, poderia ter sido bem-sucedido". Noutras palavras, o retorno à Inconfidência Mineira pretendeu abordar, por analogia, as ilusões e equívocos políticos em que a esquerda brasileira teria incorrido, com eles abrindo caminho para o Golpe de 64.

Citem-se as "questões preliminares", às quais voltaremos ao examinar a peça. Elas envolvem a pesquisa do episódio histórico, visando estabelecer um "esquema analógico" aplicável ao Brasil dos anos 1960, e a escolha de ambiente palaciano para cenário dos acontecimentos (a Inconfidência não chegou a movimentar as camadas pobres), com isso criticando-se os "intérpretes do povo não perguntado". Isto é, analogicamente, trata-se dos "intérpretes" de esquerda que, antes de 1964, não consultaram seu próprio povo.

Outra questão refere-se à alternativa entre o adensamento do perfil das personagens e a ênfase na fábula. A opção recaiu sobre a qualidade exemplar da fábula, não porque Boal desconheça o valor do aprofundamento psicológico em teatro, mas porque estava em pauta o estudo, em grandes linhas, das causas que levaram ao malogro dos inconfidentes. Por isso mesmo, como o próprio ensaísta reconhece, o método não é o mais adequado para a montagem de peças em que os conflitos subjetivos ou intersubjetivos são o que mais importa. Na entrevista que nos concedeu, Gianfrancesco Guarnieri ponderava que as estritas marcações do sistema seriam mais apropriadas a *Zumbi*, no qual as personagens se assemelhavam a símbolos ou emblemas, do que a *Tiradentes*, em que a psicologia de figuras como Bárbara Heliodora pediria tratamento diverso do que se praticou (Marques: 1994).

O último tópico preliminar liga-se, outra vez, ao problema da emoção ou da empatia. O que se deve acrescentar relaciona-se à defesa que Boal faz do mito e do herói. Ele distingue, por assim dizer, mitos falsos e mitos legítimos, socialmente úteis. Os heróis e suas legendas servem sempre a uma classe ou a um estado de coisas; não cabe transportar, por exemplo, a vassalagem medieval, com seus caninos códigos de fidelidade, para o mundo moderno da franca luta de classes. Falando na figura do Quixote, cavaleiro valente na hora histórica errada, Boal resume: "Sempre os heróis de uma classe serão os Quixotes da classe que a sucede".

O ensaísta admite que "o mito é o homem simplificado", mas sustenta que o processo mitificador será válido se as virtudes exacerbadas nas personagens e nos fatos procederem de base real, se forem traços essenciais e não acessórios. Com Tiradentes, herói nacional, teria ocorrido o que frequentemente acontece com os heróis revolucionários: eles são encampados pela classe dominante, que substitui o desejo de mudar o mundo por qualidades conservadoras, palatáveis para a ordem. No caso de nosso Tiradentes, a figura do sedicioso deu lugar à estampa do mártir estoico, que em tantas gravuras lembra a de Cristo, sofrendo resignadamente a violência dos adversários.

É claro: as ideias de Boal quanto à legitimidade do uso de mitos e heróis em teatro prendem-se às circunstâncias então vividas no país. Ele e outros artistas quiseram responder às ameaças à liberdade tentando impedir que o espírito de combate ao regime autoritário arrefecesse. Dada a mudança dos tempos, dizê-lo equivaleria a afirmar que essas ideias envelheceram.

As ideias estéticas 145

No entanto, em diversos aspectos — como o da combinação de processos empáticos e distanciamento crítico —, teoria e método pensados naquele momento parecem capazes de estimular a reflexão ainda hoje (mesmo que se possa discordar dessa mistura de atitudes artísticas). O fato é que o "golpe dentro do golpe", em 1968, cortou a possibilidade de desenvolvimento das pesquisas e propostas nascidas havia pouco. O exame das peças buscará aferir até onde, descontados os atropelos políticos, essas e outras percepções estéticas se mantêm vivas.

Estruturas épicas: Peter Szondi e interlocutores brasileiros

A crise do drama segundo Szondi

Outra linha de ideias, diversa da que procede de Brecht, embora tenha importantes pontos de contato com as teses brechtianas, parte da *Teoria do drama moderno (1880-1950)*, livro publicado em 1956, na Alemanha, pelo crítico húngaro Peter Szondi (1929-1971) e editado no Brasil em 2001.

Essa corrente, por aqui, envolve Anatol Rosenfeld (que teria "reorganizado" o estudo de Szondi ao redigir *O teatro épico*, de 1965) e Iná Camargo Costa, autora de *A hora do teatro épico no Brasil* e *Sinta o drama*, ambos livros dos anos 1990. Iná estende as premissas de Szondi ao exame do teatro brasileiro moderno, sobretudo o que se fez de 1958 a 1968, isto é, de *Eles não usam black-tie* a *Roda-viva*.

Peter Szondi lastreia-se em premissas tomadas ao Hegel da *Estética* e ao jovem Lukács de livros como *A teoria do romance*, relativas à interdependência do conteúdo e da forma em literatura. De acordo com Szondi, o pensamento estético progressivamente compreende que as normas clássicas (nomeadamente as aristotélicas), ou a simples noção de que existam regras definitivas em arte, nem sempre podem responder à fatura ou à análise dos fenômenos literários, que têm matrizes e motivações históricas e que, portanto, se alteram conforme os tempos e lugares. A teoria toma consciência de que forma e conteúdo se correspondem, replicando-se mutuamente; fato que se exprime na sentença segundo a qual forma equivale a "conteúdo precipitado". Assim, quando os conteúdos mudam, a forma tende a mudar com eles.

146 COM OS SÉCULOS NOS OLHOS

Munido dessas premissas, Szondi refaz os caminhos do que chama de drama moderno, definindo-o a partir da "crise do drama" que surge em fins do século XIX e se reconhece em peças de Ibsen, Tchekhov, Strindberg, Maeterlinck, Hauptmann. Trata-se de autores distintos uns dos outros, mas ligados pelo fato de trabalharem temas a que a forma dramática — dedicada às relações intersubjetivas, expressas pelo diálogo — já não se consegue adaptar plenamente.

O teórico húngaro opõe dois conceitos, o de forma dramática e o de forma épica, explicando que a primeira irá se estabelecer a partir do Renascimento, quando os textos teatrais depuram-se dos elementos narrativos — o prólogo e as intervenções do coro, entre outros aspectos. Essa forma literária e cênica fixa-se em Shakespeare e, mais caracteristicamente, na obra dos dramaturgos franceses do século XVII — Racine, Corneille, Molière —, confirmando-se nas fases seguintes, até encontrar os seus limites nas últimas décadas do Oitocentos. A essa altura, novos assuntos passam a oferecer resistência ao molde tradicional.

O drama, no sentido que Szondi lhe atribui, ajusta-se à apresentação da trajetória de indivíduos e dos conflitos que entre eles se verificam, modelo que sobreviveu às oscilações de poder ocorridas em fins do século XVIII, fase a partir da qual se substituem aristocratas por burgueses no comando das sociedades europeias. Mas o modelo dramático revela-se insuficiente ou falho quando se trata de iluminar o que se passa no íntimo das personagens, a que o diálogo só terá acesso ao ganhar tonalidades líricas; ou quando é o caso de exibir eventos supraindividuais, coletivos, aos quais as palavras trocadas entre as figuras em cena podem, quando muito, aludir, sem lograr representá-los plenamente.

Os conflitos entre as classes sociais constituem bom exemplo do que se afirma: por definição, eles transcendem a sorte individual e a esfera intersubjetiva, demandando recursos narrativos, épicos, para serem exibidos. Teria sido esse o impasse experimentado pela dramaturgia naturalista, que buscou assunto na vida de grupos sociais desprivilegiados, enquanto se mantinha presa às maneiras dramáticas de composição.

Acossado por conteúdos de tipo lírico, de um lado, como ocorre nas peças de Tchekhov, ou de tipo épico, nas de Hauptmann, o modelo da peça dramática — flexível o bastante para pôr em movimento tanto os aristocratas de Racine quanto os burgueses de Diderot e Dumas Filho — começa a fazer água na passagem do século XIX para o XX. O tema do indivíduo solitário, abordado em *As três irmãs*, do dramaturgo russo, e o das comunidades

As ideias estéticas 147

proletárias, emergentes e problemáticas, que aparece em *Os tecelões*, de Hauptmann, forçam os limites técnicos do drama.

Nas peças em que se configura a crise da forma dramática, as cenas associadas segundo relações de causa e efeito nem sempre atendem ao propósito de traçar amplos painéis; o diálogo já não sustenta o que se quer expressar, sob circunstâncias que apartam os indivíduos, isolando-os ou dificultando a sua comunicação; a convenção realista da quarta parede (pela qual o público jamais é visado diretamente pelos atores) comprime o conteúdo, restringindo-o a espaços mais estreitos do que os que ele exige para manifestar-se. Confrontados a tais dilemas estéticos e técnicos, diz Szondi, os dramaturgos tentam resolvê-los buscando "salvar" a forma tradicional — ou procurando superá-la pela via épica.

Entre as "tentativas de salvamento" da forma dramática, Peter Szondi identifica os textos naturalistas de Hauptmann; a "peça de conversação"; a "peça de um só ato" e os dramas de "confinamento e existencialismo". Para o ensaísta, há problemas, ou sintomas da crise, nas tentativas de manter a forma tradicional mesmo sob a pressão dos novos temas. Vale nos determos um pouco nas objeções feitas por ele às peças naturalistas.

Szondi parece especialmente severo ou cético em relação ao drama naturalista. Dois aspectos interligados devem ser ressaltados aqui, o histórico e o dramatúrgico. Quanto ao primeiro deles, constata-se que "o drama naturalista escolhia seus heróis entre as camadas baixas da sociedade". Szondi afirma que nessas camadas "se encontravam homens cuja força de vontade era inquebrantável; que podiam se engajar com todo o seu ser por um fim, impelidos pela paixão; que não eram separados uns dos outros por nada de fundamental: nem a referencialidade ao eu nem a reflexão. Homens capazes de suster um drama, com sua limitação ao fato presente e intersubjetivo". Apontando alguma ingenuidade ideológica nesse teatro, o ensaísta acrescenta: "Assim, à diferença entre as camadas baixas e altas da sociedade correspondia a diferença dramatúrgica: a capacidade e a incapacidade para suster o drama" (Szondi, 2001: 101).

A suposta insuficiência social ou estética do drama naturalista assinala--se, de saída, por motivos históricos; de acordo com Szondi, inelutáveis. Ele diz: "O lema naturalista, que de boa-fé preconizava que o drama não era uma posse exclusiva da burguesia, ocultava a amarga constatação de que a burguesia há muito já não possuía mais o drama" (2001: 101-102). Os autores naturalistas buscaram personagens nas classes desprivilegiadas porque esse era o modo que tinham de fugir da própria circunstância histórica, evadindo-se não para

148   Com os Séculos nos Olhos

o passado, mas, descendo os degraus sociais, "para o presente estranho". O ensaísta vê a questão desta maneira:

> À medida que se desciam os degraus sociais, descobria-se o elemento arcaico no presente: girava-se para trás o ponteiro no relógio do espírito objetivo — e o naturalista tornava-se assim um "moderno". No século XVIII, a transição do drama da aristocracia para a burguesia correspondia ao processo histórico; por sua vez, a inclusão naturalista do proletariado no drama por volta de 1900 pretendeu justamente desviar-se desse processo (2001: 102).

O segundo aspecto, decorrente do primeiro, prende-se à fatura literária. O tema, se nos for legítimo ampliá-lo para que envolva outras situações culturais, faz perguntar sobre a possibilidade ou a impossibilidade de uma classe endossar e representar as aspirações de outra classe (no caso estudado por Szondi, respectivamente a dos burgueses, entre os quais se inscreviam os escritores naturalistas, e a dos proletários). O assunto, sobretudo quando transposto para o teatro brasileiro dos anos 1960 e 1970, certamente interessa a este trabalho.

Nos termos de Peter Szondi, "a distância social, o primeiro fator a possibilitar o drama do naturalismo, torna-se-lhe fatal enquanto distância dramatúrgica". Nas peças dramáticas genuínas, o autor como que desaparece para que a ação possa desenvolver-se, autônoma, no palco. O autor ou se situa entre as personagens "ou não está em absoluto incluso na obra". A peça escrita nesses moldes "é o espelho de sua época; em suas personagens se espelha a camada social que forma como que a vanguarda do espírito objetivo" (2001: 102).

Szondi parece descrer que as classes trabalhadoras, naquele momento, pudessem representar a vanguarda desse hegeliano "espírito objetivo" (ou, por outra, o problema estaria na aludida "distância social": os pobres eram o objeto, não o sujeito do drama naturalista). De passagem, observe-se que, se a burguesia o encarnava, temos de admitir que foi a classe responsável pelos desastres de proporções mundiais das duas grandes guerras, eventos cuja brutal importância, diga-se, o pensador não depreciaria (ele foi uma de suas vítimas).

O ensaísta também não acredita na efetividade da aliança entre classes sociais que então se esboçava, pelo simples motivo de que a atitude estética dos naturalistas teria tido caráter anacrônico, formalmente regressivo: "no drama naturalista (...) não se espelha a burguesia da virada do século, tampouco a classe que lhe proporciona as personagens. Ao contrário, uma classe observa a outra: o poeta burguês e o público constituído pela burguesia observam o campesinato e o proletariado". Assim, a forma se mantém como que separada de seu assunto, e a peça teatral tende a resultar inconsistente (2001: 103). Imaginamos que, caso a composição das plateias se modificasse, o problema estético de fundo permaneceria inalterado.

Mas o ceticismo de Szondi, que à primeira leitura pode parecer má vontade em relação aos textos que buscaram seus temas na vida dos mais pobres, não nos obriga a pensar em conservadorismo político. Nas páginas seguintes, ele estuda as "tentativas de solução" da crise do drama, abordando o trabalho de autores como Bertolt Brecht, Luigi Pirandello ou Arthur Miller e a trajetória de um encenador, Erwin Piscator. Aqui, Szondi aplaude as formulações épicas de Piscator justamente na montagem de uma peça naturalista, *Nachtasyl*, de Máximo Gorki (1868-1936).

Uma das providências tomadas por Piscator, ao produzir a peça de Gorki, foi a de lançar, acima do palco que mostraria aposentos precários, as "dimensões de um bairro miserável da metrópole moderna", como registra o próprio diretor. Recursos épicos, a exemplo dos que deram a ver os espaços largos da cidade, promoviam enquadramentos pelos quais a aventura individual vinha se inserir na história ampla dos aglomerados urbanos. Falando do espetáculo, Piscator recorda:

> O conceito de proletariado lúmpen estava em discussão. Eu tinha de ampliar os limites da peça para abranger esse conceito. (...) Então dois momentos em que a peça experimentou uma mudança em sua direção se revelaram os mais eficazes do ponto de vista teatral: o começo, o ronco e o estertor de uma massa a tomar todo o espaço do palco, o despertar de uma cidade grande, o barulho dos bondes, até o teto abaixar e estreitar o ambiente formando um aposento, e o tumulto, não apenas no pátio, uma pequena briga de caráter privado, mas a rebelião de um quarteirão inteiro contra a polícia, o levante de uma massa. Assim, no todo da peça a minha tendência era, sempre que possível, elevar a dor psíquica do indivíduo até chegar ao geral, ao que há de típico na atualidade, dilatando o espaço estreito (através do levantamento do teto) para alcançar o mundo (Piscator, em: Szondi, 2001: 128).

Conforme lembra José Antonio Pasta Júnior na Apresentação de *Teoria do drama moderno*, Szondi dá escasso relevo a Brecht, destinando poucas páginas ao exame de sua obra. Pasta Júnior especula sobre os motivos que teriam levado Szondi a referir as ideias brechtianas de maneira empática e precisa, mas sumária, e a não analisar as suas principais peças (Szondi menciona somente o drama *A mãe*, original de Gorki adaptado por Brecht). Teriam pesado a hostilidade do ambiente acadêmico alemão nos anos 1950, avesso a engajamentos; a antipatia política do próprio Szondi com relação a Brecht (no que tacitamente teria tomado o partido de Adorno em polêmicas então recentes); ou, até, as eventuais dificuldades teóricas no enfrentamento do épico na chave programática, sistêmica, proposta pelo dramaturgo alemão.

Apesar de seu relativo laconismo, Szondi valoriza o teatro e as ideias estéticas de Brecht, sublinhando a "cientifização" da cena operada pelo dramaturgo. Este teria ultrapassado os naturalistas ao converter aquela "atitude científica" em recursos e estruturas formais, capazes de representar eficientemente os mecanismos de alienação das personagens em relação a si mesmas e a seu entorno.

Anatol Rosenfeld, menos de uma década depois do lançamento do livro de Peter Szondi, sem deixar de reconhecer a sua dívida para com o pensador húngaro, "reorganizou [no livro *O teatro épico*] de outra maneira o trabalho de Szondi, partindo declaradamente da obra de Brecht, para executar o mergulho nas formas anteriores do teatro épico e, finalmente, desembocar de novo em Brecht, a quem dedica todo o capítulo final" (Pasta Júnior, em: Szondi, 2001: 19).

O teatro épico segundo Rosenfeld

Anatol Rosenfeld publicou *O teatro épico* em 1965, numa fase em que, no Brasil, se buscava entender e pôr em prática esse conceito, muito ligado às peças e teses de Brecht, mas relacionado também, de modo mais amplo, às comédias e aos shows musicais. Naquele ano estrearam *Liberdade, liberdade*, de Millôr Fernandes e Flávio Rangel, no Rio de Janeiro, e *Arena conta Zumbi*, de Boal e Guarnieri, em São Paulo, para ficarmos em dois exemplos. A primeira peça consiste em texto-colagem semelhante ao de *Opinião*; a segunda, em drama histórico dotado de humor e música, sem compromisso estritamente realista. Ambas trabalham com técnicas épicas.

Dedicado à divulgação cultural de alto nível, Rosenfeld procura ordenar ideias teatrais em circulação naquele momento. Assim, na seção inicial de seu livro, retorna à matriz clássica da teoria dos gêneros para esclarecer didaticamente:

As ideias estéticas 151

Pertencerá à Lírica todo poema de extensão menor, na medida em que nele não se cristalizarem personagens nítidos e em que, ao contrário, uma voz central — quase sempre um "Eu" — nele exprimir seu próprio estado de alma. Fará parte da Épica toda obra — poema ou não — de extensão maior, em que um narrador apresentar personagens envolvidos em situações e eventos. Pertencerá à Dramática toda obra dialogada em que atuarem os próprios personagens sem serem, em geral, apresentados por um narrador (Rosenfeld, 1997: 17).

Esses dados compõem o que o ensaísta chama de "significado substantivo dos gêneros". Já o seu "significado adjetivo" corresponderá a "*traços estilísticos* de que uma obra pode ser imbuída em grau maior ou menor, qualquer que seja o seu gênero". Admite-se que "toda obra literária de certo gênero conterá, além dos traços estilísticos mais adequados ao gênero em questão, também traços estilísticos mais típicos dos outros gêneros"; ou seja, não existem modalidades ou espécimes puros, a não ser em teoria. O trânsito dos aspectos de estilo entre textos de filiação diversa marca especialmente a literatura no século XX e envolve a dramaturgia, tornada épica por força dos conteúdos que se dispõe a expressar.

O ensaísta rastreia estruturas ou elementos épicos no teatro que se fez desde os gregos, pondo em relevo lições que serviram a Brecht, mencionadas por este dramaturgo em seus escritos teóricos. Embora mantenha em seu horizonte a crise do drama conforme abordada por Peter Szondi na *Teoria do drama moderno*, Rosenfeld comenta procedimentos artísticos a que Szondi apenas alude em seu livro, dando-os tacitamente por conhecidos. Assim, as cenas grega, medieval, renascentista, barroca, shakespeariana e romântica, além do teatro asiático, são sumarizadas em *O teatro épico*, no que constitui breve genealogia dos processos narrativos no palco.

O autor lembra ser "muito curioso que Aristóteles tenha baseado a sua *Arte poética* — ponto de partida de toda Dramática rigorosa — no exame de uma dramaturgia que de modo algum é modelo de pureza absoluta, no sentido da forma severa, fechada" (1997: 40). A presença do coro, que comenta a ação, e os relatos confiados a mensageiros, entre outros recursos épicos, somam-se nas tragédias gregas ao evento plenamente atual e ao enredo monitorado pelo diálogo, exigências fundamentais do drama absoluto. "Ainda assim, o teatro grego é com muitos dos seus exemplos — como *Antígone* ou *Édipo Rex* — um dos tipos mais elevados de uma dramaturgia que pelo menos se aproxima do ideal da unidade e construção dramáticas rigorosas", diz o ensaísta, ressaltando que "este rigor não representa, necessariamente, um valor estético" (1997: 40-41).

152   Com os Séculos nos Olhos

Estrutura propriamente épica encontra-se na Idade Média com o palco sucessivo, isto é, formado por carros dispostos em sequência, nos quais se viam cenários a representarem lugares distintos. "Mas a grande invenção do teatro medieval foi a cena simultânea, usada a partir do século XII" por cerca de 500 anos, informa o ensaísta. O essencial a notar nesses espetáculos que exibiam dezenas de passagens bíblicas, justapondo-as, é que o presente pleno do drama trocava-se por uma espécie de passado pleno, considerado que os episódios eram previamente conhecidos de seu público; o que não anulava a impressão, de fins pedagógicos, que tais espetáculos pretendiam exercer (1997: 47).

No Renascimento, o ideal de máxima ilusão cênica resulta na criação do palco italiano, frontal, em que os corpos e objetos distinguem-se de modo preciso, de acordo com os efeitos de perspectiva então descobertos. Esses efeitos delineiam de modo mais nítido as personagens, agora retratos de indivíduos e não de divindades. Recursos e formas épicas, porém, continuariam em voga: "Na época que vai dos fins da Idade Média ao Barroco multiplicam--se as formas dramáticas e teatrais caracterizadas por forte influxo épico em consequência do uso amplo de prólogos, epílogos e alocuções (...), com fito didático, de interpretação e comentário, à semelhança de técnicas usadas no nosso século por Claudel, Wilder e Brecht", diz Rosenfeld (1997: 55).

As moralidades, os autos de Gil Vicente e o teatro jesuíta são tratados a seguir. Mais relevante do ponto de vista moderno é a recepção dada a Shakespeare por iluministas como Lessing ou pré-românticos como Herder e Goethe, na Alemanha, ou Victor Hugo, décadas mais tarde, na França. A fusão do trágico e do cômico e a ampla liberdade quanto às unidades de lugar e tempo são estímulos que os renovadores, entre eles Büchner, encontram nas peças shakespearianas.

A partir da segunda metade do século XIX, quando atuam dramaturgos como Ibsen e Strindberg, os comentários de Rosenfeld seguem roteiro similar ao de Szondi, embora sempre acrescentem algo de seu ao que ficou dito na *Teoria do drama moderno*. O ensaísta brasileiro aborda ainda o palco asiático — o drama Nô e o teatro Kabuki, gêneros tradicionais japoneses. Referindo-se ao Kabuki, anota:

> Sem dúvida, são os próprios atores que pronunciam o diálogo, mas o coro-narrador ainda exerce variadas funções. Manifesta-se como voz da consciência e comentador, mais ou menos como o coro grego; toma a si o solilóquio dos personagens, informa o público sobre questões do entrecho e ambiente e serve de acompanhamento rítmico-musical que

liberta os atores intermitentemente para a dança (...). Constitui, enfim, uma espécie de moldura narrativa dentro da qual se desenvolve a ação dramática propriamente dita, à semelhança dos cantores de *O círculo de giz caucasiano* (Brecht) (1997: 111-112).

Anatol Rosenfeld assume premissa idêntica à de Peter Szondi no que toca à emergência do épico em fins do século XIX e na primeira metade do século XX. Mas reordena dados críticos e históricos de maneira a dar a ver, em primeiro lugar, a longa vigência das formas e processos narrativos em séculos de história teatral e, depois, de modo a fazer com que essas linhas estéticas alcancem Brecht, que as reviu, politizando-as. Rosenfeld enfatiza ainda a importância do católico Paul Claudel, antípoda ideológico de Brecht a quem destina algumas páginas.

O trabalho que se propôs Anatol Rosenfeld em *O teatro épico*, no que toca a Bertolt Brecht, liga-se antes à tarefa de esclarecer e divulgar propósitos e práticas estético-políticas do que à pretensão de fornecer, dessas peças e teses, interpretação inteiramente nova. Seja como for, podem-se destacar ainda alguns instantes especialmente lúcidos no percurso.

Um deles aparece na seção dedicada a Claudel, quando Rosenfeld compara o dramaturgo francês a Brecht. O ensaísta recordara que "o radicalismo e a dureza com que Claudel concebe (p. ex. em *O livro de Cristóvão Colombo*) a matança de dezenas de milhares de índios ou a escravização de tantos africanos (...) provocaram do próprio lado católico inúmeras acusações de heresia, soberba e amoralidade".

A seguir, notará que esse modo de ver as coisas, "proveniente de um teocentrismo radical", segundo o qual os indivíduos podem se sacrificar ou ser sacrificados em razão de valores supostamente superiores, "resulta em consequências comparáveis àquelas a que, pelo menos em certa fase, B. Brecht se viu levado pelo sociocentrismo". Na peça didática *A decisão*, de 1930, Brecht parece legitimar o assassinato de um dos militantes comunistas que perfazem o grupo de personagens em nome da eficácia de suas tarefas políticas, perturbada pelo que se viu atingido na decisão do título. Essa tese, diz Rosenfeld, "foi combatida com a mesma violência pelos comunistas como a de Claudel por inúmeros cristãos". Ele acrescenta:

> Não importa neste ponto verificar que Brecht se "converteu" a uma atitude de profunda afabilidade e bondade humanas e que o zelo claudeliano é resultado do amor de Deus. O importante é verificar que concepções que com tamanha ênfase teo ou sociocêntrica tendem a colocar o centro

fora do indivíduo, integrando-o como elemento no todo maior, quase necessariamente conduzem a uma ideia épica do teatro (1997: 137).

A passagem do dramático ao épico ou a mistura de elementos provenientes de ambos os estilos não constitui mera questão de técnica literária. Os processos pelos quais formas dramáticas e épicas se reúnem, compondo terceiras estruturas, incluem e transcendem o aparecimento das novas temáticas, envolvendo, além delas, "uma deslocação decisiva na hierarquia dos valores". Ao contrário do que se deu no teatro clássico de Racine e Goethe, "ao protagonista não cabe mais a posição majestosa no centro do universo".

Assim, "a concepção teocêntrica ou sociocêntrica transborda do rigor da forma clássica, na medida em que ultrapassa a limitação da esfera psicológica e moral, enquanto *apenas* psicológica e *apenas* situada no campo da moralidade individual" (1997: 174). No teatro épico, de acordo com Rosenfeld, a ênfase já não recai sobre figuras capazes de decidir quanto ao próprio destino ou de compreendê-lo plenamente, mas nos fatores — metafísicos, sociais ou, no interior das personagens, irracionais — que circunscrevem a sua liberdade.

Teatro épico no Brasil: Iná Camargo Costa

A hora do teatro épico no Brasil, livro de Iná Camargo Costa lançado em 1996, trabalha sobre o período singularmente rico que se estende de *Eles não usam black-tie*, em 1958, a *Roda-viva*, em 1968, meses antes do AI-5. O trabalho arrisca uma tese audaciosa sobre essa fase e seus produtos, afirmando que as boas intenções revolucionárias, que começaram a engordar no Arena, batem bruscamente não apenas contra o Estado policial, mas também contra o mercado, que disciplinou com lucro as dissidências, e contra a própria incapacidade dos agentes históricos — artistas, no caso — em perceber a derrota em 1964.

Eles alimentaram a quimera de uma arte participante que, no entanto, a partir do Golpe, volta a fechar-se em espaços políticos estreitos, restritos à classe média impotente, malgrado as ilusões de bilheteria. O sonho de um teatro político e popular, portanto forte, degrada-se melancolicamente no espancamento de atores, em julho de 1968, depois de uma sessão de *Roda-viva*.

Iná Camargo Costa procura revelar, em cada evento, o seu contrário, os avessos pouco notados. Desse modo, inverte sinais comumente aceitos no que diz respeito à história teatral, à crônica da cultura brasileira, contradizendo interlocutores como Décio de Almeida Prado. Ela acredita que as formas artísticas condensem os valores do tempo em que nasceram e, mais importante, da classe que as criou, o que indica seu parentesco com o Peter Szondi de *Teoria do drama moderno*.

Como dissemos ao tratar do livro de Szondi, o drama, com o diálogo e os limites estritos para o espaço da ação, dados formais que lhe são inerentes, presta-se à exposição dos trajetos individuais por meio dos quais a burguesia, que o sustentou, reflete sobre o mundo. Mas parece acanhado para a exibição dos quadros mais largos. O teatro épico, à procura do qual o Arena tateava, responderia a questões de caráter coletivo, temas como o conflito entre proletários e patrões, mote da peça de Guarnieri.

Black-tie foi escrito na forma de um drama no qual o protagonista é o jovem Tião, posto diante da escolha entre aderir ou não a uma greve, isto é, ser ou não ser fiel à sua classe. Tião terá como antagonista o próprio pai, Otávio, militante comunista de velha cepa. Mas, se essa é a forma, o assunto ou conteúdo é outro: trata-se de traçar o quadro em que evolui uma rebelião de trabalhadores e de aferir seu impacto não somente sobre a vida de Tião, mas sobre a de toda a comunidade, a favela. O assunto é, portanto, épico, enquanto a forma permanece dramática. Pede outros recursos de expressão, como a voz de um narrador capaz de unificar o mundo onde os horizontes se abrem para além da sala de visitas. A autora obriga-se a concluir que o próprio sucesso de *Black-tie* constituía sintoma de que o brasileiro progressista pensava, naquela hora, ainda por esquemas *formalmente* conservadores.

O Arena sabia de que temas pretendia falar e buscava o melhor modo de tratá-los. A peça de Guarnieri corresponde a um daqueles instantes em que velho e novo se atritam: o primeiro ainda não morreu, o segundo não pode nascer. De acordo com Iná, a saída para o impasse político-estético aparece em 1960 com *Revolução na América do Sul*, de Augusto Boal, quando o autor abandona a casa, a sala, os ambientes da intimidade para fazer o seu José da Silva passear, em clima de comédia, por uma série de espaços públicos, inclusive o da feira — onde a personagem descobre que, com ou sem emprego, será sempre o culpado pelos preços que não param de subir. O épico, a essa altura, tende a dominar a cena, e falar em épico não significa falar apenas em Brecht, cuja *Alma boa de Setsuan* chegara ao Brasil em 1958, mas também nos processos tomados à farsa, à revista e ao circo.

O próximo passo é dado por Vianinha e Chico de Assis, autor e diretor de *A mais-valia vai acabar, seu Edgar*, que ocupa por oito meses o teatro da Faculdade Nacional de Arquitetura, no Rio, em 1960, alcançando a média de

400 espectadores por sessão. A cena da feira e congêneres, em *Revolução na América do Sul*, inspiram o espetáculo em que se quer destrinchar, para plateias amplas, a famosa fórmula marxista. Vianinha irá subestimar um pouco a sua *Mais-valia*, imaginando, em nota redigida depois da estreia, ter simplificado demais as coisas. Iná Camargo Costa discorda de Vianna e mostra como, nesse instante, teatro e lutas populares parecem coincidir, ou quase.

O teatro de agitação e propaganda, que o Centro Popular de Cultura praticará de 1961 a 1964, encontra seu limite material no fato de que, ao contrário do que teria ocorrido noutros países — União Soviética, França, Estados Unidos —, as tarefas de agitação revolucionária, aqui, permaneceram nas mãos dos universitários, os militantes de classe média; não puderam ou não tiveram tempo de chegar aos trabalhadores, incorporando-os. Na verdade, às vésperas do Golpe, grupos de lavradores nordestinos, pais dos atuais sem-terra, já ultrapassavam o estudante politizado e o próprio PCB na disposição para pegar em armas. A unidade das esquerdas e seus laços com o povo revelavam-se bastante inconsistentes.

A atitude conciliatória que Vianinha irá defender, em 1968, no artigo "Um pouco de pessedismo não faz mal a ninguém" — na contramão do que sustentara até *Os Azeredo mais os Benevides*, texto qualificado por Iná como obra-prima — passa a dar o tom. *Opinião*, com novas referências musicais, o Nordeste e o morro, e *Arena conta Zumbi*, crônica de Palmares, "foram festejadas como a senha para uma resistência política que não tinha acontecido nem estava acontecendo". O Teatro Oficina e seu diretor Zé Celso, em *O rei da vela*, e o mesmo Zé Celso em trabalho fora do Oficina, em *Roda-viva*, com sua agressividade programática, apenas tripudiam sobre o cadáver da esquerda que, quatro anos antes, perdera o bonde e, agora, perde a esperança e a compostura. A boa hora do teatro épico havia passado ou, dito de outra forma, o teatro que se pretendera épico já não possuía qualquer lastro popular.

Devem-se discutir algumas das opiniões expressas no livro. Por exemplo, é um pouco anacrônico supor que Décio de Almeida Prado e outros críticos e artistas pudessem aceitar ou mesmo compreender plenamente as propostas brechtianas, quando estas mal aportavam em praias brasileiras; de todo modo, não se deixou de escrever sobre o dramaturgo. O próprio Almeida Prado, citado por Iná Camargo Costa, admitiu na ocasião em que aquelas propostas chegavam ao Brasil: "Cada crítico é mais ou menos circunscrito por seus hábitos e crenças". A ideia de que os artífices de *Opinião* e de outras peças pudessem, já em 1964 ou 1965, perceber que os golpistas haviam de se demorar no poder constitui outro ponto passível de discussão.

As ideias estéticas 157

Aqueles "hábitos e crenças" também teriam guiado os dramaturgos, entre eles Guarnieri. O autor de *Black-tie*, na entrevista que nos concedeu quando a peça fazia 40 anos (entrevista já mencionada), diverge das teses de Iná. As ideias da autora, assim como outras que eventualmente as contradigam, estão entre as que serão discutidas no terceiro capítulo deste trabalho.

O realismo lukacsiano

Prévias

A terceira e última tendência teórica a estudar relaciona-se às ideias do filósofo e crítico literário húngaro Georg Lukács (1885-1971). Vamos considerar sobretudo as teses expostas em sua *Introdução a uma estética marxista*, obra influente entre artistas e pensadores brasileiros, da qual falaremos adiante.

Lukács liga-se inicialmente à orientação neokantiana, fase dos textos reunidos em *A alma e as formas*, volume de 1910. Ao redescobrir Hegel, elabora *A teoria do romance*, de 1916, ensaio de estilo rebuscado e hermético, muito diverso do modo direto de escrever que virá a adotar em trabalhos da maturidade. Weber, um de seus mestres, afirmou em carta que "a primeira parte [do livro] é quase ininteligível para todos", ao que Lukács respondeu que "tudo que tem algum valor há de ser lido duas vezes" (Lukács, 2003: 168).

Ter-se aproximado de Hegel significa, para o jovem Lukács de *A teoria do romance*, tornar-se capaz de pensar as categorias estéticas em situação histórica. Ele procura fazê-lo, nesse livro, ao propor uma tipologia do gênero romanesco, visto como "a epopeia de um mundo sem Deus". Os romances apresentam o "herói problemático" para quem o sentido da realidade e de seu papel dentro dela não é dado de antemão, como ocorrera no mundo grego; a personagem agora se vê obrigada a buscar incessantemente tal sentido que, em tempos modernos, só se estabelece de modo precário e provisório. O herói e o contexto em que evolui encontram-se essencialmente apartados nesses tempos.

No artigo "Das obras de juventude de G. Lukács", de 1978, José Paulo Netto comenta, aludindo à *conversão* marxista que se opera nos anos seguintes: "A recusa do mundo insignificante se fazia à base de um conhecimento cujas categorias não conduziam à transformação efetiva desse mesmo mundo; a tensão aí estabelecida tende, de fato, a divorciar da realidade a sua superação no movimento dela própria". Assim, no mundo vazio de sentido, carente de saídas que restabelecessem a vida plena (procura que se exibe no romance, "*pesquisa inútil*, mas *imprescindível*, dos valores num mundo degradado"), restaria o desalento.

Mas, já ao final da *Teoria do romance*, a menção a Dostoievski sugere o "mundo novo" que, diz Paulo Netto, representa "o signo de uma grande transformação — então apenas pressentida, no horizonte da utopia". Trata-se de pôr de lado o desespero e de ultrapassar "o círculo do trágico para vislumbrar o infinito do utópico" (Paulo Netto, 1978: 246).

Lukács aderiu ao marxismo depois da Revolução de 1917 e publicou, em 1923, o polêmico *História e consciência de classe*, livro herético para a já robusta ortodoxia soviética. Nessa obra, o filósofo incorre em insubordinações — segundo comenta George Lichtheim no breve e erudito *As ideias de Lukács* — em pelo menos dois aspectos básicos. No campo filosófico, em certa medida se opõe a Lenin, sugerindo que o materialismo haurido pelo russo nos enciclopedistas franceses teria algo de ingênuo. Para Lukács, o materialismo, se reduzido à crença numa força imanente à matéria, de cujos movimentos decorreria a própria história humana, seria apenas "platonismo invertido" — expressão de Heinrich Rickert citada pelo filósofo húngaro (em: Lichtheim, 1973: 55).

Lukács propõe concepção do mundo supostamente mais rica, com base em Hegel: a relação entre consciência e sociedade, entre espírito e matéria, tem caráter dialético, diz. A instância física, material, funde-se ou prolonga-se na espiritual. As ideias e os fatos reúnem-se na arena que Marx havia chamado de práxis, hora e cenário históricos onde se relacionam pensamento e ação.

Os funcionários de Lenin não gostaram: Lukács assinalara direta ou indiretamente o quanto o Partido Comunista, que se acreditava genuíno representante dos trabalhadores, na verdade os conduzia. Na ótica do Partido, que Lukács vinha desafiar, não se dava o caso de uma classe trabalhadora realmente revolucionária; o que havia eram massas monitoradas pelas elites políticas.

Naturalmente, uma heresia torna a outra mais grave, a olhos inquisitoriais. Se a realidade não está predeterminada no seio da matéria, que deveria transformar-se no sentido do mundo melhor, governado pelas classes trabalhadoras, a crítica ao papel imperativo das elites em relação à *necessidade* revolucionária ganha aspecto bem mais incisivo. Sustenta-se, ressalta

As ideias estéticas 159

Lichtheim, que a mudança política é inevitável, achando-se prevista nas relações sociais, porque assim se escamoteia "a disjunção mecânica entre o sujeito da história (o Partido) e o seu objeto (as massas)", dicotomia segundo a qual o proletariado não é dono de si mesmo, nem capaz, por si só, de fazer a revolução (1973: 59).

Lukács teria atuado como o menino da lenda, apontando, iconoclasta, a nudez do rei. Com a divulgação dessas ideias, será pressionado a abdicar das próprias opiniões, num daqueles atos de autocrítica *espontâneos* a que se dispôs ao longo da carreira, este praticado em fins dos anos 1920. Segundo Carlos Eduardo Jordão Machado, autor de *Debate sobre o expressionismo*, a "concepção pluralista de democracia política" é, nessa época, uma de suas derrotadas "Teses de Blum", pseudônimo que adotou para redigi-las (Machado, 1998: 26).[30]

Parece estabelecido o quanto George Lukács teve que conceder, tornando-se a partir dos anos 1930 funcionário ilustre — em certas circunstâncias, talvez nem isso — da ortodoxia soviética. As concessões feitas não apagaram, contudo, certo espírito independente que conservou ao longo da vida: seu apreço pelas ideias de Hegel (embora também viesse a criticá-las) e sua participação na malograda rebelião húngara contra a tutela dos russos, em 1956, lhe valeram a desconfiança dos teóricos obedientes ao stalinismo, como anota Celso Frederico no artigo "A presença de Lukács na política cultural do PCB e na universidade":

> Em 1959, os comunistas brasileiros tomam, pela primeira vez, contato "oficial" com as ideias de Lukács. A revista *Problemas da Paz e do Socialismo* (número 4, 1959), órgão do movimento comunista interna-cional, publicou em sua edição para o Brasil o ensaio de Bela Fogarasi, "As concepções filosóficas de Georg Lukács", que refletia a animosidade então existente contra o nosso autor devido à sua participação nas ações "contrarrevolucionárias" em 1956 (Frederico, em: Moraes, 1995: 184).

---

30 Não foi sem resistência que Lukács abdicou de certas opiniões ou as silenciou por décadas. O pesquisador Nicolas Tertulian, no artigo "Metamorfoses da filosofia marxista: a propósito de um texto inédito de Lukács", comenta o ensaio *Chvostimus und Dialektic* (*Reboquismo e dialética*), do pensador húngaro, escrito em 1925-1926 em resposta às críticas a *História e consciência de classe*, mas publicado pela primeira vez apenas em 1966. "O texto testemunha a resistência de Lukács às tentativas de estreitamento do pensamento marxiano, transformado pelos ortodoxos da época em um determinismo grosseiro, tratando a subjetividade como um epifenômeno das cadeias causais objetivas", diz Tertulian (em: *Crítica Marxista*, n. 13, 2001, p. 29-44).

Fogarasi "debruça-se inicialmente sobre *O jovem Hegel* procurando mostrar que a exaltação do hegelianismo é um 'vício muito enraizado' que se propaga em toda a trajetória de Lukács, e prepara o caminho para as 'concepções e atitudes antimarxistas e antileninistas'" (1995: 185). Outro motivo do ataque refere-se ao fato de Lukács ver a história como palco de luta entre razão e irracionalismo, em lugar de admitir que a disputa de fato se dê entre materialismo e idealismo, como seria de lei, segundo Fogarasi.

Apesar de todos os limites, Lukács construiu obra que, no campo da reflexão estética, se manteve cautelosamente distante das vanguardas históricas, julgadas irracionalistas, mas também do realismo socialista, indigitado como superficial ou "vulgar", conforme dizia. Ele insistiu em que os grandes realistas do século XIX, sobretudo Balzac e Tolstoi, deveriam permanecer modelares, rejeitando ou aceitando com ressalvas autores como Joyce e Kafka. Segundo entendemos, Lukács continua a ter algo a nos ensinar não pelo que nega, mas pelo que afirma; trata-se de ouvi-lo menos quanto aos procedimentos literários que condena e mais pelos que sublinha e sugere.

O problema filosófico mais amplo, entre os enfrentados pelo teórico no terreno estético, reside em averiguar qual é a estrutura genérica das obras de arte, ou seja, que relações com a realidade e que tendências formais lhes propiciam a existência ou, mais além, lhes potencializam as qualidades — estabelecidas por oposição às características dos trabalhos científicos. O autor empenha-se em distinguir as condições nas quais a obra artística falará do que interessa à transformação da sociedade, ao tornar mais complexa e precisa a nossa visão do real.

O primeiro texto do próprio Lukács a chegar ao país, também naquele ano de 1959, foi o prefácio de *A destruição da razão*, que apareceu no número 5 da menos ortodoxa revista *Estudos Sociais*. A mesma espécie de perguntas formuladas por ele reaparecerá no Brasil dos anos 1960. Tais questões expressam-se na voz de polemistas como Ferreira Gullar, que indaga o quanto arte e política devem conviver, ou necessariamente convivem, nos ensaios *Cultura posta em questão*, de 1963, e *Vanguarda e subdesenvolvimento*, de 1969, procurando responder a elas também nos textos teatrais daquela fase.

O projeto de uma estética marxista permanece aberto. Não se acha encerrado por inviável, como o entendeu Lichtheim (síntese mais favorável das obras do filósofo se pode ler no artigo "Em defesa de Georg Lukács", que consta de *Marxismo e forma*, de Fredric Jameson). Caberá rastrear semelhante programa no Lukács de *Introdução a uma estética marxista*, ensaio de 1957, publicado no Brasil em 1968. Procuraremos fazê-lo a seguir, sublinhando

As ideias estéticas 161

aspectos que se mostram importantes no livro. Nesse caso, encontram-se o problema da permanência da obra de arte e a noção de "particular" ou "típico".

Acerca de *Introdução a uma estética marxista*

Uma das preocupações centrais de *Introdução a uma estética marxista — sobre a categoria da particularidade* é a de distinguir entre "reflexo científico" e "reflexo estético". Estes seriam dois dos três caminhos básicos pelos quais a realidade se reproduz na consciência, de acordo com Lukács. O terceiro deles refere-se ao conhecimento cotidiano.

A premissa maior assumida pelo filósofo materialista consiste em supor a existência de uma única realidade objetiva, cujos fenômenos e leis serão reproduzidos mentalmente de acordo com esses três modelos — conformados segundo a ênfase concedida a aspectos do próprio real.

Esses aspectos expressam-se nas categorias lógicas da singularidade, da particularidade e da universalidade, que partem dos dados sensíveis para chegar aos conceitos (e destes retornam àqueles). Ao contrário do que fizeram Platão e outros idealistas, Lukács não *diviniza* a universalidade (o conceito, a ideia), antes a vê como uma das instâncias do mundo fenomênico.

Os modos pelos quais abordamos a realidade são, portanto, o do conhecimento diretamente empírico, informal, cotidiano, ligado à instância da singularidade, isto é, aos seres e eventos imediatos; o do conhecimento científico, marcado pelo empenho em formular leis abrangentes, que buscam validade geral, ou seja, aspiram à universalidade; e o do saber estético ou artístico, para o qual a categoria mais importante é a da particularidade, que opera como elo entre as categorias extremas.

O "particular", campo de mediação e de síntese entre a pronta apreensão dos fenômenos e a sua generalização conceitual, deve encarnar-se em figuras "típicas" na reprodução estética (com elas o artista exprime relações vitais entre pessoas, classes, épocas; falaremos adiante dessas figuras).

Apoiada em conteúdos *particulares*, a obra de arte conserva os necessários laços com o mundo sensível — sem os quais a arte não demarcaria o seu campo com relação ao da ciência —, ao mesmo tempo que ultrapassa os fenômenos imediatos, superando o mero retrato das singularidades. Assim, a particularidade torna-se a "categoria central da estética".

*

Para expor essa tese, que se desdobra noutros ângulos, mas reaparece consistentemente no decorrer do livro, Lukács repartiu o ensaio em seis capítulos. As quatro primeiras seções apresentam sínteses históricas que envolvem noções devidas a pensadores "desde Aristóteles até Lessing": Kant, Schelling, Goethe, Hegel, Diderot. Todos trataram, ainda que em medidas diferentes, de problemas estéticos análogos àqueles de que se ocupa Lukács, neles implicadas as categorias de singular, particular e universal.

Em Kant e Schelling, o autor irá destacar o que lhe parece válido, descartando, contudo, muito do que pensaram. O idealismo que enxerga a matriz dos acontecimentos em supostas instâncias supramateriais e o formalismo que tende a forjar soluções lógicas rígidas, sem maiores vínculos com a realidade social, são limites apontados por Lukács nas ideias estéticas e políticas daqueles dois filósofos.

O uso decidido da maneira dialética de pensar — baseada nas contradições que movimentam o real — e a atenção ao solo histórico sobre o qual os fatos e as ideias evoluem terão sido méritos de Hegel, em sua "tentativa de solução" dos impasses legados por Kant e outros autores da vertente idealista (a que Hegel, como se sabe, permanecerá ligado).

Mas, para Lukács, só o materialismo dialético pode fornecer os instrumentos adequados à resolução de tais impasses, quando reconhece não apenas a precedência da matéria — as relações econômicas, o devir histórico — sobre o pensamento, mas também a relação dinâmica que há entre ambas as instâncias (ao contrário do que ocorre com o materialismo mecanicista, que tende a atribuir poderes absolutos à matéria).

Para o filósofo, o pensamento (ou a Ideia, ou o Espírito) não incide demiurgicamente sobre o concreto, conforme imaginaram os idealistas, mas dele se apropria, concebendo-o como síntese de determinações várias. Lukács recusa, é claro, a noção de forças metafísicas a guiarem a sorte dos homens (também a mencionada *metafísica da matéria* perde seus direitos aqui); rejeita ainda a noção de que os estatutos do real possam oscilar segundo a percepção cambiante dos observadores, crença mantida pelo idealismo subjetivo que, para o autor, equivale a irracionalismo. As variações subjetivas de percepção evidentemente existem, mas não se confundem com os fenômenos exteriores ou com a substância da vida real.

Anote-se que, dessa postura filosófica e ideológica, procede a sua crítica a expressionistas e surrealistas, crítica não raro inflexível e pouco compreensiva, como a nosso ver se dá no artigo "Trata-se do realismo!" (Lukács, em: Machado, 195-231).

As ideias estéticas 163

Em suma, as categorias lógicas aludidas, entre as quais releva, no campo estético, a da particularidade, são "reflexos de situações objetivas na natureza e na sociedade" (Lukács, 1978: 75). Não *inventamos* o real, mas podemos apreendê-lo para, depois, agir sobre ele.

Em arte, essas noções acham parentesco na concepção de que forma e conteúdo se ligam indissoluvelmente — ideia que procede de Hegel, reelaborada por Lukács e Szondi, entre outros estetas do século XX. Veja-se que, para o filósofo de *Introdução a uma estética marxista*, o conteúdo guarda alguma ascendência sobre a forma (esta é sempre a "forma de um conteúdo determinado"). No entanto, ele sublinha ainda que, sem a elaboração técnico-formal, todo conteúdo permanecerá "inartístico".

O ensaísta concebe as melhores obras de arte como estruturas autônomas, porém capazes de refletir o real, flagrando-o em determinações essenciais. Buscaremos precisar um pouco mais essas ideias a seguir, destacando o que nelas importa a nossos objetivos.

*

Lukács propõe esquema segundo o qual, no reflexo científico, o olhar do pesquisador percorre o caminho da singularidade à universalidade, voltando desta para os fenômenos singulares (veja-se o que se passa em medicina, por exemplo), tendo a particularidade, nesses percursos, função mediadora. Já no reflexo estético, singularidade e universalidade "aparecem sempre superadas na particularidade"; na representação artística, "o termo intermediário torna-se literalmente o ponto do meio, o ponto de recolhimento para o qual os movimentos convergem" (1978: 161).

O próprio fato de as obras de arte trabalharem em torno da particularidade lhes faculta certa autonomia, o que as torna diferentes das obras científicas também no que toca às possibilidades de permanência. Assim, na história das artes, "a etapa superior não continua diretamente a precedente", como se dá em ciência, mas obras de quaisquer etapas podem manter-se válidas ao fixar momentos ou períodos da história humana. Shakespeare não cancela nem repete as conquistas gregas; não se situa em relação a elas à maneira dos cientistas que, a cada fase ou geração, necessariamente ultrapassam os antecessores.

As grandes obras de arte flagram articulações históricas importantes e o fazem configurando-as como instantes plenos: "Toda obra de valor discute intensamente a totalidade dos grandes problemas de sua época" (1978: 163).

Isto ocorre sem que se exija uma impossível abrangência enciclopédica das obras; a extensão do real, virtualmente infinita, está fora do alcance de obras singulares. Mas, justamente por se concentrarem na particularidade, os trabalhos artísticos logram exprimir largas porções de vida: "se um fenômeno qualquer deve, enquanto fenômeno, expressar a essência que está em sua base, isto só é possível se se conserva a singularidade" (1978: 164). Mais adiante, dirá que "uma universalidade não superada, que transcendesse a particularidade, destruiria a unidade artística da obra" (1978: 189).

Lukács critica os surrealistas, que tenderiam "a identificar inteiramente a subjetividade — e sobretudo a artística — com a particularidade mais imediata de cada sujeito" (1978: 193). Ele não descarta a subjetividade no processo de criação das obras, mas dá a ela sentido diverso do eleito pelas tendências que considera irracionalistas. Nessa linha, começa por admitir: "A proposição 'sem sujeito não há objeto', que na teoria do conhecimento implicaria um equívoco idealismo, é um dos princípios fundamentais da estética na medida em que não pode existir nenhum objeto estético sem sujeito estético" (1978: 196).

A "subjetividade imediata" dos indivíduos, contudo, transforma-se no decorrer do processo criador das obras (assim como deve, depois, modificar-se em sua recepção): os artistas elevam-se temporariamente a plano mais alto que o de suas predisposições, preconceitos, hábitos ou ideias fixas, e o fazem por se ligarem de maneira intensiva ao real que pretendem representar. Nas palavras de Lukács, "a transformação da particularidade individual em generalização estética, em particularidade, ocorre em seguida ao contato com a realidade objetiva, em seguida ao esforço de reproduzir fielmente esta realidade, de um modo profundo e verdadeiro" (1978: 201-202).

Numa das seções do último e mais extenso capítulo do livro, na qual aborda "Originalidade artística e reflexo da realidade", Lukács refere uma das ideias dialéticas nas quais baseia o seu edifício teórico. Trata-se da noção de que "a ininterrupta transformação histórico-social pertence à essência da realidade" e, por isso, "não pode ser esquecida no reflexo artístico". Para Lukács, "no centro da criação artística deve estar precisamente este momento da transformação, do nascimento do novo, da morte do velho, das causas e das consequências das modificações estruturais da sociedade nas relações recíprocas entre os homens" (1978: 207).

Os artistas capazes de acrescentar algo de único ao repertório estético de seu tempo captam "o que surge de substancialmente novo em sua época", logrando "elaborar uma forma organicamente adequada ao novo conteúdo", por eles "gerada como forma nova" (1978: 207). Essas sentenças genéricas,

As ideias estéticas

mas sugestivas, serão úteis no exame dos musicais brasileiros, quando se buscará aferir, entre outros aspectos, o quanto as peças foram felizes em revelar tendências duradouras na vida social e política do país, para além das metas imediatas de participação.

O artista reproduz de maneira fiel a própria realidade ou, ao menos, procura fazê-lo; mas, como não se trata de alcançar as leis gerais do real, conforme se dá em ciência, e sim de fixar conteúdos determinados, ele procederá por escolha, por seleção, e é nesse sentido que se pode dizer que o criador *toma partido* frente aos problemas sociais de seu tempo. Ou seja, uma vez identificada a luta entre o velho e o novo, há que assumir lugar num dos campos. Tal atitude se afirma por inspiração do próprio real; a realidade refletida, se considerada em suas direções essenciais, já induziria à "tomada de posição em face das lutas históricas do presente no qual vive o artista", acredita o pensador (1978: 212).

*

Fazer arte é dar a ver a realidade, segundo Lukács. Assim como a ciência e a filosofia, os trabalhos artísticos lidam com os aspectos do fenômeno e da essência, constitutivos do real e, no limite, inseparáveis. Nas atividades teóricas, cabe ao pensamento extrair, do mundo que observa, "a essência desta unidade", tornando-a cognoscível.

Já a arte produz, ou evidencia, outras relações entre fenômeno e essência, estabelecendo nova unidade das duas instâncias. Tanto na realidade quanto na arte, a substância acha-se "contida e imersa" no fenômeno; porém, nesta nova unidade forjada pela arte, a essência "ao mesmo tempo penetra todas as formas fenomênicas de tal modo que elas, em sua manifestação, o que não ocorre na realidade mesma, revelam imediata e claramente" essa mesma essência (1978: 222). Se a vida real é tantas vezes opaca ou ininteligível, nas artes ela se mostra mais transparente: todos os elementos representados nas obras artísticas são, desde sempre, significativos.

Esse é o efeito de conhecimento instaurado pela arte. Poderíamos perguntar a esta altura, no entanto, quão "imediata e claramente" a realidade se oferecerá em certas obras que fazem, da obscuridade, a sua forma de se afirmar e, eventualmente, têm nela o seu poder persuasivo (o que nos remete uma vez mais às querelas relativas à literatura e à pintura expressionistas e surrealistas).

*

Quanto sustenta o "novo" como qualidade que a arte deve flagrar e condensar, Lukács atribui abrangência ao termo, entendendo-o como "fenômeno histórico global, uma transformação que abraça e penetra a totalidade da vida social". Não se trata, porém, como já se disse, de totalidade absoluta, enciclopédica.

Em qualquer caso, a expressão do novo liga-se à capacidade de descobrir formas nas quais o inaudito se traduza de modo adequado. O teórico pede que isto se faça levando-se em conta "as leis do gênero artístico em questão". Lukács parece tomar os gêneros literários por modelos de certa maneira intemporais ou que, ao menos, mudam muito lentamente, acompanhando as largas alterações históricas. As misturas entre os gêneros são, ainda que indiretamente, pouco recomendadas por ele. Em alguns aspectos, como o citado, seu conceito de realismo mostra-se doutrinário e conservador.

O autor exemplifica os fenômenos globais a serem cifrados em arte lembrando a tragédia *Antígona*, de Sófocles, na qual se apresenta "um problema humano e moral que, em sua contraditoriedade, atravessa toda a história da sociedade de classes". A luta figurada na peça envolve a incontornável derrota da ética gentílica (encarnada na protagonista Antígona) e a correspondente perda, no mesmo passo, de valores morais que talvez não encontrem substitutos à altura na nova ordem (que se condensa no tirano Creonte, antagonista da heroína). O embate nos fala ainda hoje das estruturas sociais que habitamos.

Nesse momento, Lukács formula, quase epigramaticamente, noção que servirá como um dos motes para a análise a empreender no próximo capítulo: "A razão decisiva graças à qual uma obra conserva uma eficácia permanente, enquanto outra envelhece, reside em que uma capta as orientações e as proporções essenciais do desenvolvimento histórico, ao passo que a outra não o consegue" (1978: 240).

O ensaísta vê no fenômeno do típico a "encarnação concreta da particularidade", afirmando que as grandes figuras típicas (já a partir da mitologia: Hércules, Prometeu, Fausto) são criadas ao mesmo tempo que se elaboram os demais tipos e situações que as cercam. Arma-se uma rede de relações, o ambiente contra o qual ressalta o perfil da personagem.

Ele acrescenta: "a criação de uma destas figuras típicas, mesmo quando ela domina toda a obra (...), é sempre apenas um meio para chegar ao fim artístico". Trata-se de "representar a função deste tipo na ação recíproca de todos os contratipos que o contradizem", aspirando-se afinal a caracterizar "uma determinada etapa no desenvolvimento da humanidade" (1978: 264).

No típico, são explicitadas "ao máximo grau" as determinações contraditórias que o movem. Há que distinguir, contudo, entre tipicidade e mediania: no médio, as possíveis contradições debilitam-se, perdem a necessária agudeza. O artista poderá elevar o médio ao nível do típico, ao colocá-lo "em situações nas quais a contraditoriedade das suas determinações se manifesta não como 'equilíbrio' médio, mas como luta dos contrários" (1978: 274). O romance, o drama, o quadro e mesmo o poema lírico e a música devem promover "a máxima intensificação — e, consequentemente, a elevação a uma qualidade particular — da verdade real do conteúdo refletido" (1978: 282).

O autor está de volta, nas últimas páginas do ensaio, ao problema da permanência, que ele se recusa a atribuir a uma suposta natureza humana, a qualidades intemporais. Admite entretanto que, no caso das obras duradouras, se está diante do retrato poético de estruturas sócio-históricas igualmente perenes; traço relacionado à já aludida capacidade das obras de constituírem mundos, nos quais a coerência interna da disposição dos materiais e da fatura formal garante a autonomia dos resultados. Esta virtude torna as obras comparáveis à realidade que pretendem representar, enquanto simultaneamente se confirma a sua vida própria.

Marx já se espantara diante das permanentes obras clássicas. Ele dissera: "Mas a dificuldade não está em entender que a arte e a epopeia gregas estão ligadas a certas formas do desenvolvimento social. A dificuldade reside no fato de que elas continuem a provocar em nós um prazer estético e constituam, sob certo aspecto, uma norma e um modelo inatingíveis" (Marx, em: Lukács, 1978: 287).

O "substrato comum" que torna possível o fenômeno em pauta, diz Lukács, "é a continuidade do desenvolvimento [histórico], a relação recíproca real de suas partes, o fato de que o desenvolvimento jamais começa do início, mas elabora sempre os resultados de etapas precedentes, tendo em vista as necessidades atuais, assimilando-os".

Devemos atentar para "o momento conteudístico que torna possível a representação pela arte do desenvolvimento da humanidade, e que coloca à representação a tarefa de descobrir precisamente na concreticidade do imediato conteúdo nacional e classista a novidade que merece se tornar — e que ainda se tornará — propriedade duradoura" da comunidade humana (1978: 287). Aqui, novamente encontramos indicações de ordem geral que se podem aplicar ao exame das peças que se fizeram no Brasil.

Diante das grandes obras, nasce "frequentemente uma luta entre experiências passadas e novas impressões", deflagrada por essas obras em seus receptores. O autor sentencia: "A eficácia da grande arte consiste no fato de que o novo, o original, o significativo obtém a vitória sobre as velhas experiências do sujeito receptivo" (1978: 293). O apelo exercido pelos trabalhos artísticos enraíza-se no efeito que produzem sobre cada consumidor, levado a sentir-se "parte e momento do desenvolvimento da humanidade, como seu compêndio concentrado" (1978: 292).

A arte torna-se transformadora ao recolher e expressar os quadros e as mudanças históricas que incessantemente compõem a vida dos homens. Ela o consegue mantendo-se ligada ao plano sensível, embora superando as singularidades episódicas, bem como, por outro lado, evitando diluir-se em abstrações. Instaura dessa maneira, com apoio no particular ou típico, seu próprio modo de produzir conhecimento.

Vanguarda nos trópicos: Ferreira Gullar

Dois aspectos interligados ressaltam, no que diz respeito aos musicais, ao considerarmos os anos 1960 e 1970: o primeiro deles refere-se ao intuito, que então se verifica, de retomar os fios do espetáculo cantado visando-se à comunicação com plateias numerosas e populares. Outro aspecto é o da politização dos musicais, escritos e encenados pela geração de artistas que aparecerá na segunda metade da década de 1950.

Vindo da literatura, mais especificamente da poesia, Ferreira Gullar irá reunir-se, nos anos 1960, àqueles nomes. Primeiramente no Centro Popular de Cultura da União Nacional dos Estudantes, para o qual redigiu romances de cordel estilizando processos poéticos tradicionais, e depois no Grupo Opinião, Gullar estaria ligado aos intelectuais preocupados em associar arte e política. O poeta escreveu *Se correr o bicho pega, se ficar o bicho come*, em parceria com Oduvaldo Vianna Filho, farsa musical em verso; mesclando prosa e verso, redigiu o drama musical *Dr. Getúlio, sua vida e sua glória*, com Dias Gomes.

Além das duas peças e dos prefácios que as acompanham (falaremos mais tarde dos prefácios a essas e a outras peças), importa a nossos objetivos rever o ensaio *Vanguarda e subdesenvolvimento*, do mesmo Gullar, publicado em 1969. Embora não trate de teatro, mas de arte em geral, com ênfase na literatura, o ensaio em certa medida condensa as conclusões a que Gullar terá chegado a partir de sua prática de poeta e dramaturgo: as ideias defendidas por ele em *Vanguarda e subdesenvolvimento* ao menos em parte decorreram do fazer artístico. A teoria sucedeu à prática, em lugar de tentar monitorá-la — ao contrário, portanto, do que frequentemente aconteceu às vanguardas no século XX.

No ensaio de 1969, o autor procura distinguir os diferentes processos de evolução das artes ocorridos na Europa e no Brasil. Ele pretende mostrar que o conceito de vanguarda nasce e se justifica historicamente nas nações europeias e que não faz sentido importá-lo de modo mecânico. Por fim, busca traçar, com apoio em Karl Marx e, sobretudo, em Georg Lukács, o conceito de vanguarda que entende adequado ao país. No Prefácio à 2ª edição, admite haver exagerado certas dicotomias, o que se explica pelo intuito de participação imediata no debate cultural. O texto, não obstante, é rico e prossegue convidando à reflexão. Vamos resumi-lo e, sucintamente, comentá-lo.

Gullar empenha-se em caracterizar as condições sociais e políticas que suscitaram movimentos artísticos a partir do romantismo, ou seja, tomando-se a França como referência, a partir dos anos 20 do século XIX. Ele reporta-se ao século XVIII: a luta política que culminou na Revolução Francesa havia sido estimulada pelos intelectuais, e um dos objetivos revolucionários fora a liberdade de pensamento. Gullar cita Jean-Paul Sartre, que diz: "Desde então, reivindicando para si e enquanto escritor a liberdade de pensar e de exprimir seu pensamento, o autor serve necessariamente aos interesses da classe burguesa" (Sartre, em: Gullar, 2002: 178).

A burguesia, contudo, passa de classe revolucionária a detentora do poder; torna-se conservadora. Com isso, resta ao intelectual "o papel de servir à nova classe dirigente ou a ela se opor". Aderir terá seu preço, dado que "a nova classe não está à altura dos ideais da Revolução". Avareza e pragmatismo amesquinham quaisquer utopias. Depois da vitória burguesa, o intelectual perde aquela "função fundamental" que exercera, crítica ou propriamente revolucionária.

Valor surgido em reação ao alegado desleixo formal dos românticos, a arte pela arte acentua o isolamento dos poetas, e "o artista desiste de mudar o mundo". Nas últimas décadas do século XIX, a obra de Mallarmé amplia a distância entre poesia e vida cotidiana; uma e outra se tornam opostas, senão inimigas. As reivindicações operárias aparecem como enigma para os intelectuais, que se veem excluídos das lutas políticas.

Já no século XX, "futuristas e dadaístas abandonam a herança metafísica de Mallarmé e voltam a disputar com a burguesia no plano social" (2002: 181).

170   Com os Séculos nos Olhos

Mas eles identificam a arte à classe dominante, como se quisessem negar a ambas; assim, o que os levaria a se aproximarem do mundo concreto e moderno, representado pelo crescimento das cidades, os automóveis, o cinema, transforma-se em novo motivo de afastamento: "O problema da liberdade — que no século XVIII era um problema concreto da sociedade — se recoloca então em termos abstratos". A aspiração a "um êxtase semelhante ao dos místicos", vivida por Breton, mentor do surrealismo, é dada como sintomática nesse sentido (2002: 182).

Gullar lembra que Schelling, filósofo idealista alemão, "descobrira a dialética — a história — mas a escamoteara. Hegel dera um passo adiante, mas recuara. Marx olhou o problema de frente, reintegrou o pensamento na história: trata-se de transformar o mundo. Mas isso significa tomar o partido da classe operária" — a nova classe que, como a burguesia no passado, somava motivos para alterar a ordem (2002: 182-183).

No entanto, alguns autores percebiam a vertigem histórica de outro modo: "Joyce, Eliot, Pound redescobrem Vico"; segundo esse autor, "a história caminha, mas caminha em círculo". O romance *Finnegans wake*, de James Joyce, indica a tendência a ver, nos acontecimentos, um pesadelo recorrente a que não se pode fugir. A literatura cifrada, hermética, resultaria dessa visão que compreende o mundo como opaco ou mesmo ininteligível. Os embates públicos, que Mallarmé já desdenhara, são outra vez trocados pelos abismos de linguagem. Esse é, simplificadamente, o quadro da evolução das vanguardas europeias até os anos 1940 do século passado, conforme Gullar.

*

O ensaísta faz a seguir o resumo dos processos ocorridos no Brasil desde o Oitocentos, processos muito ligados à assimilação fora de contexto, às vezes acrítica, do que se pensou na Europa. Mas ressalta, no entanto, as tentativas que, dadas as nossas condições, foram importantes: o indianismo de José de Alencar, por exemplo, malgrado as ressalvas que se podem fazer a ele. Tratava-se, como também seria para os modernistas, de construir um país que não estava dado de antemão, como estavam, em certa medida, os contextos culturais europeus.

Um dos tópicos essenciais nas últimas seções do texto refere-se ao debate em torno do conceito de "obra aberta" (sendo essa abertura, essa ambiguidade, característica das obras de vanguarda). O mergulho na linguagem empreendido por Mallarmé e Joyce terá correspondido, como se

As ideias estéticas 171

disse, a um virar as costas à realidade social — eles acreditaram numa história circular, inapta para a mudança substantiva. Gullar não reduz esses autores, note-se, a meros cúmplices do estado de coisas político, mas procura mostrar de que modo a própria situação de classe dos artistas, a de burgueses destituídos de efetivo poder econômico ou normativo, lhes impunha a atitude socialmente demissionária ou solipsista.

Cabe pensar alternativas a essa atitude, e o diálogo agora se trava com Umberto Eco, prestigioso teórico da obra aberta, com Marx e com o Lukács de *Introdução a uma estética marxista*. Neste, Gullar encontra as categorias da singularidade, da particularidade e da universalidade, vistas como instâncias constituintes do próprio real. De posse dessas noções, formula as possíveis saídas para aqueles impasses.

As citadas noções têm larga trajetória em filosofia. Hegel fez avançar a discussão, dando a elas um conteúdo histórico-social. Mas terminou por conceber os movimentos da realidade como simples aparência, dissolvendo "no universal as singularidades e particularidades que definem o mundo real". Hegel, assim, retornava à metafísica. Marx repôs o problema sobre os pés notando, diz Gullar, que "a dialética do singular, do particular e do universal não é um produto da imaginação humana, mas o reflexo das conexões objetivas do mundo" (2002: 218). Os termos são dialeticamente interdependentes, pois "o universal só existe no singular, através do singular", assim como o singular participa do universal, afirmaria Lenin (2002: 219). Essência e fenômeno, necessidade e contingência, universalidade e singularidade implicam-se mutuamente.

O pensamento dialético de tipo marxista, desse modo, propõe conciliar termos que, para a tradição metafísica, haviam permanecido inconciliáveis. E as questões referentes à obra aberta devem ser revistas nesse âmbito. Este é o empenho teórico de Gullar: o de encontrar solo histórico que embase as flutuações e indeterminações da obra aberta, ambígua ou polissêmica — modelo das vanguardas.

O ensaio e seu contexto, o Brasil de 1969, nos autorizam a entender o conceito de singular como equivalente ao de nacional ou de regional. Considera-se aqui o particular como termo mediador entre a singularidade, nacional ou local, e a universalidade, enxergando-se essa mediação como especialmente necessária às artes. Os trabalhos artísticos aspiram ao particular ou típico — fórmula que condensa aspectos singulares e universais, superando-os em nova síntese.

O fio dos argumentos torna-se claro quando Gullar procede à aplicação dos conceitos ao exame de textos literários, analisando dois poemas de João Cabral de Melo Neto. O primeiro, *Fábula de Anfion*, reincide nos impasses abstratos — vida versus linguagem — elaborados por Mallarmé, que servem de mote ao poema. Já o segundo texto, *O cão sem plumas*, abre-se para a realidade nordestina, afirmando-a como parte da realidade brasileira e universal. Segundo lembra o ensaísta, "o específico da obra de arte é o particular e, portanto, a experiência determinada, concreta, do mundo" (Gullar, 2002: 228).

A opção desse modo recai sobre esta última obra, exemplo de texto a um só tempo local e universal, moderno e "aberto" sem deixar de estar voltado à exposição de problemas humanos e nacionais urgentes. De fato, as imagens em *O cão sem plumas* deixam larga margem à fantasia produtiva do leitor, enquanto, no mesmo passo, o levam a ver de modo mais rico e nítido como vive o homem que habita o mangue pernambucano, homem que constitui tema e personagem do texto de Cabral.

Nas peças *Se correr o bicho pega, se ficar o bicho come* e *Dr. Getúlio, sua vida e sua glória*, Gullar e companheiros exercitaram a pesquisa de formas populares — a farsa, o cordel, o samba, o enredo carnavalesco —, pesquisa então correspondente à busca de uma realidade nacional, ligada a essas formas. O popular, nas circunstâncias atuais, deve implicar um conceito de povo mais complexo do que o formulado nos anos 1960; essa noção terá de abrigar, hoje, as mudanças operadas pelos meios de massa (e pelos computadores) na comunidade brasileira e mundial — mudanças que, no país, o autor terá sido um dos primeiros a estudar, conforme se lê no artigo "Problemas estéticos na sociedade de massa", divulgado já em 1965. Feita a ressalva, diga-se que continua emergente para o artista oriundo das elites tentar entender, hoje, o que seja o popular, reaprendendo os possíveis caminhos de sua elaboração estética.

Se o ensaio, enfim, sugere o retorno à vida real, complexa mas inteligível e, portanto, transformável, a equação proposta se afigura clara: a alternativa à sedutora mas estéril embriaguez da linguagem reside na atenção que se deve dedicar aos acontecimentos coletivos e à aventura das classes em conflito. Para o autor de *Vanguarda e subdesenvolvimento*, trata-se de reunir as conquistas expressivas, segundo o repertório renovável das pesquisas formais, ao engajamento na causa de um país menos desigual.

As ideias estéticas

Em síntese

O presente capítulo pretende fornecer instrumentos para a análise das peças que se fará na próxima seção. Mas entendemos também ser o caso de considerá-lo em si mesmo: as ideias estéticas que circularam décadas atrás têm seus próprios direitos de cidadania e guardam, ao menos em parte, interesse ainda agora, somadas às que delas decorrem ou com elas dialogam. As noções extraídas dos textos teóricos de Brecht, Boal, Szondi, Lukács ou Gullar mantêm-se capazes de iluminar a produção artística dos anos 1960 e 1970, como também podem fazê-lo quanto ao que se elabora hoje em teatro e literatura.

Até onde isso acontece era justamente o que cumpria indagar no caso desses autores, a começar por Brecht. Para compreendê-lo, mobilizamos três dos comentaristas que se dedicaram à obra do dramaturgo e teórico: Sábato Magaldi, Gerd Bornheim e Roberto Schwarz. Filiado a Brecht, encontra-se o "Sistema do Coringa" de Augusto Boal, que simultaneamente conserva e, em certa medida, contradiz premissas brechtianas, sobretudo a que diz respeito à recusa da empatia entre ator, personagem e público.

Já Anatol Rosenfeld, ao reler o Peter Szondi de *Teoria do drama moderno*, apoia-se no teórico húngaro, mas ao mesmo tempo nele se inspira para compor nova síntese (mais abrangente do ponto de vista histórico) em *O teatro épico*. Ressaltamos, por fim, o território comum a *Introdução a uma estética marxista*, de Georg Lukács, e *Vanguarda e subdesenvolvimento*, de Ferreira Gullar, considerada a especificidade brasileira desse último ensaio.

*

Das ideias de Brecht, cabe fixar a mencionada recusa da empatia, com o *efeito de distanciamento* que transfere para o espectador parte da responsabilidade pelo que a peça teatral diz — o objetivo afinal é o de produzir conhecimento. Brecht imaginava que a "atitude crítica" seria capaz de transformar as relações sociais, se viesse a incidir sobre elas. Sua expectativa não se cumpriu, mostrando-se pouco plausível, constata Schwarz. Em contrapartida, o crítico propõe que se notem, nas peças mesmas, representações que dão conta de problemas políticos urgentemente atuais. Veja-se, por exemplo, o retrato de um capitalismo brutal e sem contrastes, feito com ironia em *Santa Joana dos Matadouros*.

A outra linha teórica destinada a descrever o teatro épico procede de Szondi, com sua noção de forma como *conteúdo precipitado*, conceito por sua vez aparentado às ideias de Lukács. Este insiste na ideia de que toda forma é "forma de um conteúdo determinado", com o que procura ancorar as representações artísticas na realidade objetiva, correspondente às relações sociais e econômicas.

A emergente necessidade, no Brasil de fins dos anos 1960, de responder à situação política, assim como de pavimentar de maneira menos circunstancial o caminho para a arte participante, levou Ferreira Gullar a escrever *Vanguarda e subdesenvolvimento*. O ensaio sublinha, como norte para as artes, "a experiência concreta do mundo" que se traduz na categoria do *particular*, tomada a Lukács.

As ideias expostas neste capítulo, devidas a autores distintos, relacionam-se, portanto, umas às outras. A dramaturgia crítica formulada por Brecht viria a inspirar os musicais brasileiros do período, e a forma do musical foi frequentemente a configuração predileta na tentativa de se estabelecer um teatro popular e político.

Esses espetáculos logo tiveram de se restringir às plateias de classe média, perdendo a possibilidade de contato com as camadas pobres. O povo deixou de ser — ou não chegou a ser — o destinatário das peças, ainda que comparecesse a elas no plano dos temas e das personagens, conforme apontam Schwarz e Iná Camargo Costa. Aliás, o próprio Augusto Boal já percebia tais limites em 1967.

O realismo lukacsiano, embora tenha pontos bastante discutíveis, entre eles a predisposição pouco favorável ao experimentalismo das vanguardas, de todo modo influiu sobre a produção brasileira. As teses de Lukács ainda hoje oferecem referências — que se podem aceitar em parte ou adaptar às nossas circunstâncias — aos que fazem ou pensam uma arte atenta às desigualdades sociais e aos movimentos históricos que aspiram a superá-las.

Os prefácios que acompanham a edição das peças mencionam Brecht e Lukács ou implicitamente aludem a eles, reprocessando as suas ideias, como acontece em "O teatro: que bicho deve dar?", introdução a *Se correr o bicho pega, se ficar o bicho come*. Os artistas brasileiros, reitere-se, pensaram as suas tarefas e circunstâncias para além do mero aproveitamento das ideias alheias. Tais prefácios condensam os conceitos que autores e diretores formularam na hora mesma em que as peças eram encenadas; é o caso da noção de *encantamento* que surge na apresentação do *Bicho*, uma das teses ou intuições de fatura e feição locais de que falaremos adiante.

As ideias estéticas   175

Opinião (1964)

Nara Leão, João do Vale e Zé Keti em *Opinião*, texto de Armando Costa, Oduvaldo Vianna Filho e Paulo Pontes, direção de Augusto Boal. Estreia em dezembro de 1964, no Rio de Janeiro.

Zé Keti e Nara Leão em *Opinião*.

João do Vale e Maria Bethânia em *Opinião*.

Arena conta Zumbi (1965)

Elenco de *Arena conta Zumbi*, texto de Augusto Boal e Gianfrancesco Guarnieri, direção de Boal. Estreia em maio de 1965, em São Paulo. Foto: Derly Marques.

Arena conta Zumbi. No primeiro plano, de perfil, Dina Sfat; de costas, Lima Duarte. Foto: Derly Marques.

Se correr o bicho pega, se ficar o bicho come (1966)

Se correr o bicho pega, se ficar o bicho come, texto de Oduvaldo Vianna Filho e Ferreira Gullar, direção de Gianni Ratto. Estreia em abril de 1966, no Rio de Janeiro. À esquerda, Oswaldo Loureiro e Jaime Costa. O quarto ator, da esquerda para a direita, é Jofre Soares.

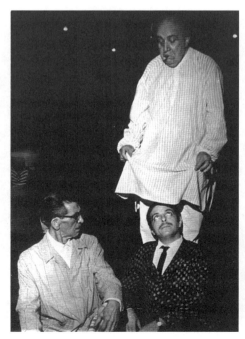

Se correr o bicho pega, se ficar o bicho come. À direita, Jaime Costa e Oswaldo Loureiro. Foto: Inacen.

Arena conta Tiradentes (1967)

Elenco de *Arena conta Tiradentes*, texto de Augusto Boal e Gianfrancesco Guarnieri, direção de Boal. Estreia em abril de 1967, em São Paulo.

Elenco de *Arena conta Tiradentes*.

O rei da vela (1967)

O rei da vela, texto de Oswald de Andrade, com o elenco do Teatro Oficina e direção de José Celso Martinez Corrêa. Estreia em setembro de 1967, em São Paulo. Ao centro, Otávio Augusto. À direita, de perfil, Edgar Gurgel Aranha.

O rei da vela

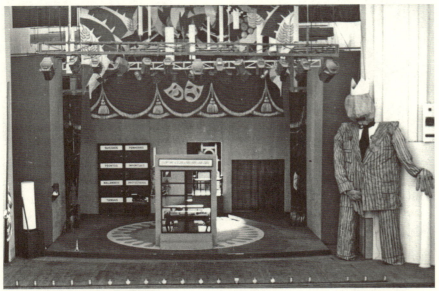

Um dos cenários criados por Hélio Eichbauer para *O rei da vela*.

O rei da vela

Renato Borghi e Henriqueta Brieba em *O rei da vela*.

Roda-viva (1968)

Heleno Prestes e Antônio Pedro em *Roda-viva*, peça de Chico Buarque dirigida por José Celso Martinez Corrêa. Estreia em janeiro de 1968, no Rio de Janeiro.

Elenco de *Roda-viva*.

Dr. Getúlio, sua vida e sua glória (1968)

Haroldo de Oliveira e Nelson Xavier em *Dr. Getúlio, sua vida e sua glória*, texto de Dias Gomes e Ferreira Gullar, direção de José Renato. Estreia em agosto de 1968, em Porto Alegre. Foto: revista *Manchete*.

A capital federal (1972)

Elenco de *A capital federal*, peça de Arthur Azevedo, direção de Flávio Rangel. Estreia em março de 1972, em São Paulo. Foto: Carlos.

Gota d'água (1975)

Bibi Ferreira e Francisco Milani em *Gota d'água*, texto de Chico Buarque e Paulo Pontes, direção de Gianni Ratto. Estreia em dezembro de 1975, no Rio de Janeiro.

Gota d'água

Bibi Ferreira em *Gota d'água*.

As folias do látex (1976)

Elenco de *As folias do látex*, texto e direção de Márcio Souza. Estreia em maio de 1976, em Manaus. Foto da remontagem de 1978, mostrada no Rio, São Paulo e Brasília.

Ópera do malandro (1978)

Emiliano Queiroz e Otávio Augusto em *Ópera do malandro*, de Chico Buarque, direção de Luís Antônio Martinez Corrêa. Estreia em julho de 1978, no Rio de Janeiro. Foto: Rita Redaelli.

Ópera do malandro

Beatriz Berg, Cláudia Jiménez, Margot Ribas, Maria da Paixão e Ana Fátima em *Ópera do malandro*, São Paulo, 1979.

Rasga coração (1979)

Rasga coração, texto de Oduvaldo Vianna Filho, direção de José Renato. Estreia em setembro de 1979, em Curitiba. Imagem do espetáculo em Porto Alegre, 1984. Foto: Pedro.

O rei de Ramos (1979)

Ao centro, Paulo Gracindo em *O rei de Ramos*, peça de Dias Gomes, com direção de Flávio Rangel. Estreia em março de 1979, no Rio de Janeiro.

Deoclides Gouveia, Leina Krespi e Roberto Azevedo em *O rei de Ramos*.

O rei de Ramos

Jorge Chaia e Solange França em *O rei de Ramos*.

Vargas (1983)

Vargas, texto de Dias Gomes e Ferreira Gullar, direção de Flávio Rangel. Estreia em outubro de 1983, no Rio de Janeiro. À esquerda, Oswaldo Loureiro.

Vargas

Isabel Ribeiro, com figurino de Kalma Murtinho, em *Vargas*.

A maioria das fotos originais não traz assinatura.
Procuramos nomear os artistas, mas nem sempre foi possível identificá-los.
Todas as imagens procedem do acervo FUNARTE/Cedoc (Rio de Janeiro).

Capítulo 3

A DRAMATURGIA MUSICAL

... aceitar tudo, menos o que pode ser mudado.

Nara Leão, em *Opinião*.

Explicação

Como ficou dito no primeiro capítulo, repartimos as peças a serem estudadas em quatro famílias ou categorias estéticas: o texto-colagem; o texto diretamente baseado em fontes populares; a peça épica de matriz brechtiana e, por fim, a que se inspira na forma da comédia musical.

Abordamos brevemente, naquela seção, 15 textos, procurando fornecer informações também sobre os respectivos espetáculos. Dessas 15 obras, selecionamos nove, agora, para exame mais detalhado. Essa estrutura resulta no estudo de duas peças por categoria — no caso da segunda família, três, considerada *Vargas*, reedição modificada de *Dr. Getúlio*.

Ao distribuir os textos em famílias não temos, porém, a intenção de afirmá-las como categorias estanques. Busca-se tão somente conferir às análises certa ordem, ditada por características formais que aproximam ou distinguem as peças entre si.

Esses traços gerais sem dúvida se somam e se combinam a outros, pertencentes aos demais tipos que definimos. Trata-se apenas, portanto, de procedimento destinado a organizar criticamente a vasta produção do período, sem que se deixe de perceber — e, quando é o caso, ressaltar — as relações entre textos de famílias diversas.

Uma das constantes na dramaturgia musical das décadas de 1960 e 1970 refere-se à pesquisa das fontes populares. De *Opinião*, em 1964, a *O rei de Ramos*, em 1979, autores, diretores, atores e músicos buscaram na arte popular brasileira motivos para criar peças, canções e espetáculos.

As convenções teatrais da farsa e da revista; o verso de sete sílabas do cordel; os gêneros da música popular; o bumba meu boi, o mamulengo e o carnaval foram mobilizados por artistas majoritariamente oriundos da classe média para compor um teatro que se pretendia representativo da nacionalidade e, portanto, segundo se imaginava, apto a falar de seus problemas.

179

Toda produção daquela fase distingue-se, menos ou mais, por essa espécie de pesquisas. Assim, quando se mencionam os espetáculos inspirados "em fontes populares", simplesmente se procura assinalar os que, de modo mais típico, retiraram dessas fontes a sua forma global, como acontece com *Se correr o bicho pega, se ficar o bicho come*, no caso da farsa e do cordel, e com *Dr. Getúlio, sua vida e sua glória*, no caso do enredo carnavalesco. Oportunamente será necessário fazer ressalvas que explicitem como e até onde cada uma dessas duas peças se apoia em tais matrizes (*Bicho* se apropria delas de maneira diferente da de *Dr. Getúlio*, como vamos ver).

Outro ponto a ser lembrado é o fato de que o estilo épico — no sentido em que o entendem Szondi e Rosenfeld — atravessa todas as famílias propostas. Quando falamos em "épico" a propósito da terceira delas, a do "texto épico de matriz brechtiana", sublinhamos as noções teatrais que, nas obras em causa, foram reelaboradas no Sistema do Coringa, delineado por Boal.

*

Na categoria dos textos-colagem, acham-se *Opinião* e *Liberdade, liberdade*, dos quais o mais importante, segundo nossos objetivos, é o primeiro. Já a família das peças que se inspiram diretamente em fontes populares, como se disse, inclui *Bicho* e *Dr. Getúlio*, obras a que devemos dar peso equivalente. Essas quatro peças foram produzidas pelo Grupo Opinião, tendo sido levadas à cena quase em série (respectivamente em 1964, 1965, 1966 e 1968), razão pela qual preferimos estudá-las em sequência.

O Teatro de Arena de São Paulo ligou-se ao Opinião (grupo que, sediado no Rio de Janeiro, nasceria com o espetáculo) na produção daquelas duas primeiras peças. Mas existia desde 1953 e desenvolveu pesquisas distintas, que resultaram na montagem de *Arena conta Zumbi*, em 1965, e *Arena conta Tiradentes*, em 1967. *Zumbi* e *Tiradentes* relacionam-se especialmente à noção de épico, explícita já nos títulos, e alcançam soluções originais. Essas obras constituem a terceira família de peças.

A forma da comédia musical, de certa tradição no Brasil (Arthur Azevedo a praticou já em fins do século XIX), sofreu influxos de Piscator e Brecht, como também dos musicais norte-americanos no teatro e no cinema. A essa estrutura dramatúrgica, genericamente considerada, ligam-se *Gota d'água* e *O rei de Ramos*, que constituem a quarta e última família estética a estudar.

Vamos citar ou abordar brevemente outras peças ao longo das análises, como *Calabar*, de 1973 (encenada em 1980), e *Ópera do malandro*, de 1978.

A *Ópera* contém, talvez, o corpo de canções mais consistente (e provavelmente, no conjunto, o mais divulgado) das obras do período.

Escolhemos as peças com base, sobretudo, na ressonância que obtiveram junto ao público e nas opiniões críticas que as consagraram, o que implica dizer: em sua representatividade. Levamos em conta, ainda, o fato de os textos estarem publicados em livro e minimamente acessíveis.

Ópera do malandro inspirou-se na famosa *Ópera dos três vinténs*, de Bertolt Brecht e Kurt Weill, e é possivelmente a mais conhecida do repertório em pauta. Por essas mesmas razões, nos pareceu menos redundante ou mais fecundo privilegiar a sua congênere *O rei de Ramos*, que tem qualidades específicas, dignas de serem ressaltadas (as afinidades com a revista, por exemplo).

A cada uma das seções correspondentes às quatro famílias, mencionaremos os traços formais que determinam a reunião das peças em seu âmbito.

Os textos-colagem

Antecedentes de *Opinião*

Sabemos que um dos primeiros atos do regime que se instalou no país em abril de 1964 foi o de lançar na ilegalidade a União Nacional dos Estudantes e, com ela, o Centro Popular de Cultura, associado a essa entidade. O crítico Yan Michalski resume o que se passou à época no livro *O teatro sob pressão*, em capítulo justamente intitulado "Da perplexidade à resistência". Ele constata: "Era evidente que o tipo de trabalho que o CPC vinha desenvolvendo estava irremediavelmente condenado". Em seguida, pondera:

> Mas, tirando este exemplo extremo, numa primeira etapa relativamente pouca coisa parecia mudar para o teatro. A temporada de 1964, nos seus nove meses posteriores ao golpe, acabou sendo bastante parecida com o que teria sido se a realidade política do país não tivesse sofrido uma completa reviravolta. É verdade que havia muita perplexidade no ar, sobretudo entre os grupos que na fase anterior tiveram uma atuação mais definida em termos de engajamento político (Michalski, 1989: 16).

Os artistas de teatro, de todo modo, passaram por alguns sobressaltos nos primeiros meses posteriores à contrarrevolução. Segundo informa o ensaísta, o Arena, que apresentava *O filho do cão*, de Guarnieri, interrompeu a temporada do espetáculo, voltando à cena em setembro com *Tartufo*, comédia de Molière que satiriza a hipocrisia, na primeira e bem-humorada tentativa do elenco de responder às circunstâncias.

Já o Oficina "retirava precipitadamente de cartaz, dia 3 de abril, o seu grande sucesso, *Pequenos burgueses*, de Gorki, e a sua direção artística ia 'fazer um veraneio forçado no litoral paulista'", relata Michalski citando Fernando Peixoto. O espetáculo do Oficina retornaria à cena em julho, depois de prudentemente substituída a *Internacional* em sua trilha sonora. O crítico avalia: "Na verdade, a tomada do poder pelos militares havia causado aos artistas de teatro, nesses meses iniciais, mais susto do que problemas".

O governo, naquele ano, chegou a conceder "uma verba extraordinária a cada um dos 19 espetáculos profissionais em cartaz no Rio", ajuda estendida às produções paulistanas. Mas o novo regime, chefiado por Castelo Branco, "presidente aparentemente tão bem-intencionado em relação ao teatro", logo se tornaria seu feroz adversário (1989: 16-17).

As cassações, os inquéritos policial-militares, os limites impostos à imprensa e ao próprio teatro progressivamente evidenciaram a natureza autoritária do regime militar, se ainda houvesse dúvidas a esse respeito em fins de 1964. Artistas e intelectuais que haviam participado do CPC iriam reagrupar-se para, ligados a outros criadores, realizarem o show *Opinião*, que estreou no Rio de Janeiro a 11 de dezembro daquele ano, na primeira resposta artística articulada — com características de *frente* — ao estado de coisas político.

O espetáculo trazia texto de Armando Costa, Oduvaldo Vianna Filho e Paulo Pontes, procedentes do extinto CPC, e foi dirigido por Augusto Boal, membro do Teatro de Arena de São Paulo. Cenas curtas e 33 canções, interpretadas na íntegra ou em parte, devidas a numerosos colaboradores, constavam do show, cujos protagonistas eram os compositores João do Vale e Zé Kéti e a jovem cantora Nara Leão (que seria substituída por Suzana de Moraes e, depois, por Maria Bethânia).

A maioria das cenas baseava-se em depoimentos dados pelos três artistas, o que constitui o primeiro dos traços originais da montagem, aspecto ligado, ao que se deduz, às "experiências do cinema-verdade" de que fala Vianinha em breve ensaio da época (Vianna Filho, 1983: 106). A prática cepecista dos painéis, como se verificou em "vários autos de rua do período anterior", sugeriu a colagem de fragmentos de índole diversa — canções, refrãos, trechos de poemas e de ensaios, histórias curtas, diálogos e depoimentos pessoais, conforme assinala Maria Silvia Betti (1997: 168).

Opinião resulta da confluência de trajetórias afins, pela qual teatro e música popular somam recursos com base na aspiração comum de falar dos temas sociais ou, caso se prefira, de politizar a expressão artística — o que, em teatro, já vinha acontecendo pelo menos desde 1958, quando *Eles não usam black-tie* estreou em São Paulo.

Tratando-se das trajetórias que convergem para o espetáculo, deve-se lembrar a nascente carreira de Nara Leão. Aos 21 anos, a cantora apresentara-se ao lado de Vinicius de Moraes e Carlos Lyra no show *Trailer*, em março de 1963. Exibido na boate carioca Au Bon Gourmet, o show divulgava canções da comédia musical *Pobre menina rica* (que permaneceria inacabada), de Lyra e Vinicius.

Uma das canções de *Pobre menina rica* (e de seu *Trailer*) foi gravada no primeiro disco de Nara, lançado em fevereiro de 1964, sendo mais tarde incluída em *Opinião*: a música chama-se *Maria-Moita*, sintético manifesto feminista em tempos pré-feministas. Vale reproduzir a letra, em que a personagem diz:

> MARIA-MOITA (cantando "Maria-Moita")
> Nasci lá na Bahia
> De mucama com feitor
> Meu pai dormia em cama
> Minha mãe no pisador
> Meu pai só dizia assim: "Venha cá!"
> Minha mãe dizia "sim" sem falar
> Mulher que fala muito
> Perde logo o seu amor
>
> CORO DAS MULHERES
> Mulher que fala muito
> Perde logo o seu amor
>
> MARIA-MOITA
> Deus fez primeiro o homem
> A mulher nasceu depois
> Por isso é que a mulher
> Trabalha sempre pelos dois
> Homem acaba de chegar, tá com fome
> A mulher tem que olhar pelo homem
> E é deitada, em pé,
> Mulher tem é que trabalhar!

A dramaturgia musical   183

CORO DAS MULHERES
E é deitada, em pé,
Mulher tem é que trabalhar!

MARIA-MOITA
O rico acorda tarde
Já começa a rezingar
O pobre acorda cedo
Já começa a trabalhar
Vou pedir ao meu babalorixá
Pra fazer uma oração pra Xangô
Pra pôr pra trabalhar
Gente que nunca trabalhou!

CORO DAS MULHERES
Pra pôr pra trabalhar
Gente que nunca trabalhou! (Moraes, 1995: 236)

A contraposição mulher-homem ou pobre-rico, a menção ao candomblé e o ritmo de samba situam *Maria-Moita* na tendência poético-musical que Nara, em seus primeiros trabalhos, contribuiria para definir: genericamente, fala-se aqui de Música Popular Brasileira, ou MPB. Nesse mesmo sentido, é tão ou mais importante a inclusão, no disco de estreia da intérprete, de sambas dos compositores "de morro": Zé Kéti, Cartola, Nelson Cavaquinho e respectivos parceiros, artisticamente menos ingênuos do que se imagina.

Registre-se também a presença de *Canção da terra*, composta pelos jovens Edu Lobo e Ruy Guerra. A melodia inspira-se discretamente nas células rítmicas do baião, lançando-as em contexto harmônico sofisticado, descendente direto da bossa nova. A letra diz: "Sem ter nação para viver/ Sem ter um chão para plantar/ Sem ter amor para colher/ Sem ter voz livre pra cantar/ Ê, meu pai morreu...". A pretendida posse da terra por quem nela trabalha "por bem não vai, não vai", afirmam os autores.

Em sua biografia de Nara Leão, o jornalista Sérgio Cabral destaca as "pitadas políticas" em algumas letras desse primeiro disco, chamado *Nara*: as citadas *Maria-Moita* e *Canção da terra*, além de *Berimbau*. Esta havia sido composta por Baden Powell e Vinicius, integrando o ciclo dos afro-sambas que já em 1961 começavam a cindir a bossa nova (da qual Nara fora "a musa") em duas tendências. A letra de *Berimbau*, gravada pela primeira vez por Nara, aponta a certa altura: "O dinheiro de quem não dá/ É o trabalho de quem não tem" (em: Cabral, 2001: 64).

A corrente que Nara Leão adotou (a outra era chamada pelos adversários de "alienada"), e que resultaria na MPB, fazia-se informar por ideais estéticos e políticos similares aos do Centro Popular de Cultura, de tipo nacional-popular — ou, na hipótese mais modesta, deles descendia em certa medida. Lembre-se, a propósito, que Lyra foi membro do CPC, tendo criado as melodias de *A mais-valia vai-acabar, seu Edgar*, espetáculo que daria ensejo ao movimento.

Cabral resume, referindo-se à intérprete e a seu elepê de estreia: "O seu disco na gravadora Elenco foi o primeiro da linha musical que passaria a ser identificada como MPB" (2001: 63). Os acordes dissonantes da bossa nova combinaram-se às letras e melodias do samba e do baião tradicionais, acrescidos estes e aqueles do desejo de participação política. Esse desejo aguçava-se, então, pela emergência em resistir ao regime.

*

Em *Oduvaldo Vianna Filho*, a pesquisadora Maria Silvia Betti descreve o que foi o projeto nacional-popular de cultura que a geração de Vianinha perseguiu desde fins dos anos 1950. Ela diz, referindo-se ao CPC: "Do modelo anteriormente propugnado [pelo Teatro de Arena] de uma dramaturgia e de uma representação de caráter nacional-popular, passa-se agora a vislumbrar a ação mais ampla de um projeto cultural cuja perspectiva principal é a de um trabalho para massas populares" (1997: 146).

O CPC não chegou a alcançar esse objetivo e apenas começava a repensá-lo quando o Golpe de 64 cortou a sua trajetória. O que importa sublinhar é simplesmente o fato de que se buscava representar o país — às voltas pelo menos desde 1922, senão desde o século XIX, com a procura de seus traços essenciais — identificando-se o Brasil com seu povo. Entenda-se "povo", segundo definição sociológica simples, como "a população menos as elites".

Essa definição próxima do senso comum troca-se, no início dos anos 1960, por outra, mais elástica. Intelectual ligado ao PCB, Nelson Werneck Sodré, em seu livro *Quem é o povo no Brasil?*, de 1962, um dos Cadernos do Povo Brasileiro publicados pela Civilização Brasileira e divulgados pelo CPC, responde à pergunta do título dizendo: "O conjunto que compreende o campesinato, o semiproletariado, o proletariado, a pequena burguesia e as partes da alta e média burguesia que têm seus interesses confundidos com

A dramaturgia musical 185

o interesse nacional e lutam por este. É uma força majoritária inequívoca. Organizada é invencível" (Sodré, em: Arrabal e Lima, 1983: 120).

Falando sobre Vianna Filho, certamente um dos artistas emblemáticos do período, e de como ele viu a própria atuação, Maria Silvia ressaltou em entrevista que nos concedeu: "Vianinha tinha um projeto e esse projeto era a constituição desse teatro que, ao mesmo tempo, fosse representativo da nação e fosse capaz de representá-la através do seu elemento fundante, que seria o popular" (em: Marques, 1997).

Sem pretendermos nos estender sobre o conceito de nacional-popular, observamos que para a sua conformação se realizam, de saída, duas operações lógico-simbólicas. Em primeiro lugar, marca-se a necessidade de descobrir ou redescobrir a nacionalidade, afirmando-a e liberando-a de quaisquer jugos. A seguir, identifica-se o caráter brasileiro ao que é popular; as formas tradicionais de música, dança e poesia acham-se implicadas neste termo.

Mesmo um crítico do "idealismo" e da "ingenuidade" de *Opinião* e de seus ascendentes, José Ramos Tinhorão, parece confirmar essas constatações ao dizer: "As camadas médias não conseguirão, jamais, um caráter próprio, porque a sua característica é exatamente a falta de caráter, isto é, a impossibilidade de fixar determinado traço por longo tempo, em consequência da sua extrema mobilidade" entre o trabalho mecânico dos pobres e a posse dos meios de produção pelos ricos (Tinhorão, 1997: 85).

A classe média e seus representantes tentam tomar emprestadas ao povo as suas práticas culturais, empréstimos afinal inviáveis, segundo Tinhorão, por força do que chama "determinismo histórico-sociológico". Este "mostra que uma cultura particular não se transplanta, mas se cria pela sedimentação progressiva de fatores condicionantes, não apenas durante uma vida, mas durante muitas gerações" (1997: 85).

Houvesse ou não idealismo e ingenuidade em se buscar estabelecer laços entre as fontes encarnadas em Zé Kéti (os morros e subúrbios do Rio), João do Vale (o interior do Nordeste) e Nara (os grandes centros cosmopolitas), o fato é que uma terceira operação se fazia em torno do nacional-popular, quando se pretendeu resistir ao regime com as armas da cultura: a adoção das formas populares já indicaria, nos artistas de classe média, a postura de oposição aos militares. É o que nota Maria Silvia Betti ao falar de gêneros musicais tradicionais utilizados emblematicamente naquele espetáculo, aos quais se soma a figura da "cantora de bossa nova" a sinalizar a pretendida aliança entre camadas médias e pobres:

186   Com os Séculos nos Olhos

O morro e o sertão, o ex-lavrador e o compositor popular, o malandro e a cantora de bossa nova, destacados do contexto ao qual pertencem e inseridos no painel que os iguala, passam a ser recebidos pelo público num registro mais elevado do que o habitual: no plano hipotético em que se alinham, sua expressão é acrescida de uma nova carga conotativa na qual o sentido inicial é recodificado. A incelência[31] e o samba de partido alto, por exemplo, tornam-se expressões do nacional não apenas enquanto elementos expressivos típicos de seus respectivos contextos, mas como formas potencialmente carregadas de um sentido de resistência ao autoritarismo (Betti, 1997: 158).

Seja qual for a conclusão a que se possa chegar acerca desses fatos, deve-se perceber o embate (e depois o impasse) entre as aspirações alimentadas pelos agentes, reforçadas pelo enorme sucesso de público e de crítica alcançado pelo espetáculo, e os teimosos limites da realidade, que *Opinião* procurava ampliar.

*

Em abril de 1964, Nara Leão viu-se tão perplexa quanto qualquer simpatizante dos ideais de esquerda — que, nessa fase, tinham tomado a feição das reformas de base de Goulart e de uma participação que se queria substantiva nos destinos do país. Exemplo dessa atitude havia sido o lançamento, pouco antes do Golpe, do Comando dos Trabalhadores Intelectuais, o CTI.

O nome de Nara constava entre as primeiras assinaturas do manifesto, conforme o qual o CTI dispunha-se a "apoiar as reivindicações específicas de cada setor cultural, fortalecendo-as dentro de uma ação geral, efetiva e solidária; e participar da formação de uma frente única nacionalista e democrática com as demais forças populares arregimentadas na marcha por uma estruturação melhor da sociedade brasileira" (em: Cabral, 2001: 67).

Entre as personalidades que endossaram o documento, estavam Oscar Niemeyer, Nelson Werneck Sodré, Nelson Pereira dos Santos, Carlos Lyra, Flávio Rangel e Oduvaldo Vianna Filho. Entende-se o espanto que viria a seguir, pois se instalara na esquerda a "convicção generalizada" de que

---

31 No show, João do Vale explica: "Incelença é música que se canta em velório. Vem rezadeira famosa, de longe, pra cantar incelença" (Costa, Pontes e Vianna Filho, 1965: 45). O termo admite as duas grafias.

"o Brasil caminhava inexoravelmente para as reformas de base promovidas pelo presidente João Goulart" (2001: 67).

A 23 de abril, em São Paulo, ao lado de muitos outros artistas, Nara Leão apareceu no show *O remédio é bossa*, descrito por Cabral como "grandioso". Na ocasião, Nara cantou pela primeira vez o samba *Opinião*, de Zé Kéti, desafio aberto, segundo se depreende, às práticas autoritárias do governador da Guanabara, Carlos Lacerda. As remoções de favelas, feitas de maneira truculenta no Rio de Janeiro da época, já tinham sido denunciadas em autos do CPC como *A estória do Formiguinho* ou *Deus ajuda os bão*, de Arnaldo Jabor, texto que satiriza furiosamente a figura de Lacerda.

Os primeiros versos do samba dizem: "Podem me prender/ Podem me bater/ Podem até deixar-me sem comer/ Que eu não mudo de opinião/ Daqui do morro eu não saio, não". A música emprestaria o nome ao segundo disco da intérprete, *Opinião de Nara*, lançado em novembro de 1964.

O jornalista Ruy Castro, que tem reservas quanto às guinadas pelas quais passaram a bossa nova e sua ex-musa, sentencia em *Chega de saudade*: "Este foi realmente o disco que rachou a Bossa Nova — muito mais do que os ciúmes e pendengas comerciais entre Carlinhos Lyra e Ronaldo Bôscoli, quatro anos antes, ou do que o seu próprio disco na Elenco" (Castro, 2001: 348). A fórmula era semelhante à do primeiro elepê, mas a soma de signos políticos e populares tornava-se maior e mais enfática. Além da música-título, o repertório exibia *Acender as velas*, também de Zé Kéti; *Sina de caboclo*, de João do Vale e J.B. de Aquino ("um grito pela reforma agrária", conforme Cabral), e *Esse mundo é meu*, de Sérgio Ricardo e Ruy Guerra — depois incorporadas ao show *Opinião*.[32]

Na contracapa do elepê, a própria Nara explicitava as intenções do trabalho: "Este disco nasceu de uma descoberta importante para mim: a de que a canção popular pode dar às pessoas algo mais que a distração e o deleite. A canção popular pode ajudá-las a compreender melhor o mundo em que vivem e a se identificarem num nível mais alto de compreensão". Nara entendia que, "além do amor e da saudade, pode o samba cantar a solidariedade, a vontade de uma vida nova, a paz e a liberdade" (em: Cabral, 2001: 85).

*

---

32 Cláudia de Arruda Campos informa, em *Zumbi, Tiradentes*, que o samba *Notícia de jornal* (no texto da peça, consta como título *Noticiário de jornal*), de Zé Kéti, foi proibido pela censura em São Paulo, em maio de 1965, sendo substituído por *Acender as velas*, do mesmo compositor. O espetáculo sofreu ainda outros cortes (Campos, 1988: 15).

Vianinha havia escutado *Opinião de Nara* antes do lançamento e teve a ideia de organizar o show reunindo Zé Kéti, João do Vale e a cantora. O grupo ensaiaria textos e músicas visando ocupar o teatro de arena do Super Shopping Center, em Copacabana, no Rio de Janeiro, sala que seria inaugurada com o espetáculo.

No artigo "A liberdade de *Liberdade Liberdade*", escrito em 1965, Vianna Filho localiza as raízes do show: "Do Zicartola [restaurante carioca onde se apresentavam sambistas], das experiências do cinema-verdade, do teatro de rua, dos poetas voltando à poesia oral — surgiu *Opinião*, primeiro espetáculo do Grupo Opinião". O dramaturgo assinala que os ex-cepecistas componentes do grupo "pacientemente acompanharam, erraram, acertaram e praticaram a evolução das mais diversas manifestações artísticas no seu processo de particularização cultural".

Essa "particularização cultural" relaciona-se às noções de Georg Lukács e consiste na "adaptação de suas possibilidades expressivas [possibilidades das manifestações artísticas ou dos próprios artistas] às tradições da cultura brasileira, às necessidades de conhecimento e investigação social, às condições econômicas das atividades culturais no Brasil; podendo assim — partindo da sensibilidade social existente — elevar-se até o nível da sensibilidade social que existe potencialmente". O dramaturgo diz ainda: "Intuir o nível da sensibilidade social potencial e elevar-se até ele, para nós, do Grupo Opinião, é a condição primeira de uma arte nacional e, por isso, universal" (Vianna Filho, 1983: 106).

Dois aspectos podem ser salientados aqui. O primeiro deles é o da pesquisa das "tradições da cultura brasileira", com o que Vianna e companheiros reviam o açodamento do CPC e de sua "arte popular revolucionária", trocando-o pela atitude estudiosa — ainda que mantida sob o regime de urgência que continuava a marcar os tempos. O segundo aspecto importante nota-se na aspiração de alçar o nacional à esfera universal, no mesmo passo em que esta implicaria vínculo com o país: "arte nacional e, por isso, universal", dissera. A menção a Shakespeare, alguns parágrafos adiante, reforça os novos rumos: "montar Shakespeare (...) é contribuição efetiva à cultura do povo brasileiro". A elementar importância do aspecto estético das obras para a sua eficácia política é implicitamente reconhecida.

As lições lukacsianas, que insistem em que o empenho social, em arte, não se deve desligar da herança cultural burguesa, refletem-se no texto. A atividade artística proposta por Vianna exigirá "conhecimento e investigação" para que responda a seu momento: "Ser contemporâneo significa um ato de cultura que — tornando existente o potencial sensível da consciência social, dando-lhe objetividade, formando o chamado espírito social objetivo — abre caminho para o enfrentamento prático da existência, para a superação dos problemas que entravam a realização universal do ser humano" (1983: 106). Essas palavras retomam, em plano mais ambicioso, o projeto de uma arte politicamente útil.

A colagem de fragmentos, praticada em *Opinião* e em *Liberdade, liberdade*, liga-se a percepções que o dramaturgo toma emprestadas às vanguardas — ou seja, às tendências que teriam privilegiado as pesquisas de linguagem e preterido o engajamento direto. Referindo-se a esse último espetáculo, de que participou como ator, ele diz que "a montagem e o entrechoque de textos (...) realizam uma sensibilidade nova — na base dessa montagem rápida, contraponteada, está uma dinâmica de comportamento mais rápida, uma liberdade maior em relação ao estabelecido, uma urgência de precisão" (1983: 108). Essas ideias atendem aos novos padrões urbanos que delineiam o Brasil dos anos 1960 e se tornam mais nítidas ao se consultar a derradeira entrevista de Vianinha, concedida em 1974 (1983: 174-187).

O artigo em pauta, que não foi publicado na época em que o dramaturgo o escreveu, é bastante rico; indicamos algumas de suas propostas. Os elos com Lukács, perceptíveis, são confirmados pelo que diz Maria Silvia Betti: segundo a pesquisadora, a perspectiva de que a arte burguesa e "o realismo socialista[33] possuem pontos de aproximação (a capacidade de lidar com a totalidade, por exemplo) é um dos aspectos que tornam as formulações de Lukács altamente motivadoras para os ex-cepecistas concentrados agora no Grupo Opinião" (1997: 167).

Perceba-se com a ensaísta que a essa altura "o novo, efetivamente, não é a possibilidade de vincular-se o nacional e o universal, mas o fato de fazê-lo estrategicamente como forma de tornar mais profundo e eficiente o projeto

---

33 Francisco Posada estuda as diversas acepções da expressão no livro *Lukács, Brecht e a situação atual do realismo socialista*, publicado em 1969 na Argentina e, em 1970, no Brasil. Posada afirma: "Lukács identifica o realismo socialista em geral com *uma* modalidade do realismo socialista, especialmente a de Gorki, a quem chama 'o maior escritor do presente'; modalidade que para ele é a continuação do grande realismo da burguesia" (1970: 118). Já a ortodoxia soviética sustentava outro conceito de realismo socialista, ligado a "uma visão otimista da existência" e a objetivos de propaganda. Nessa linha, V.M. Zimenko, citado por Posada, assevera: "A alta vocação dos escritores soviéticos consiste em revelar, de maneira veraz e brilhante, a beleza das façanhas que realiza o povo no trabalho, a magnitude e grandeza da luta pelo comunismo; em conduzir-se como apaixonados propagandistas do plano setenal, em infundir otimismo e energia no coração das pessoas soviéticas" (em: Posada, 1970: 139). As diferenças entre as proposições de Lukács e as dos comunistas ortodoxos (apesar das críticas que se podem fazer ao filósofo) saltam aos olhos.

de uma cultura popular de massas" (1997: 167). Projeto que teria percalços e que não chegaria a se realizar de modo pleno.

Opinião por analogia

Os textos-colagem,[34] ao somarem fragmentos de origem diversa, exigem providências capazes de ligá-los entre si, dando-lhes alguma coesão. No caso de *Liberdade, liberdade*, o que relaciona frases, textos e canções de procedência variada é o próprio tema, a que se refere tudo o que se diz na peça.

Em *Opinião*, as coisas se passam de outra forma. Em primeiro lugar, deve-se notar com Maria Helena Kühner e Helena Rocha, autoras de *Para ter opinião*, que a fragmentação é, em si mesma, expressiva de um momento em que as certezas políticas mostram-se precárias (Kühner e Rocha, 2001). Motivo pelo qual o espetáculo empenha-se em recompor crenças e ânimos, buscando as convicções alternativas que deveriam mobilizar as esquerdas nos novos tempos.

Se a fragmentação deve ser vista como categoria estética, de todo modo os dramaturgos teriam de conferir sentido geral a tantos textos e músicas. Esse sentido ordenador, global, não falta a *Opinião*, embora a peça por vezes ameace desagregar-se, carente de liames que a integrem. A congênere *Liberdade, liberdade* alcança maior unidade e, com isso, deve subsistir a seu instante, o que pode não ocorrer com o show de 1964, conforme ressalta Maria Silvia Betti: "É significativo que uma tentativa de remontagem de *Opinião*, decorridos dez anos de sua estreia, tenha tido resultado pouquíssimo compensador. Acima de tudo, o êxito de *Opinião* é produto de uma série de circunstâncias das quais o espetáculo em si não pode ser abstraído sem prejuízo de sua própria pertinência" (1997: 155).

Que processos, então, garantem ao show a mínima unidade necessária? O primeiro e mais amplo dos procedimentos utilizados no roteiro e no espetáculo (lembre-se a gravação em que o show foi parcialmente registrado) é o da associação de ideias. O elo entre cenas, músicas e textos consiste na simples e direta (às vezes indireta e mesmo arbitrária) associação de temas, frases, melodias, atmosferas.

---

34 Outros exemplos de espetáculos desse tipo, musicais ou não: *Brasil pede passagem*, escrito e produzido pelo Opinião, com estreia em 1965, e *O homem do princípio ao fim*, de Millôr Fernandes, com desempenho de Fernanda Montenegro e direção de Fernando Torres, lançado em 1966.

A dramaturgia musical 191

Esse processo realiza-se por dois caminhos básicos: as analogias se podem dar por afinidade ou por contraste. Passa-se de um sentimento a outro até no interior da mesma cena ou fala, como apontaremos adiante. Assim, o espetáculo alterna por todo o tempo climas que tendem a polos opostos: alegres e tristes, bem-humorados e reflexivos, eufóricos e melancólicos.

Opinião procede, a partir das analogias que o fazem avançar, por uma espécie de *efeito de distanciamento generalizado*; as situações propostas jamais se conservam inalteradas por muito tempo. Talvez se possam ver, na base desse processo, dois estados de espírito essenciais para o trabalho: a desolação quanto às condições brasileiras — pobreza, analfabetismo, "muito sacrifício pra viver", como diz João do Vale —, das quais o Golpe é a cifra histórica recente, reveza-se com a esperança de que as coisas mudem, sentimento que em certas passagens chega à euforia das certezas inapeláveis (entre desolação e esperança, note-se ainda a indignação que surge em temas como *Sina de caboclo*). Esse otimismo, cuja ingenuidade é temperada por humor, projeta-se em plateias predispostas a perceber, na cena, as suas próprias convicções, ou a recompô-las sob estímulo do espetáculo.

Se esse é o ritmo a que obedece (e nele já se acham embutidas as posturas ideológicas que animam o show), reitere-se que *Opinião* aposta, no plano do conteúdo propriamente dito, na possibilidade de se aliarem as classes média e baixa no sentido de modificarem a ordem, conforme diretriz sustentada pelo Partido Comunista Brasileiro desde fins dos anos 1950. Por essa diretriz, pretendia-se que, entre os prováveis parceiros políticos, estivesse também a burguesia nacional, vista como virtual adversária do imperialismo (sobretudo) norte-americano. Este seria o inimigo comum contra o qual classes sociais diversas deveriam somar as suas forças, segundo a perspectiva do PCB.

Abordamos o assunto ao comentar a peça *Brasil — versão brasileira*, de Vianna Filho, encenada pelo CPC em 1962; pudemos notar que o texto não se limita a simplesmente reproduzir a orientação do Partido, ao qual o autor era filiado, mas a questiona. Vianna sugere ser difícil ou impossível que as elites (no caso, o empresariado industrial) participem das frentes de esquerda. De todo modo, a tese do PCB, nesse aspecto, seria desautorizada pelo Golpe.

De volta ao show de 1964, o leque político de oposição devia abrigar as camadas pobre e média numa ampla faixa, ao longo da qual se vinculavam o retirante, o favelado, populações remediadas e porções da alta classe média (todos referidos mais ou menos explicitamente em canções e textos). Tais camadas eram vistas como representativas da nacionalidade e, dentro dela, das correntes que reclamavam mudanças sociais: reforma agrária e democratização do acesso à educação, entre outras. Os estratos em causa forneceram aos autores as figuras típicas, segundo a acepção de Lukács: a escolha recaiu sobre artistas populares, profissionais da música.

Os setores que estariam dispostos a promover mudanças no país ali compareciam, portanto, na forma dos atores-personagens: o proletário urbano, o camponês e o jovem de classe média (ou a jovem: o gênero importa neste caso). As canções os ligam também no plano simbólico, isto é, trata-se das "tradições da cultura brasileira", tornadas exemplares na antologia de ritmos feita no espetáculo.

As histórias de vida, a coletânea de estilos populares — partido alto, incelença, xote, baião, bossa — e a esperança levada aos limites da euforia pretendiam dar, juntas, o retrato do Brasil dos anos 1960. Ao mesmo tempo, apontavam a possibilidade de transformá-lo justamente na direção que o Golpe cancelara. Vale verificar como se fizeram tais operações no plano dos elementos mobilizados.

Os materiais de *Opinião*

Dois propósitos se formulam no prefácio à peça, intitulado "As intenções de *Opinião*" e assinado pelos autores. Em linha de ideias semelhante à do texto de contracapa do disco *Opinião de Nara*, embora de maneira mais incisiva, os dramaturgos afirmam, referindo-se à primeira dessas intenções, que

> a música popular é tanto mais expressiva quanto mais tem uma opinião, quando se alia ao povo na captação de novos sentimentos e valores necessários para a evolução social; quando mantém vivas as tradições de unidade e integração nacionais. A música popular não pode ver o público como simples consumidor de música; ele é fonte e razão de música (Costa, Pontes e Vianna Filho, 1965: 7).

Ressalte-se o aparente paradoxo quando dizem que a música *popular* torna-se mais expressiva "quando se alia ao povo na captação de novos sentimentos e valores necessários para a evolução social". O paradoxo residiria em que o adjetivo "popular" deveria indicar, em linha reta, filiação ao povo, mas este não é o caso; estamos aqui no âmbito das definições propostas no Anteprojeto do Manifesto do CPC, de Carlos Estavam Martins, que distingue entre "arte do povo", "arte popular" e "arte popular revolucionária".

Nesses termos, a arte do povo supõe que produtores e consumidores de bens culturais não se diferenciem; ou melhor, tais papéis inexistem no meio rural ou no entorno das cidades quando ainda intocados pela industrialização. A arte do povo acha-se próxima do folclore. Já a arte popular destina-se a público urbano; nela, o artista distingue-se dos demais trabalhadores, especializando-se em obras dirigidas a "receptores improdutivos".

Por fim, a arte popular revolucionária, sempre segundo o Anteprojeto, seria feita por militantes que, ligados às classes pobres e tomando emprestadas algumas de suas práticas culturais, destinaria a essas classes uma arte de agitação e propaganda, visando despertar a sua consciência política. A maneira de encarar o papel da música no espetáculo (e, mais amplamente, no mercado cultural) guarda algo das noções cepecistas.

Evidentemente, não se trata de afirmar que a atitude ideológica, em fins de 1964, fosse a mesma que orientara o Centro Popular de Cultura, mas de assinalar que certas ideias do CPC conservam-se em *Opinião*, superados o utilitarismo e o dirigismo excessivos. O prefácio à peça faz entender que a música popular pode ou não filiar-se ao povo, aliando-se a seus interesses ou deles se alienando, relacionando-se ou não aos "novos sentimentos e valores" assestados na direção de uma sociedade menos desigual. O caráter nacional-popular das canções mobilizadas reitera-se quando os autores falam na necessidade de se manterem "vivas as tradições de unidade e integração nacionais".

As mesmo tempo, destaca-se a contemporaneidade de tais posturas: "A música de Zé Kéti tem uma nova riqueza de variação que representa o novo sambista que anda por Copacabana, canta em faculdades, participa de filmes, ouve rádio e disco" (Costa, Pontes e Vianna Filho, 1965: 7). João do Vale possui qualidades que também o singularizam, dado que em suas músicas "o lamento antigo permanece, acrescido de uma extraordinária lucidez" (1965: 8).

O espetáculo dispõe-se à pesquisa de fontes populares. Ainda na esfera da primeira das intenções expressas no prefácio, sabe-se que, depois de ouvir os depoimentos de Zé Kéti, João e Nara, nos quais basearam boa parte do texto, os autores procuraram os compositores Cartola e Heitor dos Prazeres e o jornalista Sérgio Cabral, entre outros nomes, que lhes forneceram estrofes de partido alto — estilo tradicional de samba que privilegia o canto coletivo e o improviso, praticado no Rio desde as primeiras décadas do século XX. O mesmo se passou em relação aos versos nordestinos: o erudito Cavalcanti Proença "ajudou a achar os desafios mais célebres do Cego Aderaldo", famoso cantador cearense do início do século passado.

Se contabilizarmos ainda os sambas modernos de Zé Kéti, os baiões e xotes de João do Vale, a dicção bossanovista de Lyra, Vinicius, Tom Jobim, a música de inspiração nordestina de Sérgio Ricardo, teremos a mencionada antologia de gêneros proposta no espetáculo. O nacionalismo, diga-se, tempera-se com a inclusão de canções do norte-americano Pete Seeger, que viajava por seu país recolhendo *protest songs*. Dramaturgos e intérpretes, portanto, recusam a xenofobia, abrindo a segunda parte do show a canções estrangeiras — não a quaisquer músicas vindas de fora (algumas, aliás, aparecem parodiadas), mas às que guardem afinidades com as suas buscas.

"A segunda intenção do espetáculo refere-se ao teatro brasileiro", dizem os autores. Eles procuram saídas para "o problema do repertório" no qual a dramaturgia nacional estaria "entalada". A revalorização da criatividade do ator, a volta aos elementos lúdicos do teatro, entre eles o humor e a musicalidade, e a reação aos êxitos comerciais importados mecanicamente da Europa e dos EUA são aspectos deste segundo grupo de intenções.

Armando Costa, Vianinha e Paulo Pontes citam colegas que então perseguem objetivos semelhantes, mencionando os espetáculos de Flávio Rangel e o "excelente repertório do grupo Oficina, do grupo Decisão"; artistas mais velhos, como a atriz Cacilda Becker, procedente do Teatro Brasileiro de Comédia, também comparecem à lista de nomes pela qual os dramaturgos estendem a mão a prováveis aliados estéticos e, sobretudo, políticos: "É preciso restabelecer (...) o espetáculo do homem de teatro brasileiro", pontificam (1965: 10).

O primeiro verso que se canta em *Opinião* vem na voz de Nara, que pergunta, ao som do berimbau: "Menino, quem foi seu mestre?". O verso origina-se na capoeira, como o toque do berimbau sublinha, e sugere desafio. Iná Camargo Costa diz: "Com isto, está definido o enquadramento geral do espetáculo, pela proposição: música aqui é emblematicamente entendida como resistência à dominação". A estudiosa registra ainda que, apesar de ser essa a atitude básica, o show "não exclui o humor"; a atmosfera popular e a herança negra trazem "o duplo sentido, a malícia, a autoironia" (Costa, 1996: 106).

De fato, o espetáculo ganha o público logo nos primeiros instantes, fazendo-o rir com o xote *Peba na pimenta*, de João do Vale. O compositor explica: "Peba é um tatu. A gente caça ele pra comer. Com pimenta fica mais gostoso". Em seguida, canta a música de letra sonsa: certo Malaquias prepara "cinco pebas na pimenta" e reúne convidados para degustarem os tatus; entre os convivas, acha-se a cândida Maria Benta. "A pimenta era da braba", e a moça então "chorava, se maldizia" garantindo que, se soubesse, "dessa peba não comia". Ao longo do show, aparecerão várias canções e cenas cômicas,

A dramaturgia musical 195

um pouco à maneira desta. São passagens nas quais se explora, mais que o duplo sentido sexual ou político, o caráter de anti-herói que é o dos três atores-personagens, capazes da referida autoironia.

Depois do xote, os protagonistas cantam juntos, numa espécie de *medley*, trechos de canções associadas a cada um deles. Misturam, por exemplo, o samba *Malvadeza Durão*, personagem "valente, mas muito considerado", com o baião *Carcará*, em que se fala da ave de rapina que tem "mais coragem do que homem" e que "pega, mata e come!" (respectivamente de Zé Kéti e João do Vale). Esses motes serão retomados e reforçados ao final do espetáculo, fechando o sentido geral de *Opinião*.

Os três, acompanhados pelo coro, interpretam o xote *Pisa na fulô*, de João. Terminada essa música, iniciam-se os depoimentos — vistos por Maria Helena Kühner como procedimento fundamental na confecção do trabalho. A ensaísta ressalta a natureza parcial e provisória dos relatos pessoais, quando tomados isoladamente, e o fato de que, reunidos, apontam para nexos amplos, exemplares do que se vivia à época. Tais relatos embutem caminhos possíveis para a "evolução social" de que os dramaturgos falam no prefácio.

Maria Helena Kühner diz: "O testemunho é, portanto, um processo; nele *dramatiza-se a experiência de um processo* para ver 'como as coisas realmente são'". Adiante, acrescenta: "As testemunhas não trazem relatos acabados, completos, capazes de permitir de pronto um julgamento ou conclusão. Seu testemunho, seu depoimento, seu ponto de partida é ainda difuso, impreciso". A soma das falas, contudo, arma-se de modo a delinear descobertas e, com elas, certezas menos frágeis (2001: 44).

O primeiro a depor é João do Vale: "Pobre, no Maranhão, ou é Batista ou é Ribamar. Eu saí Batista", diz. Ele nasceu na cidade de Pedreiras, mais precisamente na Rua da Golada — que, depois de o compositor se tornar conhecido, passou a se chamar Rua João do Vale. O músico brinca: "Quer dizer, eu, assim com essa cara, já sou rua". Os heróis riem de si mesmos, sinal de saúde em tempos autoritários.

Destaquem-se dois pontos na fala de João. O primeiro, factual, dá conta de o compositor ter 230 músicas gravadas, grande parte delas tendo circulado, sobretudo, no Nordeste. Outro aspecto a notar refere-se especificamente a questões de mercado (questões que o espetáculo retomará mais tarde), quando diz que "as que são mais conhecidas do povo são as músicas mais assim só pra divertir. Elas interessam mais aos cantores e às gravadoras. É só tocar, já sair cantando". Bom exemplo desse tipo de canções certamente será *Peba na pimenta*.

Mas ele tem "outras músicas que são menos conhecidas, umas que nem foram gravadas". João completa o testemunho realizando uma das mudanças de tom que acontecerão por várias vezes ao longo do espetáculo: "Minha terra tem muita coisa engraçada, mas o que tem mais é muita dificuldade pra viver" (na gravação, "dificuldade" é trocada pelo sinônimo "sacrifício").

Zé Kéti apresenta-se de maneira autoirônica, à semelhança de João: o carioca trabalha em órgão público, o Iapetec, como escriturário de nível oito — a inflexão com que diz "nível oito" resulta cômica. Relata as dificuldades da vida de sambista, lembrando os vários anos que gastou insistindo para que gravassem as suas canções. Afinal, *A voz do morro* desencantou e obteve mais de 30 registros: "O dinheiro que ganhei deu para comprar uns móveis de quarto estilo francês e comi três meses carne", conta, entre objetivo e bem-humorado.

O testemunho de Nara reafirma que ela nasceu em Vitória, mas sempre viveu em Copacabana — então bairro da alta classe média no Rio de Janeiro, principalmente nos endereços da Avenida Atlântica, onde morou com a família no famoso apartamento em que teria sido criada a bossa nova. A fala da cantora complementa as anteriores, embora tenha tom mais explícito de manifesto — sem esquecer a comicidade: "Não acho que porque vivo em Copacabana só posso cantar determinado estilo de música. Se cada um só pudesse cantar o lugar onde vive que seria do Baden Powell que nasceu numa cidade chamada Varre e Sai?".

A intérprete encerra a sua fala-manifesto dizendo pretender cantar todas as músicas "que façam todo mundo querer ser mais livre, que ensinem a aceitar tudo, menos o que pode ser mudado". Depois dessas palavras, João e Zé Kéti ironizam Nara, brincando com versos de *Maria-Moita*: "Mulher que fala muito/ Perde logo o seu amor" (1965: 19-20).

A passagem que acabamos de comentar, na qual os depoimentos que percorrem o espetáculo aparecem pela primeira vez, exemplifica procedimentos recorrentes no show. A referência à origem pobre dos compositores e à disposição da cantora de aliar-se a eles; as mudanças de tom, do alegre para o triste e vice-versa, e o humor com que se temperam as convicções são traços importantes do espetáculo — ainda que a atitude de resistência, com o que tem de excessivo otimismo, prepondere ao final.

Os testemunhos serão retomados após cantarem bem-humoradas estrofes de partido alto. Entre os depoimentos ouvidos ainda nesta primeira parte do espetáculo, destacaremos o momento em que João do Vale fala sobre o aralém, remédio destinado a curar "a sezão, febre de impaludismo" e que

A dramaturgia musical 197

deveria ser distribuído gratuitamente pelo governo entre a população, mas acabava *negociado* por arroz.

O compositor recorda o fato de maneira pungente: "Ficou marcado isso em mim, ver um saco de arroz que custou dois meses de trabalho capinando, brocando, ser trocado por um pacotinho com duas pílulas que era pra ser dado de graça". Nara aproveita o tema da seca e das relações sociais impiedosas para cantar *Borandá*, de Edu Lobo: "Já fiz mais de mil promessas/ Rezei tanta oração/ Deve ser que eu rezo baixo/ Pois meu Deus não ouve, não" (1965: 28-29).

Terminada a canção triste, e sem transição, a intérprete falará de temas bem mais leves, relativos à sua vivência de menina burguesa. O espetáculo prosseguirá ligando atmosferas afins ou alternando climas distintos, passando pela contenda cômica entre Cego Aderaldo e Zé Pretinho (registrada em 1916), pelo baião *Carcará* e por uma incelença, "música que se canta em velório". A primeira das duas seções traz ainda canção em que se louvam as coisas boas do Nordeste ("São segredos que o sertanejo sabe/ E não teve o prazer de aprender [a] ler"), seguida de uma sátira à influência musical norte-americana no interior do país:

> Lá pras tantas Bené se enfezou
> E tocou um tal de roque a roll
> Os matutos caíram no salão
> Não queriam mais xote nem baião
> E que briga se eu falasse em xaxado
> Foi aí que eu vi que no sertão
> Também tem os matuto transviado [sic] (1965: 49).

Os brios brasileiros lavam-se com samba, mais especificamente com *A voz do morro*: "Eu sou o samba/ A voz do morro sou eu mesmo, sim senhor/ Quero mostrar ao mundo que tenho valor/ Eu sou o rei dos terreiros...". O tema do nacionalismo será retomado, de outro ângulo, na segunda parte do espetáculo.

*

Há quem afirme que as referências ao regime militar são escassas em *Opinião*. De fato, as falas que visam a ditadura de maneira direta não são muitas, mas existem e respondem por alguns dos momentos engraçados do espetáculo. Três réplicas, ditas por Zé Kéti na primeira parte do show, o exemplificam.

A primeira delas se dá quando o compositor explica a origem de seu apelido (Zé Quietinho, em criança) e diz que resolveu grafá-lo com a inicial "k" porque "k" "estava dando sorte — Kubitschek, Kruschev, Kennedy. Mas agora, meus camaradinhas, acho que a sorte mixou" (1965: 30).

Na cena repleta de gírias em que Nara e ele representam malandros, a moça quer saber se a personagem de Zé Kéti havia fumado maconha e, para isso, examina seus olhos para verificar se estão vermelhos. O homem então adverte, fazendo o público rir: "Ô, meu camaradinha, não fica falando em vermelho, não, que vermelho tá fora de moda". Uma terceira referência desse tipo ocorre nessa mesma cena: Nara pede que ele lhe empreste algum dinheiro, e Zé Kéti responde: "Tô duro. Durão. Agora sou da linha dura!" (1965: 43, 44).

A reação dos espectadores a essas piadas é de adesão imediata, de cumplicidade evidente, como se constata ouvindo o CD com trechos do show. Confirma-se a ideia de que o espetáculo responde em linha reta a seu contexto — o que nem sempre acontecerá de modo tão literal com os musicais do período; no caso de *Opinião*, obra e circunstância efetivamente não se separam. Ao percebê-lo, deve-se lembrar também que muito do que se realizou no show tornou-se importante para o que viria depois, impulsionando outras peças e tendências, sobretudo nos limites das décadas de 1960 e 1970.

Opinião deflagra o desejo e reforça o propósito de se falar das questões sociais sob a forma de teatro musical, ainda que seu modelo singular não tenha sido o único, nem o mais utilizado pelas obras que dela descendem. Essa filiação, de que *Opinião* é matriz, se faz menos a partir de seus achados formais específicos do que a partir de seu espírito: a pesquisa das fontes populares e a busca por conhecer social e politicamente o país promovem conteúdos que, por sua vez, sugerem ou implicam meios expressivos, ou seja, procedimentos formais (o conteúdo "precipita-se" produzindo forma, como diz Szondi); de maneira geral, opera-se aqui a reelaboração consciente de padrões populares. Os dados de conteúdo e os processos técnico-artísticos arregimentam-se na tentativa de resistência ao regime e na crítica do modelo econômico patrocinado pela ditadura.

A legitimidade do uso de formas estrangeiras foi problema apaixonadamente discutido desde fins dos anos 1950: o caso dos elementos jazzísticos presentes na bossa nova mostra-se exemplar nesse sentido. Anote-se, reiterando o que já se apontou, que *Opinião* absorve canções norte-americanas

A dramaturgia musical 199

e latino-americanas como *Guantanamera*, com letra de José Marti, "revolucionário cubano do século passado", com o que os autores fazem referência, é claro, à Revolução Cubana realizada em 1959. À mesma altura, abordam questões mercadológicas, denunciando a tendência à uniformização cultural contra a qual o show também se posiciona: "É mais barato para as companhias gravadoras vender um só tipo de música no mundo todo", dizem, tomando emprestadas palavras do crítico Nelson Lins e Barros (1965: 55-56).

*

Encerramos estes comentários acerca de *Opinião* destacando dois tópicos. Um deles envolve a forma de desfile ou de revista carnavalescos com que se ordena parte da segunda seção, conforme notou Iná Camargo Costa. Arma-se ali uma espécie de balanço da produção cultural de esquerda anterior ou contemporânea ao Golpe. O mote se dá com o hino feito por Zé Kéti "de brincadeira para a equipe do filme *Rio 40 graus*", de Nelson Pereira dos Santos. Iná observa:

> Como no carnaval, ou no teatro de revista, inicia-se então o desfile alegórico, em blocos entremeados pelos outros fios da narrativa, do conjunto da produção musical ligada ao cinema e ao teatro no período, cada obra representada por sua música-emblema. Assim, *A voz do morro* é *Rio 40 graus*, *Malvadeza Durão* é *Rio Zona Norte* [outro filme de Nelson Pereira], *Feio não é bonito* é *Gimba*, *Tristeza não tem fim* é *Orfeu da Conceição*" [peça de Vinicius de Moraes] (Costa, 1996: 109).

Todo um movimento épico parece descrever-se aqui, tingindo-se da tonalidade heroica a que aludiu Maria Silvia Betti ao falar de como os ideais cepecistas, menos imaturos e confrontados a outras e desfavoráveis circunstâncias, viriam a sobreviver (ou a reviver) nesse novo momento, "sobrevivência que o espetáculo celebra e ritualiza" (Betti, 1997: 157).

Importa assinalar ainda, em contraponto, a ironia com que a Voz vinda dos alto-falantes, em *playback*, interpela Nara Leão quando a moça procura aprender o baião *Sina de caboclo*, de João do Vale, em *aula* ministrada pelo próprio compositor. A Voz, que poderia ser a de um dos críticos hostis ao alegado "populismo" do show e dos produtos culturais que lhe eram afins, pergunta: "Você vai fazer um disco cantando baião, Nara?". A cantora responde afirmativamente, e a Voz insiste, incrédula e provocativa: "Baião, Nara?".

200 COM OS SÉCULOS NOS OLHOS

Questiona-se o quanto seria legítimo uma artista que "tem voz de Copacabana, jeito de Copacabana" cantar estilos diversos dos que socialmente lhe estariam reservados. A Voz tem argumentos ácidos: "O dinheiro do disco você vai distribuir entre os pobres, é?"; ou "Você pensa que música é Cruz Vermelha, é?". Afinal, "não vai dar certo, Nara. Você vai perder o público de Copacabana, lavrador não vai te ouvir que não tem rádio, o morro não vai entender" (1965: 73-78).

Se descartarmos o tom caricato, exagerado, que se adota nessas falas, veremos que tais objeções se assemelham às encontradas no debate "Confronto: música popular brasileira — entrevistas concedidas a Henrique Coutinho por Edu Lobo, Luís Carlos Vinhas e José Ramos Tinhorão", publicado na *Revista Civilização Brasileira*, nº 3, de julho de 1965. A Voz em *Opinião* resume argumentos que, no debate, caberiam ao articulado e combativo Tinhorão (argumentos desse tipo vinham sendo expressos havia algum tempo). O espetáculo, diga-se, embora incorpore por alguns instantes as ponderações de seus críticos, termina por dar razão a Nara, que abandona o diálogo com a Voz para interpretar a *Marcha da quarta-feira de cinzas*, de Lyra e Vinicius, segundo a qual "mais que nunca é preciso cantar".

O mesmo número da revista traria o artigo "Se eles vencessem...", de Márcio Moreira Alves, originalmente divulgado no jornal *Correio da Manhã* a 1º de junho de 1965, ali republicado no âmbito das "Investigações e debates sobre um 'delito de opinião'", com as quais Ênio Silveira reunia material relativo ao inquérito policial-militar aberto contra sua editora, a Civilização Brasileira, em 1964, além de textos correlatos.

Depois de denunciar torturas praticadas contra estudantes e contra membros do Partido Comunista Brasileiro, Moreira Alves informava sobre cortes em *Opinião*, entre outros atentados à liberdade:

> Em São Paulo, por interferência do general Riograndino Kruel, o show *Opinião*, que estava em cartaz há algum tempo e fora liberado pela censura, foi recensurado por oficiais do II Exército. Retiraram os dados estatísticos sobre a emigração [sic] nordestina que acompanham a música *Carcará*; excluíram do samba *Notícia de jornal* [*Noticiário de jornal*, de Zé Kéti] as expressões *militar* e *milico*; da canção *Tiradentes* [de Chico de Assis e Ari Toledo], um verso de José Marti; e outro de uma canção que diz "mas plantar pra dividir, não faço mais isto não" (Alves, 1965: 350).

A canção a que se refere Moreira Alves é justamente a *Sina de caboclo* de João do Vale, que o compositor interpreta com grande força. A música tem alguns de seus trechos vigorosamente sublinhados por percussão, num show para cuja eficácia os instrumentistas contribuem de maneira decisiva.[35]

O talento dos envolvidos no espetáculo e a presumível honestidade de seus propósitos não impediram que houvesse, a partir de *Opinião*, certa "mercantilização da luta política", nas palavras de Iná Camargo Costa. Para a ensaísta, "a revolução foi mercadológica", restringindo-se à criação do segmento chamado MPB (Costa, 1996: 111). As mudanças sociais que se pensara em estimular com o show resultaram superficiais ou simplesmente não ocorreram.

A pesquisadora tem alguma razão. Aliás, trata-se em parte de perceber os fatos, antes mesmo de interpretá-los: o avesso das boas intenções políticas certamente consistiu em haverem sido disciplinadas segundo os interesses do mercado cultural, que se tornava maior e mais complexo à época (pouco depois, a televisão atrairia Vianinha e outros escritores pela possibilidade de falarem a grandes plateias, embora com as ambiguidades conhecidas).

Imaginamos, no entanto, que houve antes confinamento que comercialização deliberada dos ideais políticos de esquerda. Os agentes não tinham escolha: ou atuavam segundo as novas condições, nas quais o contato com as camadas pobres havia sido cortado ou sumamente dificultado pelo regime, ou desistiam de intervir nos acontecimentos. Esses eram limites objetivos e extra-artísticos, e sua alteração não se achava ao alcance das personagens em causa.

Assim, preferimos ressaltar o legado de *Opinião*: as fontes e formas que o espetáculo soube reunir, lançando-as no ambiente urbano ao desdobrar, em chave menos esquemática, valores pensados desde os tempos pouco anteriores — mas já relativamente remotos — do Centro Popular de Cultura.

Sérgio Cabral resumiria: "*Opinião* foi um magnífico espetáculo. Se os seus autores não foram inteiramente bem-sucedidos na pretensão de mudar o país, mudaram, sem dúvida, o teatro musical brasileiro" (2001: 87).

Talvez não haja sentido em reeditar o show de 1964 — ao contrário do que se dá com outros trabalhos do período — mas, em contrapartida, sua influência mostra-se nítida nos musicais seguintes.

---

35 *Opinião*, na estreia a 11 de dezembro, contou com os músicos Roberto Nascimento (violão), Alberto Hekel Tavares (flauta) e João Jorge Vargas (bateria). A direção musical era de Dorival Caymmi Filho. Os créditos no livro em que a peça foi publicada informam ainda que "no dia 13 de fevereiro de 1965 Maria Bethânia substituiu Suzana de Moraes [que substituíra Nara Leão], com direção musical de Geni Marcondes". Já o elepê (depois convertido em CD) em que se registraram trechos do espetáculo (gravado a 23-08-1965) traz Dorival Caymmi Filho no violão e na direção musical, Francisco Araújo na bateria, Carlos Guimarães na flauta e Iko Castro Neves no contrabaixo. O coro era composto por Bruno Ferreira, Ângela Menezes, Vânia Ferreira e Ângela Santa Rosa.

Liberdade, liberdade: o espetáculo e sua circunstância

A peça *Liberdade, liberdade*, o segundo dos textos-colagem examinados, não se propõe a compor antologia de gêneros, literários ou musicais, nem a apresentar personagens típicas, que resumam a população brasileira ou parte dessa população e sua demanda por mudanças, como acontece em *Opinião*. A coletânea de textos e canções, aqui, busca reafirmar valores essenciais, conforme o título explicita. Adota-se a estratégia de universalizar os argumentos, portanto; o acervo das conquistas democráticas, alcançadas em épocas e lugares diversos, é mobilizado como arma na disputa ideológica com o regime.

Escrito por Millôr Fernandes e Flávio Rangel, o espetáculo, dirigido por Flávio, estreou a 21 de abril de 1965, na mesma sala em que *Opinião* surgira quatro meses antes. O elenco formado por Paulo Autran, Tereza Rachel, Oduvaldo Vianna Filho e Nara Leão dizia e cantava obras ou fragmentos devidos a dezenas de nomes — do poeta Geir Campos a Jesus Cristo, do "famoso compositor e violonista brasileiro Robert Thompson Baden Powell de Aquino" a Platão, de Shakespeare ao diretor francês Barrault e deste a Moreira da Silva, Noel Rosa, Bertolt Brecht.

O texto possui humor, embora o tom sério a ele também compareça: assuntos como delação, prisões e execuções acham-se entre os temas abordados. Os grupos Opinião e Arena uniam-se pela segunda vez na produção de um espetáculo.

Referências muito prestigiosas, como Thomas Jefferson ou Winston Churchill, além do próprio Cristo, faziam a coletânea parecer algo acima de qualquer suspeita política — o que confundiu os censores, dispostos a criar dificuldades para a carreira do espetáculo quanto este se transferiu do Rio de Janeiro para São Paulo.

Liberdade, liberdade, ao menos na forma de texto em livro, aquela a que temos acesso, parece menos quebradiça, mais consistente que *Opinião*, como dissemos páginas atrás. É verdade que a montagem pode transfigurar as palavras, nelas revelando virtualidades insuspeitadas à simples leitura; e, de fato, o show de 1964, de que pudemos ouvir os trechos registrados em disco, mostra-se melhor em movimento do que em letra de fôrma.

Raciocinamos a partir dos elementos disponíveis: a trivialidade de certas falas em *Opinião* (embora o banal seja apenas aparente em alguns casos) e o processo da associação de ideias, que não dispensa as modulações arbitrárias, produzem a impressão de colcha de retalhos, tornando o texto dependente

A dramaturgia musical · 203

das referências tópicas, o que não ocorre na mesma medida com a peça de 1965 (no entanto, como se vai ver a seguir, não foi assim que artistas e críticos entenderam *Liberdade, liberdade* naquele instante). A relativa unidade conferida pelo tema principal, que funciona como fio condutor, e pela atitude literária mais disciplinada empresta à colagem de Millôr Fernandes e Flávio Rangel maiores chances de permanecer no repertório, se comparada à sua congênere.

Os artistas ligados ao espetáculo e os críticos que sobre ele escreveram enxergaram essas questões de diferentes modos. O primeiro ponto de vista a lembrar é o de Vianinha, expresso em artigo que não se divulgou na ocasião, breve ensaio já mencionado. Ele diz ali: "Muitos acharão que *Liberdade, liberdade* é excessivamente circunstancial. Para nós, essa é a sua principal qualidade". E enfatiza: a montagem "é o espetáculo mais circunstancial da história do teatro brasileiro" (1983: 107).

Vianna Filho defende a pertinência de textos feitos segundo as exigências do instante político; fala em trabalhos úteis, destinados a cumprir tarefas de comunicação emergentes, "deixando na história não a obra, mas a posição". Porém, para ele não se trata de propor "um teatro de momento", puramente contingente. De acordo com o olhar agudo de Vianna, informado pelas teses de Lukács — veja-se a relação entre fenômeno e essência, implícita nas palavras que se seguem —, autores e intérpretes do espetáculo "afirmam que muitas vezes a circunstância é tão clara, tão imperiosa, que sobe à realidade como um retrato dos seus fundamentos. Afirmam que nesse instante a realidade mais profunda é a própria circunstância e — nesse momento — não ser profundamente circunstancial é não ser real" (1983: 108).

As contradições brasileiras materializavam-se na "chamada 'revolução'" e nos seus desdobramentos, como escrevia Ênio Silveira em 1965, ressaltando não saber "por que insistem em denominar assim, de modo sociologicamente incorreto, o movimento insurrecional do 1º de abril" (Silveira, em: Kühner e Rocha, 2001: 85).

*

Dois dos mais influentes críticos da época, Yan Michalski e Décio de Almeida Prado, atuando respectivamente no Rio e em São Paulo, fizeram reparos ao texto e ao espetáculo. Sublinharam, em contrapartida, as suas qualidades, além de se solidarizarem com os propósitos do empreendimento, "uma ação indiscutivelmente cristã, cívica e didática na sua essência", diria o comentarista carioca, certamente sem esquecer que seria lido também por inimigos das liberdades políticas (Michalski, 2004: 40).

O crítico do *Jornal do Brasil* escreveu por duas vezes acerca da montagem, ambas já no mês de estreia, segundo o que se encontra nas *Reflexões sobre o teatro brasileiro no século XX*, livro que reúne parte de sua larga produção na imprensa. O primeiro desses artigos, por se ater mais a fatores literários, é o que nos importa aqui.

Um dos reparos formulados por Michalski coincide com o que seria feito por Décio de Almeida Prado e se prende aos "poucos textos [no espetáculo] que se afastam do tema central da liberdade ou que dão a este tema um sentido demasiadamente elástico, como, por exemplo, o monólogo de *Júlio César*", passagem da tragédia de Shakespeare em que Marco Antônio discursa lastimando o assassinato de César.

A qualidade desigual dos "textos de ligação", utilizados pelos autores entre as palavras alheias, foi, contudo, o aspecto que pareceu a Michalski "realmente sujeito a restrições". Por fim, o crítico preocupou-se com a questão de como qualificar a obra no que toca ao gênero: "Não se trata, obviamente, de uma peça de teatro, e não será graças a *Liberdade, liberdade* que a dramaturgia brasileira reencontrará o seu rumo perdido; mas se trata de um show oportuno, feito com muito coração e muita inteligência". Michalski posicionava-se ao lado dos artistas, completando: "Cantar a liberdade, em verso, prosa ou música, é sempre uma obra útil; fazê-lo em bom verso, boa prosa e boa música é muito mais útil ainda" (2004: 41).

Ao excursionar pelo país, a começar por São Paulo, a montagem passou a ter problemas com a censura, os quais já se haviam esboçado no Rio de Janeiro. A hesitação do governo em vetar textos históricos, devidos a nomes ilustres, temporariamente resguardou o espetáculo das interdições.

A estreia na capital paulista "foi ameaçada de proibição total", informam Maria Helena Kühner e Helena Rocha. A encenação seria afinal permitida — mas com 25 cortes. O episódio deu início ao "processo de brigas do Grupo [Opinião] e da classe teatral com a Censura"; o espetáculo sofreria novos cortes em Minas Gerais e Alagoas; no Ceará, o próprio governador tomou a si a tarefa de censurar *Liberdade, liberdade* (2001: 90).

Os artistas de teatro mobilizaram-se, entregando ao presidente Castelo Branco, em agosto, carta aberta com 1500 assinaturas na qual protestavam contra as limitações impostas à expressão no país. Em outubro, telegrama endereçado à Comissão de Direitos Humanos da ONU denunciava o problema. No livro *O teatro sob pressão*, Michalski conclui seus comentários acerca do

A dramaturgia musical 205

ano de 1965 lembrando que "o tempo vai encarregar-se logo de demonstrar a inocuidade de tais reclamações" (1989: 24).

*

Peças e espetáculos politizavam-se, manifestando-se contra o regime que promovia a perda de liberdades civis. Em outubro de 1965, o governo promulgava o Ato Institucional nº 2, que dissolvia os partidos políticos e instaurava o bipartidarismo (que teria a Aliança Renovadora Nacional, a Arena, como partido de situação, e o Movimento Democrático Brasileiro, o MDB, de oposição). Mais: o AI-2 estabelecia que as eleições para presidente da República tornar-se-iam indiretas. Em fevereiro de 1966, o AI-3 estende o voto indireto às eleições para o governo dos estados.[36]

Não apenas os criadores de textos e montagens teatrais se viram obrigados a posicionar-se diante dos fatos. Os críticos especializados também passaram a formular mensagens nesse sentido, por vezes meio veladas, prudentemente oblíquas, como exigiam as circunstâncias. No artigo que escreveu sobre *Liberdade, liberdade*, Décio de Almeida Prado dedicou pouco mais da metade de seu espaço — os cinco primeiros parágrafos dos oito que compõem o texto — a tratar de questões políticas, num claro sinal daqueles tempos.

Almeida Prado discorre sobre a ideia "explosiva" de que se alimenta o show de Millôr Fernandes e Flávio Rangel, ideia que terá permanecido "emboscada nas entrelinhas": a de que só se fala em liberdade com tamanha ênfase quando se pode perdê-la. A seguir, o crítico tece argumentos que não escondem sua simpatia irrestrita pela causa promovida no espetáculo, embora os meios com que o faz sejam cautelosos, diplomáticos.

Décio de Almeida Prado escrevia depois do entrevero com a censura que quase cancelou a temporada paulistana de *Liberdade, liberdade*. Depois de afirmar que caberia ao tempo dizer "se o governo está certo" quando alega

---

36 O AI-1, imposto a 9 de abril de 1964, já havia tornado indireta a escolha de Castelo Branco, o primeiro da série de presidentes militares, eleito a 15 de abril pelo Congresso. A norma vigoraria até janeiro de 1966, mas o AI-2 veio estabelecer a escolha indireta como permanente. O primeiro dos atos institucionais aumentou os poderes do Executivo, suspendeu imunidades parlamentares, autorizando cassações, e alimentou os Inquéritos Policial-Militares (IPMs). Cerca de 2600 pessoas foram então afastadas de seus cargos, civis ou militares. Estudantes e universidades foram visados desde os primeiros dias do regime: a Universidade de Brasília, considerada subversiva, sofreu invasão "um dia após o golpe". Naqueles primeiros tempos, "a repressão mais violenta concentrou-se no campo, especialmente no Nordeste" (Fausto, 2001: 257-258).

que as restrições políticas têm "caráter eminentemente provisório", Décio ponderava com sagacidade:

> O conceito de liberdade, de resto, trabalha sempre a favor e não contra a democracia. Poderíamos até dizer que é o mito democrático por excelência, no mesmo sentido em que a igualdade é o do comunismo. Se há, no espetáculo do Teatro Maria Della Costa, palavras candentes a seu respeito, que poderiam ser consideradas oposicionistas ou subversivas na situação atual, provêm elas das fontes mais insuspeitas e autorizadas — de Thomas Jefferson ou Abraham Lincoln, para citar apenas dois nomes (Prado, 1987: 113).

No substancial prefácio a *Exercício findo*, livro que reúne a sua produção crítica de 1964 a 1968, originalmente divulgada no jornal *O Estado de S. Paulo*, Décio de Almeida Prado afirma que artistas e críticos participaram de aventura coletiva, a de fazer oposição, aberta ou sutil, ao regime. Suas palavras condensam a experiência que foi também a de outros profissionais de imprensa ou de palco — além do próprio público.

Ele fala na "extraordinária vibração que unia então atores, espectadores e críticos, conferindo-lhes a sensação de estar cumprindo uma importante e até certo ponto perigosa missão histórica". E acrescenta:

> Embora não desprezando o acabamento artístico, que continuava tão cuidado quanto antes, o melhor teatro, o mais ativo, não se enxergava como uma aventura puramente estética, muito menos como uma empresa comercial. Representava concretamente, ou julgava representar, pelo próprio contato físico proporcionado pelo teatro, um dos últimos redutos do pensamento livre nacional (1987: 14-15).

A essa altura do prefácio, Décio de Almeida Prado confirma o que dizem Edélcio Mostaço e Iná Camargo Costa: embora sob perspectivas distintas, Mostaço e Iná veem o alegado empenho do teatro em resistir ao regime como autoilusão que artistas e plateias gostaram de alimentar. Escrevendo nos anos 1980, Décio constata sem acidez que "talvez esse clima de euforia fosse um tanto artificial, um tanto fora da realidade, como não tardaríamos a perceber. Mas, de imediato, já nos bastavam aqueles instantes de efusão, que nos davam pelo menos a ilusão de um poder considerável" (1987: 15).

Do ponto de vista estético, Décio de Almeida Prado reconhece que *Liberdade, liberdade* satisfaz "como simples show", mas decepciona caso se pretenda atribuir à peça grandes ambições. Ele vê com severidade maior que a de Michalski o problema da originalidade dos textos selecionados, muitos deles por demais conhecidos, "acordando em nossa memória ecos de lições morais e cívicas". A perda eventual da linha dos argumentos, nos momentos em que o texto se abre para temas "colaterais" como o do pacifismo, também mereceu reparo.

A integração do texto e da música não lhe pareceu perfeita (no que reitera o que fora dito por Michalski); Décio entende ainda ter havido ingenuidade ou erro de perspectiva ao se utilizar, "interpretado com a maior emoção", o monólogo da tragédia *Júlio César*, sem que se esclarecesse que o discurso famoso é "cesarista na substância", mas "propositadamente demagógico na forma".

Feitas as ressalvas, o balanço final será positivo: o show, mesmo sem maiores pretensões, é "vivo, engraçado" e, entre seus méritos, destaca-se a "interpretação inspiradíssima de Paulo Autran", ator que naquele momento chegava à maturidade e ao pleno domínio dos próprios recursos expressivos.

Nas linhas finais do artigo, Décio de Almeida Prado não deixa de lembrar que a peça teve problemas com a censura. E fustiga os conservadores: "Afinal, o que é que a Censura poderia esperar? Um humorista que escrevesse a favor e não contra o governo?" (1987: 114).

A peça

A temporada carioca de *Liberdade, liberdade* foi marcada por incidentes como o relatado por Ferreira Gullar, um dos membros do Grupo Opinião, a José Rubens Siqueira, biógrafo de Flávio Rangel. Gullar depôs: "De repente, um cara se levanta e interpela o Paulo Autran, faz uma provocação. Eles supunham que o público seria contra o espetáculo porque era comunista. Mas foi o contrário. O Paulo Autran se comportou com uma dignidade exemplar e o público aplaudiu e abafou a tentativa". Ao mesmo tempo, Denoy de Oliveira, outro integrante do grupo, percebia alguém suspeito a entrar no banheiro do teatro e "chamou o policial", que "prendeu esse cara". O sujeito trazia "um cano de ferro dentro da camisa", contou Gullar.

O espetáculo prosseguiu e, ao terminar, "a polícia foi em cima dos suspeitos e desarmou alguns", enquanto a imprensa fotografava o episódio. O objetivo dos agitadores era naturalmente o de intimidar o público, induzindo-o a não voltar à sala, além de "obrigar a autoridade a fechar aquele teatro por significar perigo à segurança pública" (Gullar, em: Siqueira, 1995: 160-161).

Mas as reações contrárias a *Liberdade, liberdade* não vieram apenas da direita. Esta, aliás, não tinha razão em alegar, como fez um espectador-agitador, que os autores "se esqueceram de falar no muro de Berlim, no massacre da revolução húngara, nos crimes do mundo comunista. Esta é uma peça facciosa para enganar a opinião pública" (em: Cabral, 2001: 97). A acusação era falsa, segundo o que se evidencia no próprio texto e no fato de que a esquerda ortodoxa também se sentiu incomodada com a crítica às tiranias. José Rubens Siqueira registra:

> Um membro notório do Partido Comunista protestou, na plateia, contra a inclusão no espetáculo do atentado à liberdade sofrido pelo poeta Joseph Brodsky na União Soviética, provocando até uma reunião do comitê cultural do "partidão" para resolver a questão. Flávio e todos os envolvidos recusaram terminantemente essa "censura da esquerda" e o episódio se celebrizaria ao ser narrado por Nelson Rodrigues, numa de suas colunas "reacionárias", mas com finalidades muito louváveis (1995: 161).

O espetáculo, conforme a edição de seu texto em livro, se inicia sob a moldura dada pelo *Hino da Proclamação da República* — em tom que poderia ser solene ou irônico, mas não se nota ironia nas falas imediatamente seguintes. As réplicas a cargo de Paulo Autran, pelo contrário, sublinham a sobriedade dos ideais enunciados em texto de Jouvet e Barrault ("Sou apenas um homem de teatro. (...) Quem é capaz de dedicar toda a vida à humanidade e à paixão existentes nestes metros de tablado, esse é um homem de teatro") e no poema *Da profissão do poeta*, de Geir Campos.

Os primeiros versos de Campos nessa passagem dizem: "Operário do canto, me apresento/ sem marca ou cicatriz, limpas as mãos,/ minha alma limpa, a face descoberta,/ aberto o peito, e — expresso documento -/ a palavra conforme o pensamento". Os autores se reconhecem nessa profissão de fé, assinalando o direito e o dever de se manifestarem, com a crença nos poderes da arte para tanto.

Os momentos iniciais exibem ainda a *Marcha da quarta-feira de cinzas*, de Carlos Lyra e Vinicius, já ouvida no show *Opinião* ("Porque são tantas coisas azuis/ Há tão grandes promessas de luz/ Tanto amor para amar que a gente nem sabe..."). A seguir, reúnem-se frases contraditórias: algumas celebram a liberdade, outras a agridem.

A ideia brechtiana de que cenas de tribunal levam o espectador a tomar partido, tornando-se juiz da causa apresentada, parece inspirar a passagem do julgamento de Sócrates, acusado de corromper a juventude ateniense, episódio originalmente relatado por Platão; aliás, há outras cenas dessa espécie no espetáculo, como a de Brodsky e a do soldado norte-americano Slovik. Neste momento, figura-se o sábio grego a pontificar diante da assembleia: "Serei condenado não por corruptor mas pela inveja e perfídia dos ambiciosos, que têm provocado a morte de tantos varões íntegros e pelos séculos afora provocarão a morte de muitos mais" (1977: 31).

Depois, reiterando o jogo de contrastes como um dos processos que estruturam o texto, Vianinha é encarregado de proclamar, dirigindo-se à plateia de modo "bem sério, mas neutro, autoritário", em tom incisivo que logo se revelará humorístico: "E aqui, antes de continuar este espetáculo, é necessário que façamos uma advertência a todos e a cada um". Vianna pede que "cada um tome uma posição definida", sem o que "não é possível continuarmos". Que se afirme posição, "seja para a esquerda, seja para a direita", porque, do contrário, "as cadeiras do teatro rangem muito e ninguém ouve nada" (1977: 31-32).

A superposição de códigos distintos e a degradação do moral em material, ou do que é vivo e nobre no que é mecânico e prosaico, são processos básicos da comicidade (que envolvem ainda a técnica acessória da surpresa), segundo o que se lê no clássico *O riso*, de Henri Bergson (1987). Tais procedimentos acham-se diligentemente utilizados no espetáculo, como se nota nessa e noutras passagens.

Às palavras do inventor da guilhotina, por exemplo, se contrapõe o samba *Positivismo*, de Noel Rosa e Orestes Barbosa, que citam com humor o famoso médico revolucionário. O doutor Guillotin afirmara, durante a Revolução Francesa: "Com o aparelho que modestamente apresento a esta Assembleia, humanizamos o processo da morte. (...) A pena de morte será igual para todos; democrática". Sentença profética, de acordo com Noel e Orestes: "A verdade, meu amor, mora num poço.../ É Pilatos lá na Bíblia quem nos diz;/ E também faleceu por ter pescoço/ O infeliz autor da guilhotina de Paris" (1977: 45-46).

Para recorrer a outro teórico do riso, Sigmund Freud, pode-se lembrar a noção de *topicality*, isto é, a qualidade do que é atual como fonte para o cômico, segundo ensina em *Os chistes e sua relação com o inconsciente* (Freud, 1977). Primeiro, a imagem de cabeças cortadas durante a Revolução Francesa perde algo de sua dignidade trágica, tornando-se risível, quando se ouve que o inventor da máquina de matar "também faleceu por ter pescoço". E se faz outra vez engraçada, agora em razão da oportunidade, quando Paulo Autran pondera, aludindo simultaneamente à atitude autoritária e ao pescoço curto do presidente Castelo Branco: "Enfim, em épocas difíceis é assim mesmo; só não corre perigo quem não tem pescoço" (1977: 46).

Naturalmente, o jogo de contrastes se faz em dupla direção, não apenas do sério para o cômico, mas também deste para o tom sóbrio. Assim, logo após as piadas em torno da guilhotina, cabe a Tereza Rachel dizer: "A Revolução Francesa mostrou como a arrogância do idealismo se transforma facilmente em ação bárbara; dezessete mil pessoas foram decapitadas no regime de terror" (1977: 47). "Mas", é Vianna quem fala, "a Revolução Francesa foi um grande avanço na História; deixou a primeira Declaração dos Direitos do Homem, com itens fundamentais da nossa vida civil de hoje", palavras a que se segue a enumeração dessas liberdades, entre as quais se acham a abolição da escravatura e o direito de voto.

Enumerações similares se alternam, ao longo da peça, com passagens dramáticas e com textos dissertativos, como aquele em que Millôr Fernandes afirma que a liberdade é algo mais concreto do que em geral supomos: "A liberdade foi doada aos americanos pelos franceses em 1866", e os beneficiários do presente o instalaram na ilha de Bedloe, na entrada do porto de Nova York. Segundo a lógica humorística de Millôr, apoiada no jogo com a noção abstrata e o nome da estátua que a simboliza, a verdade é que "até agora a liberdade não penetrou no território americano" (1977: 53).

A primeira parte do espetáculo encerra-se com as estrofes derradeiras de *Navio negreiro*, o emblemático poema de Castro Alves, e com retorno a trecho do *Hino da Proclamação da República* que abrira a peça. A segunda seção, mantidas as características afirmadas na primeira, é a que traz o episódio de julgamento do poeta Joseph Brodsky. O jovem Brodsky pretende dedicar-se principalmente à atividade literária e sofre a intolerância do regime soviético, que o condena a trabalhos forçados por desobedecer aos modelos de comportamento. O soldado norte-americano Eddie Slovik tem destino pior: desertor na Segunda Guerra Mundial, é fuzilado aos 24 anos de idade.

Versos do *Romanceiro da Inconfidência*, épico de Cecília Meireles; cena da peça *Terror e miséria do III Reich*, de Brecht, com os sentimentos persecutórios dos pais a quem o filho pode delatar como infiéis ao nazismo; a delicada história da menina Anne Frank e artigos da Declaração Universal dos Direitos do Homem integram a seção final de *Liberdade, liberdade*. Em seus momentos conclusivos, autores e elenco reiteram a fé na vitória derradeira dos valores democráticos, afirmando que esses ideais tendem a vencer, ainda que sofram derrotas provisórias.

A dramaturgia musical 211

A longa lista das fontes recenseadas na coletânea, seguida de frases curtas, encerra o espetáculo. A última dessas frases resume-se a uma palavra, tomada de empréstimo ao personagem grego Prometeu: "Resisto!".

Como se percebe, ainda não era o tempo das mensagens cifradas. Não havia a necessidade de metáforas ou códigos excessivamente tortuosos, apesar do que disse o crítico Décio de Almeida Prado, que viu recôndito nas entrelinhas o sentido essencial do espetáculo: não se canta a liberdade salvo quando se está ameaçado de perdê-la.

Os textos diretamente inspirados em fontes populares

Razões do *Bicho*

A peça *Se correr o bicho pega, se ficar o bicho come*, de Oduvaldo Vianna Filho e Ferreira Gullar, foi escrita a partir de argumento elaborado por todos os membros do Grupo Opinião, em processo que, não por acaso, faz recordar os do Centro Popular de Cultura. Além dos dois autores, integravam o conjunto Armando Costa, Denoy de Oliveira, Paulo Pontes, Pichin Plá, Thereza Aragão e João das Neves, todos ligados ao PCB e ex-integrantes do CPC. João das Neves participou da redação do primeiro dos três atos da peça, segundo lembrou em depoimento a Helena Rocha e Maria Helena Kühner (2001: 92-93).

O espetáculo, com elenco de 21 atores, sem contar os intérpretes de pequenos papéis e os figurantes (que também compunham o Coro), tinha como protagonistas Vianinha e Agildo Ribeiro, representando os malandros Roque e Brás das Flores. As músicas foram compostas por Geni Marcondes e Denoy de Oliveira. Dirigida por Gianni Ratto, a montagem estreou a 9 de abril de 1966, no Teatro Opinião.

Texto e espetáculo significavam, comparados às duas experiências anteriores do grupo, o adensamento de pesquisas e processos. Substituía-se a colagem de textos e canções pela prática dramatúrgica propriamente dita, ao mesmo tempo que se mantinha a atitude de buscar os motivos literários e musicais em fontes populares, mesclando-as a referências eruditas, entre as quais o teatro de Brecht.

Enquadramos a peça sob a rubrica dos textos apoiados naquelas fontes porque se trata, neste caso, de se terem utilizado formas que responderam pela estrutura global do texto. Mobilizam-se a farsa, gênero eminentemente popular, capaz de desrespeitar os limites do verossímil, e a literatura de cordel, que empresta sua fantasia e seus metros, sobretudo o heptassílabo, à composição dos versos.

O texto saiu em livro naquele mesmo ano. O prefácio que consta da edição, assinado pelo grupo, constitui um dos breves mas incisivos manifestos estético-políticos mediante os quais, nos anos 1960 e 1970, dramaturgos e diretores refletiram sobre os próprios feitos e projetos. Merece ser comentado.

*

O prefácio a *Se correr o bicho pega*, farsa de ambientação nordestina, tem o título de "O teatro: que bicho deve dar?". Divide-se em três seções, com os subtítulos "As razões políticas", "As razões artísticas" e "As razões ideológicas".

É interessante ressaltar a data de estreia do *Bicho*, abril de 1966, ano em que a peça foi publicada pela Civilização Brasileira, na coleção Teatro Hoje, coordenada por Dias Gomes. A recorrência de nomes, note-se, indica a existência de uma espécie de confraria: alguns autores, diretores, compositores e atores revezam-se na produção de vários espetáculos na fase que vai de 1964, quando estreia o show *Opinião*, a 1979, quando se encena *O rei de Ramos*.

Em 1966, ainda se podia criticar o regime militar instaurado dois anos antes. Vianna e Gullar condenavam "a concepção moralista da política" que dominava os donos do poder naquele momento. E alimentavam a esperança de que o regime não se pudesse sustentar por muito tempo. Diziam eles:

> O *Bicho* praticamente nasceu para ser contrário a esta visão. Nasceu antiascético, aparentemente amoral. Em *Bicho*, os mais diversos setores da população são nivelados, igualados do ponto de vista moral. Seus princípios morais só serão cumpridos na medida em que conquistem e afirmem a supremacia de seus princípios políticos. Como nenhum dos setores da população tem força suficiente para impor sua programação política, as transigências morais fazem parte mesmo da existência política (1966).

Os autores infelizmente estavam errados: o regime sobreviveu para muito além daquela circunstância, como se sabe. E se tornaria rancoroso e truculento, também com intelectuais e artistas, em 1968. Ainda nas "Razões políticas", seja como for, eles defendem "uma ordem social aberta à própria modificação" e afirmam que "o *Bicho* é um voto de confiança no povo brasileiro", justamente nessa hora em que o povo perde seu direito de voto.

As "Razões artísticas" alinhadas por Vianna e Gullar, no entanto, ultrapassam aquelas circunstâncias. Eles declaram: "A fonte é a literatura popular: a quantidade de acontecimentos sobrepujando a análise psicológica, a imaginação e a fantasia sobrepujando a verossimilhança".

Esse programa aplica-se à história de Roque (ou dela se deduz), personagem que passa de apaniguado do coronel Honorato a perseguido pelo mesmo coronel, por haver seduzido Mocinha, a filha de Honorato. Roque, em fuga, viverá uma série de aventuras: cai nas graças de Zulmirinha, mulher de Nei Requião, outro mandatário local, empregando-se nas terras deste; lidera um pouco por acaso, à base de bom coração, uma revolta popular, com saque do armazém onde se guardam mantimentos; é preso e, uma vez trancafiado, torna-se mártir e pretexto da campanha de Jesus Glicério, candidato ao governo estadual que se opõe tanto a Honorato quanto a Requião. Os dois latifundiários, inimigos entre si, devem aliar-se diante da ameaça que surge, representada por Glicério — a quem o instintivo Roque pretende apoiar.

O enredo comporta, assim, várias reviravoltas e apresenta, com os instrumentos da farsa talhada em verso e música, o gráfico das forças políticas no Nordeste, passível de ser ampliado para delinear o país. No final, o herói morre, mas, como estamos numa comédia, em seguida ressuscita:

> Não, não me mataram, não.
> É certo, todos os tiros
> foram em lugar mortal.
> (*Ao público.*)
> Mas o mocinho morrer
> no fim pega muito mal (1966: 176).

As cenas de luta física, para citar exemplo dos procedimentos em pauta, são realizadas com a passagem direta, sem aviso, da fala ao canto. Não há necessidade de motivações do tipo realista; verso, música e o próprio clima de farsa autorizam toda espécie de extravagâncias. Em cena situada ao final do primeiro ato, Roque vê-se perseguido por um matador de aluguel contratado por Honorato. O protagonista é encurralado e obrigado a brigar. Essa briga se dá com música, o herói e o Matador amaldiçoam um ao outro cantando — para que depois, com a vitória de Roque, se descubram filho e pai.

A atmosfera é, portanto, de fantasia, é gaiata. No prefácio, encontramos o comentário a esse tipo de procedimento: "A literatura popular e a grande literatura sempre tiveram um ponto fundamental em comum: a intuição da arte dramática como uma manifestação de encantamento, de invenção".

O conceito de encantamento é central aqui. Segundo Vianna e Gullar, o encantamento é justamente "o que Brecht repõe na literatura dramática". Eles sabem que uma afirmação desse tipo "parece absurda". E explicam:

> Mas quando falamos em encantamento, não estamos querendo dizer envolvimento passional (...). Com encantamento queremos dizer uma ação mais funda da sensibilidade do espectador que tem diante da si uma criação, uma invenção que entra em choque com os dados sensíveis que ele tem da realidade, mas que, ao mesmo tempo, lhe exprime intensamente essa realidade (1966).

O público está diante de um espetáculo que pretende abrir seu "apetite para o humano", recorrendo ao verso de sete sílabas e a ritmos nordestinos.

Os autores cumprem o que prometem: a ação comicamente vertiginosa do *Bicho* imita e faz a sátira da volubilidade com que se muda de partido, a sátira do comportamento interesseiro e da facilidade com que se cometem crimes durante uma eleição no Brasil. A música (segundo o que os versos sugerem) deve mimetizar e apresentar, no plano puramente sensorial, o esquema relativo a esse caos que, por paradoxo, constitui a ordem vigente. A peça faz eco, talvez sem o pretender, a duas outras comédias: *Como se fazia um deputado*, de França Júnior, de 1882, e *O senhor Puntila e seu criado Matti*, de Bertolt Brecht, de 1940, na qual a música tem a tarefa de comentar e criticar a ação.

O prefácio é atual. A realidade brasileira caracteriza-se, dizem os autores, pela "celeridade das transformações no plano da consciência e a lentidão das transformações no plano institucional". Entre essas mudanças, eles certamente incluiriam a reforma agrária, ainda hoje por se realizar. Para fechar estas considerações, lembremos que, nas "Razões ideológicas", aparece nova profissão de fé: "O bicho é o impasse. Impasse em que nos metemos não devido à nossa irresponsabilidade e corruptibilidade. Ao contrário — o homem é capaz de viver esse impasse porque é altamente responsável e incorruptível", acreditavam autores e grupo. Referência aos chamados erros da esquerda ("impasse em que nos metemos") na fase pré-1964?

A dramaturgia musical 215

A peça

Ao falar sobre *Liberdade, liberdade*, optamos por comentar certos fatos (como as dificuldades que cercaram a estreia paulistana do espetáculo e a reação solidária dos críticos) antes de nos deter no próprio texto; o que se deu em razão das condições especiais armadas em torno do projeto, sobretudo as pressões da censura em São Paulo e noutros estados. Agora, tratando de *Se correr o bicho pega*, parece não haver necessidade de inverter a ordem dos fatores. Falaremos da recepção à montagem depois de abordar o texto, eventualmente relacionando um assunto a outro desde já.

No título da peça e no prefácio, os autores reportam-se ao impasse político, o estado de coisas que não recomenda a inação, ao mesmo tempo que torna difícil saber como agir. O beco aparentemente sem saída ganha a forma alegórica do Bicho, figura que comparece à cena de abertura, ao lado de todas as demais personagens. Interpreta-se coletivamente uma canção alusiva ao impasse:

> TODOS (*Cantam.*)
> Se corres, bicho te pega, amô.
> Se ficas, ele te come.
> Ai, que bicho será esse, amô?
> Que tem braço e pé de homem?
> Com a mão direita ele rouba, amô,
> e com a esquerda ele entrega;
> janeiro te dá trabalho, amô,
> dezembro te desemprega;
> de dia ele grita "avante", amô,
> de noite ele diz: "não vá"!
> Será esse bicho um homem, amô,
> ou muitos homens será? (Vianna Filho e Gullar, 1966: 3).

A história começa com Brás das Flores, empregado do coronel Honorato, a maldizer, solitário e meio bêbado, a terra árida: "Olhe aí seu algodão!/ Isso é coisa que se faça?/ Isso é tamanho de grão?". A seguir, entra Roque, encarregado de expulsar o amigo Brás da propriedade do Coronel: Flores vendera algodão por conta própria, às escondidas, e fora denunciado por outro camponês. O tratamento dado a Brás das Flores já estabelece o caráter autoritário das relações sociais na região.

As cenas iniciais enlaçam e preparam motivos com habilidade, o que indicia cuidado dramatúrgico. Na discussão entre Brás e Roque, este ordenando que o outro saia, o expulso recusando-se a ir embora, Brás das Flores refere-se ao problema da solidariedade entre homens de mesma classe social e faz, também, menção ao interesse de Roque por Mocinha, a filha de Honorato, interesse que constituirá um dos eixos do enredo. Brás reclama em diálogo com Roque:

> BRÁS DAS FLORES
> Fala feito Coronel,
> devia estar do meu lado.
> Me expulsa pro seu patrão
> ficar bem impressionado,
> pra ver se lhe apanha a filha
> que essa é a tua esperança.
> É, você é feito eu:
> só que eu lhe roubo algodão
> e você, a confiança (1966: 11-12).

Mas o clima é de comédia; a essa reflexão, que tende ao tom sério, segue-se luta coreográfica entre os dois. Roque rebate as ponderações de Brás das Flores com o simples argumento da força: "Sucede que eu sou quem expulsa/ e você é o expulsado". A rubrica então informa: "Os dois cantam e brigam".

Logo adiante, Brás das Flores tenta explicar ao Coronel a venda de algodão sem a sua licença. Honorato não quer conversa, mas, quando Brás afinal vai embora, o chefe admite a Roque: "Expulsar homem como esse/ me deixa muito abalado". Acredita ser obrigado a fazê-lo, por dever de autoridade: "Mas se não mando ele embora/ não dou exemplo aos demais/ e é um caso igual cada hora". Há, no entanto, outro motivo a determinar o seu remorso: "Sabe? Eu corneei/ o pobre das Flores..." (1966: 17).

Roque sai, e o Coronel pensa em voz alta, enumerando vitórias de latifundiário que monopoliza terras e que ficou "só nesta aba do sertão...". Ouvimos aqui, pela primeira vez, os nomes do senador Mendes Furtado, aliado de Honorato, e de outro grande proprietário, Nei Requião, seu rival.

A cadeia de fatores que perpetua os problemas sociais exibe-se de maneira sintética: a atitude de Brás das Flores, ainda segundo o solilóquio do Coronel, explica-se pela pobreza e pelas condições do clima que faz a terra infértil. A seca, por sua vez, é perpetuada também pela falta de investimentos, decorrente de questões políticas: lembrando-se de Requião, que domina o

A dramaturgia musical   217

governo estadual, o Coronel queixa-se de que "as verbas todas ele põe na cana/ e nas bandas de cá nenhum tostão". A essa altura, já se encontram sugeridas algumas das linhas e figuras mais importantes da história (1966: 21).

    Outro tema relevante no enredo é o das eleições, aspecto sócio-político para o qual a peça dirige as melhores energias satíricas. Quem introduz o mote é Furtado, filho do senador Mendes Furtado, vizinho de Honorato naquela área. O herdeiro vem pedir ao Coronel que se una a ele e a seu pai de maneira a, juntos, baterem Requião na disputa pelo governo do estado.

    Esta é uma das passagens especialmente felizes da peça: enquanto Furtado e Honorato conversam sobre política, Mocinha e Roque (em diálogo que começara antes da chegada de Furtado), em contraponto, falam sobre o sexo entre os animais. O "belíssimo 'bestiário'", como o chamou Décio de Almeida Prado, alterna-se com assuntos mais prosaicos. Por exemplo:

> MOCINHA
> Me fala do beija-flor...
>
> ROQUE
> No jardim se faz luar...
>
> FURTADO
> O papai, ainda ontem à noite[,]
> mais uma vez foi jantar
> angu com o Presidente.
> Foi um jantar federal,
> com quiabo e coisa e tal.
>
> MOCINHA
> E o leão, como é que faz?
>
> ROQUE
> Pela floresta ele ama...
>
> MOCINHA
> Que lindo, no matagal! (1966: 30-31).

    Para falar da peça de modo amplo, e dos textos em verso em geral, observe-se que o lirismo, apoiado nos recursos da poesia (ritmo, rimas, imagens), torna psicologicamente mais denso, com seus alumbramentos, o perfil das personagens, produzindo efeitos que o recorte de farsa das criaturas e da história não pode, nem pretende, produzir.

    As falas em verso atenuam ou dispensam o compromisso com a verossimilhança (no que são congeniais à farsa), mas iluminam as figuras de uma forma que a prosa só excepcionalmente é capaz de prover.[37] Assim, o caráter fluido e superficial das personagens, o humor das situações e, noutro plano, o colorido emocional dos versos, que humaniza os perfis, podem caminhar lado a lado, como efetivamente o fazem em *Se correr o bicho pega*. Décio de Almeida Prado o percebe ao sublinhar "os esplêndidos achados de linguagem, propiciados pelo verso, que são a nota mais constante do texto" (1987: 144).

A confidência de Roque ao burro Cirino, dada a convenção pueril pela qual os animais ganham qualidades humanas, responde por uma dessas passagens líricas, que potencializam sentimentos para além da simples farsa. Roque diz, comovido, ao amigo Cirino: "Ouve, burro, amei Mocinha,/ nos unimos feito um nó,/ meu corpo emendou no dela,/ nossas almas, numa só" (1966: 45). Mas o burro mostra-se "novidadeiro e fofoqueiro como qualquer comadre do Interior" (diria Almeida Prado), divulgando a notícia que Roque lhe segredara.

A história chega aos ouvidos de Honorato, e temos aqui a primeira reviravolta do enredo: Roque, afilhado do Coronel, passa de protegido a perseguido por ele. A peripécia também move os fios da história na direção da cidade, para onde vão Honorato, mulher e filha com vistas a cuidar dos assuntos da eleição, e onde transcorrerá parte do segundo ato.

Ainda na primeira seção, vale destacar o equívoco, recurso tradicional nas comédias, pelo qual Furtado vem falar ao Coronel e este imagina que o jovem quer desfazer o acordo de casamento com Mocinha. Honorato estaria disposto a entender as razões do futuro genro, quando, numa reversão humorística, o rapaz se explica em versos de cinco sílabas, outro metro familiar a ouvidos nacionais:

> FURTADO
> Aquele empregado
> que há por aqui
> anda abusado
> fazendo alarma
> que ontem passou
> Mocinha nas armas!
> É uma aleivosia,
> calúnia assacada
> que não tem valia!

---

37 Falamos sobre o assunto no artigo "A palavra no palco — por que usar o verso em cena", publicado na revista *Folhetim*, número 16 (janeiro-abril, 2003), e republicado em *Últimos — comédia musical em dois atos* (Marques, 2008).

O Coronel se espanta: "É uma calúnia?". Furtado garante: "Calúnia!". O Coronel o acompanha, num daqueles gestos automáticos que, segundo Henri Bergson, estão na origem do riso: "Infame!". As rimas reforçam a comicidade. Furtado pede: "Clame aos céus, clame!". E Honorato obedece: "Calúnia! Vexame!".

Aqui, à maneira de Brecht ou simplesmente à maneira da tradição cômica, derruba-se por um momento a chamada quarta parede, convenção destinada a separar o palco da plateia, criticando-se a hipocrisia da personagem:

> FURTADO
> (*Ao público.*)
> É, não ter dinheiro
> não é nada bom.
> Tenho de engolir
> este sapo inteiro.
> (*Volta ao Coronel.*)
> Calúnia infame! (1966: 53-54).

Cinematograficamente, e de modo coerente com os propósitos de encantamento mencionados no prefácio, a luz se apaga e, quando se acende outra vez, já estamos numa feira. A rubrica descreve: "Uns retirantes amontoados. Dois cegos pedindo esmola. Passam dois retirantes. Mulheres atrás com matolão. Vão se sentando". Um dos retirantes relata:

> RETIRANTE 1
> Diz que a seca já chegou
> até lá em Livramento,
> tem gente naquelas bandas
> que anda comendo vento.
> De lá só vim com a mulher
> e o meu triste pensamento (1966: 56).

Entre os flagelados, que se encontram naquela cidade à espera de obter "farinha do governo", estão dois cegos que, saberemos a seguir, jamais sofreram dos olhos: são Roque e Brás, ambos tocados das terras de Honorato e que chegam juntos à cidadezinha por acaso, sem reconhecer um ao outro. Ali, àquela hora, também se acha o Prefeito, anunciando a chegada à cidade de José Porfírio, "que cuida da propriedade/ dum homem que admiro:/ o doutor Nei Requião".

A história, a essa altura, dá a ver problema crucial naquela área e naquela época, que se prolonga até os dias atuais: a manipulação econômica e política de gente miserável, linha da história que se vai estender pelos dois próximos atos. Os motivos cômicos, simultâneos, não cessam: Roque e Brás, necessitados de dinheiro e pouco dotados de valores morais, empenham-se ambos no furto da carteira que Porfírio, enquanto fala ao povo, deixa cair desavisadamente.

Já citamos o último episódio do primeiro ato, no qual Roque e o Matador designado para capturá-lo enfrentam-se dançando ao som de uma canção, de modo a fazer coincidirem os golpes com as tônicas poético-musicais. "Rolou tiro, rolou tiro,/ rolou tiro pra valer", comenta o Coro durante a cena.

Roque chega a apelar à boa vontade do pistoleiro: "Mas... o senhor tem revólver/ e eu estou desarmado...". O homem não se comove, repetindo-se aqui, dois tons acima, a situação vista no começo do ato, quando Roque expulsa Brás sem complacência das terras do Coronel. O Matador agora sentencia: "É que eu sou o matador,/ você, quem vai ser matado". Os autores sublinham o paralelismo dos episódios e a cumplicidade com o público, fazendo o herói ponderar, falando diretamente aos espectadores: "A razão está com ele./ Já usei desse ditado" (1966: 67-68).

Roque, porém, acaba por levar a melhor, e mata o Matador. Fazendo-se a paródia das convenções de melodrama, os dois homens descobrem as respectivas identidades no instante agônico: o assassino de aluguel é Quinca Bonfim, pai do herói. A mistura de estilos — uma das marcas do texto, ainda que sob a chave geral da farsa — reafirma-se aqui.

*

Em comentário do espetáculo, Décio de Almeida Prado considerou o primeiro ato de *Se correr o bicho pega* "magistral, cômico e poético, ousado e terra a terra", mas para ele "os atos seguintes, sem perder a graça, não mantêm o mesmo ímpeto". De acordo com o crítico, o segundo "é um Feydeau caboclo: senhores em trajes menores trocando de quarto à noite num hotel de passagem". O terceiro, "trazendo ainda mais a ação para o âmbito citadino, cai na sátira política, tornando a contar a história do herói ingênuo, inconsciente de sua força" (1987: 144).

De fato, o segundo ato da peça esbanja energias cômicas, desperdiçando-as um pouco e correndo o risco de limitá-las, em sua primeira metade, ao corre-corre sexual no hotel em que Honorato e Requião se hospedam com os respectivos séquitos, e onde se acham também Roque e Brás (reconciliados, os dois agora trabalham para Requião). Mas as confusões de *vaudeville*, com a dança em torno das portas e a caça às mulheres (Vespertina, a dona da hospedaria, Mocinha e Zulmirinha, que por sua vez caçam os homens), a nosso ver sugerem de maneira humorística a promiscuidade *política* no interior das elites.

Todos, chefes, parentes e agregados, se equivalem, nivelam-se do ponto de vista moral. As leis que regem esse mundo, denunciadas à base de galhofa, nos reportam ao hedonismo, ao quero me dar bem imediatista e, por caminhos afins, à venalidade e à irresponsabilidade ideológica. Roque e Brás são heróis sem caráter, no sentido de não possuírem estofo ético e mesmo no de não revelarem consistência psicológica: assumem o comportamento exigido pelas circunstâncias. Assim, passam de um lado político para outro sem que nada à volta deles se altere ou se deva alterar essencialmente.[38]

Esse já não é o caso, porém, no episódio que envolve os corumbas, visto nas cenas finais do segundo ato. Os corumbas são trabalhadores utilizados pelos donos de terras em troca de "janta e cachaça"; integram os estoques humanos ou exércitos de reserva no mercado regional, e tendem a confrontar--se com os camponeses que se acham regularmente engajados nas fazendas.

Suspendendo a comicidade por alguns instantes, a peça assinala o processo pelo qual corumbas chegam periodicamente àquela área, tendo a sua força de trabalho usada a preços irrisórios, por isso mesmo sobressaltando outros camponeses, temerosos de que os intrusos lhes tomem o emprego.

Um destes lavradores dispostos a recorrer à violência para manter o lugar, Rodrigo, explica a situação a Roque, depois de haver ajudado a surrá-lo imaginando-o aliado dos corumbas. O herói quer saber por que apanhou, e Rodrigo responde:

---

38 Em *Oduvaldo Vianna Filho*, Maria Silvia Betti fornece indicações claras nesse sentido: "Roque, o protagonista, é, em essência, um pícaro: um herói sem caráter consistente, que, precisamente por isso, acaba defrontando-se com situações altamente representativas do impasse". Valores analógicos estão implicados aqui: "A analogia implícita entre a situação do protagonista e a de certos setores da população — notadamente aqueles alinhados com as classes médias, entre as quais se encontravam os próprios ex-cepecistas — evidencia, ainda, alguns outros aspectos: em primeiro lugar, a *conivência* do 'herói' com os mecanismos do poder, que fora, aliás, durante um bom tempo, a fonte de seus privilégios; em segundo, a absoluta *ausência de qualquer perspectiva crítica diante do presente*, resultado de seu natural hedonismo e acomodação; e, finalmente, a *forma puramente circunstancial* pela qual ele é levado à posição de liderança, guiado pura e simplesmente pelo fluxo natural dos acontecimentos" (Betti, 1997: 174, 176).

RODRIGO
Porque sem dúvida foram
porradas equivocadas.
Toda vez que a seca é forte,
do alto do sertão vem pra cá
gente que perdeu a sorte.
Vem para a zona da cana
trabalhar só por comida
sem nem receber dinheiro
pra continuar com vida.
E ocupam nosso lugar (1966: 111).

O drama dos corumbas e dos camponeses contra os quais são compelidos a competir dá margem a que os autores cifrem, na atitude de Roque, algo da esperança política ainda plausível em 1966. Aqui se pode lembrar a profissão de fé que consta do prefácio, segundo a qual "o homem é capaz de viver esse impasse porque é altamente responsável e incorruptível. E, felizmente, também é capaz de, em determinado momento, sofrendo o insuportável, superar o impasse".

É de se notar que, na peça, os dramaturgos marcam tais sinais de esperança política de maneira distanciada, sem credulidade excessiva, pois o herói (ou anti-herói) está longe de ser exemplar em qualquer sentido. Exceto por ter, digamos, o coração do lado certo: conduzido pelas circunstâncias a testemunhar a situação de fome dos trabalhadores, torna-se autor da sugestão de que eles invadam o barraco de mantimentos nas terras de Requião.

O segundo ato de *Se correr o bicho pega* parece menos coeso que o primeiro, o que se comunica um pouco à fatura dos versos, menos inteiriça em algumas passagens desse ato; quando a ação se dispersa demais, as falas que a ela correspondem tendem a fragmentar-se também. Mas, ainda assim, nele se costuram os fios da história de maneira convincente: policiais prendem o subversivo Roque, e as palavras derradeiras cabem a Requião: "Com a prisão desse ingrato/ termina o segundo ato!" (1966: 122). Roque, detido, passará a ser visto como mártir, convertendo-se por algum tempo no "bicho" das elites políticas, segundo o que se vai ver a seguir.

*

O último ato explora ainda mais a figura que Décio de Almeida Prado denominou "herói ingênuo, inconsciente de sua força", assinalando, em tom de reparo, certo lugar-comum ficcional em que a peça teria incidido. O ensaísta Luiz Carlos Maciel também irá criticar esse aspecto do texto, estendendo a restrição ao âmbito político. No artigo "O bicho que o bicho deu", publicado na *Revista Civilização Brasileira*, Maciel sustentou ter havido "um tratamento romântico da malandragem", no que peça e espetáculo exerceriam "tarefa limitada", ainda que "importante":

> a de gratificar emocionalmente uma pequena burguesia democrática machucada pela decepção e o sentimento de impotência. Os espetáculos *Opinião* e *Liberdade, liberdade* não pretendiam mais do que executar esse programa e eram bem-sucedidos, embora sejam textos condenados à morte, na história de nossa literatura dramática. O *Bicho*, tentativa de uma dramaturgia original e permanente, é mais ambicioso e deve ser julgado de acordo (Maciel, 1966: 295).

Severo em seu juízo da peça, ele afirmou que "a alegria indiscriminada de *Bicho*, com seus burrinhos falantes, suas noites de verão, etc. contribui, juntamente com a concepção romântica e anacrônica de seu herói, para roubar o rigor de seu conteúdo e enfraquecer sua estrutura dramática" (1966: 295-296).

Não é simples, e pode induzir a equívoco, dialogar à distância com o que se escreveu na hora mesma em que *Se correr o bicho pega* ia à cena pela primeira vez. Mas discordamos de Maciel; parece-nos que, ao usarem a figura do anti-herói desastrado que se transforma em herói, porque provido não apenas de defeitos mas também de qualidades, entre as quais a intuição política certeira, os autores não tinham intenções miméticas; é pouco provável que os espectadores venham a se identificar (se nos permitem o pleonasmo) empaticamente com Roque (embora se trate de criatura simpática, o que é outra coisa), projetando-se na personagem e nela enxergando virtudes que se possam equiparar às de figuras reais.

A função de Roque, pelos movimentos que realiza e deflagra, consiste bem mais em propiciar que compreendamos o ambiente a que ele pertence, resumo cômico do Brasil de 1966, nas suas práticas ancestrais antidemocráticas, corruptas e, por excessivas, facilmente conversíveis em objeto de sátira. O caráter quase sempre negativo ou eventualmente positivo de Roque e Brás das Flores — este, com a prisão de Roque, torna-se escritor de sucesso, narrando as desventuras do amigo em livrinho de cordel — não importa em si mesmo (reitere-se, não se trata de reproduzir seres humanos reais), mas cumpre, na estrutura do enredo, o papel de nos dar a ver criticamente o mundo habitado, ou referido, pelas personagens.

Neste último ato, as simetrias cômicas são usadas exaustivamente, não apenas com o intuito de fazer rir, mas também com o de marcar a semelhança entre os rivais Honorato e Requião, similares nos objetivos e nos métodos (ainda que Requião seja mais *refinado* que Honorato). Nem por isso a peça deixa de enovelar a sua história (até demais, no que corre o risco da prolixidade, segundo Prado e Michalski): o agora famoso Roque, liberto, granjeia votos para Jesus Glicério, candidato cujas promessas parecem ir ao encontro dos anseios populares; mas o herói é instado por Honorato a abandonar a campanha de Glicério; ao mesmo tempo, sofre pressões de Requião no sentido de manter o apoio a Glicério... Com essa manobra, Requião pretende esvaziar a candidatura patrocinada por Honorato, obrigando o Coronel a buscar aliança para impedir a vitória de Jesus Glicério (note-se o nome, a sugerir que se trata de mais um salvador dos pobres).

A peça se vale habilmente de tais movimentos de enredo — que, estes sim, buscam mimetizar, embora parodicamente, a realidade política —, fazendo com que deles resultem cenas de bom rendimento cômico. Roque é espancado por jagunços contratados pelo Coronel e, depois, apanha dos mesmos jagunços, dessa vez a mando de Requião. As simetrias e repetições lançam mão, de maneira eficaz, do arsenal de recursos tradicionais da farsa.

O texto apresenta três desfechos alternativos: o "final feliz", de índole conservadora, pelo qual Roque e Mocinha se casam e reincidem no roteiro autoritário de seus antepassados; o "jurídico", em que a tentativa de mudar o estado de coisas esbarra nos *rigores* da lei; e o "brasileiro", com a eleição de Jesus Glicério. Neste caso, Mocinha traz a notícia, falando ao protagonista: "O rádio também informa/ que você será chamado/ para ajudar na Reforma/ Agrária, que vai dar terra/ a tudo que é lavrador" (1966: 179). Mas a rubrica a seguir adverte que, para evitar tal desfecho, "Brás entra vestido de guerreiro medieval", anunciando:

> BRÁS DAS FLORES
> Venho da parte de sua
> Majestade, Sua Alteza
> Dom Requião, o Gentil,
> dizer que foi restaurada
> a monarquia no Brasil (1966: 180).

Está claro: o Golpe de 64 é zombeteiramente equiparado a um retorno ao Império ou à Idade Média. Piada que a censura não se lembrou de proibir.

Os finais alternativos reforçam as qualidades de divertimento crítico exibidas pela peça. O enredo descola-se dos fenômenos reais para melhor revelar, nesses mesmos fenômenos, as suas determinações políticas e econômicas, as suas linhas substantivas, no que os autores emprestam forma dramática a concepções de Lukács e de Brecht, segundo nota Maria Silvia Betti. Falando sobre os modos de operar do texto (e do espetáculo), a ensaísta pondera que "a referência lukacsiana remete sempre a uma perspectiva de preservação do racionalismo e do realismo — e, no tocante a este último, dá margem a uma curiosa manobra de raciocínio no sentido de acomodação deste aspecto com os preceitos brechtianos (e, portanto, não realistas) também incorporados pelo Grupo Opinião" (1997: 181).

Fechando as observações acerca de *Se correr o bicho pega*, abordamos a questão da música, registrando o que disseram a respeito Décio de Almeida Prado e Yan Michalski. Décio fornece pistas sobre esse aspecto da montagem, citando os espetáculos folclóricos do bumba meu boi:[39]

> Mais uma vez o Nordeste é o terreno mítico de onde brota a nossa mais autêntica farsa popular, algo ao nível das pantomimas de circo, inclusive quanto à linguagem desbocada, cantado e dançado quase como se fosse um "bumba meu boi", mas, ao mesmo tempo, com inesperados atrevimentos líricos, como o belíssimo "bestiário" que é o diálogo de amor entre Mocinha e Roque, ou as confidências que este faz ao burro Cirino, novidadeiro e fofoqueiro como qualquer comadre do Interior (1987: 143).

Yan Michalski entusiasmou-se menos com os elementos musicais (alguns se acham sugeridos nos desenhos coreográficos aludidos acima), escrevendo:

---

39 Hermilo Borba Filho, em *Espetáculos populares do Nordeste* (1966), diz: "O bumba meu boi é o mais original de todos os espetáculos populares nordestinos. Embora com influências europeias, sua estrutura, seus assuntos, seus tipos são caracteristicamente brasileiros e a música que atravessa todo o espetáculo — da Cantadeira ou das figuras — possui um ritmo, uma forma, uma cor nacionais". Trata-se de "um auto ou drama pastoril pertencente à forma do teatro hierático das festas populares do Natal e Reis". A expressão que lhe empresta o nome, "eminentemente popular e tradicional, origina-se do estribilho cantado, quando o Boi, figurante principal do auto, dança: — Eh! bumba! O estribilho, por sua vez, corresponde à música que acompanha a dança do Boi. A cada volteio, marrada, recuo, avanço ou passos que dá corresponde uma pancada no zabumba. Bumba meu boi nada mais é do que zabumba meu boi" (Borba Filho, 1966: 15-16). Atualizamos a grafia da expressão.

> A música de Geni Marcondes e Denoy de Oliveira é quase sempre bonita, mas também quase sempre *bonitinha* demais, sem o colorido melódico e sem a força irônica que seria necessária para *carregar* o espetáculo para frente. Diante da *grossura* (proposital e positiva) do texto e do espetáculo, a delicadeza da música se dilui, a não ser nos momentos líricos, quando o seu rendimento corresponde à expectativa. Por outro lado, as canções nem sempre estão entrosadas com habilidade no enredo, e em certos momentos (...) a ação para por completo, com evidente prejuízo do ritmo do espetáculo, até o intérprete terminar a execução do seu número (2001: 62).

Já Sábato Magaldi não se refere diretamente à música feita para a peça, mas, no comentário que publicou no *Jornal da Tarde*, relaciona a obra a outros textos em que as canções exercem papel de relevo (principalmente, entre os citados por ele, *Revolução na América do Sul* e *Ópera de três vinténs*): "Como antecedentes, a peça tem sem dúvida *Revolução na América do Sul*, de Augusto Boal, sobretudo o *Auto da Compadecida*, de Ariano Suassuna, nos dois heróis populares, e o vigor instintivo da *Ópera de três vinténs*, entre outras obras de Brecht, além da nossa literatura de cordel".

A observação de Magaldi confirma o que constatamos ao falar sobre o Sistema Coringa, no segundo capítulo deste trabalho: a floração dos musicais de teor político ocorrida a partir de 1964 liga-se à tendência não realista configurada em peças (e espetáculos) do Teatro de Arena ou de artistas provenientes do grupo, trabalhos feitos na fase imediatamente anterior. Entre eles, acham-se a mencionada *Revolução*, *A mais-valia vai acabar, seu Edgar* e *Brasil — versão brasileira*, textos abordados no primeiro capítulo.

Sábato Magaldi afirma ainda, na citada crítica: "A assimilação dos mais variados processos do teatro moderno (...) resultou numa forma nova e autêntica, fundindo os recursos populares e algumas requintadas expressões intelectuais" (Magaldi, 1966: s/p).

Com o *Bicho*, malgrado possíveis excessos nos transportes cômicos, que pareceram românticos a Luiz Carlos Maciel, autores e grupo praticavam caminho fértil para o teatro no Brasil. Esse caminho inspirou-se nos gêneros da farsa e do cordel, reprocessando-os em texto atento a seu instante e capaz de sobreviver para além dele.

A dramaturgia musical

Teatro em 1968: engajados e formalistas

Antes de chegar à análise de *Dr. Getúlio, sua vida e sua glória*, peça de Gullar e Dias Gomes, o segundo dos textos inspirados em fontes populares a considerar, alinhamos dados que sugerem as circunstâncias políticas vigentes de 1966 a 1968.

Abordamos ainda, em âmbito mais específico, porém ligado ao quadro geral, as principais correntes em que se dividiu a gente de teatro naquela fase: a dos engajados e a dos formalistas, a primeira representada pelo dramaturgo e ator Oduvaldo Vianna Filho, que fora um dos líderes do Grupo Opinião de 1964 a 1967, a segunda encarnada no diretor José Celso Martinez Corrêa, líder do Oficina.

*

As restrições à liberdade política aumentam de 1966 a 1968. Em outubro daquele ano, o regime militar fecha o Congresso Nacional por um mês, convocando-o "para se reunir extraordinariamente a fim de aprovar o novo texto constitucional" (Fausto, 2001: 262). A Constituição elaborada pelo grupo de Castelo Branco publica-se em janeiro de 1967, incorporando em parte as medidas de exceção até ali editadas sob a forma de atos institucionais.

Pelo voto indireto de um Congresso submetido ao programa dos militares, elegem-se o general Artur da Costa e Silva para presidente e Pedro Aleixo, civil oriundo da conservadora UDN, para vice-presidente da República. Eles tomam posse em março de 1967, e não custa lembrar o humor com que a população, excluída das decisões, se vinga, ainda que ingenuamente, dos poderosos. Compara-se o país a um trem: segundo a piada, "o trem anda de frente e apita, o Brasil anda de *costa* e silva". O vice-presidente tampouco foi poupado. À revelia das possíveis qualidades pessoais, ele seria brindado com o refrão, quando o afastaram do cargo: "Nada fiz, nada deixo, assinado: Pedro Aleixo". Aquelas qualidades existiam: em dezembro de 1968, Aleixo opõe-se à edição do AI-5.

Anedotas à parte, a passagem de Castelo Branco a Costa e Silva não representou apenas mudança de estilos na gerência do país (Castelo era visto como intelectual, ao passo que Costa e Silva mostrava-se mais prosaico, avesso a leituras complexas e amigo de passatempos como as corridas de cavalos). Para além desses traços, "os nacionalistas autoritários das Forças Armadas, descontentes com a política castelista de aproximação com os Estados Unidos e de facilidades concedidas aos capitais estrangeiros", esperavam que o novo chefe de governo os representasse, informa Boris Fausto.

O historiador esclarece que o Tio Velho (como o chamavam os pares) não foi, no entanto, "simples instrumento da linha dura". Dentro de limites exíguos, "estabeleceu pontes com setores da oposição e tratou de ouvir os discordantes", ao mesmo tempo estimulando, na área trabalhista, "a formação de lideranças sindicais confiáveis". Mas "os acontecimentos iriam atropelar essa política de liberalização restrita" (2001: 263).

A partir de 1966, estudantes e profissionais liberais movimentam-se com mais frequência e ênfase, manifestando-se em passeatas; Fausto assinala que "em 1968 as mobilizações ganharam ímpeto, no contexto daquele ano carregado de significação em todo o mundo" (2001: 263-264). A morte do estudante Edson Luís (ao que consta, atingido por tiro disparado pela polícia), no Rio de Janeiro, em março, consternou os brasileiros atentos aos embates que então se sucediam; milhares de pessoas acompanharam seu enterro. Houve novas violências, que fizeram crescer a indignação; com ela, ampliaram-se os eventos de repúdio ao regime. "O ponto alto da convergência dessas forças que se empenhavam na luta pela democratização foi a chamada passeata dos 100 mil, realizada [no Rio] em junho de 1968", anota Fausto (2001: 264).

As primeiras ações de oposição armada também se deram em 1968. A Aliança de Libertação Nacional (ALN), criada no ano anterior por Carlos Marighela, ao romper com o PCB, que se opunha à luta armada, e a Vanguarda Popular Revolucionária (VPR), "com forte presença de militares de esquerda", estiveram entre os grupos que então se lançaram à aventura de enfrentar o regime à bala.

No campo econômico, os programas implementados desde 1964 tiveram o sucesso esperado por seus autores, à base de redução do déficit público e compressão de salários, somadas a estímulos à vinda de capital estrangeiro. O Produto Interno Bruto voltou a engordar em 1966 e, no ano-chave de 1968 e no seguinte, "o país cresceu em ritmo impressionante, registrando variações, respectivamente, de 11,2% e 10% do PIB, o que corresponde a 8,1% e 6,8% no cálculo *per capita*. Começava assim o período do chamado 'milagre econômico'", que se estendeu até 1973, enquanto, em política, se vivia a fase mais violenta da ditadura (2001: 266).

O teatro (ou alguns de seus setores) não apenas se manteve ligado aos acontecimentos, como neles exerceu papel importante, atraindo público, questionando os costumes e, direta ou indiretamente, interpelando o regime. Os espetáculos deram trabalho a censores e, em alguns casos, foram objeto

A dramaturgia musical 229

de ações da polícia ou de grupos paramilitares, como o que tentou perturbar as sessões de *Liberdade, liberdade*.

Duas manifestações conceituais, vindas de homens de teatro, podem ser destacadas nessa fase. A primeira delas deve-se a José Celso Martinez Corrêa e corresponde à entrevista concedida a Tite de Lemos, intitulada "O poder de subversão da forma". A segunda, de Vianinha, está condensada no artigo "Um pouco de pessedismo não faz mal a ninguém". São textos representativos do contexto em que transitam os artistas e dos conflitos vividos à época.[40]

Naquela entrevista-manifesto (as perguntas do repórter ensejam extensas explanações), Zé Celso defende um teatro agressivo que atinja a plateia em seus pudores e recalques, incitando o espectador a agir, a mexer-se: "Não se trata mais de proselitismo, mas de provocação", diz (1998: 98). A matéria foi originalmente publicada na edição de março e abril de *aParte*. A primeira de suas seções seria reproduzida, sob o título de "A guinada de José Celso", no *Caderno Especial nº 2*, da influente *Revista Civilização Brasileira*, volume dedicado ao teatro em julho de 1968.

Nesse mesmo *Caderno Especial*, ao lado de outros artigos polêmicos, entre eles "Quem é quem no teatro brasileiro — estudo sócio-psicanalítico de três gerações", de Luiz Carlos Maciel, aparecia "Um pouco de pessedismo não faz mal a ninguém", de Oduvaldo Vianna Filho. No texto, Vianna reflete sobre as cisões existentes no ambiente teatral, ao falar em dois setores,

---

40 Embora a retórica "formalista" de José Celso fosse bastante agressiva, a verve de Augusto Boal, que participou ativamente dos debates que então se polarizavam, não era menos aguda e sectária. No texto "O que você pensa da arte de esquerda", escrito com vistas à *1ª. Feira Paulista de Opinião*, Boal criticava a estética tropicalista de espetáculos como *O rei da vela* e *Roda-viva*. Segundo Marcus Napolitano, para o diretor do Arena "o tropicalismo retomava o teatro 'burguês', incitando uma plateia burguesa a tomar iniciativas individuais contra uma opressão difusa e abstrata. Boal ainda enumera as características do tropicalismo: 'neorromântico', pois só atinge a aparência da sociedade e não a sua essência; 'homeopático', pois quer criticar a cafonice, endossando-a; 'inarticulado', pois culmina numa crítica assistêmica; 'tímido e gentil' com os valores da burguesia; e, finalmente, não passaria de uma estética 'importada'" (Napolitano, 2001: 251). No entanto, é de se notar que a *Feira Paulista de Opinião*, que reunia peças curtas e canções de autores diversos, além de obras plásticas, motivou, no dia da estreia proibida pela censura (em junho de 1968), "o movimento artístico de solidariedade mais belo que já existiu", conta Boal em sua autobiografia. Ele relembra: "Artistas de São Paulo decretaram greve geral nos teatros da cidade e foram se juntar a nós. Nunca houve, no país, tamanha concentração de artistas por centímetro quadrado: poetas, radialistas, escritores, intelectuais, cinema, teatro e TV, plásticos, músicos, bailarinos, gente de circo e de ópera, jornalistas, profissionais e amadores, professores e alunos, não faltou ninguém. Vieram até os tímidos" (Boal, 2000: 257). As diferenças artísticas e ideológicas apagavam-se quando se protestava contra a ditadura. Lembre-se, finalmente, que tais diferenças de certo modo conviviam ombro a ombro, ocupando os mesmos espaços: enquanto a *Feira Paulista de Opinião* (afinal realizada por determinação judicial) acontecia numa das salas do Teatro Ruth Escobar, no andar de cima era exibida *Roda-viva*.

o "engajado" e o "desengajado" (noções que servem a considerações históricas, diacrônicas), e depois ao identificar três tendências naquele momento, as de engajados, "esteticistas" e "comerciais", propondo a união dos divergentes. Para o autor, "a contradição principal é a do teatro, como um todo, contra a política de cultura dos governos nos países subdesenvolvidos" (1983: 124).

*

Ao conceder a entrevista a Tite de Lemos, Zé Celso vinha de encenar *O rei da vela*, peça de Oswald de Andrade publicada 30 anos antes e até então inédita nos palcos. O espetáculo, que estreou em setembro de 1967 com o Teatro Oficina, era controverso, reunindo, segundo os críticos, aspectos brilhantes a outros menos resolvidos. A aura de escândalo criada em torno da montagem chamou a atenção da censura, o que naturalmente trouxe problemas para diretor e grupo. Mais grave: ameaças de agressão e de bomba sobressaltaram o elenco durante a temporada. Apesar dos percalços ou também por causa deles, a montagem fez grande sucesso, com casa frequentemente lotada.

Quando a matéria "O poder de subversão da forma" saiu, em março de 1968, Zé Celso já estreara novo espetáculo, este realizado com atores convidados, fora do Oficina. *Roda-viva*, com texto e canções de Chico Buarque, iniciara as suas sessões em janeiro, na Guanabara, e teria carreira ainda mais difícil que a de *O rei da vela*. Em São Paulo e em Porto Alegre, artistas e técnicos de *Roda-viva* seriam não apenas ameaçados, mas fisicamente agredidos. Ambas as montagens (abordadas no primeiro capítulo deste trabalho) acabaram proibidas, ainda em 1968, "em todo o território nacional".

Tite de Lemos começa por perguntar: "A ideia de burguesia nacionalista foi desmistificada. Já não se acredita na aliança das classes trabalhadoras e da burguesia. Nesse contexto político, Brasil 68, que eficácia tem o teatro?" (em: Corrêa, 1998: 95).

Zé Celso responde procurando diagnosticar as motivações da "plateia dos teatros progressistas", identificada como "vinda majoritariamente da pequena burguesia em lenta ascensão ou da camada da 'alta burguesia' da classe estudantil". Esse público, segundo avalia, "tem procurado consumir as justificativas da mediocridade de soluções que o seu status proporciona"; sente-se vítima do regime militar, do imperialismo ou da burguesia reacionária, e frequenta teatro "para rir ou chorar" diante dos problemas. Aqui, o salvo-conduto seria de ordem moral; os espectadores se autoabsolvem, conforme Celso: "'Nós somos o bem e não temos nada com isso'".

A dramaturgia musical 231

Alternativamente, esse público utilizaria o que Zé Celso chama de "justificativa historicista". Ele transcreve o pensamento e a disposição daquelas pessoas da seguinte forma: "'Essa situação medíocre de hoje é um momento de um processo. Nós somos os termos de uma contradição, mas como canta Vinicius de Moraes: 'um dia virá e eu nem quero saber o que este dia vai ser, até o sol raiar'. Bom... vamos esperar por esse dia...", ironiza.

Zé Celso provavelmente se refere ao letrista da *Marcha da quarta-feira de cinzas*, parceria com Carlos Lyra que constara de *Opinião* e de *Liberdade, liberdade*. Já a fórmula do "dia que virá" foi cunhada pela ensaísta Walnice Galvão, em 1968, ao apontar a insistência com que as canções (aberta ou veladamente) engajadas, comuns na época, anunciavam a utopia. O diretor menciona explicitamente *Opinião*, ao reclamar da "imagem mística do homem brasileiro 'sempre de pé'" e do "carcará que 'pega, mata e come'" (1998: 95).

Celso reconhece os espectadores dessas e de outras montagens — entre as quais se acham *O rei da vela* e *Roda-viva* — como os mais informados e curiosos; no mesmo passo, descrê da "burra e provinciana burguesia paulista" que patrocinara o TBC. No entanto, adverte que, "com o fim dos mitos das burguesias progressistas e das alianças mágicas e invisíveis entre operários e classe dominante, esse público mais avançado não está muito à frente do outro. Eles fazem um bloco único, sempre na mesma expectativa de uma mistificação (em níveis diferentes, não importa)" (1998: 96).

Formulado o diagnóstico, o diretor prescreve: "a única possibilidade de eficácia política que [esse público] pode sofrer será a da desmistificação, a da destruição de suas defesas, de suas justificativas maniqueístas e historicistas (mesmo apoiadas nos Gramscis e nos Lukács). É a sua reposição no seu 'devido lugar'; no seu marco zero".

São termos tão virulentos quanto os espetáculos que dirigiu naquele período. A perspectiva de Zé Celso, diga-se, é nitidamente política: trata-se de deixar a plateia "cara a cara com sua miséria, a miséria do seu pequeno privilégio ganho às custas de tantas concessões, de tantos oportunismos, de tanta castração e recalque e de toda a miséria de um povo". Mas pretende incidir basicamente sobre indivíduos; o objetivo é o de "ajudar a estabelecer, em cada um, a necessidade de iniciativa individual; a iniciativa de cada um começar a atirar sua pedra contra o absurdo brasileiro" (1998: 96).

As coisas seriam diferentes "se nos dirigíssemos a um outro público e tivéssemos um circo com dois mil lugares", a que comparecessem "outras camadas sociais". Mas as plateias a que se destinavam os espetáculos — a essa altura, de fato, realizados em circuito socialmente fechado — não reagiriam como classe; embora contraditoriamente Celso fale aqui, referindo-se aos espectadores de classe média, em "público mais ou menos heterogêneo". Seja como for, para as plateias vistas ou idealizadas por ele "a única possibilidade é o teatro da crueldade brasileiro — do absurdo brasileiro —, teatro anárquico, cruel, grosso como a grossura da apatia em que vivemos" (1998: 98).

Linhas adiante, Zé Celso, em sua agressividade programática, emite seu dó de peito: "Cada vez mais essa classe média que devora sabonetes e novelas ficará mais petrificada; no teatro, pelo menos, ela tem que degelar — na base da porrada" (1998: 98-99). A propósito, é interessante ver os anúncios que ajudaram a financiar a montagem de *Roda-viva*, impressos no programa e destinados a essa classe: "Vale a pena conhecer a nova linha Frigidaire 1968", diz um deles, sob o desenho de uma geladeira, com "seis modelos, seis cores externas, 36 opções de escolha!" (sic). Outro reclame, encimando a foto do produto: "English Lavender Atkinsons é para homem de indiscutível bom gosto. E de agora em diante, vem também nesta máscula embalagem" (programa de *Roda-viva*, 1968).

Esses dizeres publicitários conviveram com o seguinte apelo — também publicitário, embora menos convencional —, que circulou sob a forma de panfletos durante a temporada. A mensagem, em que se reconhece o estilo do diretor e que reproduzimos sem o jogo de caixas alta e baixa do original, dizia: "Todos ao palco!!! Abaixo o conformismo e a burrice — pequenos burgueses! Tire a bunda da cadeira e faça uma guerrilha teatral, já que você não tem peito de fazer uma real, porra!!!".

Se as montagens visam mobilizar o espectador, fazendo-o agir, pode-se perguntar em que sentido vão se dar tais ações. As propostas em pauta procedem, é verdade, de diagnósticos articulados, embora questionáveis, da situação do teatro e do país naquele momento. Mas não parecem capazes de conduzir a qualquer programa claro que, iniciado no indivíduo — visto como polo para onde convergem os conflitos sociais e políticos —, possa alcançar âmbito coletivo.

Assim, os golpes simbólicos ou literais desferidos contra o espectador resultam anárquicos, aleatórios e, por isso, ineficazes, dado que os inimigos da liberdade mantêm-se razoavelmente organizados, como infelizmente foi o caso quando a repressão desabou sobre a equipe de *Roda- viva*. É inevitável concluir que o problema da liberdade no Brasil de 1968 encerrava aspectos mais complexos que os caminhos aventados por Zé Celso para defrontá-lo.

Em apoio a esse modo de ver as coisas, pode-se recorrer a Yan Michalski (ou ainda a Anatol Rosenfeld e Augusto Boal, entre outros observadores).

A dramaturgia musical   233

Apontá-lo, diga-se logo, não implica tentar negar tudo o que Zé Celso tenha dito e feito àquela altura; a criatividade e o arrojo do diretor e animador deixaram marcas, a que vamos chegar em breve. Por ora, vale recordar as críticas acerca de *Roda-viva* publicadas por Michalski no *Jornal do Brasil*.

A primeira dessas críticas refere-se principalmente ao texto, que Michalski busca defender contra os que o desancaram, embora admitindo que a peça, que de fato é bastante pueril, "está longe de ser uma obra-prima". A segunda matéria, centrada no espetáculo, é a que mais nos interessa agora.

Michalski começa por dizer que "o espetáculo de José Celso Martinez Corrêa é em grande parte frustrado; mas é, ao mesmo tempo, fascinante, pelo virtuosismo e pela beleza de muitos momentos da sua *mise-en-scène*, e pela inaudita violência da sua concepção" (2004: 114). Refere-se, por exemplo, à "impostação ritual de uma grande parte do espetáculo, apoiada num bem imaginado paralelo entre determinados ritos da liturgia católica e a trajetória do ídolo que o leva aos ápices da glória e depois ao supremo sacrifício", quando se cria "um clima místico de excepcional densidade".

Mas, dirá alguns parágrafos adiante, "este magnífico material teatral, esta excitante promessa de uma grande festa dramática ficaram gravemente prejudicados, para não dizer quase anulados, pela óbvia imaturidade intelectual e emocional do diretor". Michalski cita "recente entrevista" de Zé Celso, na qual este havia declarado: "Enquanto o método convencional de comunicação é usado para fazer o espectador esquecer-se permanentemente, eu o obrigo a participar: assinar manifesto, levar pancada da polícia, tirar mendigos de entre as pernas" (Corrêa, em: Michalski, 2004: 115).

O crítico então replica:

> Vejam os leitores: tanto barulho para "obrigar o espectador a agir" — mas agir como? *Agir mudando de lugar ou reclamando*, dentro do teatro. Nenhuma menção à tentativa de uma experiência humana mais profunda, que se prolongue uma vez terminado o espetáculo, que enriqueça o espectador, emocional ou intelectualmente, de alguma maneira. Não. Os *choques* que José Celso dá nos espectadores de *Roda-viva* não passam de sustos, pisões e sacudidelas, cujo efeito se esgota ao se acenderem as luzes da plateia. A *participação* à qual o espectador é violentamente forçado é falsa, arbitrária; mesmo se ele, para se ver livre da insistência de um ator suado e ofegante, assinar o sujo papelzinho que lhe é apresentado como um *manifesto*, é evidente que isto não o levará a tomar qualquer atitude diferente daquela que tomaria antes, quando tiver de definir-se na vida quotidiana, política ou humanamente (2004: 115-116).

Pouco adiante, Michalski afirma que o espetáculo não conduz menos à "alienação" que certas montagens assumidamente comerciais e acusa os métodos usados pelo diretor de serem "fascistas". Zé Celso e demais integrantes de *Roda-viva*, qualidades artísticas à parte, teriam primado por tratar os espectadores "com ódio e desprezo", correndo o risco adicional de induzir alguns a não voltarem "tão cedo a um teatro" (2004: 116).

*

Muito do que Zé Celso e o Oficina realizaram naquela fase, em contrapartida, gerou desdobramentos essenciais, revelando-se inspirador e exemplar de algum modo. O que Celso diz do Oswald de Andrade dramaturgo, capaz de devorar "todas as formas" e reprocessá-las num teatro "não linear, de colagem", valendo-se de modalidades "teatrais e não teatrais: circenses, literárias, subliterárias", certamente se aplica também a seus próprios processos criativos.

Zé Celso não inaugura, mas reforça e leva a extremos a postura do diretor-autor, que encena "um texto de espetáculo" em que todos os elementos são eloquentes, relacionando-se uns aos outros. As palavras, o trabalho dos atores, a cenografia, o figurino, a música permutam-se pondo em questão a primazia do texto, a hierarquia clássica segundo a qual o diretor deveria apenas traduzir cenicamente as intenções do dramaturgo. Nos espetáculos de Zé Celso e de outros encenadores dos anos 1960 (ele próprio cita Antonio Abujamra e Paulo Afonso Grisolli, nomes a que se pode acrescentar, por exemplo, o do argentino Victor García, atuante no Brasil), as diversas artes e técnicas que compõem o evento teatral se superpõem, cruzam-se, confundem-se: a ideia de espetáculo ultrapassa, agora, a de simples e precisa projeção cênica das indicações do texto.

Zé Celso e Teatro Oficina irão ligar-se ao tropicalismo. O movimento nasce em 1967, reunido manifestações afins, embora não homogêneas, em diferentes campos. Enumeramos algumas das mais importantes: as obras plásticas de Hélio Oiticica, entre elas *Tropicália*, título correspondente a conceitos então elaborados pelo artista; a canção homônima de Caetano Veloso, síntese do projeto estético-político que se formava; o filme *Terra em transe*, de Glauber Rocha, que inspirou Zé Celso (o diretor dedicou *O rei da vela* a Glauber); canções emblemáticas de Gilberto Gil e de Caetano, como *Domingo no parque* e *Alegria, alegria*, registradas em discos gravados já em 1968, quando a palavra "tropicalismo" tornou-se frequente na mídia (Napolitano, 2001).

Esse intercâmbio entre as artes — que, na verdade, já se fazia no território dos "engajados" pelo menos desde *Opinião* — é saudado por Zé Celso na entrevista a Tite de Lemos: "Assim, o pessoal do cinema novo, da música brasileira vê e revê *O rei da vela*, incorpora nossa experiência em suas realizações, em seus projetos. Eu ouço as músicas, vejo e revejo os filmes e vou descobrindo que alguma coisa nova está nascendo no país. E, se até mesmo no teatro ela chega, é bom sinal" (1998: 112).

Os processos da colagem, da associação de ideias, da quebra de hierarquias artísticas, pode-se perceber melhor hoje, não tiveram trânsito exclusivo entre os formalistas, em meio aos quais Zé Celso se incluiria (o que se faz evidente já no título da entrevista mencionada). Também os artistas ligados à noção de nacional-popular, entre eles Vianinha, se valeram dessas técnicas, conforme o que se lê nas peças e no artigo "A liberdade de *Liberdade Liberdade*" ou na derradeira entrevista dada pelo dramaturgo.

O que diferencia as duas tendências reside não propriamente no arsenal dos recursos artísticos, mais ou menos comuns a ambas, mas na atitude ideológica. Enquanto os engajados imaginavam que os processos de fragmentação não eram mais que instrumentos, úteis ao se delinearem quadros positivos e totalizadores da realidade sócio-política, os formalistas pensavam a realidade, ela própria, como fragmentária ou mesmo absurda, expressando a imagem que faziam do real, como que isomorficamente, por meio daqueles processos. De acordo com essa crença, o problemático Brasil seria a expressão maior do absurdo, portanto inabordável segundo o otimismo racionalista das esquerdas.

*

Em "Um pouco de pessedismo não faz mal a ninguém", Vianinha trata das questões que envolvem a sobrevivência da classe teatral, considerada como um todo. O título do artigo encerra ironia, remetendo às práticas conciliatórias do Partido Social Democrático, o PSD, assim como às do PCB (é plausível ler "pecebismo" em lugar de "pessedismo").

O ensaísta identifica, de saída, a existência de dois setores no teatro brasileiro, o "engajado", que se empenha em buscar "uma nova linguagem" adequada a exprimir "as novas formas que surgem no convívio social", e o "desengajado", "que vê com ceticismo a participação" (1983: 120). A distribuição dos artistas em tendências diversas faz-se de modo mais preciso adiante, quando Vianna divisa não duas, mas três correntes teatrais: a "de esquerda", a "esteticista" e a "comercial".

# Com os Séculos nos Olhos

Ele ressalta que as tentativas de reflexão sobre a cena brasileira têm partido de nomes ligados à tendência engajada, mencionando artigos de Paulo Francis e do Teatro de Arena de São Paulo (referindo-se aqui, sem dúvida, também a seus próprios trabalhos). Essas manifestações foram importantes ao levar em conta aspectos econômicos, mas se tornaram insuficientes para o entendimento dos problemas do teatro, estéticos e operacionais.

Nelas, constatou-se que o Teatro Brasileiro de Comédia, renovador da cena brasileira nos planos do repertório e das técnicas, nasceu do desenvolvimento industrial de São Paulo, "de uma burguesia subsidiária do interesse estrangeiro". Com essas verificações, em geral se depreciaram, e se continuava a depreciar, os avanços de que o TBC foi capaz.

Alguns anos antes, o mesmo Vianinha havia ressaltado em seus escritos (alguns circularam em ambientes fechados, entre pares) a necessidade de se superar o TBC, com o Arena, e de se ultrapassar o Arena, com o CPC da UNE. Ele agora, no entanto, sublinha o legado positivo do Teatro Brasileiro de Comédia. Dialeticamente, aponta o fato de que os desdobramentos ocorridos na história teatral brasileira devem algo às práticas do TBC, que artistas emergentes nos anos 1950, entre eles o próprio Vianna, buscaram ultrapassar.

O TBC, e as companhias que dele resultaram em linha direta, como a Tônia-Celi-Autran, em lugar de corresponder a mero "descaso cultural" ou a "uma total desnecessidade de programação ideológica" (acusava-se a empresa criada por Franco Zampari de apenas importar fórmulas, "o famoso teatro de 'se fazer aqui como se faz lá'"), teria revelado antes "uma frenética procura de ascensão cultural". Ambicionou-se a universalidade com Pirandello, Gorki, Miller, entre muitos outros autores encenados pela primeira vez ou tornados mais frequentes no Brasil pelo TBC.

Vianinha polemiza com Luiz Carlos Maciel, que publicava artigo naquele mesmo *Caderno Especial*, e é curioso que conhecesse previamente o texto de Maciel. Amigo dos editores da *Revista Civilização Brasileira*, ligados, como ele, ao Partido Comunista, Vianna possivelmente teve o acesso facilitado aos originais do adversário.[41]

---

41 Em *Vianinha, cúmplice da paixão*, Dênis de Moraes registra: "Luiz Carlos Maciel até hoje não conseguiu saber como Vianinha pôde ter lhe respondido na mesma edição em que saiu publicado seu artigo". O biógrafo cita Maciel, que conta: "Quando eu abri a revista e li o texto do Vianinha, fiquei um pouco puto. Deve ter sido coisa do partidão, pensei. É aquele negócio: o meu escrito era admitido por uma questão de democracia, mas não era a linha justa. Então, o Ênio Silveira e o Moacyr Félix [editores da *Revista Civilização Brasileira*] devem ter dado o artigo para o Vianinha responder. A revista não podia deixar margem a equívoco quanto à linha justa do partido" (em: Moraes, 2000: 265).

A dramaturgia musical

O articulista rejeita a expressão "divertimento de bom gosto" com que Maciel define o TBC (definindo por extensão a atitude de suas plateias, formadas pela alta e média burguesia de São Paulo). A esse respeito, Vianna prefere pensar em "participação" e "luta", não de ordem política, mas cultural. E estende o que diz ao campo literário: "Não é à toa que Jorge Andrade, Nelson Rodrigues, autores que aparecem no bojo desse movimento, ainda são os autores mais ricos de nossa dramaturgia" (1983: 122). Ressalve-se: aqui, Vianna fala necessariamente em termos amplos, pois Nelson Rodrigues, justamente por não corresponder a certos padrões de bom gosto, jamais teve uma peça encenada pelo TBC.

As lições econômicas deixadas pelas companhias tradicionais teriam sido pouco aproveitadas pelo modelo do Teatro de Arena, entende Vianna: "As [novas] empresas, estranguladas, não cumpriram sua tarefa principal, que era a de crescer, aumentar suas plateias, enriquecer seus espetáculos, tirar-lhes o sabor de experiência". No plano da interpretação, a ruptura também se mostrou desvantajosa, em certos aspectos, para a geração mais jovem: "Tecnicamente, o ator quase volta à estaca zero — sente bem, mas não diz bem" (1983: 123).

Vianna terá enumerado essas questões para, afinal, afirmar que as duas posições reconhecíveis na recente história teatral são ambas "válidas e ricas", mas os caminhos seguidos por elas, mantidos paralelos, sem comunicação constante, dificultam "uma troca de experiência maior, uma evolução mais rápida", além de obstar a percepção exata do problema principal do teatro no país (1983: 124).

Ele admite que as diversas posturas estéticas devam ser "mantidas na sua independência; porém reconhecendo, proclamando, defendendo, precisando das conquistas estéticas alcançadas no outro setor". Pouco adiante, é ainda mais enfático: "A noção da luta entre um teatro 'de esquerda', um teatro 'esteticista' e um teatro 'comercial', no Brasil de hoje, com o homem de teatro esmagado, quase impotente e revoltado, é absurda" (1983: 123).

Vianna polemiza tacitamente com Zé Celso, entre outros artistas e críticos. Celso, na entrevista que estudamos há pouco, mais de uma vez usara a expressão "festivos" para definir os colegas engajados, posicionando-se favorável a uma "arte pela arte" que atingisse o público ao subverter as convenções estéticas e as normas de relacionamento entre palco e plateia. Já com Maciel, Vianna discute abertamente, citando-o várias vezes.

Por ocasião da temporada de *Se correr o bicho pega, se ficar o bicho come* em 1966, Maciel publicara o artigo "O bicho que o bicho deu" (mencionado ao comentarmos a peça), em que criticava o que lhe parecia romantismo: os autores teriam idealizado o homem brasileiro, particularmente o nordestino pobre, na figura do protagonista Roque (aliás, interpretado por Vianinha).

Em outro artigo de 1966, "Situação do teatro brasileiro" (*Revista Civilização Brasileira*, nº 8), Maciel menciona conjuntos participantes, mas omite o nome do Opinião, o que gerou queixa em "Um pouco de pessedismo": Maciel, "citando grupos atuantes, falou em Arena, Decisão, Oficina. Não citou o Grupo Opinião. Estranho, pois na época o Grupo Decisão não existia mais e o Opinião montava três espetáculos simultaneamente" (1983: 126). Fernando Peixoto corrige em parte essas palavras: "o Grupo Decisão, atuante em São Paulo de 1962 a 1967, tinha Antonio Abujamra entre seus diretores e desenvolveu um trabalho expressivo neste período" — ou seja, o Decisão continuava ativo em 1966 (Peixoto, em: Vianna Filho, 1983: 129).

Seja como for, o fato de Maciel enumerar conjuntos destacados sem mencionar o Opinião (o que é uma forma de desacreditar o grupo e sua linha militante) e o de Vianna ter tido acesso ao texto do adversário antes de publicado, sem consentimento deste (o que indica ansiedade em responder, marcando a posição do Partido), sugerem o clima de disputas ideológicas, travadas entre os "teatros progressistas" por volta de 1968. Em "Um pouco de pessedismo", Vianna propõe trégua em nome da necessidade de se enfrentar o adversário maior e comum: o governo, em sua omissão diante da cultura.

Tendo citado as dificuldades econômicas de se fazer teatro no Brasil, e refutando Maciel mais uma vez (o ensaísta dissera que a atividade teatral "não é industrializável", conceito que aparece já em "Situação do teatro brasileiro"), Vianna afirma: o que mais pesa contra a eficácia econômica do teatro é o abandono dos empreendimentos culturais por parte dos governos. Em um dos parágrafos derradeiros do texto, sentencia:

> Todos estes fatores de desunidade, nascidos de posições culturais um pouco radicalizadas, fundam a face do teatro brasileiro: escoteira, avulsa, cada um cuidando de salvar o seu barco — enquanto a política cultural do governo sufoca o pleno amadurecimento do potencial que acumulamos. Paulo Autran [com o espetáculo *Édipo Rei* que, dirigido por Flávio Rangel, percorreu o país], sozinho, só com a voz bem impostada, de audiência em audiência, desencavou verbas milagrosas, abalando o sistema político do governo em relação à cultura. O que não conseguiria a classe teatral unida em torno de suas reivindicações, estudadas a fundo, debatidas e catalogadas e exigidas (1983: 127).

A dramaturgia musical 239

Ainda que a unidade proposta por ele fosse factível, os acontecimentos políticos precipitaram-se, cortando as possibilidades de diálogo não apenas entre o regime e as oposições, mas também no interior destas. O Ato Institucional nº 5 desaba sobre a vida pública a 13 de dezembro de 1968, e uma de suas muitas consequências imediatas é a de se proibir a circulação de veículos independentes como a *Revista Civilização Brasileira*.

O empenho repressivo do governo torna-se praticamente irrestrito, com a vitória, entre os militares, da mentalidade linha-dura. Antes do dilúvio, porém, ainda puderam estrear ou permanecer em cartaz alguns espetáculos com perspectiva crítica. Entre eles, *Dr. Getúlio, sua vida e sua glória*.

Dr. Getúlio: antes do voo

Dois artigos de Dias Gomes, ambos de 1966, preparam conceitualmente, embora de modo indireto, a composição de *Dr. Getúlio*, sugerindo alguns de seus pressupostos. O primeiro e mais relevante deles intitula-se "Realismo ou esteticismo — um falso dilema", tendo sido publicado na *Revista Civilização Brasileira* em março de 1966.

O segundo aparece poucos meses depois, na mesma revista: consiste numa breve resenha de *O teatro épico*, livro de Anatol Rosenfeld. Ao comentar o volume recém-lançado, Dias Gomes manifesta algumas de suas preocupações de dramaturgo.

Em "Realismo ou esteticismo — um falso dilema", Dias busca de saída fixar a natureza do fenômeno cênico; trata-se, diz ele, de um ato social, com a singularidade de que o teatro é a única arte "que permite a participação direta de indivíduos teoricamente alheios à criação na obra realizada pelo artista, *transformando-a*, ou transformando a sua efetiva realização num ato coletivo" (1966: 221). Representar diante de poucos e frios espectadores difere de representar diante de plateia numerosa e vibrante.

O teatro define-se pelo ator vivo, utilizando "a criatura humana como meio de expressão"; o que não ocorre no cinema, que usa a imagem humana, mas "não a criatura *viva*, sensível e mortal" (1966: 222). Dias Gomes, a essa altura, cita Lukács, para quem "toda boa arte e toda boa literatura" defendem "apaixonadamente a integridade *humana* do homem contra todas as tendências que a atacam, a envilecem e a adulteram" (Lukács, em: Gomes, 1966: 222-223). O ensaísta brasileiro conclui afirmando que "nenhuma arte pode ser mais eloquente no cumprimento desta finalidade que o teatro, no qual o homem é, não só objeto, mas também sujeito" (1966: 223).

A seguir, o autor se pergunta se o teatro pode, naquele momento, captar e refletir a realidade dos seres humanos. Acha-se de acordo com Brecht, admitindo, com ele, que o mundo moderno é marcado pela transformação; a mudança, dadas a substancialidade e a rapidez com que ocorre, distingue a nossa era. Assim, "o herói trágico dos nossos dias assume novo aspecto"; esse herói "não extrai sua grandeza trágica de sua impotência, mas da condição de possível vítima de seu próprio e imenso poder" (1966: 224).

Dias Gomes nota que "hoje a sorte de cada indivíduo depende de todos os outros"; percebe ainda que "a técnica aproximou os homens, mas não os uniu". O fato de precisarmos, em alguma medida, uns dos outros, e de povos distintos e distantes se fazerem próximos em razão de transportes e comunicações antes inimagináveis, não significa que nos tenhamos tornado solidários. Trata-se de um mundo "necessitado de transformação" e, para refleti-lo, devemos evitar o apego "às fórmulas, aos dogmas" (1966: 225).

A perplexidade diante da dramaturgia moderna corresponde à impressão de que tanto as práticas realistas quanto as esteticistas se encontram esgotadas. Valendo-se de noções similares às de Szondi e Rosenfeld, quando falam de novos conteúdos que tendem a subverter os moldes tradicionais, Dias Gomes lembra: "Alguns [dramaturgos realistas] levaram esse anseio às últimas consequências e conseguiram de fato quebrar as cadeias do realismo (Strindberg, Hauptmann, O'Neill)".

Contudo, observa: "o curioso é que quase sempre voltaram a ele, depois de experiências várias e válidas pelo expressionismo e pelo simbolismo". O mesmo aconteceria com os realistas então atuantes, como é o caso de Sartre, Williams e Miller, ou seja, "todos voltaram ao realismo, embora enriquecidos e enriquecendo-o com as experiências que tiveram" (1966: 226).

Simetricamente, nos autores antirrealistas notar-se-ia "a necessidade cada vez maior de se socorrerem do realismo para salvar seu esteticismo de uma esterilidade definitiva". Dias Gomes afirma que, "nuns e noutros, a infidelidade é já um princípio, o adultério uma constante". Não se descortina, porém, "a *grande saída*, ou o *novo impulso*, como o chamava Shaw", e as soluções devem ser encontradas individualmente. Importa notar que as possíveis novas formas condicionam-se a "fatores que não estão dentro, mas fora do teatro". Ao pretender representar literariamente o mundo, assumimos com ele "compromissos inevitáveis" (1966: 226-227).

A arte teatral concentra-se especificamente no homem, de modo imediato, reitera. No entanto, esses laços com a figura humana não necessariamente conduzem o palco a tentar reproduzir a realidade observável, na qual se movem as pessoas: "o teatro, como toda arte, reflete o conhecimento da realidade não copiando-a, mas criando uma outra" (1966: 228).

Dias Gomes usa certas palavras que poderiam estar em textos de Lukács, mas o faz para negar o sectarismo lukacsiano: "A verdade artística não é a verdade exterior, concreta, mas a submissão desta a um processo de criação que resulta na descoberta de aspectos essenciais da realidade humana" (1966: 228-229).

Tais aspectos essenciais da realidade, os quais a arte tem a tarefa de revelar, aparentam-se às noções de Lukács. Mas já não se trata de afinidades. Dias Gomes cita entrevista dada por Lukács em 1964, na qual o pensador húngaro estabelecia "limites muito rígidos para a grande arte". O filósofo dissera: "Toda grande arte é realista; desde Homero, e pelo fato mesmo de refletir a realidade, ainda que os meios de expressão variem indefinidamente" (Lukács, em: Gomes, 1966: 229).

Dias está de acordo com Lukács quanto este critica o oficialismo da arte soviética, "o realismo socialista da era stalinista", convertido em instrumento de propaganda pela beatificação de seus protagonistas, tornados exemplares; "um realismo idealista — um contrassenso", observa Dias Gomes.

Mas o dramaturgo brasileiro diverge do pensador no seguinte:

> a estética lukacsiana cassa os direitos de grande arte a todo o vanguardismo moderno, especialmente a Kafka, a quem concede apenas uma penetração unilateral na realidade, "em uma só dimensão". E embora aceite a existência de uma arte não realista, recusa-lhe autenticidade, grandeza e perenidade (1966: 229).

É importante registrar que na mesma revista, alguns meses depois, Carlos Nelson Coutinho, tradutor de Lukács, veria publicado seu artigo "Humanismo e irracionalismo na cultura contemporânea", no qual defende diligentemente as idéias do filósofo, marcando posição, portanto, oposta à de Dias Gomes.

Dias sustenta, afinal, atitude aberta a formas diversas de literatura, incluídas as não realistas, que podem chegar, por processos distintos, "a uma verdade artística não menos legítima". Ainda assim, enxerga perigos em ambas as tendências. Há de se rejeitar o naturalismo que decorra de uma "concepção estreita e dogmática do real" e que leve a produtos igualmente estéreis; por outro lado, a atitude solipsista que rompe com a vida exterior, negando a esta os seus mais óbvios direitos, também pode conduzir a "uma arte desprovida de verdade humana, desumanizada".

Dias Gomes recomenda (ou recomenda a si próprio) que não se vejam as teses brechtianas como dogmas. Devemos aproveitá-las "tendo a coragem de deformá-las, reformá-las ou recusá-las, quando for o caso". Quanto às ideias de Lukács, que não é nominalmente citado a essa altura, o dramaturgo afirma:

> É preciso também não aceitar formulações estreitas que somente concedem ao realismo a categoria de arte verdadeira, desestimulando experiências que só têm enriquecido o próprio realismo. E, finalmente, é preciso repelir violentamente o dilema que nos querem impor: realismo ou esteticismo. Tal opção é falsa e conduz a um impasse irremovível (1966: 230).

Pretender que autores, diretores ou críticos no Brasil dos anos 1960, mesmo considerada apenas a tendência engajada, estivessem homogeneamente alinhados, conformes uns aos outros, seria incorrer em erro. A filiação ao PCB, frequente nessa área, não implicava sempre atitudes pouco independentes. O artigo de Dias Gomes estabelece, em 1966, uma espécie de programa geral de voo, expressando simpatia pelas teses de Brecht, embora sem adesão incondicional, ao mesmo tempo que afastava as normas professorais formuladas por Lukács, bastante divulgadas e influentes naquela fase.

*

Na resenha que faz, em 1966, de *O teatro épico*, livro de Anatol Rosenfeld (que comentamos no segundo capítulo), Dias Gomes identifica "dois fascinantes temas para debates", que julga depreender das afirmações do ensaísta.

O primeiro deles relaciona-se ao fato, real ou suposto, de que "do ponto de vista do teatro puro é o gênero dramático aquele que se apresenta em maior pureza, pois (ao contrário do épico e do lírico) diz respeito unicamente ao palco". O segundo tema controverso, de acordo com Dias Gomes, consiste em que, "sendo a construção dramática a mais dialética, deveria ser a mais indicada à representação de um mundo como o nosso, em que a *causalidade dramática* predomina sobre a *substancialidade épica*" (Gomes, 1966: 449).

Vale pôr em dúvida a pertinência dessas questões. No primeiro caso, lembre-se que a pureza do gênero dramático não constitui, em si, valor

A dramaturgia musical 243

positivo; acham-se em discussão, antes, as possibilidades que o modelo do drama rigoroso tem de exprimir as contradições do mundo moderno, com a emergência de novas classes e demandas na arena política.

Falando do segundo tema, deve-se ressaltar que, assim como há dialética dramática, não deixa de existir dialética épica. A história que se abre em grandes planos para dar a ver movimentos coletivos, que por definição ultrapassam a esfera de ação individual, propõe as suas contradições e estabelece, com elas, a sua dialética. Já não se trata principalmente, é verdade, das relações de causa e efeito (que subsistem no drama épico: vejam-se as peças de Brecht), mas do contraponto que se estabelece entre cenas *aparentemente* independentes. Visa-se compor o painel, mais que o enredo linear.

Por fim, ainda no âmbito da segunda questão proposta por Dias Gomes: não se pode falar aqui em "substancialidade épica", noção que talvez se relacione aos conceitos expostos em *A teoria do romance*, de Georg Lukács. A ideia de substancialidade vale ao se definirem as narrativas clássicas, das quais a homérica é o exemplo paradigmático. A épica moderna já não conhece qualquer substancialidade; pelo contrário, torna-se problemática (no sentido usado pelo filósofo em sua *Teoria*), tal qual o é o próprio mundo contemporâneo (Lukács, 2003).

Rosenfeld utiliza o termo "épico" em sentido estrito, como adverte na abertura de seu livro:

> Quanto ao termo "épico", é usado no sentido técnico — como *gênero narrativo*, no mesmo sentido em que o usam Brecht, Claudel e Wilder, neste ponto formal concordes (...). A epopeia, o grande poema heroico, termos que na língua portuguesa geralmente são empregados como sinônimos de "épico", são apenas espécies do gênero épico, ao qual pertencem outras espécies, tal como o romance, a novela, o conto e outros escritos de teor narrativo (Rosenfeld, 1997: 12).

Dias Gomes, a nosso ver, percebe melhor as noções expostas pelo ensaísta quando cita, por exemplo, a passagem na qual Rosenfeld diz que o épico, em Piscator, proporciona "uma ligação entre a ação cênica e as grandes forças atuantes na história — concepção que contradiz radicalmente os princípios do drama rigoroso". Ou ainda quando, ao falar em Brecht, menciona as palavras de Rosenfeld, que explica as razões do dramaturgo alemão: a primeira delas equivale ao "desejo de não apresentar apenas as relações inter-humanas individuais — objetivo essencial do drama rigoroso e da peça benfeita — mas também as determinantes sociais dessas relações", filiando-se a premissas marxistas; a segunda corresponde ao programa pedagógico que integra o teatro brechtiano (Rosenfeld, em: Gomes, 1966: 450).

As restrições que fazemos à maneira como Dias Gomes entendeu o livro de Rosenfeld pretendem apontar o fato de que as noções de épico e dramático não tinham sido, àquela altura, completamente assimiladas. Justamente dessa circunstância decorria a oportunidade do breve mas substancial volume, com o qual Rosenfeld visava arrumar a casa no plano teórico.

É significativo que Dias Gomes buscasse, ainda que de passagem, iluminar os próprios projetos — que, em *Dr. Getúlio*, sem dúvida ligaram procedimentos dramáticos e épicos — com apoio nas intuições surgidas ao contato das explanações de Rosenfeld. Dias escreve como quem pensa em voz alta: "Curioso, é que o excelente livro de Anatol Rosenfeld nos leva a indagar — a nós, que, em princípio, estamos com Brecht — se, com base no mesmo marxismo, não poderíamos defender também, com eficácia talvez surpreendente, a adequabilidade do drama à representação teatral do mundo de hoje".

Reportando-se imediatamente às indagações suscitadas pelo livro e fazendo eco ao ensaio que publicara meses antes, conclui: "Pois são as perguntas e as dúvidas que enredam a dramaturgia moderna num cipoal de perplexidades" (1966: 450).

Interessa ressaltar os "fascinantes temas para debates" apontados por Dias Gomes, para além de eventuais equívocos. Entre esses temas, destaca-se a ideia de que o drama rigoroso ainda pode servir à expressão da vida contemporânea, ou de alguns de seus aspectos. Dias e Gullar procederam segundo essa linha em *Dr. Getúlio* e depois em *Vargas*: somaram processos dramáticos e épicos, criando obra polêmica nos planos temático e formal.

As peças

Os inimigos do ex-ditador Getúlio Vargas, então presidente eleito, faziam a ele constantes acusações de corrupção durante a crise que, em 1954, culminou em seu suicídio.

Dias Gomes e Ferreira Gullar buscaram "extrair a essência daquele momento histórico e relacioná-la com a nossa realidade". Segundo os autores, a campanha contra Vargas, de que um dos líderes foi o jornalista Carlos Lacerda, tinha outras motivações. Não se aceitava a orientação nacionalista que o presidente vinha imprimindo a seu mandato, com o limite estabelecido para a remessa de lucros ao exterior e com o monopólio estatal do petróleo (a Petrobras fora criada em 1953). Dias e Gullar perguntam: "por que nos países sul-americanos, sempre que um presidente tenta seguir um caminho nacionalista ou reformista é derrubado?" (Gomes e Gullar, 1968: Introdução).

A trajetória percorrida por Getúlio, da campanha e da eleição pelo voto direto em 1950 ao suicídio em agosto de 1954, responde pela matéria de *Dr. Getúlio, sua vida e sua glória*, peça que estreou em 1968, modificada em algumas passagens e chamada *Vargas* na segunda montagem, ocorrida em 1983.

O pedido de desculpas com que os autores iniciam a Introdução a *Dr. Getúlio* trai a ambição que alimentam. Eles afirmam:

> É preciso deixar claro desde já que não temos a pretensão de haver inventado uma nova forma de teatro, um novo gênero. O *enredo*, forma em que a peça foi escrita, pode realmente vir a ser isto, um novo gênero teatral. Mas se tal acontecer, seus inventores terão sido os componentes das Escolas de Samba do Rio de Janeiro, o próprio povo, enfim (Gomes e Gullar, 1968).

Os autores enlaçaram habilmente dois planos, numa espécie de jogo de espelhos: o plano da ficção, que corresponde ao enredo carnavalesco (composto, no entanto, por figuras históricas), e o da realidade, que apresenta os conflitos no interior de uma escola de samba (onde aparecem figuras inventadas).

Percebemos o empenho de pesquisa que marca o trabalho: a redação de uma peça em prosa e verso, com a utilização de música popular — no centro do palco, está a bateria da escola. Quinze anos mais tarde, os autores constatam em nota à edição de *Vargas*: "*Dr. Getúlio, sua vida e sua glória* (título original) foi um dos últimos espetáculos, senão o último, de uma dramaturgia brasileira que surgiu em fins da década de 50 e que propunha um teatro político e popular de questionamento de nossa realidade" (Gomes e Gullar, 1983: 13).

O retrato que os autores fazem de Getúlio é polêmico, já que ressaltam suas qualidades nacionalistas, ao mesmo tempo que minimizam seu passado de ditador implacável com os inimigos. As motivações ideológicas e o intuito até certo ponto didático preponderaram sobre fatos muito conhecidos — a polícia política, a tortura, os assassinatos praticados na fase do Estado Novo, de 1937 a 1945. Os dramaturgos buscam justificar essa opção, da qual se pode discordar, é claro.

Do ponto de vista formal, vale notar, com os autores, que "épico e dramático se entrelaçam", ainda que não de todo, conforme se vai comentar adiante. A música pode interromper epicamente a ação, como também pode acentuar as qualidades propriamente dramáticas da história. Por exemplo: terminada a reunião ministerial que antecederia o suicídio do presidente em poucas horas, lê-se em *Dr. Getúlio* (e em *Vargas*) a seguinte rubrica: "A bateria toca enquanto os ministros se retiram, mas um toque surdo, dramático e em surdina. Cessa quando sai o último ministro. Getúlio fica a sós com Alzira" (1983: 105).

Qual é a proposta da peça, resumida no prefácio originalmente publicado em 1968? Os autores sugerem que se use a forma descontínua e fantasista do enredo carnavalesco na elaboração de textos teatrais. E explicam as razões para isso: "O enredo é uma forma de narrativa livre, aberta, que pode prescindir até mesmo da lógica formal, muito embora a sua característica de desfile pressuponha uma ordenação. Mas essa ordenação pode ser quebrada, subvertida, sem prejuízo de uma unidade e uma coerência próprias" (Gomes e Gullar, 1983: 10). De novo, como no *Bicho*, notamos o empenho na descoberta de formas não realistas de apelo popular que ajudem a dar conta da realidade.

Aqui, deve-se distinguir entre os dois textos — *Se correr o bicho pega* e *Dr. Getúlio* —, ambos relacionados por nós entre os inspirados em fontes populares. A peça de 1966 liga-se de maneira mais direta a essas fontes, quando transporta para o teatro profissional feito no Rio de Janeiro, informado pela vida urbana e politicamente participante, as formas tradicionais da farsa e do cordel. Dá-se o reaproveitamento criativo de tais formas, absorvendo-se, de quebra, algo de sua ingênua malícia (a irreverência diante dos poderosos e a verve sexual, basicamente).

Já em *Dr. Getúlio*, cria-se estrutura teatral realmente nova, a partir do enredo carnavalesco, embora se deva ressalvar que as cenas de carnaval permanecem, em parte, um pretexto, um mote para a história, a que só às vezes se integram de modo substantivo.

O enredo dos desfiles de escolas de samba reúne evidentes qualidades de espetáculo, plásticas e cênicas, mas não especificamente teatrais, entendendo-se "teatro" em sentido estrito; por isso mesmo, a operação pela qual se transpuseram formas populares para o meio culto dos palcos foi, em *Dr. Getúlio*, de maior monta; a distância percorrida entre aquelas formas e sua reaparição como texto e espetáculo dirigidos à classe média se afigura mais extensa. O que também implica dizer que, em *Dr. Getúlio*, a atitude dos autores teve caráter mais cerebral, enquanto em *Bicho* a intuição ou a espontaneidade prepondera, pois se atualiza a farsa, gênero de vigência tão inconsciente e *natural* quanto a de certos ritmos musicais e poéticos.

Está claro que não se trata aqui de juízos de valor, com os quais se pretenda estabelecer hierarquia entre as peças. Buscamos tão somente assinalar qualidades essenciais que as distinguem, correspondentes a diferentes caminhos, trilhados à época, de recriação das práticas populares; espécie de pesquisas e experiências que explicitamente preocupou dramaturgos e diretores nos anos 1960 e 1970.

De volta a *Dr. Getúlio* e a *Vargas*, consideradas em si mesmas: apesar de os autores afirmarem que "épico e dramático se entrelaçam" e que "o enredo é uma forma de narrativa livre, aberta", os elementos dramáticos (neles implicado o encadeamento rigoroso, *fechado*) tendem a predominar sobre os elementos épicos nas duas peças. Ainda que se deva discutir esse ponto, o fato é que se encontrava, com elas, uma das chaves para se fazer um teatro brasileiro, político e musical.

O texto de 1968

Duas histórias paralelas, que se fundem em certos pontos-chave, constituem o argumento de *Dr. Getúlio, sua vida e sua glória* (dirigido por José Renato, o espetáculo estreou a 10 de agosto em Porto Alegre). Uma dessas tramas traz a escola de samba que, liderada por Simpatia, prepara enredo carnavalesco sobre os lances finais da trajetória política e da própria vida de Vargas. A outra linha do entrecho apresenta cenas em que aparecem as figuras históricas: além do velho caudilho, vemos seus ministros, parentes e auxiliares — Oswaldo Aranha, Alzira Vargas, Benjamim Vargas, Gregório Fortunato — e seus inimigos, dos quais o mais importante e ruidoso é o jornalista Carlos Lacerda.

A luta pelo poder no interior da escola de samba, travada entre Simpatia e o ex-presidente da entidade, Tucão, desdobra-se na disputa, entre os dois homens, em torno da porta-estandarte Marlene, atual mulher de Simpatia e ex-amante de Tucão, bicheiro que fora líder e patrocinador da escola por 10 anos. O contraventor perdeu a eleição que fez de Simpatia o novo presidente — e ameaça retirar seu apoio, sem o qual a escola corre o risco de não desfilar no carnaval. Essa luta aproxima por analogia as duas tramas, fazendo com que se repliquem mutuamente.

248   Com os Séculos nos Olhos

O clima a que as cenas obedecem muda conforme o caso: as situações coletivas, de maneira geral, exibem tom caricato, de acordo com a atmosfera de nonsense que distinguia (ontem mais que hoje) os desfiles carnavalescos. O que vemos, aliás, segundo a convenção ficcional, são simples ensaios na quadra da escola. Esses passos épicos, em que se conta na quadra a história de Vargas, contrastam com as cenas dramáticas, interpessoais, que assinalam o plano histórico, embora compareçam também ao da escola.

As passagens integrantes do plano da escola de samba foram redigidas em verso, usualmente o de sete sílabas, enquanto as que compõem o plano histórico foram escritas em prosa. Busca-se conferir feição realista, com apoio na prosa, às passagens históricas que alimentam a ficção do enredo carnavalesco; enquanto as cenas supostamente reais, na escola de samba, ganham o colorido rítmico que os versos lhes emprestam.

Há cenas tensas, dramáticas em dois sentidos (o de estilo e o de atmosfera), em ambos os planos; estas passagens transcorrem como que emolduradas por cenas ou recursos épicos. Um exemplo é o diálogo áspero entre Marlene e Tucão, na primeira parte da peça, quando o bicheiro tenta reconquistar a moça na marra, mas é rejeitado; a esse encontro, segue-se trecho do samba-enredo criado por Silas de Oliveira. A rubrica a essa altura prevê: "Sobre o canto, segue o desfile". Pode-se dizer que também os conflitos no interior da escola são, em momentos como esse, *distanciados* pela farra épica dos ensaios.

As histórias correm paralelas: por vezes, o que se dá é mera justaposição de uma e outra (com o que também se justapõem os estilos épico e dramático). Noutros momentos, porém, de fato se persegue a fusão, como ao final da primeira parte. No instante em que Getúlio, sempre interpretado por Simpatia, está prestes a assinar a lei "que cria a Petrobrás e garante o monopólio estatal do petróleo", sancionando-a, surge Tucão que berra: "Palhaçada!". O texto sugere a coincidência de figuras e situações:

> TUCÃO
> Quando é
> que vão acabar com essa
> palhaçada?
>
> SIMPATIA
> Tá com pressa?
> Palhaço, aqui, só você
> que comete essa ousadia
> sem nem respeitar o público.

> TUCÃO
> Quem fala? É o Dr. Getúlio
> ou o moleque Simpatia? (Gomes; Gullar, 1968: 45).

A cena de confronto entre os rivais envolve reconhecimento, pelos autores, do passado ditatorial de Vargas, trazendo ainda informações aos menos avisados. Para exprimir esses dados, os autores valem-se de Tucão, que descrê dos propósitos nacionalistas do caudilho ("Getúlio ia/ dar o petróleo pros gringos./ Não deu porque não deixaram"), no que é contestado pelo adversário ("Não fale tanta besteira./ Era só o que faltava,/ pôr Getúlio de entreguista!").

Tucão então pergunta pela "verdadeira/ razão por que ele mandava/ espancar os comunistas,/ da campanha do petróleo". Tem seus argumentos desqualificados por estar "cheio de óleo", mas ainda assim denuncia:

> TUCÃO
> Esse Getúlio bonzinho
> que vocês estão mostrando
> nunca existiu de verdade.
> É um Getúlio inventado
> para engabelar o povo.
> Vai, pergunta ao deputado
> o que foi o Estado Novo.
> Era gente na cadeia,
> era cara torturado,
> "telefone", "pau de arara"... (1968: 47).

Embora os autores tenham incorporado os aspectos negativos do político Vargas (antecipando possíveis réplicas dos críticos, que mesmo assim não deixaram de ocorrer), o fato de o terem feito mediante falas confiadas a Tucão, personagem tirânico, de caráter negativo, faz com que a denúncia em parte se dilua, perdendo algo de sua força. De todo modo, a primeira parte da peça se encerra com os manifestantes da campanha do petróleo, mais uma vez, a apanharem (comicamente) da polícia:

> UM PARTICIPANTE
> (Sendo espancado por um policial)
> Mas o que é isso, irmão! Getúlio já assinou o decreto. Nós agora estamos dentro da lei! O petróleo é nosso mesmo!

POLICIAL
(Brandindo um cassetete de borracha)
E a borracha também! (1968: 50).

A segunda seção do texto reforça processos utilizados na primeira. Assim, a presença da escola, nas cenas coletivas, mantém o humor e, com ele, pode lançar olhares desmistificadores, críticos, sobre as personagens históricas. Maria Helena Kühner, no artigo "Dr. Getúlio: caminho para um novo teatro", publicado pouco tempo depois da estreia, entre elogios e reparos à peça, afirma que os autores souberam "utilizar, como linguagem cênica mesmo e não como simples ilustração apenas, as *alegorias* tradicionais, ou servir-se dramaticamente dos próprios figurinos e imagens plásticas, nesse *falar pela imagem* tão importante e característico de nosso século". E o fizeram, por exemplo, ao caricaturar a figura de Lacerda, "em amarelo vivo de ave de rapina, com rabo e asas em constante agitação" (Kühner, em: Gomes, 1992: 442-443).

As cenas que envolvem, em estilo dramático, a figura de Getúlio são traçadas à maneira realista e recortadas, em meio à história, de modo estanque; as intenções mais críticas não alcançam, nem pretendem alcançar, a estampa do presidente. Dias Gomes declarava sobre a personagem, em entrevista na ocasião da estreia de *Vargas*:

> Ele é uma figura mítica, como todas as outras abordadas pelos enredos das escolas de samba. Ainda assim, muitos dados — fora do mítico — são fornecidos para a plateia refletir melhor e poder formar uma imagem mais completa de Vargas. Fazemos, inclusive, referências aos aspectos negativos de Vargas, no seu passado de ditador. Mas, quando é a escola que fala, ele aparece, evidentemente, como uma figura mítica, sem claro-escuro ou matizes (Gomes, 1992: 434).

A fusão entre os dois planos, que os autores teriam almejado e que, segundo Maria Helena Kühner e Nelson Werneck Sodré (que citamos adiante), só obtiveram parcialmente, consuma-se ao final do texto, escrito de maneira a alçar o protagonista às alturas do mito, ao mesmo tempo que sua figura se confunde com a de Simpatia, quando as personagens emprestam seus traços uma à outra. No dizer de Antonio Callado, "a encarnação de Getúlio em Simpatia e o esforço de Simpatia para representar Getúlio dão uma dignidade inesperada à morte de Simpatia e uma espécie de religiosidade popular à morte de Getúlio" (Callado, em: Gomes e Gullar, 1968: Prefácio).

A dramaturgia musical 251

As Aves de Rapina, ou seja, membros da escola aliados de Tucão e, nos ensaios, caracterizados dessa forma, atiram contra Simpatia, momento valorizado pela dor de Marlene, que anuncia o assassinato aos gritos. O episódio projeta ainda, sobre a personagem histórica, a noção de que seu suicídio equivale simbolicamente a homicídio cometido por seus inimigos, como notou Sábato Magaldi (1998: 143).

Tais lances transcorrem enquanto se ouve a voz gravada do ator que interpreta Simpatia e Getúlio, lendo a famosa carta-testamento de Vargas. O documento se encerra com estas palavras: "Serenamente dou o primeiro passo no caminho da eternidade, e saio da vida para entrar na História".

*

A questão ideológica em *Dr. Getúlio*, apesar das claras explicações fornecidas pelos autores, afigura-se polêmica. Não se trata de exigir, da dramaturgia, que seja fiel a detalhes factuais, mas, sim, à substância que preside a eles. Dias e Gullar procuraram fazê-lo, extraindo "a essência daquele momento histórico" para "relacioná-la com a nossa realidade", a de um país cujo desenvolvimento se deixa retardar pelos interesses que lhe são contrários, criados dentro ou fora destas fronteiras.

Sem pretender solucionar o problema referido, mas visando registrá-lo neste trabalho, lembramos as palavras de Sábato Magaldi que, embora ressaltando as qualidades formais de *Dr. Getúlio*, escreveu sobre seus aspectos ideológicos, em artigo de 1976: "Os brasileiros que se levantaram contra Getúlio se equipararam, na visão dos autores, a aliados conscientes ou inconscientes da força imperialista internacional, que sempre sufocou o verdadeiro nacionalismo". A seguir, o crítico retruca:

> Para quem viveu sob a ditadura de Vargas, durante o Estado Novo, é muito difícil aceitar essa explicação simplista. Mesmo se se tem em mente a existência de dois governos em bases distintas, até a deposição e até o suicídio, não se consegue apagar a figura do caudilho, responsável por alguns dos crimes mais hediondos que já se cometeram no país. O ditador malévolo, servido por uma polícia treinada nas escolas de Hitler e por um DIP [Departamento de Imprensa e Propaganda] que silenciou inapelavelmente todas as consciências, não pode, num passe de mágica, virar herói nacional, defensor dos humildes contra a sanha dos donos da vida (1998: 142).

Para Sábato Magaldi, a partir desses argumentos, torna-se problemático esquecer o ditador "em função do equacionamento da História numa ótica artificial, mobilizada para a luta contra o imperialismo" (1998: 142).

Escrevendo já em 1968 sobre *Dr. Getúlio, sua vida e sua glória*, sob perspectiva distinta, o crítico Nelson Werneck Sodré falou sobre a vocação popular da peça, capaz de abrir caminho no sentido de transformar o teatro, novamente, na arte de massas que já foi noutras épocas:

> O impasse da peça (...) consiste precisamente nisso: em não ter podido completar aquilo que surgia dela, intrinsecamente, como uma necessidade, integrando-se nas multidões, nas praças, nos anfiteatros abertos, com amplos palcos e sistemas acústicos correspondentes, valorizando ao máximo, nela, o que as massas acolhem com mais facilidade, inclusive a dança e a música (Sodré, 1968: 203).

Esse impasse "não estava com a solução ao alcance dos autores, nem da companhia que empresou a peça".

Nelson Werneck Sodré percebe dois obstáculos para que tais ideais se realizem: o primeiro, de ordem econômica, o segundo, de natureza política. Apesar dos problemas existentes no instante em que escrevia (o artigo saiu na *Revista Civilização Brasileira* em setembro de 1968), sustentou: "Não se surpreendam: penso que o primeiro perigo é maior. Se tudo permanecer constante, neste momento e neste país, o que mata o teatro é a limitação material, que parece insuperável; as limitações políticas são superáveis" (1968: 204).

O articulista faz leves reparos ao texto. O que chama de "problema técnico", no plano da dramaturgia, foi de modo geral bem resolvido, "com a fusão dos dois planos, o do enredo da escola de samba e o da realidade da vida de Getúlio, em sua derradeira fase". Essa fusão responde por "um dos aspectos essenciais da peça, um pouco daquilo em que ela realmente inova, e inova com audácia, dentro dos domínios da arte teatral". Contudo, ressalva, para concluir louvando o empreendimento: "É preciso dizer (...) que tal fusão não se operou plenamente; em alguns trechos há simples paralelismo; em outros, o paralelismo torna-se simetria. (...) Mas o caminho ficou aberto, a direção está indicada" (1968: 204).

Maria Helena Kühner, em artigo publicado no *Jornal do Brasil*, já mencionado, refere-se a problemas similares. Ela entendeu que, nos desfiles carnavalescos, as personagens apresentadas são antes figuras plásticas, que ilustram episódios, mas não agem como o fazem as criaturas nas tramas teatrais. Têm algo de imagens estáticas (no sentido literal da estatuária), mesmo quando encarnadas em intérpretes vivos. A ensaísta então reclamava que as figuras do enredo carnavalesco se projetassem em atos e fatos, ganhando movimento, e reconhecia que os autores buscaram promover esse mecanismo, conseguindo realizá-lo em parte.

É verdade: o enredo carnavalesco tende a fixar emblematicamente os seus acontecimentos e personagens, à diferença do texto dramático, que os colhe em plena ação e, mais que isso, em momentos de crise. Ao procurar converter, ou reconverter, as criaturas do enredo em personagens dramáticas, os autores optaram por usar o diálogo e demais processos da técnica tradicional, emoldurando-os com recursos épicos: o samba, a escola na quadra, a bateria, as fantasias que servem bem à caricatura de figuras históricas, a exemplo dos ministros e de Lacerda, desmistificando-as. Assim, criaram texto híbrido, que sem dúvida permanece inspirador; mas que demandará reflexão dos que o tomarem como base para novos espetáculos ou, mais ainda, como referência para a redação de novas peças.

As brilhantes soluções relativas aos dois planos, desenvolvidos em espelho, somam-se aos impasses subsistentes. Imaginamos que, para as eventuais montagens, o mais importante desses desafios consista em saber como sugerir a força dos inimigos do país (pressuposto que existam), ao mesmo tempo evitando a armadilha de beatificar o perfil complexo de Vargas, reduzindo-o a simples vítima das próprias boas intenções nacionalistas.

O texto de 1983

Muito do que se disse a respeito de *Dr. Getúlio* deverá valer para *Vargas*, pois a estrutura básica e os achados de dramaturgia não se alteram substancialmente da primeira para a segunda versão da obra. Algumas cenas não sofrem qualquer mudança de um texto para o seguinte; outras, porém, trazem modificações em seu sentido, em geral de modo a acentuá-lo. É preciso, portanto, notar as diferenças existentes, algumas relevantes; elas tornam *Vargas* uma peça mais completa e melhor que a anterior.

O espetáculo estreou a 3 de outubro, no Rio de Janeiro, sob a direção de Flávio Rangel, com Paulo Gracindo, Oswaldo Loureiro, Isabel Ribeiro e Grande Othelo nos papéis principais; o novo samba-enredo foi composto por Chico

Buarque e Edu Lobo. Três marchas, *jingle* eleitoral e samba da década de 1950 adicionaram-se à trilha, ajudando a ambientar e a comentar os fatos políticos.

Dias e Gullar sublinham, no texto de 1983, o paralelismo proposto na peça de 1968. Nesta, Simpatia já interpretava Getúlio, mas Tucão, seu inimigo, não se envolvia diretamente nos ensaios da escola. Pelo contrário, mantinha-se desligado dos preparativos, ainda que durante todo o tempo estivesse por perto, a conspirar contra Simpatia e a tentar reconquistar, ou reaver, Marlene.

Em *Vargas*, Tucão participa dos ensaios na quadra, fazendo o papel do grande adversário de Getúlio, Carlos Lacerda. Com isso, os autores concedem maior presença a Lacerda, em relação àquela que a personagem exercia na primeira peça. Eles ampliam voz e função dos antagonistas, conferindo à estrutura geral mais interesse e equilíbrio.

O major Vaz, morto no atentado da Rua Toneleros, no Rio de Janeiro, agressão que supostamente visava atingir Carlos Lacerda (ferido no pé), não aparecia em *Dr. Getúlio*, mas comparece a *Vargas*. Trata-se de consequência do mencionado destaque maior dado aos antagonistas; na condição de guarda-costas de Lacerda, o militar necessariamente se inclui nessa área. Novos textos, extraídos de manifestações do jornalista, reforçam o procedimento.

Acrescenta-se ainda, entre as seções do desfile carnavalesco, a Ala dos Lanterneiros, alusiva ao Clube da Lanterna, entidade atuante naqueles tempos, à qual políticos da reacionária UDN estavam ligados. Outras mudanças dizem respeito à plausibilidade das situações; nesse sentido, uma das mais notáveis é a que se dá no comportamento de Alzira Vargas, personagem dotada de atitudes menos voluntariosas e mais verossímeis no texto de 1983.

As descobertas dramatúrgicas essenciais, no entanto, pertencem todas à primeira versão. Podem-se apontar as mais relevantes, reiterando o que já se disse: o enredo de carnaval utilizado como artifício para apresentar e comentar a história; o paralelismo, pelo qual duas tramas evoluem como que em espelho; o uso realista da prosa para as personagens históricas, que alimentam o enredo, e o uso não realista do verso para as figuras ficcionais, representativas das camadas pobres ou remediadas do Rio de Janeiro.

Os dramaturgos optaram por se manter próximos de seu objeto, ao final, em lugar de se distanciarem dele. Morto Simpatia, fuzilado pelos comparsas de Tucão, Marlene debruça-se sobre o corpo do amante, "ergue a cabeça e seu olhar se ilumina". Os versos finais de sua fala:

MARLENE
Ele lutou pela Escola
e a Escola vai desfilar
como ele disse e queria.
Vamos, entra a alegoria
final! Os chefes de alas!
Passistas! O mestre-sala!
Tudo pronto? Bateria!
Agora vamos cantar
com emoção e energia,
com o desatino da vida
e a força da melodia,
como se o samba pudesse
ressuscitar quem um dia
a seu povo se entregou
inteiro e com valentia
morreu pelo que sonhou (1983: 116).

Note-se a ambiguidade que enriquece o desfecho, ou seja, a fusão, ao menos momentânea, das imagens de Simpatia e Vargas — no entanto atropelada pelo "enorme retrato de Getúlio" que desce, enquanto o corpo de Simpatia é depositado sobre o leito alusivo ao do presidente suicida. Um dado importante é o de que "toda a Escola canta o samba-enredo em ritmo lento, solene, quase falado".

Nesse clima, os últimos versos, ditos pelo Autor, colam-se à imagem da personagem-título, atenuando o distanciamento. Embora exterior ao enredo e, portanto, ao episódio do suicídio, a figura do Autor se mostra afetivamente ligada àquele episódio:

AUTOR
O enredo termina aqui.
É parte de nossa História,
que eu, como povo, vivi.
A verdade escrita em sangue
vira mito na memória,
mas tudo se deu assim,
isso eu posso garantir,
porque, meninos, eu vi (1983: 117).

Os textos épicos de matriz brechtiana

De *Revolução na América do Sul* a *Zumbi*

Ao comentar o Sistema Coringa, de Augusto Boal, no segundo capítulo deste trabalho, lembramos que o diretor dividiu a trajetória do Teatro de Arena, de 1956 a 1967, em quatro fases: a primeira, realista, baseou-se em textos estrangeiros, devidos a autores como Sean O'Casey. A segunda, também realista ou "fotográfica", encontrou em *Eles não usam black-tie*, de Guarnieri, o mote para o texto e o gesto brasileiros. A terceira etapa consistiu na "nacionalização dos clássicos", entre eles Maquiavel e Molière. Por fim, veio o ciclo dos musicais, no qual as peças mais importantes foram *Arena conta Zumbi* e *Arena conta Tiradentes*.[42]

Dizíamos então que Boal deixou de discernir diferenças substanciais entre as peças que relacionou na segunda fase, a da fotografia. Argumentamos que *Black-tie* e *Chapetuba*, esta de Vianinha, integram-se perfeitamente na categoria das obras de índole fotográfica, isto é, mimética, mas que o mesmo não se pode dizer de *Revolução na América do Sul*, do próprio Boal, também situada por ele naquela segunda etapa. *Revolução* mostra-se marcadamente épica: a unidade de lugar fragmenta-se, e a coerência se mantém sobretudo pela presença do protagonista, que liga os quadros uns aos outros (em aparente reminiscência da figura do compadre, procedente das revistas). E a peça é farsesca: o autor dispensa por completo a verossimilhança, valendo-se dos exageros cômicos.

Sugeríamos assim, àquela altura, distinguir entre realismo fotográfico, de um lado, e realismo farsesco, épico ou épico-farsesco, de outro. Ambas as correntes procuram seus assuntos no cotidiano político dos brasileiros, ou seja, as afinidades entre elas acham-se nos aspectos temáticos e ideológicos.

Além de *Revolução*, apontávamos duas outras obras da mesma época — realizadas não pelo Arena, mas por artistas que haviam pertencido ao grupo — como de fatura épica. Foram escritas por Vianinha: *A mais-valia vai acabar,*

---

42 "O Arena tem uma vasta produção de musicais", anotou Boal no primeiro dos artigos que valem como introdução a *Arena conta Tiradentes*. Alguns desses espetáculos, os três primeiros de 1965, o último de 1967: *Esse mundo é meu* (músicas de Sérgio Ricardo), *Arena conta Bahia* (de Boal, direção musical de Caetano Veloso e Gilberto Gil, com Maria Bethânia e Tom Zé), *Tempo de guerra* (de Guarnieri e Boal, com Bethânia, Gil, Gal Costa e Tom Zé) e *A criação do mundo segundo Ari Toledo* (em: *Dionysos*, 1978).

A dramaturgia musical 257

seu Edgar, encenada por Chico de Assis em 1960, ano em que também estreou *Revolução*; e *Brasil — versão brasileira*, montada em 1962, sob a direção de Armando Costa, no âmbito do Centro Popular de Cultura. Vianna e Chico de Assis, como se sabe, tinham integrado a companhia paulistana.

A distinção importa porque busca fixar a gênese dos musicais politizados produzidos ao longo dos anos 1960 e 1970, adotando-se agora visada mais ampla, isto é, não apenas relativa às peças do Teatro de Arena, mas a uma larga safra de espetáculos cantados feitos no período.

Tratando dessa companhia, a ensaísta Mariangela Alves de Lima, no artigo "História das ideias", que consta da edição dedicada ao Arena pela revista *Dionysos,* aflora o tema ao constatar: "Muitos dos problemas levantados pela dramaturgia que o Arena criou na sua fase de investigação do que é brasileiro [a da fotografia] só foram compreendidos mais tarde, depois de duas fases distintas de experiências estéticas".

Referindo-se à busca de personagens e processos capazes de reproduzir fielmente as figuras nacionais, Mariangela Alves de Lima acrescenta: "A passagem da procura desse herói nacional para a fase denominada de 'adaptação dos clássicos' foi explicada pelo grupo como uma necessidade de ultrapassar as camadas mais emotivas e imediatas da identificação provocada pelo realismo". E ressalva: "A explicação parece inadequada, uma vez que *Revolução na América do Sul* e *O testamento do cangaceiro* [esta de Chico de Assis] demonstravam um considerável descompromisso com a ilusão de realidade" (Lima, 1978: 51).

Este "considerável descompromisso" com a ilusão mimética, trocada por humor, canções e fantasia teatralista, irá informar os musicais do grupo, ligando *Revolução na América do Sul* a esses espetáculos inovadores, laços apontados por Cláudia de Arruda Campos no livro *Zumbi, Tiradentes*. Mas, reiteramos, não somente os musicais do Arena exibem tais marcas de família: os processos experimentados em *Revolução, A mais-valia* e *Brasil — versão brasileira*, aludidos quando comentamos o Coringa, influem sobre toda a produção de espetáculos cantados e engajados ao longo dos anos 1960 e 1970; a vertente épica predomina sobre a tendência realista, sem excluí-la.

Note-se que a própria opção pelo musical é, por princípio, não realista, mas teatralista (a realidade nesses espetáculos é lírica ou epicamente referida, não dramaticamente imitada). Tais laços parecem naturais quando se nota a presença de Vianinha e Armando Costa em *Opinião*, ao lado de Paulo Pontes, e a participação deste em *Gota d'água*, para citar alguns exemplos entre os vários possíveis.

Houve continuidade estética e política, no entanto, não somente porque diversos artistas e intelectuais se mantiveram atuantes, mas porque puderam conservar certa coerência de propósitos e de práticas artísticas, mesmo sob circunstâncias distintas das que havia em torno de 1960, circunstâncias que se transformavam velozmente; o que também conduziu a resultados estética e ideologicamente polêmicos, que procuramos discutir ao tratar das peças já analisadas e aos quais voltaremos adiante.

*

Em *Zumbi, Tiradentes*, livro publicado em 1988, a ensaísta Cláudia de Arruda Campos revê a trajetória do Teatro de Arena, detendo-se nos dois principais musicais feitos pelo grupo. A autora localiza a matriz desses textos em *Revolução na América do Sul* e, com menos ênfase, em *O testamento do cangaceiro*, definindo tais peças por oposição às que foram escritas, na mesma época, por Guarnieri e Vianna Filho.

Naquelas obras de Boal e Chico de Assis, segundo Cláudia de Arruda Campos,

> percebe-se movimento contrário ao da dramaturgia de Guarnieri e Vianinha. Ao invés de partir-se da situação concreta, toma-se uma ideia política geral e a fábula é concebida como veículo para explicitá-la. Distingue-as também o estilo teatralista que não pretende em nada imitar o real, mas operar uma deformação expressiva (Campos, 1988: 47).

Ao inventariar qualidades de *Revolução* "que ressurgirão em *Zumbi*", a autora reporta-se às reações críticas no momento de estreia da comédia, entre as quais a de Delmiro Gonçalves. O comentarista viu com entusiasmo o fato de que, de modo pioneiro "em nosso teatro, todas as formas e técnicas foram usadas descaradamente e sem medo (...): circo, revista, canções, chanchada, farsa, com um despudor, uma entrega total que nos faz vislumbrar caminhos até agora impensados" (Gonçalves, em: Campos, 1988: 46-47).

Nessa passagem, o crítico relacionou gêneros vizinhos (revista, chanchada, farsa) sem discriminá-los, mas pôde destacar a novidade e o êxito dos processos adotados por Boal, no texto, e por José Renato, diretor do espetáculo. Cláudia de Arruda acrescenta que "a mistura de gêneros e estilos reaparecerá nos musicais, com a estrutura que não dispensa um prólogo e, ao final, uma exortação", traços tornados programáticos em *Tiradentes* (Campos, 1988: 47).

A dramaturgia musical 259

O crítico e professor Décio de Almeida Prado, no prefácio ao livro de Cláudia de Arruda Campos, chama a atenção para os liames estabelecidos por ela entre a emergência do épico e a fase musical do Arena. Endossando a distinção feita pela autora entre particularização dramática e generalização épica, Almeida Prado ressalta a natureza diversa dos talentos individuais que animaram o grupo. Ele diz:

> Essa diferença, já discernível na década de sessenta — não é por acaso que a entrada do teatro épico no Arena se dá por intermédio de *Revolução na América do Sul* —, torna-se ainda mais clara quando se considera a carreira posterior dos três escritores. Se Guarnieri e Vianinha se mantiveram vinculados ao nacional, à realidade brasileira do momento, Boal, (...) pelo feitio de sua inteligência, abstratizadora e classificadora por natureza, caminhou não só em direção a outras terras, antes mesmo que tivesse de se exilar, como a um certo tipo de universalismo artístico, no qual a luta entre o opressor e o oprimido perde as suas características locais, apresentando-se como forma fixa de relacionamento entre os homens em todos os níveis e em todos os lugares. A opção entre o concreto e o abstrato, entre o realismo e o teatralismo, de que o teatro épico é uma das vertentes, coloca-se, portanto, no âmago deste livro e da história do Teatro de Arena (Prado, em: Campos, XVIII).

As diferenças de personalidade certamente existem, o que se pode confirmar no fato de Boal ter formulado a partir de 1970 as técnicas do Teatro do Oprimido, pelas quais procurou estender aos leigos os instrumentos do teatro, destinando-os a exercícios de liberdade pessoal e social. Essa não é, porém, a perspectiva que temos em mente ao apontar, em *Revolução*, uma das matrizes dos musicais posteriores. Não somente Boal, mas também Guarnieri (sobretudo como coautor de *Zumbi* e *Tiradentes*) e Vianinha trilharam os caminhos da dramaturgia épica.

Vianinha, se realmente privilegiou o realismo (embora temperado pelas conquistas modernas) em peças como *Papa Higuirte* e *Rasga Coração*, por outro lado contribuiu para a aludida emergência do épico, já em 1960, com *A mais-valia*. Em chaves um pouco distintas, mas vizinhas, devem-se apontar ainda as técnicas e propósitos de índole narrativa em *Opinião* e *Se correr o bicho pega*, de que Vianna foi coautor. O alargamento de temas e processos desdobra-se em direções várias ao longo dos anos 1960 e 1970 — o que explica a tentativa de mapeá-las nas famílias estéticas em que distribuímos as peças.

No que diz respeito ao épico, pode-se constatar o que se segue. Os textos-colagem estabelecem o seu sentido mediante a soma dos fragmentos que, embora tenham origem diversa, guardam entre si afinidades ideológicas e formais. Se a estrutura épica tende ao mosaico, ao painel, ela encontra o seu feitio extremo nos textos compostos com base na superposição de elementos.

As peças inspiradas diretamente em fontes populares utilizam ou refazem mecanismos épicos tradicionais, entre os quais se acham as convenções de comédia e o esquema dos desfiles, comum nas manifestações do povo.

Já os textos de que nos ocupamos a seguir se servem de processos tomados a Piscator e a Brecht, aos quais acrescentam outros, de própria lavra. Essa categoria de peças distingue-se das demais pela presença decisiva de um narrador ou de narradores. *Zumbi* privilegiará a narração coletiva; *Tiradentes*, sem abandonar essa linha, vai confiar a tarefa de conduzir a história à figura singular do Coringa.

Restaria mencionar a quarta família estética, a dos textos inspirados na forma da comédia musical. Este gênero ou subgênero liga-se antes ao estilo dramático, podendo agregar procedimentos épicos, questões que abordaremos oportunamente.

Arena conta Zumbi

Na seção de seu livro dedicada a *Arena conta Zumbi*, montagem que estreou em São Paulo a 1º de maio de 1965, Cláudia de Arruda Campos apresenta percepções que interessam a nossos argumentos. Ela fala no parentesco que texto e espetáculo mantêm com o gênero da revista, sem deixar de assinalar que a obra, para além da crítica social (às vezes reduzida à piada, como na revista), propõe a análise política: a situação de Palmares deve iluminar, por analogia, a do Brasil de 1964. A ensaísta registra, ainda, o fato de existirem coincidências entre as formulações teóricas de Piscator e Brecht e as de Augusto Boal, influenciado por aqueles autores. Referimo-nos, a seguir, a essas percepções.

Ao falar sobre as práticas revisteiras em *Zumbi*, Cláudia de Arruda Campos cita palavras de Maria Helena Kühner, que no livro *Teatro em tempo de síntese*, de 1971, escrevera que "libertação e renovação são já tônicas do século", adquirindo relevo ainda maior "para quem sofre na pele os problemas do colonialismo e da ditadura". Maria Helena prossegue:

E vão se expressar não só em peças em que a libertação, em todas as suas formas, é a própria raiz temática (*O santo inquérito*, *Arena conta Zumbi*, *Arena conta Tiradentes*, etc.), como dando origem a uma das tendências mais interessantes da atualidade: o teatro musical, que assume feição muito própria nossa, totalmente diversa da comédia musical americana, por exemplo. Teatro musical que surge, assim, integrado em uma tradição de "revista popular" — em que a crítica social e política, embora simplista e ingênua, visa à situação do momento — como também na literatura popular, na tradição oral, em que os cantadores e autores se prendem, igualmente, dentro de uma temática variável, a uma crítica circunstancial, geralmente sob forma, em ambos os casos, de piadas ou anedotas (Kühner, 1971: 49).

Conforme reconhece Cláudia de Arruda Campos, o espírito da revista, gênero muito frequentado no país até os anos 1950, comparece a *Zumbi*, se pensarmos no humor que resulta "da alusão a costumes e a acontecimentos próximos". Mencionamos a noção de *topicalidade*, isto é, a qualidade do que é atual como fonte para o cômico, ao tratar de *Liberdade, liberdade*, peça na qual se brincava, por exemplo, com o despreparo dos militares para as tarefas civis e com a figura de Castelo Branco. Esse mesmo humor tópico é utilizado em *Zumbi*, podendo limitar-se eventualmente à piada e a seu efeito imediato. "A peça inclusive contém quadros que parecem não contribuir em nada para ampliar seu sentido, mas tão somente oferecer um momento de humor descontraído, malicioso, debochado", assinala a autora (Campos, 1988: 83).

Contudo, se essa espécie de comicidade em boa medida caracteriza *Arena conta Zumbi*, deve-se notar que não é o aspecto mais importante da peça. "As tradições populares", nomeadamente as da revista, "não presidem à concepção do plano geral do espetáculo", afirma a ensaísta, acrescentando: "Aqui o circunstancial é inserido em uma fábula que quer transcender o momento e se dirige, mais do que à crítica, que é apenas um de seus componentes, à análise política" (1988: 85).

Autores e elenco de *Zumbi* valem-se das tradições teatrais brasileiras, mas ambicionam superá-las, articulando sátira mais incisiva que a das velhas revistas e, sobretudo, promovendo exame e juízo da realidade social que se pretendem amplos, com a tentativa de radiografar seus pressupostos. Para fazê-lo, inspiraram-se no teatro de agitação praticado na Rússia e na Alemanha, na primeira metade do século XX; "um teatro de propaganda política em cuja ponta estão as atividades do *proletkult* soviético, que atinge sua realização mais acabada com o Teatro Proletário de Erwin Piscator e, ultrapassando o imediatismo da arte de agitação e propaganda, alcança a universalidade na obra de Bertolt Brecht" (Campos, 1988: 85).

Vale recordar que elementos do musical da Praça Tiradentes, misturados ao que se sabia sobre as montagens de Piscator e às lições contidas nas peças de Brecht, compunham a receita que resultou em *A mais-valia* e no teatro feito pelo CPC até as vésperas do Golpe.

*

Foram registradas informações sobre redutos de escravos fugidos, habitantes das serras nordestinas, desde as últimas décadas do século XVI. Houve dezenas de expedições, entre 1585 e 1740, para recapturá-los e para destruir os seus mocambos.

Uma das maiores comunidades formadas por fugitivos nas Américas, o quilombo de Palmares encontrava-se em sítio hoje correspondente ao município de União dos Palmares, na Serra da Barriga, área situada no estado de Alagoas, mas então pertencente à capitania de Pernambuco. O quilombo foi criado no início do Seiscentos; existiu por cerca de 100 anos, tendo enfrentado o assédio de portugueses e holandeses.

Desde meados do século XVII, Palmares possuía milhares de habitantes; com possível exagero, cronistas da época chegaram a falar em 30 mil pessoas. Segundo o historiador Boris Fausto, pesquisas recentes "sugerem a existência de uma comunidade socialmente diversificada, abrangendo não apenas negros ex-escravos mas também brancos perseguidos pela Coroa, por razões religiosas ou pela prática de crimes e infrações menores" (Fausto, 2001: 25).

O emblemático Zumbi, líder do quilombo, foi morto em novembro de 1695, durante assalto que incluiu "ataques de canhões", reforçados pela "contratação de bandeirantes para derrubar as paliçadas", relatam os historiadores Flávio Gomes e Rômulo Xavier em artigo publicado na imprensa.

Geralmente se imagina que a comunidade, naquele momento, tenha sido inteiramente derrotada. Contudo, Gomes e Xavier ressalvam: "O que pouca gente sabe é que as batalhas contra Palmares continuaram. Em 1696 foi atacado o quilombo do Quissama, que fazia parte do complexo. (...) A ocupação paulatina das serras pernambucanas foi empurrando os 'palmaristas' para outras regiões, e em 1730 comentava-se que o quilombo do Cumbe, na capitania da Paraíba, teria sido formado por remanescentes de Palmares". Apareceram depois "consideráveis mocambos nas capitanias de Goiás, Mato Grosso e principalmente Minas Gerais" (Gomes e Xavier, 2005: 67).

A dramaturgia musical 263

*

Importa fixar a genealogia das peças estudadas, assinalando laços entre elas, mas cabe também perceber o ânimo de seus autores e intérpretes no instante mesmo em que se lançavam a desenvolvê-las. Guarnieri, em entrevista a Fernando Peixoto, recorda o estado de espírito em que se encontravam os artistas do Arena no início de 1965, passagem a que já se reportaram Cláudia de Arruda Campos e Iná Camargo Costa:

> A gente sentia que precisava mudar a forma narrativa. Não era uma discussão nova, mas se aguçou neste período, sobretudo depois que chegou o Edu Lobo (...) achando que existia um texto pronto para ele musicar, mas a gente não tinha nada. A não ser a inquietação. A gente sentia a necessidade de romper com o que fazia antes. Eu tinha a ideia da "sala de visitas". Você pega três atores numa sala de visitas e se eles quiserem eles contam a história, passando do passado para o futuro, do campo de futebol para o Himalaia. Surgiu a magia do "conta". E Edu começou a cantar músicas novas para a gente. Cantou uma sobre Zumbi [possivelmente *Zambi no açoite*, com letra de Vinicius de Moraes, depois incorporada à peça]. A gente passou uma noite de loucura pela cidade e às oito da manhã estava na praça da República comprando o livro de João Felício dos Santos, [o romance] *Ganga Zumba*. Resolvemos contar a história da rebelião negra. Arena conta. Começamos a pesquisar (Guarnieri, em: Peixoto, 1978: 110).

O trabalho de João Felício é de 1962 (e daria base, em 1964, ao filme *Ganga Zumba*, de Carlos Diegues). Ao romance, outras fontes se somaram, entre elas *O quilombo dos Palmares*, de 1947, livro do historiador Edison Carneiro; todas utilizadas, porém, com larga margem de liberdade por Boal e Guarnieri, associados ao compositor Edu Lobo.

Oito atores — Anthero de Oliveira, Chant Dessian, David José, Dina Sfat, Guarnieri, Lima Duarte, Marília Medalha e Vanya Sant'Anna — compunham o elenco.[43] A direção musical era de Carlos Castilho, que participava de trio com violão, flautas e percussão (bateria e atabaque). Castilho trabalharia em outros musicais do período, a exemplo de *Roda-viva*.

Autores e elenco oferecem aos espectadores, como afirmam logo no início de *Zumbi*, uma história exemplar, em prosa e verso, dividida em dois atos. Conforme dizem nas primeiras estrofes do baião de abertura:

---

43 O ator Milton Gonçalves não participa da montagem de estreia, em São Paulo, conforme a ficha técnica reproduzida em *Dionysos* (outubro de 1978), mas aparece em foto de *Arena conta Zumbi* no Teatro Miguel Lemos, no Rio, ainda em 1965.

1 — O Arena conta a história
pra você ouvir gostoso,
quem gostar nos dê a mão
e quem não, tem outro gozo.

2 — História de gente negra[,]
da luta pela razão,
que se parece ao presente
pela verdade em questão,
pois se trata de uma luta
muito linda na verdade:
É luta que vence os tempos,
luta pela liberdade! (Boal e Guarnieri, 1970: 31).

Declarados, em perspectiva coletiva, os propósitos do espetáculo, os fatos, tratados pela ótica da ficção, começam a desfilar diante do público. Remontamos a 1600, "em plena terra africana"; a seguir viajamos "num feio navio negreiro" procedente da cidade de Luanda, em Angola, navio onde se acha cativo o rei Zambi. Com Zambi, principia a linhagem de guerreiros que se prolongará até seu bisneto, chamado Ganga Zumba ou Zumbi, líder de Palmares já em fins do século XVII.

O Coro faz perguntas a Zambi, e as respostas do rei trazem informações para que se compreenda o desenrolar da história. O filho de Zambi "ficou em Luanda, ficou cercado, sozinho lutando", e lá certamente morreu. Já seu neto, Ganga Zona, que terá papel importante no enredo, naquele momento não passa de uma criança, "nem mesmo gente inda é", diz o rei, que reconhece: "É dor, irmão". Ele se exalta: "Que faz esses negros parado, que faz que não quebra esse bojo e atira tudo no mar?", mantidas aqui sintaxe e grafia originais (1970: 32).

Os estilos sério e cômico irão revezar-se na peça. Assim, na cena seguinte, já estamos no mercado, onde um comerciante de escravos anuncia seus *produtos*. Adota-se o tom irônico, crítico, na interpretação, conforme as palavras da peça que se podem ouvir na gravação em cassete com trechos do espetáculo: "Magote novo, macho e fêmea em perfeito estado de conservação. (...) Pra serviço de menos empenho tem os mais fracos e combalido, pela metade do cobrado. Quinze mil réis o são, sete mil e quinhentos os estropiado. Escravo angolano purinho. Olha o escravo recém-chegado, magote novo, macho e fêmea". Não se esquece, porém, a realidade que preside a tais cenas; o Cantador, que prepara e comenta as passagens, diz aqui: "Assim é que conta a história,/ que nas terras de um senhor,/ sentiu Zambi afamado,/ o chicote do feitor" (1970: 32).

O recurso dos *slides*, à maneira de Piscator, comparece à demonstração que se faz agora, em tom sardônico, pretensamente científico, dos instrumentos de castigo e tortura. São eles: tronco; viramundo; cepo; libambo; gargalheira; máscara de folha de Flandres, associada a placa de ferro pendurada às costas com os dizeres "ladrão e fujão"; os anjinhos ou, ainda, o bacalhau, "chicote especial de couro cru".

A sofisticação de alguns desses mecanismos destinados a produzir sofrimento mostra o cuidado, tão cruel quanto minucioso, a que se dispôs a civilização sustentada pelo trabalho escravo. Os anjinhos, por exemplo, consistiam em "dois anéis de ferro que diminuíam de diâmetro à medida que se torcia um pequeno parafuso", provocando na vítima "dores horríveis" (1970: 33).

O retrato da sujeição imposta aos negros se desenha a essa altura sem deixar margem a hesitações, conduzindo em linha reta à "ideia de ser livre" com a força de um perfeito silogismo. Aqui, delineiam-se também processos que serão usados ao longo de todo o texto: depois de os fatos serem narrados ou sumarizados, uma cena vem demonstrá-los, tornando-os concretos a nossos olhos; ou, ao contrário, as cenas acontecem para serem comentadas no instante seguinte, às vezes com sarcasmo.

Esse último procedimento ocorre depois de se apresentarem os instrumentos de tortura. Um dos atores recita: "Não há trabalho nem gênero de vida no mundo mais parecido à cruz e à paixão de Cristo do que o vosso". Ao que respondem todos, revelando o nome do autor da frase: "Padre Antônio Vieira". A conclusão se impõe, expressa por outro intérprete: "E foi através desses instrumentos engenhosos que se persuadiu o negro a colaborar na criação das riquezas do Brasil" (1970: 33).

*

Nas cenas subsequentes, texto e espetáculo dedicam-se a descrever o que pode haver de idílico na vida de comunidades organizadas de acordo com leis mais solidárias que as da sociedade branca. Assim, a *Canção das dádivas da natureza* relaciona lírica e alegremente os bens postos ao dispor dos seres humanos naquelas matas, como neste trecho:

De toda forma e qualidade tem,
Oi tem pindoba, imbiriba e sapucaia,
tem titara, catulé, ouricuri,
tem sucupira, sapucais, putumuju,
tem pau de santo, tem pau d'arco, tem tatajubá,
sapucarana, canzenzé, maçaranduba,
tem louro e paraíba, e tem pininga,
tem louro e paraíba, e tem pininga (1970: 33).

As várias enumerações feitas pelo Coro relacionam vegetais e animais, primeiro mamíferos, depois peixes, répteis, aves, e respondem a Nico, escravo que hesita em fugir e quer saber o que os espera nas matas. Demonstradas pelos companheiros as vantagens da liberdade, Nico formula uma última dúvida: "Me diga meu irmão, se nessa grande mata é possível, é possível ter mulher?". Depois de uma pausa, todos admitem que não. O escravo medroso e cético retruca: "Pois sendo assim eu prefiro o cativeiro" (1970: 34).

A aparente reviravolta no ânimo dos que preferem correr o risco da fuga — enfrentando feras, fome e a possível vingança dos senhores — serve, na verdade, como pretexto para se cantar o bem-humorado *Samba dos negros e das negras* (conforme o título que consta da fita cassete) ou *Samba do negro valente e das negras que estão de acordo* (conforme o texto da peça, título não só mais extenso, mas também mais brechtiano).

Essa música e a cena que virá pouco adiante afirmam, de modo quase didático, os valores do amor e do trabalho. No primeiro caso, constata-se de maneira dengosa que "liberdade somente não dá/ pra gente ser feliz/ é preciso de um nego...", cantam as mulheres, ao que os homens respondem: "É preciso de uma nega...", para as moças completarem: "É preciso de um nego/ para a gente ser feliz" (1970: 34-35).[44]

"Tiros dos brancos em busca das negras roubadas" cortam o idílio; os inimigos estão quase sempre por perto, a assediar os que irão construir Palmares, mantendo-se alguma tensão e, com ela, o interesse dramático dos eventos. Os disparos chegam a enfraquecer os propósitos de liberdade: "Sou pela volta. Melhor enfrentar libambo que sofrer assim nesse fim de mundo",

---

44 Escrevendo na década de 1980, Cláudia de Arruda Campos afirma que "a uma plateia de hoje certamente não agradaria (...) o tratamento que, na peça, se dá à sexualidade". A ensaísta reclama, por exemplo, do machismo que haveria nos versos atribuídos às mulheres negras que, raptadas pelos quilombolas, "chegam a cantar a sujeição: 'Pois é, de sinhô em sinhô,/ eu prefiro meu nego que é da minha cor'" (Campos, 1988: 78).

A dramaturgia musical **267**

preocupa-se um dos escravos fugidos. Um companheiro o contradiz: "É na briga que se pode ganhar". O primeiro (ou um terceiro interlocutor) então questiona: "Que liberdade é essa se é preciso trabalhar?" (1970: 35).

A essa altura, aparece o solene Zambi, proclamando-se rei e admoestando os súditos: "Ser livre num é encostar o corpo. Ser livre é trabalhar e vigiar e poder continuar senhor de si". Linhas adiante, afirma: "É no trabalho que um dia a gente pega o sol com a mão". O que diz tem tom de lei: "Em cada coisa que a mão livre do negro encostar novas coisas vão nascer. Não vamos viver só das coisa já nascida, das coisa que Deus deu. Vamos fazer o mundo mais de nosso jeito" (1970: 35). Ao contrário do que assevera o mito cristão, o paraíso terrestre não excluirá o suor do rosto. A ideia marxista de alienação — segundo a qual o homem e o resultado de seu labor se veem apartados na sociedade capitalista — reponta aqui, talvez anacronicamente (não é impossível que já se intuísse o seu sentido há mais de 300 anos).

A música *A mão livre dos negros* vem à cena, lembrando a *Canção das dádivas da natureza*. Agora, as perguntas cautelosas de Nico se fazem substituir pelas de Zambi, que ressumam otimismo: "Se a mão livre do negro tocar na argila, o que é que vai nascer?", indaga o rei. Todos cantam em resposta: "Vai nascê pote pra gente beber,/ nasce panela pra gente comer,/ nasce vasilha, nasce parede,/ nasce estatuinha bonita de se ver".

Associado, portanto, aos bens "que Deus deu", o trabalho humano deve prover o sustento. Pele, tapete, atabaque, choupana, rede, esteira somam-se aos vegetais e animais enumerados alguns passos antes. A cosmogonia de matriz africana se propõe nestas palavras de Zambi: "Essa riqueza tem fonte e essa mão livre tem dono. Ajoelha quilombola que o dono mora nas estrela. O rei agradece e seu povo concorda" (1970: 35).

A essa altura se entoa a sincrética *Ave Maria*, oração cujas qualidades poéticas já foram destacadas por Mariangela Alves de Lima e Cláudia de Arruda Campos. Sobre melodia de tons litúrgicos, recita-se o texto:

> ZAMBI
> — Ave Maria cheia de graça. Olorum é convosco
> Bendito é o fruto do vosso ventre.
> Bendita é a terra que plantamos
> Bendito é o fruto que se colhe.
>
> CORO
> — Ave Maria, bendito seja
> Ave Maria cheia de graça, Olorum.

ZAMBI
— Bendito é o trabalho neste campo
Bendita é a água que se bebe
Bendita é a mulher de quem se gosta
Bendito é o amor e nossos filhos.

CORO
Ave Maria cheia de graça
Ave Maria bendito seja, Olorum

(...)

ZAMBI
— Perdoai, Ave Maria
Perdoai a morte que matamos
O assalto, o roubo,
Perdoai, perdoai, Ave Maria

CORO
— Ave Maria cheia de graça
Perdoai, Ave Maria, Olorum.

ZAMBI
— Perdoai o nosso orgulho.

CORO
— Perdoai, Ave Maria.

ZAMBI
— Perdoai a nossa rebeldia.

CORO
— Perdoai, Ave Maria.

(...)

ZAMBI
— Perdoai-nos Ave Maria. Assim como nós perdoamos os nossos senhores.

CORO
— Perdoai, Ave Maria.
Ave Maria cheia de graça
Olorum, Amém, Amém, Amém (1970: 35-36).

Lendo e ouvindo atentamente esses versos, relativizamos ou deixamos um pouco entre parênteses o dito maniqueísmo do texto, apontado por Décio

A dramaturgia musical 269

de Almeida Prado em crítica na ocasião da estreia de *Arena conta Zumbi* (comentário a que já nos referimos no primeiro capítulo).

Certamente, os negros são protagonistas absolutos da história (ao menos em sentido moral) e com eles acha-se a razão, segundo os pressupostos assumidos pelo grupo. Mas, ressalte-se, a peça não mostra os fugitivos e quilombolas sempre como seres cândidos ou angélicos: na *Ave Maria*, mencionam-se "erros", "o assalto, o roubo", "orgulho", "rebeldia", ainda que a interpretação, ora suave, ora enfática, empreste dignidade mesmo a esses supostos pecados. A virtude violenta da coragem também figura entre as qualidades relacionadas na prece. E se implora perdão aos deuses, assim como se perdoam os senhores — ambiguamente, é verdade (as palavras "assim como nós perdoamos os nossos senhores" são ditas com raiva).

Tais *erros* comparecem ao discurso dos brancos, que na cena seguinte solicitam providências a dom Pedro de Almeida, o governador da capitania de Pernambuco, com vistas a conter a ação dos rebeldes que lhes roubam os "escravos com suas mulheres e filhos" (1970: 37). O governador reconhece que "a honra e a glória de Sua Alteza", bem como os interesses objetivos da Coroa, "exigem a recaptura desses negros foragidos". Começa-se a planejar a reação, quantificando-se gastos humanos e materiais.

*

Ganga Zona, o neto de Zambi, agora adulto, encontra-se em navio com destino ao Brasil. Durante a viagem conhece Gongoba, com quem terá um filho, o futuro Zumbi. A bela e sofisticada *Canção para Gongoba*, a cargo de Ganga Zona, traz na letra uma suave exortação feita pelo homem à mulher, cumprindo a função de monólogo pelo qual ele busca manter vivo o "sonho lindo" de superar o cativeiro. A música foi mais tarde rebatizada como *Pra você que chora*; não consta da fita com trechos do espetáculo, mas de um dos volumes em que se publicou a obra musical de Edu Lobo e parceiros (no caso, Guarnieri). A canção anuncia liricamente a vinda de "um rei que vai/ ser bem mais que nós[,]/ ser o que não pude ser" (1970: 38).

Coerentemente com o esquema geral da peça, elaborada segundo atmosferas contrastantes, a cena seguinte tem caráter coletivo e movimentado, exibindo a construção de Palmares. Zambi passa em revista os seus numerosos colaboradores, representantes dos diversos quilombos que, reunidos, formam o complexo: Arotirene, Dambrabanga, Cerca do Amaro, Andalaquituxe, Mocambo de Ataboca.

A excessiva idealização das personagens, sobretudo em se tratando dos líderes, ressalta quando os autores insistem na caracterização virtuosa do rei e dos valores que ele resumiria: "Disse e vou dizer. Liberdade é o trabalho que dá e o trabalho só é livre quando se é dono dele. Fazendo ele pra nós e não nós pra ele como o branco quer", diz o sempre solene Zambi. A inflexão rítmica ameniza um pouco, nesse momento, a mencionada idealização (1970: 38).

Mas, como notou Décio de Almeida Prado, Boal e Guarnieri "nada têm de ingênuos" e conseguem levar leitores ou espectadores ao nó dramático — do qual já nos aproximamos — com certa riqueza na costura do enredo. A euforia dos quilombolas na construção de Palmares, que se mostra a essa altura, simplifica e idealiza comportamentos sobre os quais se dispunha, e ainda hoje se dispõe, de informações escassas; contudo, é verossímil apresentar o quilombo como produtivo e próspero.

Assim, as "cidades brancas" de Porto Calvo, São Miguel e Serinhaém passam a comprar dos palmaristas artigos como cana, hortaliça, azeite, cestos, argila trabalhada. Relações comerciais se estabelecem entre a comunidade negra e as povoações de portugueses e seus descendentes; os conflitos são suspensos por algum tempo, com base no que os autores ironicamente chamam de "a bondade comercial".

A reviravolta que prepara os combates, a serem apresentados no segundo ato de *Zumbi*, liga-se à circunstância de que, se para os comerciantes interessava manter a paz e os negócios com Palmares, para os proprietários de terras "essa paz já não servia", pois perdiam braços e recursos: "Paz é quietude que trará sofrimento/ É perda de ouro, da honra e de tempo" (1970: 39, 40).

Aqui se nota o propósito de fazer da história de Palmares uma parábola, um enredo exemplar, com o qual o Teatro de Arena criticava a imprevidência das esquerdas no pré-64. Os comerciantes garantem que não deixarão "ser massacrado/ o povo heroico e sofredor" dos quilombolas. Os negros, incautos, acreditam no que os parceiros (na verdade, eventuais) dizem, e baixam a guarda:

> Trabalha, trabalha, trabalha irmão
> que o branco vai nos defender
> contra o branco que nos quer perder,
> mas [mais] armas não é preciso não[,]
> por isso chega de comprar,
> agora vamos só vender,
> os preços temos de aumentar[,]
> o branco vai nos entender (1970: 40).

A dramaturgia musical **271**

Depreende-se que, por motivos econômicos, práticos, Palmares tenha deixado de investir em armas, julgando segura a paz que se fizera. Se foi mesmo esse o caso, os líderes do quilombo se enganaram: senhores de terras e comerciantes unem-se no intuito de "dar fim ao povo rebelde[,]/ exterminar a subversão".

Transpondo-se tais movimentos para a situação moderna, delineia-se o paralelo entre Palmares e o Brasil de 1964. Ou seja: ao sublinhar a atitude dos Comerciantes, que aderem aos interesses dos Donos das Sesmarias, voltando-se contra o quilombo, a peça alude à inviabilidade de uma composição com a burguesia (supostamente progressista), composição na qual as esquerdas tinham investido parte de suas esperanças. Essas esperanças não se apoiaram em providências práticas (sobretudo alianças efetivas com as camadas pobres), tendo sido frustradas com o Golpe.

Ao utilizarem expressões como "subversivo" (em "A paz é a vitória do subversivo. Viva a guerra!") ou, mais adiante, "o perigo da infiltração negra", os autores fazem referência ao estado de coisas no Brasil de 1965. As forças golpistas, antes e depois de se instalarem no poder, buscaram legitimar-se vociferando contra os que pretenderiam atacar os valores da religião, da pátria e da família (1970: 40, 43). Tratava-se da "concepção moralista da política" de que falará, em 1966, o prefácio a *Se correr o bicho pega, se ficar o bicho come*.

*

Ganga Zona é libertado por militantes negros, que sabiam de sua chegada e que o ajudam a ganhar as matas. O foco narrativo modula para uma festa no palácio do governador de Pernambuco. Nessa e noutras cenas, os brancos surgem, satiricamente, na condição de *frescos*, medrosos (como são mostrados os holandeses que tentaram destruir o quilombo em 1645), fúteis ou repugnantes. Ou, como é o caso de dom Pedro, sonolentos e senis (lembrando a maneira pela qual se retrataram os professores universitários no *Auto dos noventa e nove por cento*, texto e montagem do CPC).

Os críticos que perceberam maniqueísmo na peça levaram em conta passagens como a da festa no palácio — no que teriam, por critérios realistas, alguma razão. No entanto, o propósito da propaganda política integra os móveis do texto. Mesmo correndo o risco de reduzir demais o perfil dos brancos, desequilibrando o jogo de forças dramáticas e comprometendo a própria capacidade de representar o real, os autores frequentemente optaram pela crítica incisiva, em tom farsesco, sem meias tintas.

Um exemplo eloquente nesse sentido, este dotado de especial dramaticidade, envolve Gongoba, mãe de Ganga Zumba. Ela morre supliciada pelos senhores, em passagem que ironiza ferozmente os bons sentimentos católicos das elites. A proprietária Clotilde mandara açoitarem Gongoba, culpando-a pela gritaria na senzala — os escravos haviam reconhecido no menino Ganga Zumba o bisneto de Zambi e o aclamaram com rumor, sem que os brancos entendessem o que se passava. A mesma Clotilde conversa piedosamente com o Padre, logo depois:

> CLOTILDE
> — O senhor vê, Padre, e eu tenho um coração tão fraco, que apesar das ofensas ainda sinto pena.
>
> PADRE
> — A bondade excessiva é um pecadilho, senhora dona Clotilde. Afinal, uma reprimenda de vez em quando esses escravos merecem.

Nesse momento, criado ou cativo entra para anunciar que Gongoba não resistiu aos maus tratos: "Vai me desculpá, mas a escrava de nome Gongoba acaba de falecer" (1970: 44). A cena também afirma a Igreja como cúmplice da ordem colonial; o que poderia ser mera atitude isolada, relativa apenas ao Padre e, portanto, pouco representativa, se estende mais adiante à instituição, com os rituais rezados em prol da boa sorte das expedições contra Palmares.

A canção *Upa, negrinho*, correspondente à personagem Ganga Zumba, música depois famosa na voz de Elis Regina, fornece outro momento lírico (de natureza similar à da *Canção para Gongoba*) já em fins do primeiro ato. Lembrem-se alguns de seus versos, capazes de reforçar a simpatia dos espectadores pela causa que o menino encarna:

> Cresce, negrinho, me abraça
> Cresce, me ensina a cantá
> Eu vim de tanta desgraça
> mas muito te posso ensiná
> Ziquizira, posso tirá
> Valentia eu posso emprestá
> Mas liberdade, só posso esperá (1970: 44).

Enfraquecidos militar e economicamente pelos sucessivos enfrentamentos com os rebelados, os brancos, dom Pedro de Almeida à frente, resolvem propor a paz. Assina-se o tratado, segundo o qual o governador compromete-se

A dramaturgia musical   273

a oferecer a Zambi "terras para sua vivenda, comércio com o seu trabalho", além de libertar mulheres e crianças aprisionadas pelos representantes da Coroa. O embaixador de Palmares, em contrapartida, afirma que "pode os morador se dar por seguro, as fazenda por aumentada e os caminho por desimpedido" (1970: 45).

Logo depois de firmado o acordo, no entanto, dom Pedro de Almeida é destituído por ordem vinda de Portugal. Em seu lugar, nomeia-se dom Ayres de Souza Castro, "dono e senhor de atos enérgicos e resolução", nas palavras do Arauto que anuncia a mudança. Aqui pode ser lida, por analogia, a queda do benévolo (do ponto de vista das esquerdas) João Goulart, com a ascensão, mediante golpe de Estado, de Castelo Branco. A própria maneira brusca pela qual a peça apresenta a troca de governadores parece assinalar o caráter inesperado dos eventos em 1964. Dom Pedro seria, assim, o Jango dos Palmares.

Os paralelos mostram-se evidentes. Vejam-se algumas das frases de efeito ditas por dom Ayres: "Meu governo será impopular, e assim, há de vencer, passo a passo dentro da lei que eu mesmo hei de fazer. Senhores, vós guerreais como quem faz política. Eu farei política como quem guerreia". Mais adiante, a personagem afirma às claras, no que os autores promovem caricatura dos discursos golpistas (em geral menos francos) ao revelá-los pelo avesso: "Nossos heróis formavam um belo exército: já não necessitamos de exército. Necessitamos de uma força repressiva, policial. Unamo-nos todos a serviço do rei de fora, contra o inimigo de dentro" (1970: 45-46).

É simples ou mesmo óbvio: o rei de fora, Portugal, convertia-se nos Estados Unidos, enquanto o inimigo de dentro, Palmares, transformava-se nas esquerdas, operação intelectual que as plateias, informadas e cúmplices, certamente realizavam com facilidade.

É claro, também, que essas correlações não são histórica nem politicamente exatas, implicando o risco de se mistificarem os conteúdos, conforme lembraram Cláudia de Arruda Campos e, com mais ênfase, Iná Camargo Costa. Os 100 anos de existência de Palmares mal cabem na comparação com o breve período que vai da campanha pela legalidade resultante na posse de Jango, em 1961 (em substituição a Jânio Quadros, que renunciara), ao golpe que o derrubou, aponta Iná. A ensaísta entende ainda que os autores de *Zumbi*, ao ressaltarem a fase final do quilombo, teriam minimizado o fato de que Palmares sustentou-se mediante combates frequentes, ao longo de décadas, ao contrário do que se deu no pré-64, quando as lutas ocorreram, mas foram insuficientes para inibir o desfecho contrarrevolucionário (Costa, 1996: 126-127).

Os termos da comparação proposta na peça exibiriam peso menos desigual caso se considerasse toda a experiência democrática havida de 1945 a 1964, mas os paralelos, de fato, incidem sobre os anos imediatamente anteriores ao Golpe. Em suma, será preciso privilegiar os propósitos de propaganda e de exortação ao bom combate político — segundo a ótica do grupo em 1965 — para reconhecermos como válidas aquelas opções. As analogias revelam-se imperfeitas, sem dúvida; contudo, servem ao exame do presente recentíssimo (em tom não raro emocional e aguerrido), exame apresentado sob a forma de mecanismos teatrais ágeis e, para além de suas fontes, inventivos (aos quais voltaremos adiante).

A crítica ao comportamento desavisado das esquerdas no pré-64 completa-se com a festa promovida pelos negros quando sabem que se havia assinado a paz, ao mesmo tempo aclamando Ganga Zumba, que chega ao quilombo. Eles se revelam ingênuos ou desatentos à nomeação do feroz dom Ayres, personagem que tanto pode representar a iminência do Golpe como o próprio Golpe.

Distanciando-se da história, à maneira épica, o Cantador sugere que se dê "descanso à falação", convidando os espectadores a um "café no barzinho". "Até já irmão", diz (1970: 46).

*

Os acontecimentos se precipitam no segundo ato, mais breve que o primeiro, e de andamento mais célere. Prepara-se a guerra contra Palmares. Fernão Carrilho é nomeado para o posto de capitão-mor de campo, ou seja, chefe das expedições para resgate de escravos foragidos. A folha de serviços prestados por Carrilho à Coroa o qualifica para o cargo, já tendo ele "aprisionado mais de cem escravos e morto trinta e sete entre machos, fêmeas e crias menores de dez anos" (1970: 47).

O discurso com que o capitão instiga os subalternos aparenta-se, como não poderia deixar de ser, às falas de seu superior, dom Ayres. Ao saber que a cidade de Serinhaém se recusara a participar da campanha contra os negros, Carrilho sentencia, diminuindo o adversário: "Posto que a multidão dos inimigos é grande, é também multidão de escravos e covardes, a quem a natureza criou mais para obedecer do que para resistir. Nossos inimigos vão pelejar como fugidos, nós os vamos buscar como senhores". Ayres, entretanto, determina que os primeiros movimentos "para a moralização da capitania" sejam dirigidos "contra a traidora cidade de Serinhaém" (1970: 48).

A dramaturgia musical

Não resta dúvida de que a peça estabeleça uma ordem binária (para usarmos expressão de Cláudia de Arruda Campos), destinada a tornar as mensagens claras, por isso mesmo vulneráveis à acusação de maniqueísmo. Mas vale recordar o que diz Iná Camargo Costa a respeito da campanha contra Serinhaém, episódio capaz de temperar os aspectos menos flexíveis do texto:

> Ao contrário de praticar o propalado maniqueísmo, mostrando um mundo dividido entre brancos (maus) e negros (bons), seguindo as evidências históricas, os autores mostram que nem todos os brancos eram inimigos de Palmares: os brancos comerciantes de povoados próximos, como Porto Calvo, São Miguel e Serinhaém, porque desenvolvem boas relações comerciais com Palmares, estão interessados em preservar a paz com o quilombo (Costa, 1996: 116).

Por motivos de economia dramática, os autores representam a resistência à orientação dos poderes públicos materializando-a em uma só cidade, Serinhaém. A recusa de seus habitantes em colaborar nas batalhas contra Palmares acarreta a missão punitiva de Fernão Carrilho e seus homens, que arrasam o povoado rebelde exemplarmente.

O jovem Ganga Zumba recebe a notícia do ataque a Serinhaém, ao mesmo tempo que vem a saber da morte de Ganga Zona, seu pai, assassinado pelos brancos fiéis à Coroa. Uma canção comenta os fatos: "O açoite bateu/ O açoite ensinou/ Bateu tantas vezes/ que a gente cansou". Texto e espetáculo reúnem forças para os confrontos finais, reforçando a empatia em torno da causa de Palmares, inclusive pela maneira sórdida como aparecem os brancos, segundo o que se vai ver adiante com a entrada em cena de Domingos Jorge Velho.

Zambi exorta o bisneto a subir ao trono e a deflagrar a resistência: "Escuta bem, presta deixá quizila esfriá não! Branco que tome ferro nas tripa!". Ouvem-se, declamados, os versos: "Eu vivo num tempo de guerra/ Eu vivo num tempo sem sol/ (...) Ai triste tempo presente/ em que falar de amor e flor/ é esquecer que tanta gente/ tá sofrendo tanta dor" (1970: 49). As letras suaves da bossa nova, ou de sua facção não engajada, são lembradas à menção de "amor e flor". Aponte-se aqui, ainda, a banalidade dos versos, que lhes reduz o alcance nessa e noutras passagens, ao menos quando lidos.

Zambi, pouco antes de suicidar-se, abrindo caminho para que o bisneto assuma a liderança de Palmares, declama texto que se inspira no poema *Aos que virão a nascer*, de Brecht. De fato, trata-se de uma espécie de testamento do velho rei: "Eu vivi nas cidades no tempo da desordem. Eu vivi no meio da minha gente no tempo da revolta", recorda a personagem (essas palavras voltam ao final, ditas por Ganga Zumba, que fala enquanto se dedilha, ao violão, o belo tema de *Venha ser feliz*, canção cuja letra convida à bem-aventurança em Palmares).

Dirigindo-se ao espectador, o Coro sugere: "Se você chegar a ver/ essa terra da amizade,/ onde o homem ajuda o homem,/ pense em nós só com bondade". Cláudia de Arruda Campos critica os autores por alçarem as noções de "liberdade" e "terra da amizade" aos níveis do mito. Nessa linha, diz-se adiante "ser Ganga Zumba enviado/ desse Deus que o povo amava". Ou: "A luta de morte e decisão/ que o rei Ganga ordenava/ era determinação/ desse Deus que assim mandava". Cláudia escreve:

> Tudo estaria bem se a peça terminasse por alertar o espectador contra tal cegueira e a acentuasse como um dos erros a serem evitados. Mas não, ela nos exorta a prosseguir o mesmo combate na escuridão que arrasou Palmares. Novos deuses, propostos pela peça, "Liberdade" e "Terra da Amizade", o exigem (Campos, 1988: 88).

Há duas ressalvas a fazer aqui, embora de saída se admita, com a ensaísta, a tendência de *Zumbi* a mitificar os termos sob os quais as lutas se desenvolvem, a do século XVII ou a dos anos 1960. Em primeiro lugar, a fé nos altos valores da liberdade e da solidariedade pode ser vista como simples suplemento da defesa urgente do território palmarino, que os brancos atacavam; em segundo, os versos acima citados sucedem a outros, relativos à religiosidade branca, tratada como inautêntica ou cínica: "Se creio em Deus, creio no açoite/ pois castigar é ajudar./ Creio que só castigado/ o negro ao céu vai chegar", recita o Coro, em honra da primeira investida de Jorge Velho contra o quilombo (1970: 51). A contraposição dessas falas — a dos brancos e a dos negros — de todo modo pertence à mesma ordem de ideias que preside a todo o espetáculo, ou seja, a configuração geral, de tipo binário, das causas injusta e justa.

Antes das preces em que são confrontadas as crenças europeia e africana, vemos a passagem na qual o bandeirante Domingos Jorge Velho negocia com Ayres o valor de seus serviços. O roteiro que se segue a *Zumbi*, onde se acrescentam numerosas indicações cênicas às da peça propriamente dita, pede que Jorge Velho seja caracterizado do modo "mais repugnante possível", em linha caricatural, equivalente à que se destina a outras personagens brancas (1970: 58).

*

A dramaturgia musical 277

Ressaltamos dois momentos especialmente expressivos, marcados pela técnica do paralelismo, exemplos dos hábeis recursos nos quais *Zumbi* mostra-se fértil, malgrado as simplificações ideológicas em que os dramaturgos incidiram.

O primeiro e mais eloquente desses momentos observa-se quando Ganga Zumba passa em revista, como Zambi já o fizera, tempos atrás, os representantes das várias localidades que compunham Palmares. Os quilombolas respondiam "Na luta, meu Reis!" à medida que Ganga Zumba pronunciava os nomes das aldeias aliadas. Depois dos ataques de Jorge Velho, Ganga Zumba procede a chamada idêntica, tendo agora em resposta o silêncio ou meros acordes — que simbolizam o desaparecimento dos companheiros, dizimados pelo bandeirante a soldo de Ayres.

Novo movimento calcado em paralelismo, este mais simples, consistindo em mera repetição, por uma personagem, do que outra já dissera, acha-se na derradeira fala de Ganga Zumba, que ecoa a que se ouviu na voz de Zambi; trata-se do texto inspirado em Brecht, relativo ao "tempo da desordem". O retorno dessas palavras sugere o sentido impessoal, ideal, da luta pela liberdade (em chave, como já se viu, polemicamente supra-histórica), motivo maior do espetáculo.

Todos cantam no encerramento: "O açoite bateu, o açoite ensinou[,]/ bateu tantas vezes/ que a gente cansou!!!" (1970: 54). As marcas cênicas propostas no roteiro, referentes a esses momentos finais, sinalizam: "todos se viram para a plateia, de joelhos" e "cerram os punhos em direção à plateia" (1970: 59). O gesto de fechar os punhos para o público tornou-se clássico, verdadeiro lugar-comum do espetáculo engajado.

Fica, no entanto, certa sugestão de distanciamento em relação a emoções candentes: assim como o Cantador fizera ao fim do primeiro ato, a personagem designada como Ator vem concluir a peça, afastando-se da tórrida ação que acabamos de presenciar: "E assim termina a estória que bem e fielmente tresladamos [sic]. Boa noite!" (1970: 54).

*

Embora opere torções históricas, em certa medida justificáveis pelo propósito de concitar à resistência ao recente golpe militar, e incorra em erros de avaliação (o Golpe é visto como "acidente de percurso", superável pelo empenho em combatê-lo), *Arena conta Zumbi* tem o mérito de rever o episódio de Palmares para além do que dizia (ou omitia) a história oficial.

No plano das formas, a mescla de estilos, a narração feita sob perspectiva coletiva, a musicalidade e os movimentos plásticos surgem como qualidades do texto e do espetáculo. Tais aspectos, que certamente explicam o grande sucesso de público alcançado pela montagem, seriam desenvolvidos e tornados sistema em *Arena conta Tiradentes*, peça que analisamos a seguir.

Devemos registrar, em contrapartida, certo desleixo estilístico que empobrece o texto, nas suas rimas frequentemente triviais, problema que se estende, agravando-se, à edição: a peça foi publicada somente na *Revista de Teatro* da Sociedade Brasileira de Autores Teatrais (SBAT), carente de revisão e de uniformização dos procedimentos gráficos. É espantoso que texto de tamanha importância não tenha chegado ao livro.

Se *Arena conta Zumbi* carrega influências claras de Brecht e se buscou o espectro universal — o líder negro e seus ascendentes como emblemas da luta pela liberdade — segundo chaves conceituais inspiradas em Lukács, por outro lado conseguiu descolar-se dessas fontes, sugerindo padrões originais, tanto nas suas virtudes quanto nos seus limites. A referida liberdade épica, pela qual cerca de um século narra-se no decorrer da peça, transcende procedimentos tomados a Brecht; em contrapartida, o Brecht maduro de textos como *Mãe Coragem* evita as exortações diretas, preferindo traçar quadros largos onde a inteligência do espectador pode passear livremente, sem se ver atada a recados políticos estritos, a exemplo do se dá em *Zumbi*. Quanto a Lukács, foi sempre utilizado pelo Arena de maneira pouco ortodoxa, constituindo referência remota (é provável que o filósofo considerasse *Zumbi* demasiado formalista...), ainda que constante.

Vale recordar, por fim, o que disse o crítico Yan Michalski ao comentar, em outubro de 1965, a versão carioca de *Zumbi*, dirigida por Paulo José, que transplantou o espetáculo do palco de arena, circular, para a tradicional cena italiana, frontal.

Na abertura do artigo, Michalski sustenta ser "preciso deixar bem claro que *Arena conta Zumbi* é o mais estimulante, simpático e agradável dos espetáculos atualmente em cartaz". Para ele, "somente a partir desta afirmação poderemos debater as qualidades e os defeitos do musical de Boal, Guarnieri e Edu Lobo" (Michalski, 2004: 56).

Depois de sublinhar "a irreverente mas construtiva e positiva vontade de criar fora dos cânones convencionais", o que tornaria difícil descrever a peça conforme os termos comuns do vocabulário crítico, Michalski aponta circunstância que demanda atenção especial.

A dramaturgia musical 279

Ele diz que, diante do espetáculo, ocorre um imprevisto e involuntário efeito de alienação: a música e os numerosos movimentos dos atores envolvem o espectador e o distraem do texto; quando as falas voltam a ser recitadas, o público, siderado pelas cenas anteriores e com a atenção esgotada por elas, já não consegue acompanhar as palavras de modo a assimilar plenamente o seu sentido. Michalski acrescenta:

> É possível que, se o texto fosse menos fragmentado, mais equilibrado e menos apressado, ele resistiria melhor à *concorrência* da música e da movimentação; mas vale a pena lembrar que mesmo Brecht, que deu à música um destaque tão grande nas suas peças, dosava o uso dessa música com economia e adotava o texto cantado apenas para resumir e comentar o conteúdo das cenas recitadas, e não para substituí-las, como acontece em *Zumbi* (Michalski, 2004: 58).

Trata-se de reflexão evidentemente útil ao se avaliarem outros espetáculos do gênero. Décio de Almeida Prado já mencionara, no artigo referente à montagem paulista da peça, problema e solução semelhantes:

> A música de Edu Lobo, (...) que nos pareceu ter aquela fácil comunicabilidade necessária ao teatro, chega frequentemente a abafar o texto, com algum prejuízo para o equilíbrio do espetáculo. Eliot, defendendo o teatro em verso, escreveu que a poesia só se justifica no palco quando a prosa se revela insuficiente. Seria mais ou menos essa, a nosso ver, a função da música: suplementar a palavra, intervir naqueles momentos privilegiados em que sentimos necessidade de uma mais poderosa expansão lírica ou satírica (Prado, 1987: 68).

Repare-se, porém, nos efeitos que determinados trechos de *Zumbi* sabem promover, aparentemente contrariando objeções como as formuladas por Michalski e Almeida Prado. Nessa linha, a passagem relativa à "Bondade comercial" (por exemplo), no primeiro ato da peça, surpreende pelas qualidades *narrativas* assumidas pela música.

Trata-se ali de mostrar a disposição dos Comerciantes, favoráveis a Palmares, contraposta à dos Donos das Sesmarias, que pretendem destruir o quilombo; deve-se depois apresentar a mudança na atitude dos Comerciantes, levados a aderir ao partido dos proprietários de terras.

Em boa medida, é a música — que se compõe aqui de canções diversas e interligadas — o elemento que responde pela comunicação de tais valores narrativos. Primeiro, ouvimos melodia em compasso ternário (ou seja, o metro em três tempos da valsa), que expõe com lirismo gaiato o ânimo inicial dos Comerciantes. A seguir, a feroz disposição dos Donos das Sesmarias se expressa em canção de ritmo marcado, marcial (a que o flautim dá certo toque irônico).

Volta a valsa dos Comerciantes; a ela se sucede tema que já ouvimos na seção em que se mostra a "Construção de Palmares", cantado agora em ritmo mais nervoso. Por fim, ouvimos de novo a canção marcial, segundo a qual os Donos das Sesmarias e os Comerciantes resolvem unir-se para "dar fim ao povo rebelde[,]/ exterminar a subversão" (1970: 39-40).

Letras e melodias, acompanhadas por trio de violão, sopro e percussão (recursos tão econômicos quanto eficazes), se espelham e se reforçam mutuamente, exemplificando os dotes teatrais da música para além de mero suplemento das ações.

Naturalmente, os críticos citados abordaram o espetáculo como um todo, enquanto nós estamos restritos à peça publicada e aos trechos musicais gravados. Mas vale reiterar: os dons narrativos e descritivos da música são conhecidos e é ocioso defendê-los; o segredo de sua eficácia residirá, portanto, na maneira de usá-los. Questão de interesse, que, segundo entendemos, permanece aberta.

Seja como for, os dramaturgos parecem ter aproveitado as lições deixadas pela experiência de *Arena conta Zumbi*. Encenado em 1967, *Arena conta Tiradentes* apresentaria estrutura menos fragmentária que a do musical pioneiro.

Coringa conta *Tiradentes*

O espetáculo no qual o Teatro de Arena reeditava a história do alferes Joaquim José da Silva Xavier, no quadro da Inconfidência Mineira, estreou a 21 de abril de 1967, em São Paulo, sob o mesmo tema geral da liberdade que inspirara *Zumbi*.

Há, porém, diferenças de concepção importantes entre as duas peças. De saída, nota-se que os vários protagonistas existentes na primeira delas, ou seja, a linhagem de Zambi, neto e bisneto, trocam-se agora por um só herói, Tiradentes. Os demais integrantes da revolta malograda — o tenente-coronel Francisco de Paula, o poeta Tomás Antônio Gonzaga, o padre Carlos de Toledo, entre outros — foram retratados não como heróis em sentido estrito, ou seja, criaturas excepcionais, mas como homens irrealistas, hesitantes ou covardes.

O expediente de encarnar as qualidades heroicas em uma única personagem liga-se ao propósito de vincular o Alferes de maneira empática à plateia, ao mesmo tempo que se destinam os recursos do distanciamento (o tom farsesco, por exemplo) à crítica das atitudes dos demais conjurados.

Assim como o haviam feito em *Zumbi*, os dramaturgos refletem sobre a derrota das esquerdas em 1964, mas desta vez são mais incisivos, voltando as armas da sátira não apenas contra os representantes da Coroa portuguesa, como também contra os inconfidentes, que simbolizam as forças de esquerda.

Entre os envolvidos na conspiração, Tiradentes é o único a merecer a simpatia ou mesmo a reverência dos autores.[45] Ao distingui-lo das outras figuras, apresentando-o como herói, o Teatro de Arena pretende promover a identificação emocional e, com ela, concitar os espectadores a resistirem ao regime instalado no país três anos antes. Tiradentes torna-se exemplo não propriamente de mártir, como na iconografia escolar, mas de revolucionário.

Boal e Guarnieri buscam recuperar a figura do herói no que tem de mítico, entendendo que personagens dessa estatura mobilizem especialmente as emoções da plateia. Os dramaturgos pressupõem a existência de mitos falsos, deformadores da realidade, e de mitos genuínos, capazes de traduzir a essência dos sentimentos e fatos, condensando-os. Tiradentes teve a estampa e a trajetória apropriadas pelas classes dominantes, mas seu perfil contém virtuais elementos revolucionários que devem ser redescobertos. É o que se procura fazer na peça.

O corpo de personagens e, por consequência, o elenco em *Arena conta Tiradentes* dividem-se em dois grandes grupos ou coros: o Deuteragonista e o Antagonista. A prática verificada em *Zumbi*, pela qual os atores se revezavam livremente nos diversos papéis, aqui se limita aos personagens pertencentes a cada um dos coros.

Noutras palavras, tais grupos atuam como se fossem times de futebol (a analogia é do próprio Boal) nos quais os atletas ocupassem, em rodízio, as várias posições em campo. Com essa providência, ganhou-se maior clareza na exposição da história: foram reduzidas, embora não suprimidas, as dificuldades de entendimento, por parte do público, quanto à identidade das personagens ao longo do espetáculo. Relacionada a essa novidade, temos a circunstância de que a narração coletiva, vista em *Zumbi*, agora em boa medida se concentra na voz do Coringa, espécie de mestre de cerimônia a que se concede mobilidade ampla.

---

45 Na verdade, há outra personagem apresentada com certa simpatia, Maciel, mas que não chega a ter grande participação no enredo.

A história que se conta, parcialmente apoiada nos Autos da Devassa, documentos relativos à revolta frustrada pela delação em 1791, fragmenta-se menos que a da peça anterior também porque se refere a período bem menos extenso: os fatos ocorrem de 1778 a 1792, enquanto *Zumbi* procurava resumir acontecimentos relativos a quase um século.

Nota-se ainda que a maior proximidade cronológica e cultural entre as Minas setecentistas, mostradas em seus aspectos urbanos e letrados, e a época moderna (maior se comparada à que há entre Palmares e o presente) parece facilitar a operação analógica.

Em tratamento similar ao que se deu às lutas do quilombo, propõe-se agora cotejar o fracasso da Inconfidência ao malogro das esquerdas nos anos 1960, iluminando-se as causas deste último. Conforme percebeu Cláudia de Arruda Campos, "desvendar estruturas capitalistas torna-se mais fácil em *Tiradentes* onde não se tem, como em *Zumbi*, a oposição entre duas sociedades absolutamente heterogêneas, mas contradições dentro da mesma sociedade regida pelas leis do lucro, do capital" (Campos, 1988: 101).

A peça de 1967 envolve polêmicas em torno de dois aspectos básicos, aos quais voltaremos. O primeiro deles diz respeito à eficácia, ou mesmo à pertinência, do tratamento dado à personagem principal: pergunta-se, como faz Anatol Rosenfeld no artigo "Heróis e coringas", se as pretendidas feições míticas, de um lado, e o recorte naturalista, de outro, são congruentes na configuração do protagonista. Rosenfeld duvida, também, da própria viabilidade dos heróis míticos (desenhados à maneira clássica e tomados inteiramente a sério) em nossa época, na qual eles tenderiam a assumir traços mistificados e mistificadores.

O segundo aspecto (ou conjunto de aspectos) controverso, este abordado por Cláudia de Arruda Campos e Iná Camargo Costa, relaciona-se ao intuito, que se verifica na peça, de analisar os embates políticos e ideológicos nas fases anterior e posterior ao Golpe. Iná Camargo atém-se a questões relativas ao pré-64 (que se projetam, é claro, no período seguinte), elaboradas pelos dramaturgos; Cláudia de Arruda sublinha o sentido do espetáculo no próprio momento em que estreou.

*

Arena conta Tiradentes traz a indicação geral: "Coringa em dois tempos", ou seja, dois atos. Esses tempos repartem-se em episódios, três no primeiro, dois no segundo tempo; cada episódio, por sua vez, compõe-se de várias cenas.

A dramaturgia musical 283

A palavra "tempos" reforça a analogia entre espetáculo de teatro e jogo de futebol. No esporte, segundo Boal, as regras acham-se definidas antecipadamente e são do conhecimento de todos, sem prejuízo de se improvisarem lances e de se promoverem surpresas a cada partida. O encenador parece ter esquecido que o futebol instaura uma espécie de realidade paralela à do mundo situado fora do campo ou do estádio, ao passo que o teatro mantém relações miméticas (em maior ou menor medida) com esse mundo — diferença básica que compromete a analogia estrita entre jogo e espetáculo.

Dirigido por Augusto Boal, o espetáculo trazia, além de Guarnieri e de David José, este no papel de Tiradentes, os atores Renato Consorte, Dina Sfat, Jairo Arco e Flexa, Vânia Sant'Anna, Sylvio Zilber e Cláudio Pucci. A cenografia esteve a cargo de Flávio Império.

Na direção musical, achava-se o violonista Theo Barros, outro artista atuante (no ano anterior, tinha sido um dos vencedores do polêmico Festival da Música Popular Brasileira, da TV Record, com a música *Disparada*, dele e de Geraldo Vandré). As canções de *Tiradentes* eram do próprio Theo e de mais três compositores que então se tornavam famosos: Sidney Miller (morto precocemente), Caetano Veloso e Gilberto Gil.

Não tivemos acesso à trilha sonora do espetáculo, nem notícia de ter sido gravada. Mas vale registrar que, a Décio de Almeida Prado, aquela trilha pareceu "de boa qualidade, contribuindo para a criação de um 'musical' brasileiro, que se vai formando entre nós com características bem distintas das do seu congênere norte-americano mas com a mesma força de atração junto ao público" (Prado, 1987: 170). Já Sábato Magaldi, em contraste, afirmou: "Em *Zumbi*, o mérito das composições se impunha, mas a debilidade e a insistência da música de *Tiradentes* desserve o texto e quase o submerge, em muitas passagens" (Magaldi, 1998: 130).

Os autores inspiraram-se (em momentos como o da canção que fala em "cidade de ouro") no *Romanceiro da Inconfidência*, de Cecília Meireles, além de aproveitarem trechos dos históricos Autos da Devassa. A pesquisa que fizeram envolveu ainda o drama *Gonzaga, ou A revolução de Minas*, de Castro Alves, escrito em 1866. Cena especialmente melodramática da peça romântica é parodiada em *Tiradentes*, na passagem do segundo tempo na qual Gonzaga despede-se de sua amada Marília (Campos, 1988: 113).

Como ficou indicado quando abordamos o Sistema Coringa, os espetáculos feitos de acordo com esse método devem iniciar-se por uma dedicatória, pela qual já se assinalam os rumos ideológicos da montagem. Estilos e atmosferas distintos irão misturar-se, como ocorrera em *Zumbi*. Tom largo e solene, que

284   COM OS SÉCULOS NOS OLHOS

aos poucos se faz mais agressivo, marca a dedicatória cantada pelo "coro polifônico". As primeiras estrofes dizem:

> Dez vidas eu tivesse,
> Dez vidas eu daria.
> Dez vidas prisioneiras,
> Ansioso eu trocaria,
> Pelo bem da liberdade,
> Nem que fosse por um dia.
>
> Se assim fizessem todos,
> Aqui não existiria
> Tão negra sujeição
> Que dá feição de vida
> Ao que é mais feia morte;
> Morrer de quem aceita
> Viver em escravidão (Boal e Guarnieri, 1967: 58).

A ação transcorre em ordem cronológica, mas comporta exceções, correspondentes à sentença lida no início, destinada a lançar no passado a história a que se vai assistir (procedimento tipicamente épico), e ao interrogatório "que se distribui por todo o texto, entre os episódios, e se reveste de múltiplos sentidos", lembra Cláudia de Arruda Campos. A ensaísta acrescenta: "Coro e corifeu, além de elementos de ligação entre as cenas, constituem recurso de interrupção do envolvimento emocional e sustentam o caráter narrativo da peça" (1988: 111, 112).

As intervenções servem também para situar as passagens em suas respectivas horas e lugares, como é o caso da primeira cena, a da sentença, que, remetendo ao desfecho, acontece na Cadeia Pública do Rio de Janeiro em abril de 1792, pouco antes do enforcamento do Alferes. É curioso lembrar que esse mesmo trecho da Devassa fora utilizado no show *Opinião*, dirigido por Boal em 1964; ao que parece, a figura e a história de Tiradentes já vinham sendo cogitadas como assunto dramático havia algum tempo. O escrivão profere a sentença "branda e suavemente, com carinho", potencializando o caráter terrível das palavras:

> Portanto, condeno o réu (...) que foi da Tropa Paga da Capitania de Minas a que, com baraço e pregação, seja conduzido pelas ruas públicas ao lugar da forca e nela morra morte natural para sempre e que depois de morto lhe seja cortada a cabeça e levada à Vila Rica de Nossa Senhora do Pilar

A dramaturgia musical 285

de Ouro Preto, onde em o lugar mais alto dela será pregada em um poste alto, até que o tempo a consuma (1967: 59).

Se, em *Opinião*, os pleonasmos ou arcaísmos eram ressaltados para produzir o riso — "ruas públicas", "morra morte natural para sempre" —, aqui o objetivo mostra-se distinto, o que se confirma pela volta do Coro com a dedicatória: "Dez vidas eu tivesse...", cessando na palavra "liberdade", poucos versos adiante. O Coringa, mestre de cerimônia do espetáculo, pontifica a essa altura, dirigindo-se ao público: "Esta foi a sentença. Nós vamos contar a história do crime" (1967: 59).

*

Ouvimos a seguir a primeira explicação dada pelo Coringa. Algo da teoria exposta por Boal nos artigos introdutórios a *Tiradentes* resume-se neste momento da peça:

> O teatro conta o homem; às vezes conta uma parte só: o lado de fora, o lado que todo mundo vê mas não entende, a fotografia. (...) Outras vezes, o teatro explica o lado de dentro, peças de ideia: todo mundo entende mas ninguém vê. Entende a ideia mas não sabe a quem se aplica. O teatro naturalista oferece experiência sem ideia, o de ideia, ideia sem experiência. Por isso, queremos contar o homem de maneira diferente. Queremos uma forma que use todas as formas, quando necessário (Boal e Guarnieri, 1967: 60).

Vale a pena nos determos um pouco nas questões sugeridas nessa passagem.

A quarta fase do Teatro de Arena, a dos musicais, busca reunir os aspectos particulares ou fotográficos, predominantes na segunda fase, às generalizações abstratas que tendem ao universal, privilegiadas na terceira etapa. Assim, chegar-se-ia ao "particular típico", expressão que Boal toma emprestada a Lukács, embora sem citá-lo (o filósofo húngaro, por sua vez, a formulou na tradição de Hegel). Mas, dado o propósito de sintetizar os polos particular e universal (a experiência e a ideia), surgem dúvidas quanto ao sentido exato dos termos e quanto a seu papel na fatura das peças.

Em *Zumbi*, os heróis encarnam emblematicamente a luta pela liberdade; trazem consigo as demandas de todo um povo; são estampas impessoais, aproximando-se do mito. Ao lado desses heróis, os dramaturgos lançaram referências ao presente e ao passado imediato (o ano de 1964 e arredores), que Boal chama de "jornalísticas". O diretor julga que, apesar dos bons resultados, *Zumbi* limitou-se a sobrepor os dois polos de modo mecânico: a saga dos heróis de Palmares apenas se somava às referências tópicas, sem se fundir a elas. O universal e o particular não se casavam plenamente.

Já em *Tiradentes*, o protagonista (agora a figura solitária do Alferes) deve mais uma vez alçar-se à condição de mito, mas os autores valem-se, para desenhá-lo assim, de recursos realistas. Isto é: pretendem atingir a universalidade intuitiva do mito pelos caminhos da fotografia naturalista, o que resultaria paradoxal, segundo diz Anatol Rosenfeld em "Heróis e coringas". O ensaísta escreve: "Mitizar o herói com naturalismo é despsicologizá-lo através de um estilo psicologista, é libertá-lo dos detalhes e das contingências empíricas através de um estilo que ressalta os detalhes e as contingências empíricas" (Rosenfeld, 1982: 23).

Esse aspecto paradoxal enfatiza-se porque o herói mítico, além de recortado em moldes realistas, acha-se isolado em cenário teatralista: os demais integrantes da Conjura e seus inimigos são, uns e outros, muitas vezes trabalhados em tom de farsa, não realista. De fato, o estilo naturalista não chega a se impor no espetáculo, contrariando as disposições da teoria. Esse estilo, "por felicidade, não rende suficientemente dentro do contexto da peça, dentro da concepção dramatúrgica do herói Tiradentes e dentro dos limites do Teatro de Arena". Rosenfeld refere-se aqui à pequena sala pertencente à companhia, onde o palco circular favorece os mecanismos épicos e dificulta a ilusão mimética.

Ele acrescenta: "Se [o estilo naturalista] rendesse completamente iria liquidar completamente o herói, que não é um ser real e sim um mito. A peça, neste ponto, resiste galhardamente à teoria. Funciona apesar dela (o que por vezes ocorre também no caso de Brecht)" (1982: 23). Nesse ponto pode ter havido excessivo rigor da parte do crítico: o que Boal tentou sublinhar foi sobretudo a necessidade de se preservar a personagem principal da algazarra épica promovida pelo Coringa (tendo o diretor se enganado, de todo modo, ao defender meios naturalistas para alcançá-lo).

Por outro lado, as reflexões do Coringa, embora recorram a humor e dicção terra a terra, procuram chegar também a conceitos de validade universal, mas obtidos mediante a razão — ao passo que o mito, diga-se com Rosenfeld, pertence à ordem do irracional (o emocional, o onírico, o hiperbólico). Esta objeção, relativa à viabilidade do mito no teatro moderno, é o reparo mais incisivo entre os formulados pelo ensaísta ao sistema e à peça de Boal e Guarnieri. Rosenfeld afirma:

O mito é a-histórico, visa ao sempre-igual, arquetípico, não reconhece transformações históricas fundamentais. Os fenômenos históricos são, para ele, apenas máscaras através das quais transparecem os padrões eternos. Sua visão temporal é circular, não há desenvolvimento. O mito salienta a identidade essencial do homem em todos os tempos e lugares. Esta, certamente, não é a concepção do Nós do Teatro de Arena, concepção historicista, baseada na certeza da transformação radical, na visão do homem como ser histórico. As reservas mentais com que o herói foi concebido talvez expliquem as contradições apontadas (1982: 26).

Os argumentos de Anatol Rosenfeld são extensos e complexos; alguns de seus aspectos mais relevantes ficam indicados aqui. É importante, contudo, lembrar que se pode ligá-los a objeções ideológicas feitas à peça por outros estudiosos.

A tentativa de reviver a personagem heroica ou mítica, ao que tudo indica, decorreu da postura didática e exortativa assumida pelos autores, que não se quiseram limitar a compreender as contradições das esquerdas no pré-64 — a distância entre intelectuais e povo terá sido a maior delas —, mas se lançaram também à tarefa de incitar os espectadores à consciência e à luta.

Rosenfeld faz os seus reparos ressaltando que "dificilmente se encontrarão no teatro brasileiro dos últimos anos experimentos e resultados dramatúrgicos e cênicos tão importantes como *Zumbi* e *Tiradentes*, como proposição renovadora do teatro engajado. A poética de Boal é um ensaio ímpar e completamente singular no domínio do pensamento estético brasileiro", diz (1982: 38).

Não obstante, entende: "A oferta do mito às 'massas' é uma atitude paternal e mistificadora que não corresponde às metas de um teatro verdadeiramente popular" (1982: 35). O crítico encerra seu artigo indagando: "O herói mítico, sem dúvida, facilita a comunicação estética e dá força plástica à expressão teatral. Todavia, será que a sua imagem festiva contribui para a interpretação da nossa realidade, ao nível da consciência atual?" (1982: 39).

Concordamos com Rosenfeld tanto no que toca aos "resultados dramatúrgicos", potencializados pela figura móvel do Coringa, quanto no que diz respeito à "imagem festiva" do herói, muito ligada à necessidade, sentida pelos autores, de fazer do espetáculo um veículo de convocação à resistência. Eles tornam didáticas certas mensagens, com o risco de empobrecê-las.

*

O brasileiro José Joaquim da Maya, estudante na França, teria sido precursor dos ideais de autodeterminação nacional, inspirando-se na Independência norte-americana, proclamada em 1776. A peça reproduz trecho da carta que Maya escreveu a Thomas Jefferson, herói daquele episódio, pedindo ajuda no sentido de libertar os habitantes da Colônia: "Rompam relações com Portugal! Enviem navios de guerra para proteger nossas costas! Mandem-nos técnicos e oficiais", pedia Maya, exaltado e ingênuo.

Com a resposta de Jefferson, que se esquiva de compromissos assumindo "tom de velha e carinhosa mãe gorda", os americanos são mostrados como pouco confiáveis, não apenas do ponto de vista setecentista, mas certamente também do ângulo moderno, que é o que mais interessa aos dramaturgos. A revisão histórica, embora lastreada em documentos, não pretende ser fiel demais aos fatos, antes os utiliza para iluminar criticamente o presente.

A dedicatória, a sentença imposta a Tiradentes, a explicação que sublinha rumos estéticos e ideológicos e, por fim, a correspondência entre Maya e Jefferson constituem, somadas, uma espécie de prólogo. Os processos nele resumidos irão projetar-se sobre todo o texto: a mistura de gêneros e estilos (assim como de prosa e verso), a alternância de passagens dramáticas e trechos narrativos, o tema geral da liberdade. O Coringa assinala: "E feita a dedicatória/ Eis que, enfim,/ Começa a história!".

O narrador nos leva a Vila Rica de Nossa Senhora do Pilar de Ouro Preto, em 1778. Canta-se enquanto se prepara o cenário: a letra afirma, pela reiteração, a onipresença do metal naquelas plagas, com seus inevitáveis influxos morais. As primeiras estrofes dizem:

> Cidade de ouro!
> Vila dourada!
>
> O rio é de ouro!
> O ar é de ouro!
> O verde é dourado!
>
> A fera é de ouro!
> A fruta é de ouro!
> As almas douradas!
> O homem é de ouro
> A virtude é de ouro
> A santidade dourada.

A dramaturgia musical 289

> O roubo é de ouro!
> A morte é de ouro!
> A pena que assina
> A pena de morte
> A pena que mata
> É pena dourada!
>
> O ouro que mata.
> O ouro que mata.
> O ouro que mata! (1967: 62-63).

O Coringa fala então do governador da capitania de Minas Gerais, Cunha Menezes, e de sua obra-símbolo (emblemática do Brasil Colonial), a Cadeia Pública. Ele se refere a Menezes e a seu presídio em possível analogia com a capital inaugurada em 1960, conforme assinala Sábato Magaldi em artigo sobre *Arena conta Tiradentes*, ao dizer que "a Cadeia Pública é a obra fundamental da Colônia, como uma Brasília faraônica perdida nos confins da nova terra..." (Magaldi, 1998: 125). Aceitemos com bonomia a redução cômica: trata-se aqui de comparar um presídio a uma cidade inteira...

Ironicamente anunciado pelo Coringa, vemos a seguir o próprio Cunha Menezes (o Fanfarrão Minézio indigitado por Tomás Antônio Gonzaga em sátiras não assinadas), na companhia de um Clérigo subserviente e de duas Mulheres de boa vontade. Vimos cenas similares em *Zumbi*: a técnica com que os autores nos apresentam o governador é a da caricatura franca, pela qual Menezes confessa o inconfessável, proclamando o contrário do que ele e outros homens públicos normalmente diriam.

Notável, na mesma cena, é o procedimento tomado de empréstimo ao teatro de revista: as personagens acham-se em plena rua, o que dá ensejo a que novas figuras apareçam, à maneira de um desfile. Vemos o fornecedor Domingos Vieira, de quem Menezes cobra o suprimento de ferro contratado para as obras da Cadeia; o Coro de Operários (em comentários à parte); o padre Rollim, com quem o governador tem diferenças; o poeta e jurista Tomás Antônio Gonzaga, crítico de Cunha Menezes. Políticos populistas e corruptos como Ademar de Barros (o do slogan "Rouba mas faz") fornecem o modelo da personagem. Os autores recorrem também à comicidade sexual, quando o governador afirma: "a nossa depravação é o que há de mais notável na Capitania; e em quantidade só é superada pela produção do ouro" (1967: 66).

A cena, composta por várias subcenas, que se iniciam à chegada de novas personagens, destina-se afinal a exibir o perfil e a prática autoritários

de Menezes. O retrato atinge o ápice quando Gonzaga questiona os critérios usados na construção da Cadeia, e o governador rebate: "Ilustre senhor Gonzaga, uma nação florente é sempre obra de canalhas satisfeitos!" (1967: 70).

Muda a cena e, com ela, muda o estilo. Assistimos à visita de Tiradentes a uma casa de Pilatas (onde se prestam não apenas serviços eróticos, mas também de costura, por exemplo). O quadro é realista, admitindo elementos cômicos, mas não farsescos — e nunca relativos à própria figura do Alferes, que nada tem de risível. Pelo contrário: expõem-se os ideais, a utopia de Tiradentes, em sua ênfase às vezes agressiva.

A cena no bordel prolonga-se na seguinte, esta passada na Taverna do Tartugo, agora no Rio de Janeiro. Aqui, os autores fazem perceber o quanto é cruel o domínio português sobre a Colônia. Os meios para referi-lo são o descontentamento expresso pelo Mineiro e o radicalismo temerário de Tiradentes. Em conversa com um dos fregueses na taverna, homem que o toma por alguém leal à Coroa, o Alferes provoca: "E se eu disser que vou enforcar o senhor, o senhor me defende?". Ou: "E se eu disser que todos nós juntos devemos enforcar a Rainha, o senhor me defende?..." (1967: 79, 80).

O Visconde de Barbacena vem substituir Cunha Menezes com o fito de moralizar a administração da capitania (do ponto de vista dos interesses da Coroa, naturalmente), trazendo consigo a tarefa de *disciplinar* o envio dos dízimos a Portugal. Sua presença implica a ameaça da Derrama, acirrando a insatisfação dos mineiros e potencializando conflitos entre Colônia e Metrópole.

O Coringa explica, a seu modo espirituoso, o mecanismo da Derrama:

> Como bom País colonizador, Portugal cobrava imposto sobre tudo. Importação, exportação, escravo, boi, vaca, terra, casa, cabeça... Nasceu príncipe, a colônia paga imposto. Morreu, paga! (...) Mas mesmo somando tudo isso, D. Maria ainda achava pouco e lá vinha a Derrama, com soldado na porta, pra cobrir a diferença. Não escapava ninguém, fosse mineiro ou não! O Governo decidia quanto é que cada um tinha de dar e podia reduzir à pobreza quem horas antes fora um potentado. Era o Terror. A revolta era a única solução (1987: 85).

Já no segundo episódio, Barbacena reúne-se com representantes da elite mineira. Encurrala-os. Afirma diante deles que, quanto à Derrama, estuda "apenas a data" de lançá-la. O governador acredita poder contar, para tal,

A dramaturgia musical 291

com "dispositivo militar" que lhe "garante a obediência e o apoio do povo". Sabe-se que, durante o governo Goulart, se falava nos dispositivos sindical e militar, supostamente capazes de manter a ordem contra eventuais tentativas de golpe, permitindo com isso a implantação das reformas de base; entre elas, a redistribuição do solo no campo e na cidade.

Como não é congruente que os autores tenham pretendido associar Barbacena a João Goulart (Jango e adeptos, pelo contrário, relacionam-se analogicamente aos inconfidentes), trata-se aqui de simples galhofa, pela qual a peça alude a uma expressão corrente no pré-64, ou simplesmente se afirma, por meio da piada, que quem dispunha mesmo dos tais dispositivos eram os conservadores. A figura insidiosa de Barbacena corresponde antes, está claro, à reação interna (os proprietários de terras acham-se condensados no delator Joaquim Silvério dos Reis) e aos interesses dos países ricos, notadamente os Estados Unidos, forças contra as quais a legalidade tinha escassas condições de se defender.

A peça, pródiga em recursos inventivos, entre eles o da entrevista, faz com que o Coringa dirija perguntas a Barbacena, desvelando as motivações do governador e do poder que representa. Alguém diria nos anos 1970 que, se questões econômicas e políticas pudessem ser inteiramente reduzidas a dilemas morais, "viver não dava trabalho nenhum" (como se lê no prefácio a *Gota d'água*). Um pouco nessa linha, o Coringa, incisivo e gaiato, pergunta a Barbacena: "Governador, o senhor se acha um canalha?". A autoridade responde: "Absolutamente. Sou um fiel servidor de Sua Majestade. Se tudo que eu faço fizesse por minha livre e espontânea vontade, então sim poderia ser classificado como canalha. Mas eu apenas cumpro com o dever que me é imposto". Barbacena acredita que, sim, "a independência política não está muito distante. O resto depende de vocês...". Mas sabiamente acrescenta que "não é da competência do crocodilo dizer: 'Cuidado com o crocodilo!'" (1967: 91-92).

Mais adiante, o Coringa entrevistará Silvério dos Reis. Vale a pena perceber o modo como os autores, deliberadamente ou não, carregam de qualidades (não morais, decerto, mas intelectuais) tanto os representantes da Coroa, como Barbacena, quanto os membros das elites reacionárias, caso de Silvério, ao mesmo tempo que depreciam os conspiradores, vistos como imprevidentes. À maneira de um repórter que se achasse em condições de tudo perguntar, o Coringa indaga: "Ao que leva o medo, hein Silvério?". O latifundiário replica:

Medo coisa nenhuma. Se valesse o risco até que o medo a gente enruste. Mas vamos falar com franqueza: já pensou direito em quem está metido nessa rebelião? Um bandinho de intelectuais que só sabe falar. Porque a liberdade... a cultura... a coisa pública... o exemplo do Norte... na hora do arrocho quero ver. O outro lá comandante das tropas, o que quer mesmo é posição seja na República, na Monarquia, no comunismo primitivo, o que ele quer é estar por cima. Olha velho, dessa gente, a maioria está trepada no muro: conforme o balanço, eles pulam pra um lado. E eu aqui vou nessa? Mas nunca (1967: 125).

O Coringa ainda quer saber: "Então você não acredita mesmo nesse levante?". Silvério explica-se melhor: "Condições havia, mas agora não. Povo, que é o que resolve mesmo nessas horas, não se pode contar com ele. O povo não se reúne na casa do Ouvidor Gonzaga e muito menos na do Tenente-Coronel. E graças a Deus não vai mesmo. Já imaginou esse povaréu de mazombos tomando conta disso? (...) Pois não estavam falando em libertar os escravos? Com o tempo, eles vão acabar falando de Reforma Agrária..." (1967: 125). Na Inconfidência, como no pré-64, as camadas pobres achavam-se apartadas das lutas políticas, segundo os autores sustentam. Convicção polêmica, já que os lavradores organizados nas Ligas Camponesas, no Nordeste, e categorias operárias, especialmente no Sudeste, não deixaram de comparecer a essas lutas, tendo sido severamente reprimidos a partir do Golpe.

Sobre as Ligas, veja-se o que diz o historiador Boris Fausto: "O movimento rural mais importante do período foi o das Ligas Camponesas, tendo como líder ostensivo uma figura da classe média urbana — o advogado e político pernambucano Francisco Julião". Fausto informa que "as Ligas começaram a surgir em fins de 1955, propondo-se entre outros pontos defender os camponeses contra a expulsão da terra, a elevação do preço dos arrendamentos e a prática do 'cambão', pela qual o colono — chamado no Nordeste de morador — deveria trabalhar um dia por semana de graça para o dono da terra" (Fausto, 2001: 244). Não custa recordar, a propósito, a *Sina de caboclo*, de João do Vale, música que integrou o repertório de *Opinião*, na qual o compositor dizia: "Mas plantar pra dividir,/ não faço mais isso não".

O povo não estava, portanto, completamente ausente dos embates sociais e políticos nas décadas de 1950 e 1960. Bem ao contrário, sua mobilização terá assustado as oligarquias mais do que o fizeram os artigos, discursos e obras de arte participantes — as observações de Iná Camargo Costa, ao tratar da peça, reforçam esse modo de ver as coisas (1996: 140). Seja como for,

A dramaturgia musical 293

Arena conta Tiradentes terá razão se entendermos os seus argumentos como denúncia das relações frágeis, carentes de espírito prático, estabelecidas entre trabalhadores e intelectuais de esquerda, malgrado as intenções e a retórica destes últimos.

De fato, no terceiro episódio, com as longas e pouco substanciais conversas entre os inconfidentes — entre elas, o diálogo entre os poetas Alvarenga Peixoto e Tomás Antônio Gonzaga —, os dramaturgos criticam a falta de objetividade dos que pretendiam realizar a revolução e não viram a iminência do malogro, no século XVIII ou, em paralelo, no século XX. A criação de uma universidade, a possível mudança da capital (de novo, a referência a Brasília), a escolha de bandeira e lema para o movimento ensejam debates ociosos. O dístico "Liberdade ainda que tardia" acaba por ser o preferido; Bárbara Heliodora, mulher de Alvarenga, zomba do preciosismo dos rebeldes: "Bonito. Vocês gastaram tanto tempo para fazer o dístico que agora só ficou faltando fazer a independência. Se tivessem gasto o mesmo tempo fazendo a independência, agora só faltaria o dístico" (1967: 112-113).

O primeiro ato se encerra com o ensaio da revolta, no qual se reúnem os conjurados. Não dispomos da gravação do espetáculo, o que talvez nos permitisse aferir o quanto de ironia (alguma ou nenhuma) foi posto na canção final, que alterna solos e coro. É certo que os revoltosos imaginavam poder contar com o povo, induzido a aderir nos momentos decisivos. Assim como se pensava que, uma vez acesa a chama, deflagrada a luta, as camadas pobres teriam aderido à revolução no pré-64, não fosse a inépcia das esquerdas, consideradas, portanto, como vanguardas de quem dependia a iniciativa de um levante, como apontou Cláudia de Arruda Campos (1988: 115).

O tom exortativo evidencia que os autores continuavam a acreditar na viabilidade das atitudes insurrecionais, reconhecidos os erros do passado recente. As estrofes derradeiras da canção fecham o primeiro tempo permutando os versos:

> O povo aqui nesta praça
> o poder vai destroçando,
> dando fim ao cativeiro
> vida nova vai criando.
>
> Vida nova vai criando
> o povo aqui nesta praça,
> dando fim ao cativeiro
> o poder vai destroçando.

O poder vai destroçando
dando fim ao cativeiro
vida nova vai criando (1967: 121).

No segundo tempo, os perigos que levarão ao desfecho materializam-se ao final da cena que abre o penúltimo episódio. Alvarenga Peixoto, Tomás Antônio Gonzaga e Cláudio Manoel da Costa comemoram o aniversário da filha de Alvarenga, na casa deste, com poesia: recitam versos do clássico Sá de Miranda uns para os outros, desatentos aos riscos que se avolumam lá fora. Homens embuçados invadem a casa, não para prendê-los, mas justamente para alertá-los das ameaças que os cercam: "Tiradentes acaba de ser preso no Rio. Foram todos traídos! Fujam! Fujam sem demora!", um deles dramatiza.

No entanto, essa situação e seus desdobramentos (Marília vem pedir que seu noivo Gonzaga vá embora e quer ir com ele, o que o poeta, disposto a lutar, não aceita) não passam de "pura fantasia", informa o Coringa — apresentando-se a seguir versão mais plausível dos fatos ocorridos àquela altura.

Neste ponto, assinale-se um dos processos criativos básicos do texto, processo ligado à grande liberdade de movimentos concedida ao Coringa: as verdades históricas ou cênicas, ideológicas ou estéticas parecem capazes de se fazer e refazer com enorme agilidade. Ou, por outra, segundo as premissas adotadas na obra, não existem verdades definitivas; com isso, a atenção do público, diante de Tiradentes, deve estar permanentemente desperta.

A percepção dessa virtude, quando somada à da insistência didática com que a peça recomenda comportamentos políticos a seus receptores, resulta contraditória. Cláudia de Arruda Campos soube exprimir essa espécie de duplo vínculo que Tiradentes exige de seus leitores ou espectadores. Em primeiro lugar, a ensaísta nota em chave de elogio: "Assim como se procura demonstrar que o resultado da Inconfidência foi o fracasso, mas poderia ter sido diferente, as soluções dramáticas também são reveladas em sua natureza convencional e, portanto, como cambiáveis — são aquelas como poderiam ser outras, se outros fossem os objetivos a expressar". Por outro lado, acrescenta, o espetáculo mostra-se ideologicamente "fechado", procurando "eliminar toda ambiguidade através de recursos que reiteram muitas vezes, variando as formas, a mesma ideia" (1988: 113, 115).

Eis o paradoxo: embora vivaz até o extremo nas suas disposições formais, que permitem narrar, comentar ou rever os fatos com celeridade, Arena conta Tiradentes guarda uma espécie de mensagem única, para onde tudo conflui: a emergência da ação política, para a qual o público é convocado.

A dramaturgia musical 295

O problema reside em que a análise dos fatos e a conclusão já se acham, em boa medida, prontas, pressupostas pelos autores, esperando-se que a plateia tão somente as assimile.

A passagem em que se dá a detenção dos inconfidentes não dispensa humor, satirizando-se inclusive os subalternos responsáveis pela detenção dos rebeldes. O coro de Soldados anuncia em versos de sete sílabas: "Todos gostam de Gonzaga,/ homem bom quase perfeito./ Mandaram prender eu prendo,/ não me importa se é direito". Ou: "Mandando fazer faremos/ se um comandante mandar;/ somos soldados da lei,/ sem direito de pensar" (1967: 140, 141).

O depoimento final também envolve comicidade, com a expressão anafórica "Culpa eu não tenho!" a marcar as confissões. Se o riso, ainda que fortuito, pode surgir nessas passagens (assim como no decorrer da peça), existe em contrapartida "uma lágrima verdadeira depositada no túmulo desse herói legitimamente revolucionário (o único da Inconfidência) que foi Tiradentes", para usar as palavras de Décio de Almeida Prado que, se desancou *Zumbi*, viria a reconhecer amplamente as qualidades do espetáculo de 1967 (Prado, 1987: 169).

O pecado da reiteração didática, no entanto, volta a ser praticado na cena derradeira: como se temessem que o espetáculo findasse com o simples lamento diante do sacrifício do Alferes (o único a ser condenado à morte no episódio), os autores sublinham a noção de vitória irrecorrível, em algum ponto da História, dos melhores valores, idealizando a presença do mesmo povo que estivera ausente dos eventos narrados:

> Espanto que espanta a gente,
> Tanta gente a se espantar
> Que o povo tem sete fôlegos
> E mais sete tem pra dar!
> Quanto mais cai, mais levanta
> Mil vezes já foi ao chão.
> Mas de pé lá está o povo
> Na hora da decisão! (1967: 163).

Pode-se concordar, em certa medida, com Cláudia de Arruda Campos quando diz que "a montagem do Teatro de Arena constrói um gesto homólogo ao das vanguardas políticas de seu tempo", vanguardas que, desesperando das soluções políticas, desde 1967 se voltam para a luta armada. "Toda a astúcia da arquitetura é insuficiente para mascarar a impotência. A metáfora que permite esquivar-se à censura é índice de resistência, não de poder agressivo", entende a ensaísta (1988: 117).

A essas afirmações, caberia somar a convicção de Iná Camargo Costa acerca de *Zumbi*, extensiva a *Tiradentes*, de que a montagem de 1965 teria sido festejada, ao lado de *Opinião*, "como a senha para uma resistência política que não tinha acontecido nem estava acontecendo" (1996: 127), notando-se que a palavra "resistência" tem sentido um pouco diverso num e noutro dos trechos citados.

Confinado nas pequenas salas, ainda que lotadas, a que compareciam espectadores da classe média e não das faixas populares, e acossado pela censura, o teatro musical e participante teve papel politicamente menos anódino, entretanto, do que as ponderações de Cláudia e Iná fazem crer. Não se trata de discordar inteiramente do que dizem as ensaístas, mas de matizar os seus argumentos.

O regime autoritário, ao se instalar em 1964, foi muito mais feroz com as camadas pobres organizadas em sindicatos e nas Ligas Camponesas do que com a classe média profissional e os estudantes, embora na época se tenham denunciado prisões e torturas de membros do Partido Comunista e de universitários, entre outras pessoas oriundas dos estratos médios, como se lê no artigo de Márcio Moreira Alves mencionado quando falamos de *Opinião*. Mas o regime dedicou-se denodadamente, em seus primeiros anos, a desorganizar ou mesmo a dizimar aqueles que punham diretamente em xeque a ordem econômica.

Boris Fausto registra, referindo-se aos acontecimentos imediatamente seguintes ao Golpe:

> A repressão mais violenta concentrou-se no campo, especialmente no Nordeste, atingindo sobretudo gente ligada às Ligas Camponesas. Nas cidades, houve intervenção em muitos sindicatos e federações de trabalhadores e a prisão de dirigentes sindicais. As intervenções visaram em regra os sindicatos mais expressivos, abrangendo 70% das organizações que tinham mais de 5 mil membros (Fausto, 2001: 258).

A partir de 1966, porém, a situação se altera. As passeatas tornam-se mais amplas e frequentes. A atuação de jornais como o *Correio da Manhã*, as canções e espetáculos engajados, a mudança dos costumes e as greves operárias — lembrem-se as de Contagem e Osasco, tendo resultado esta da colaboração entre trabalhadores e estudantes, ambas em 1968 — põem o governo em guarda, dessa vez contra a classe média. Nesse ano, as primeiras ações armadas vêm acirrar o estado de coisas.

As camadas médias, sobretudo profissionais liberais e universitários, passam a fustigar o regime não apenas *moralmente*, mas efetivamente. O desfecho é conhecido: edita-se o AI-5, com o qual se suprimem as liberdades públicas e as garantias individuais, quadro que só começaria a se normalizar, de maneira "lenta e gradual", em 1974.

O regime lançava-se contra agentes — intelectuais, artistas, estudantes, clero — que, na percepção do governo Costa e Silva, marcada pela paranoia anticomunista, representavam, sim, alguma espécie de ameaça. Embora sem haver chances reais de a oposição empolgar o poder (chances nas quais muitos acreditaram), o fato é que houve resistência, confrontos físicos, prisões e tortura, até que os militares e seus colaboradores resolvessem radicalizar em definitivo as suas posições, com o AI-5.

Prisões e torturas continuaram a ocorrer, mas a situação sofrera nova mudança em 1969: as pressões contra o regime, reprimidas e lançadas na ilegalidade, minguaram ou tomaram o rumo impopular das práticas terroristas.

O que se quer dizer é: de 1964 a 1968 (especialmente nesse ano e no anterior), o teatro engajado ajudou a alimentar o clima de protestos contra os militares, enquanto estes se revelavam inaptos para qualquer espécie de diálogo ou de exercício democrático. Os donos do poder, longe de ceder e negociar, terminaram por cortar as mais tênues possibilidades de acordo. Atitude de ressonâncias trágicas, pois sinalizou com toda a ênfase, aos olhos dos setores de oposição mais agressivos e impacientes, que o único caminho a seguir era o das armas.

Tiradentes, não obstante a ambiguidade que o faz oscilar entre as formas abertas, móveis, e as certezas (ou esperanças) ideológicas que resultam na dicção didática, permanece fonte de ideias estéticas — o Coringa como proponente do jogo cênico, a liberdade virtualmente ilimitada de estilos —, além de constituir documento de uma época avessa a contemporizações.

Os textos inspirados na forma
da comédia musical

Ditadura e distensão

O milagre econômico, operado por Delfim Netto e colaboradores de 1968 a 1973, ou seja, basicamente durante o governo do general Emilio Garrastazu Médici (1969-1974), lastreou-se na farta disponibilidade de recursos no cenário mundial. As oportunidades que então se apresentavam traduziram-se nos empréstimos tomados pelos países em desenvolvimento (e não produtores de petróleo) e na entrada de capital estrangeiro no Brasil e demais nações de perfil similar. Pode-se dizer que o aumento da produção industrial e a diversificação das exportações (tornando o país menos dependente do tradicional café), entre outros aspectos que fizeram o milagre, deveram-se em boa parte a santos alheios.

Houve um terceiro patrocinador, este involuntário, dos avanços materiais naquela fase em que coexistiram a repressão política mais dura e os êxitos econômicos: o próprio povo brasileiro, entendendo-se "povo" no sentido comum de população menos as elites. Para confirmá-lo, bastaria recordar que, em agosto de 1977, já sob a gestão do general Ernesto Geisel (que tomara posse em março de 1974), o governo admitiu que os índices de inflação relativos a 1973 e 1974 haviam sido adulterados. Esses índices monitoravam os reajustes salariais; os trabalhadores tinham perdido 31,4% de seu poder de compra naqueles anos (Fausto, 2001: 277).

Acrescente-se que tais perdas se davam sobre salários cujo valor já vinha sendo depreciado desde fins dos anos 1950. Boris Fausto registra que, "tomando-se como 100 o índice do salário mínimo de janeiro de 1959, ele caíra para 39 em janeiro de 1973". Considere-se ainda que, "em 1972, 52,5% da população economicamente ativa recebia menos de um salário mínimo e 22,8% entre um e dois salários". O impacto da brutal concentração de renda promovida nessa fase, recorrendo-se até a expedientes como o da falsificação de dados oficiais, teria sido atenuado pela expansão das oportunidades de emprego, que levou maior número de pessoas, por família urbana, a se engajar no mercado de trabalho (2001: 269).

O humor simples das ruas não cessou de funcionar em relação a Garrastazu Médici. É verdade que o general adquiriu popularidade com a associação de sua imagem ao futebol — a seleção brasileira fora campeã mundial no México, em 1970, quando os torcedores se deixaram embalar pela marcha que, com algo de marcial, dizia: "Noventa milhões em ação, pra frente Brasil, salve a seleção. (...) De repente é aquela corrente pra frente, parece que todo o Brasil deu a mão. (...) Todos juntos vamos, pra frente Brasil, Brasil, salve a seleção!".

Mas o presidente, que fora chefe do Serviço Nacional de Informações (SNI) sob Costa e Silva, não escapou das piadas, que circulavam entre crianças e adultos. Numa delas, perguntava-se: "Como é que se mede a altura de um burro?". A resposta: "Mede-se". O austero Geisel também foi objeto de chacota. Fazendo-se trocadilho (sim, de gosto duvidoso) com as suas origens luteranas e germânicas, afirmava-se que o país era governado por "um pastor alemão".

A eficácia repressiva do governo e o isolamento dos combatentes, que atuavam desligados dos interesses cotidianos do homem comum, levaram a luta armada a esgotar-se em poucos anos. Quando Geisel assumiu o poder em 1974, continuavam em ação apenas os militantes da guerrilha do Araguaia, no leste do estado do Pará, dizimada em 1975; na época, sabia-se pouco a respeito desse movimento, dado que os jornais estavam proibidos de divulgá-lo.

Geisel, na presidência, passou a falar em "descompressão" ou em "distensão lenta, gradual e segura". Tratava-se de voltar de maneira cautelosa e conservadora à democracia, evitando-se que as oposições (que a partir de 1974 acumularam vitórias eleitorais, em pleitos limitados a cargos legislativos) chegassem logo ao poder.

O general travou combates internos ao governo, contra militares que formavam os "bolsões sinceros, mas radicais", segundo expressão usada por ele próprio. Geisel tinha conhecimento de assassinatos e torturas, com os quais foi tolerante: "Porque antigamente você prendia o sujeito e o sujeito ia lá pra fora. (...) Ó Coutinho, esse troço de matar é uma barbaridade, mas eu acho que tem que ser", disse em conversa com o general Dale Coutinho, ministro do Exército em seu governo (Gaspari, 2003: 324). Mas Geisel via-se diante da necessidade de abolir ou limitar aquelas práticas.

Alguns episódios motivaram seus embates com a linha-dura. O primeiro deles refere-se à morte do jornalista Vladimir Herzog nas dependências do Destacamento de Operações e Informações e Centro de Operações de Defesa Interna (DOI-CODI) de São Paulo. Intimado a comparecer àquele departamento em outubro de 1975, Herzog, então diretor de jornalismo da TV Cultura, atendeu ao chamado — e de lá não saiu vivo. Sua morte produziu grande indignação, expressa em atos públicos; a versão oficial, de que teria cometido suicídio, não convenceu ninguém. Em janeiro de 1976, a vítima foi o operário metalúrgico Manoel Fiel Filho, morto no mesmo local. De novo, a explicação divulgada pelas autoridades era a de suicídio por enforcamento. Fausto escreve:

> O presidente Geisel resolveu agir. Um poder paralelo se instalara em São Paulo, com as bênçãos ou, no mínimo, a omissão do comandante do II Exército. Geisel substituiu-o por um general de sua inteira confiança, que começou a usar outra linguagem e a estabelecer pontes de contato com a sociedade. A tortura nas dependências do DOI-CODI cessou, embora as violências em São Paulo não tenham terminado (2001: 272).

O teatro viria a refletir sobre esses crimes nas peças *Patética*, de João Ribeiro Chaves Netto, e *Fábrica de chocolate*, de Mário Prata, publicadas respectivamente em 1978 e 1979. O texto de Prata (encenado nesse mesmo ano sob a direção de Ruy Guerra) elabora, em chave realista, sobretudo o assassinato de Manoel Fiel Filho. *Patética*, de atmosfera alegórica, trata da morte de Vladimir Herzog.

Ernesto Geisel esteve outra vez em confronto com os bolsões radicais quando da indicação do general João Batista Figueiredo para a presidência, já em 1978 (Figueiredo assumiria o posto no ano seguinte). Geisel enfrentou a oposição do ministro do Exército, Sílvio Frota, que resolvera lançar candidatura própria, representando a linha-dura. "Frota desencadeou uma ofensiva contra o governo, acusando-o de ser complacente com os subversivos. O presidente demitiu-o do ministério e cortou sua escalada" (2001: 278).

Em agosto de 1979, a lei de anistia a prisioneiros e exilados, reclamada pela sociedade em manifestações nas ruas (exigia-se "anistia ampla, geral e irrestrita"), realizadas inclusive em Brasília, em frente ao Congresso Nacional, foi aprovada pelos parlamentares. A matéria "continha entretanto restrições e fazia uma importante concessão à linha-dura, ao abranger os responsáveis pela prática da tortura. De qualquer forma, ela possibilitou a volta dos exilados políticos e foi um passo importante na ampliação das liberdades públicas" (2001: 280).

Os bolsões "sinceros", mesmo enfraquecidos, continuaram a agir em casos como o ocorrido em abril de 1981, quando um frustrado atentado à bomba contra o espaço de convenções do Riocentro, onde estavam milhares de pessoas, acabou por matar ou ferir os militares encarregados de executá-lo. Em agosto daquele ano, o general Golbery do Couto e Silva, espécie de ideólogo do regime, demitiu-se da chefia da Casa Civil, provavelmente por se sentir desautorizado com os resultados do inquérito, que isentava os responsáveis.

A dramaturgia musical

Fontes e estruturas de *Gota d'água*

A forma da comédia musical constitui a quarta das categorias estéticas em que distribuímos as peças estudadas. Importa dizer, em primeiro lugar, que esse modelo possui caráter predominantemente dramático (e não épico), embora admita e mesmo implique a presença de elementos épicos, entre os quais a própria canção é o mais notável.[46]

As canções, neste caso, em geral não se precisam justificar por meio de artifícios de enredo (festas, por exemplo) ou de qualidades atribuídas às personagens (dotes musicais, profissões artísticas). Ao contrário, são utilizadas mediante convenção não realista pela qual o espectador tacitamente aceita ou é induzido a aceitar, sob a persuasão dos recursos mobilizados, que as figuras em cena cantem e o façam tão naturalmente quanto falam.

Em segundo lugar, ressaltamos que não se entende aqui a palavra "comédia" somente no sentido de peça destinada a produzir o riso. Acompanhada do adjetivo "musical", o termo não designa tema ou atmosfera, mas estrutura. Assim, torna-se legítimo falar em "texto inspirado na forma da comédia musical" a propósito de *Gota d'água*; em verdade, trata-se de um drama musical, embora a peça possua também passagens humorísticas. O que entendemos por comédia musical liga-se à história talhada em *estilo dramático*, assim como o definem Peter Szondi e Anatol Rosenfeld, estilo correspondente a uma estrutura de eventos que aristotelicamente supõe "atores agindo, não narrando".

A presença de narrador e de outros recursos eminentemente épicos não está excluída nessa categoria, mas não se revela essencial à sua forma. Elementos épicos sem dúvida comparecem a *Gota d'água* e a *O rei de Ramos* (mais numerosos nesta do que na primeira), mas é a história apresentada pelas personagens, e não contada ou referida por figuras exteriores a ela, o que mais importa para a caracterização dessas peças.

---

46 Poderíamos falar aqui, simplesmente, em "forma do musical", evitando possíveis confusões devido à presença, no espaço de poucas linhas, das palavras "comédia", termo alusivo a gênero, e caráter "dramático", relativo a estilo (por oposição a "épico"). Talvez também pareça desnecessário sublinhar, como fazemos abaixo, os traços que distinguiriam (e os que aproximariam) a comédia e o drama musicais, pois os gêneros frequentemente não são estanques, e caberia englobar as peças sob a rubrica única do "musical". Feitas as ressalvas, preferimos manter a expressão "forma da comédia musical", ou "textos inspirados na forma da comédia musical", porque especifica o tipo de peças e espetáculos a que nos referimos agora (diferenciando-o das demais categorias) e porque alude à tradição das revistas, burletas, comédias e operetas que remonta a Arthur Azevedo. Esperamos indicar, assim, parentesco entre obras antigas e modernas, ao longo de cerca de 150 anos de espetáculos cantados.

 Com os Séculos nos Olhos

Falar em estilo dramático não nos obriga, porém, a pensar em realismo estrito, dado que o próprio uso do verso e não da prosa — em *Gota d'água* como noutros textos — já visa estabelecer clima diverso do encontrado em obras rigorosamente realistas. Os valores da verossimilhança percorrem outros caminhos, conforme percebeu Yan Michalski:

> Optando pelo diálogo versificado e pela estilização dali decorrente, Chico e Paulo criam um universo expressivo adequado à natureza dos acontecimentos que vão desenrolar-se dentro dele, e capaz de dar-lhes uma coerência e verossimilhança que seriam impossíveis de conseguir, no caso, a partir de uma linguagem mais realista e menos poética (Michalski, 2004: 239).

O crítico se refere aqui a eventos como o da mulher que mata os próprios filhos, suicidando-se em seguida. Em lugar de parecer mais um episódio terrível de folhetim ou de crônica policial, a linguagem faz com que o ato se torne "uma consequência sem alternativas de uma trágica tomada de consciência", ou seja, predispõe o espectador a percebê-lo assim.

Ressalve-se que, ao final, os autores lançarão o gesto de Joana em moldura mais ampla, distanciando-o para que possamos refletir sobre ele.

*

Quando *Gota d'água* estreou no Rio de Janeiro, em dezembro de 1975, o teatro brasileiro vivia sob a tutela inamistosa da censura. Naquele momento, a esperança de ver os palcos livres da ação policial ainda se mostrava frágil — seria preciso esperar quatro anos até que a situação política no país começasse a se normalizar.

Chico Buarque era um dos artistas mais visados pelas interdições, tendo tido *Calabar*, escrita em parceria com Ruy Guerra, proibida às vésperas da estreia, em 1973. Mas o governo Geisel vinha lançando sinais tênues de querer o diálogo, como ocorreu, pela primeira vez, durante encontro do presidente com profissionais de teatro, em Manaus, em janeiro de 1975 (Aguiar, 1997: 80).

Protestos diretos, abordagem franca da realidade nacional, e também as manifestações da chamada contracultura, encontravam obstáculos para se afirmar ou eram simplesmente impraticáveis. *Gota d'água* "parecia dificilmente capaz de vencer a barreira da censura", anota Yan Michalski em *O teatro sob pressão* (1989: 63). Felizmente, foi liberada. O espetáculo, dirigido por Gianni Ratto, teve a superlativa Bibi Ferreira no papel de Joana.

A dramaturgia musical

Paulo Pontes e Chico Buarque, os autores do musical, adaptavam a grega *Medeia*, de Eurípides, a partir de concepção de Oduvaldo Vianna Filho, morto em 1974. Mais que mera concepção, as ideias de Vianinha se haviam materializado no *Caso especial* que escrevera para a TV Globo no início dos anos 1970 (Vianna Filho, em: *Cultura Vozes*, 1999). Paulo e Chico devem ao criador da *Medeia* televisiva o achado de trazer para os subúrbios cariocas a trama da grande peça clássica.[47]

O tratamento dado por eles ao tema soube desenvolver-se com independência, mas conservou diversos traços — a personagem principal torna-se macumbeira e Jasão, seu ex-companheiro, é compositor popular em ambas as histórias, por exemplo. E se nota, mesmo sob os versos de Chico, aqui ou ali, alguma dívida com relação à obra de Vianna. As sucessivas edições da peça em livro reconhecem que o trabalho foi "inspirado em concepção de Oduvaldo Vianna Filho".

Tanto para Vianinha, no *Caso especial*, quanto para os autores de *Gota d'água*, tratava-se de utilizar o enredo e as personagens gregas para iluminar a realidade do milagre econômico brasileiro. A máscara do ambicioso e calculista Jáson, da peça de Eurípides, viria representar os poucos indivíduos e setores da classe média ou, em escala ainda menor, das camadas pobres que haviam sido convidados para "o banquete da meia dúzia". A renda concentrava-se, o país crescia obrigando a maioria a apertar os cintos; no plano político, o regime buscava silenciar as dissidências; o crescimento econômico, no entanto, aprendera a arregimentar os melhores, os mais capazes (ou alguns dos mais capazes), aproveitando-lhes o talento.

Por outro lado, aos muitos excluídos do banquete parecia restar o desespero, figurado na vingança terrível de Joana, a Medeia carioca, que acabou por assassinar os próprios filhos e se matar para, com os crimes, ferir brutalmente o ex-marido Jasão, no que se pode ler uma referência indireta à luta armada. Este a trocara pela filha de um homem tão rico quanto sem escrúpulos, personagem que manteve, do modelo grego, o ar despótico e

---

47 A ideia de transportar histórias e personagens gregas para os morros ou subúrbios do Rio de Janeiro já tinha sido posta em prática por Vinicius de Moraes em *Orfeu da Conceição*, com música de Tom Jobim, texto levado à cena em 1956. Noutra chave, Nelson Rodrigues havia atualizado a figura e a lenda de Electra (já filtradas pelo Eugene O'Neill de *Electra enlutada*) em *Senhora dos Afogados*, drama de 1947, rejeitado pelo TBC em 1953 e afinal encenado, sob a direção de Bibi Ferreira, no Rio, em 1954. A diferença principal de *Gota d'água* em relação a essas obras reside na ênfase política (que na peça de 1975 se combina à dolorosa trajetória da heroína), ênfase prefigurada no *Caso especial* de Vianinha.

o nome, Creonte. Na peça brasileira, Creonte se faz emblema das práticas econômicas predatórias.

Do ponto de vista estético, a tarefa é a de indicar as alterações e ampliações do modelo clássico e do texto de Vianinha que os autores de *Gota d'água* operaram com vistas a seus objetivos não apenas estéticos como também políticos; vamos procurar entender como se estrutura o musical. Beleza artística e empenho social são indissociáveis nesta obra, e o laço entre as duas instâncias justamente responde por boa parte de suas qualidades.

Chico Buarque e Paulo Pontes redigiram o texto em versos e o enriqueceram com canções. Segundo afirmam na Apresentação, três preocupações básicas nortearam o trabalho: compreender a já aludida "experiência capitalista que se vem implantando aqui — radical, violentamente predatória, impiedosamente seletiva", experiência essa que "adquiriu um trágico dinamismo" nos anos 1970 (Buarque e Pontes, 1998: 9).

A segunda inquietação dizia respeito ao fato de que "o povo sumiu da cultura produzida no Brasil — dos jornais, dos filmes, das peças, da TV, da literatura etc." (1998: 14). Nesse sentido, sublinhe-se, a peça pode ser considerada uma tentativa de retomar o projeto nacional-popular levado à cena, desde fins dos anos 1950, por artistas identificados a posições de esquerda.

Por fim, os autores pretendiam trazer a palavra de volta aos palcos, já que "as mais indagativas e generosas realizações desse período [os anos 1970] têm como característica principal a ascendência de estímulos sonoros e visuais sobre a palavra". Com o texto elaborado em versos, intensificava-se o diálogo, "um pouco porque a poesia exprime melhor a densidade de sentimentos que move os personagens". Em suma, procurava-se compreender o que se passava no Brasil e para isso era necessário devolver, "à múltipla eloquência da palavra, o centro do fenômeno dramático" (1998: 16, 18).

*

Um dos traços mais importantes da *Medeia* de Eurípides é o fato de a ação desencadear-se sem que seu curso esteja previamente determinado pelos deuses, isto é, por forças superiores às personagens. Os sentimentos de Medeia, estrangeira em Corinto, traída e abandonada por Jáson, pai de seus dois filhos, pertencem somente a ela — a comunidade, o mundo à volta parecem alheios à sua sorte. O coro de quatro figuras femininas, é verdade, participa, solidário, das aflições de Medeia, mas o que está em causa é antes a condição social das mulheres. A própria personagem principal, com a provável anuência do coro, diz: "Das criaturas todas que têm vida e pensam,/ somos nós, as mulheres, as mais sofredoras" (Eurípides, 1991: 28). Embora fale em termos aparentemente gerais, em seguida aludirá a circunstâncias muito específicas, segundo as quais se processavam os casamentos naquele tempo e lugar.

Os poderes fantásticos de Medeia a vinculam, como nota, na Introdução, o tradutor Mário da Gama Kury, a "uma região habitada por bárbaros entre os quais imperava a feitiçaria", à atmosfera primitiva, enfim (Kury, em: Eurípides, 1991: 13). O procedimento de Jáson, ferindo mulher dotada de tal têmpera, a conduz à vingança sanguinolenta: o assassinato de Creonte, da filha deste, prestes a casar-se com Jáson, e de seus próprios filhos com o homem que a deixara.

Os dons de feiticeira não alteram o fato de que Medeia responde por si mesma e não por circunstâncias que a ultrapassam, ao contrário, portanto, do que se dá com Electra ou Antígona; o que a move não é a vingança vista como necessária à sobrevivência do clã, nem são os deveres para com parentes mortos. Ela pode, sim, representar a condição da mulher de modo mais amplo, a situação do sexo feminino em certa sociedade e em certa época — mas não seu destino inexorável.

Exatamente por essa razão, a personagem se presta a atualizações como as que foram realizadas no Brasil. Medeia já é moderna; a peça de que faz parte antecipa a passagem da tragédia para o drama: do destino largo que paira sobre os homens à redução dos motivos dramáticos à escala humana (mas não necessariamente pedestre ou prosaica). O que houver de inexorável em sua trajetória estará determinado por seus sentimentos "primitivos", como assinala Kury, por seu temperamento pouco propenso a contemporizações.

Medeia procede da Cólquida, para onde não pode voltar, já que matou o próprio irmão para casar-se com Jáson (segundo os passos mitológicos que antecedem a ação da peça). Vianinha, no texto escrito para a televisão, fez corresponder a condição de estrangeira em Corinto à condição também pouco favorável de moradora de um "conjunto residencial popular já velho". Era importante marcar a distância que separa a mulher do homem amado: arrasada pela situação de abandono, a já pobre Medeia deixa que o dia a dia se deteriore. Jasão, sambista que começa a fazer sucesso e que está noivo da filha de Creonte Santana, "presidente de honra do Unidos do Guadalupe", tem boas perspectivas, enquanto a ex-mulher entrega-se ao desalento.

A emblematização é clara. De um lado, os que foram aceitos para além da porta estreita que divide ricos e pobres, representados em Jasão; de outro, os que ficam, representados por Medeia. Esse esquema básico, segundo o qual o roteiro de Vianinha se organiza, será reutilizado em *Gota d'água* (naturalmente, o que entendemos por esquema básico não esgota a riqueza semântica dos textos).

A peça grega, como em geral acontece nas tragédias, não mostra a cena em que a filha de Creonte e, em seguida, o próprio tirano são mortos em meio a dores medonhas, provocadas pelo véu e pelo diadema de ouro presenteados por Medeia à jovem. A passagem é narrada pelo Mensageiro — o que de modo algum lhe retira a força. Vianinha, atento aos hábitos dramáticos modernos, cria a cena da festa de casamento em plena quadra da escola, fazendo que Jasão perceba o que está para ocorrer e tente alertar Creonte e Creusa, sem conseguir evitar que pai e filha provem do bolo envenenado com que Medeia os brindara.

O desfecho da adaptação televisiva difere do modelo grego (assim como o final de *Gota d'água* irá divergir do adotado por Vianinha). Na peça de Eurípides, Medeia consegue matar Creonte, sua filha e, não contente, os próprios filhos; em seguida, foge no carro do Sol. Jáson trava diálogo violento com a mulher, mas não acha tempo sequer para tocar nos meninos mortos.

Vianinha, nas seções finais, optou por uma perseguição policial a Medeia, com a busca dos garotos (Jasão e povo participam da perseguição e da busca), dando tom de *thriller* ao texto. Mas, talvez considerando a natureza do veículo a que o roteiro se destinava, fez os quitutes envenenados de Medeia atingirem Creonte e a filha, mas não as crianças — salvas no final. Assinale-se que, mesmo tendo tido a intenção de poupar o telespectador de um desfecho inteiramente mórbido, o autor conseguiu emprestar grande beleza a seu texto, com o contraponto entre a dor de Jasão (Creusa morreu, Creonte ficará inválido) e a alegria ingênua exibida pelas crianças, alheias aos fatos — alegria que se transmite, é claro, ao pai.

Algumas falas como que resumem a força do roteiro de Vianinha. Por exemplo: "Nunca a gente sente tanto a vida, como quando se encosta na morte", diz Medeia (1999: 134). Ouçam-se também estas palavras de Dolores (que faz as vezes da Ama clássica), no desfecho, aparentemente endereçadas ao telespectador convencional: "Ninguém quer saber onde começa a desgraça, Jasão. Só querem ver onde ela termina...".

Egeu, rei de Atenas na peça grega, transformado em motorista de táxi, lança o corpo da criminosa ao mar, atendendo a pedido feito por ela. Medeia matou-se pretendendo deixar a impressão de sua vingança ter sido completa. O homem diz: "Descansa em paz, assassina" (1999: 158).

*

O coro de figuras femininas, presente à peça de Eurípides, desaparece na adaptação de Vianinha, que escreveu drama cerrado, dispensando certas convenções do gênero trágico. Mas reaparece em *Gota d'água*, representado pelas Vizinhas. Outras mudanças dizem respeito à dimensão das personagens. Para citar um exemplo: a filha de Creonte, na tragédia grega, é apenas referida pelas demais criaturas, sem vir à cena; no *Caso especial* de Vianna Filho, ganha a forma de Creusa, que, no entanto, fala muito pouco; e cresce em *Gota d'água*, com o nome de Alma, personagem que tem alguma importância, embora não decisiva, junto a Jasão.

Os três textos, de todo modo, apontam para o fato de que o casamento de Jasão com a filha do tirano não se fazia exatamente por amor, ainda que o homem sinta o golpe desferido por Medeia contra a noiva e o futuro sogro — na peça grega e no roteiro televisivo. Em *Gota d'água*, diga-se, o assassinato de Creonte e filha sequer chega a se realizar. Nesta última peça, a vitória pertence a Creonte, mais que à vingativa Joana.

Os autores falam em *sets* no que toca à disposição cênica dos ambientes: há o *set* das Vizinhas, o do botequim, onde os homens se reúnem, o *set* da oficina onde trabalha mestre Egeu, líder local, o *set* de Joana, o de Creonte. A luz, que sobe ou some em cada um desses espaços, tem a função de conduzir a narrativa — constituindo elemento épico, à semelhança da câmera no cinema. Os dramaturgos jogam, em alguns instantes, com passagens de um a outro *set*, inclusive fazendo com que dialoguem lúdica e ritmicamente: falas em um dos locais parecem responder ou corresponder a falas ditas em outro, sem que haja relação direta entre elas.

A peça de Paulo Pontes e Chico Buarque difere das que a precedem por envolver humor e música. Personagens descaradas como o gigolô Cacetão garantem comicidade a certas cenas; a embolada cantada pelo gigolô ainda no primeiro ato e a paródia que ele faz, no segundo, da música *Flor da idade* são cômicas. O primeiro ato se encerra com a "corrente de boatos coreografada" na qual se comentam os preparativos para a festa de casamento de Jasão e Alma, a se realizar sob o patrocínio de Creonte, o dono do conjunto habitacional onde acontece a história. O recurso ao humor atenua passagens dolorosas, mas também pode acirrá-las — pelo contraste que tende ao absurdo.

308 COM OS SÉCULOS NOS OLHOS

Os versos hábeis — nesta passagem, muito coloquiais — de Chico Buarque dão forma aos chamarizes, todos muito concretos, com que se pretende comprar Jasão (ele chega a achar o dote exagerado). Alma descreve o apartamento em que vão viver:

> Sala de jantar,
> *living* e a nossa suíte dão vista pro mar
> Dos outros quartos dá pra ver o Redentor
> Mas Jasão, você inda não sabe da maior
> surpresa que papai me aprontou. Adivinha
> quando eu abri a porta, sabe o que é que tinha?
> Tudo que é eletrodoméstico: gravador
> e aspirador, e enceradeira, e geladeira,
> televisão em cores, ar condicionado,
> você precisa ver, tudo isso já comprado,
> tudo isso já instalado pela casa inteira...
> Dessa vez papai deu uma boa caprichada

O rapaz limita-se a gemer: "E precisa disso tudo só pra nós dois?". Ela: "Por enquanto é só eu e você, mas depois/ vem o bebê, vem a babá, vem a empregada/ e vêm nossos convidados... Estou errada?" (1998: 45-46).

A peça tem momentos amenos, como esse. Mas o tom predominante é menos leve e mais lúgubre. Aqui, podemos voltar à Apresentação escrita pelos autores, especialmente ao ponto em que defendem o retorno do povo brasileiro aos palcos. Eles entendem, com alguma razão, que a originalidade nacional liga-se às fontes populares, que podem e devem ser conhecidas e reelaboradas por artistas (como eles) de classe média.

Assim, por exemplo, os rituais praticados sobretudo pelas classes mais pobres comparecem à peça em passagens fortes, como a do refrão entoado pelas Vizinhas ("Comadre Joana/ Recolhe essa dor/ Guarda o teu rancor/ Pra outra ocasião"), que, se não chega a ser propriamente ritualístico, parece prenunciar o *Paó para Djagum*, no segundo ato, ponto de macumba que se pode tornar impressionante numa interpretação sensível.

A certa altura, no *Paó*, as Vizinhas interrompem o canto "para dar lugar a gemidos, sussurros e assovios de vento que, junto com os atabaques, sublinham a fala de Joana", segundo pede a rubrica. A personagem diz: "O pai e a filha vão colher a tempestade/ A ira dos centauros e de pombagira/ levará seus corpos a crepitar na pira/ e suas almas a vagar na eternidade". Mais adiante, mistura-se "falange de Ogum" a "sintagmas da Macedônia"

A dramaturgia musical 309

e estes a "Lambrego, Canheta, Tinhoso, Nunca-Visto"; ou ainda Oxumaré a Afrodite; "a Virgem e o Padre Eterno" reúnem-se aos "orixás do Olimpo!" (1998: 100-101).

Voltamos ao primeiro ato. Jasão vai à oficina de mestre Egeu, a mando de Creonte, pedir que Egeu pare de insuflar a revolta contra as prestações abusivas, pagas pelos moradores de apartamentos modestos no conjunto habitacional. O mestre passa-lhe uma lição. Veremos Joana, a seguir, reclamando da sorte feminina: "A mulher é uma espécie de poltrona/ que assume a forma da vontade alheia" (1998: 76). Depois, o rapaz chega ao botequim, onde os homens irão cantar irresponsavelmente a bela *Flor da idade*: "A gente faz hora, faz fila, na Vila do Meio-Dia/ — pra ver Maria..." (1998: 77-78). Poucos passos depois, outra canção, agora triste, *Bem-querer*, prepara diálogo terrível entre Joana e Jasão — ele foi à casa da ex-mulher para falar com ela (1998: 83-84).

A peça, portanto, modula de um a outro tom, de uma convenção a outra, sutil ou bruscamente. Passa do cômico ao sério, do dramático ao coreográfico. Essas trocas de tom ou de código não são gratuitas, é claro, mas significativas, como se dá nas duas cenas finais do primeiro ato: depois do diálogo cruel entre Jasão e Joana — a mulher, ressentida, o descompõe; o homem a agride com um soco e a insulta —, o canto frívolo de vizinhos e vizinhas parece especialmente alienado ou perverso. Trata-se da "corrente de boatos coreografada", canção nordestina cantada por solistas e coro, que lembra as apoteoses de final de ato das velhas revistas de ano.

As principais linhas do enredo mostram Joana com a dor de ter sido abandonada pelo marido que ela ajudou a tornar-se homem; e a situação de penúria no conjunto habitacional, com as prestações abusivas que chegam a motivar um princípio de revolta, contornada pela habilidade de Creonte, a conselho de... Jasão.

A maneira como Jasão procede — com relação a suas origens pobres e a Joana — é outro motivo importante em *Gota d'água*. Joana comenta a atitude do ex-marido ao dizer, em meio ao segundo ato: "Não se pode ter tudo impunemente/ A paz do justo, o lote do ladrão/ mais o sono tranquilo do inocente" (1998: 137). Palavras como essas remetem à situação que a figura do arrivista simboliza: os indivíduos ou grupos de classe média ou, mais raramente, de classe baixa cooptados pelo poder econômico ou político — ao preço, é claro, de cumplicidade e silêncio. No entanto, ao emblematizar no sambista o desejo de ascensão a qualquer custo, os dramaturgos simplificaram o perfil da personagem, atribuindo-lhe um pouco o papel de vilão na engrenagem do enredo.

Dá-se, afinal, o encontro entre Creonte e os habitantes do conjunto, liderados por Egeu. Na pauta, reivindicações quanto às prestações e quanto ao destino de Joana, ameaçada de expulsão por Creonte. Jasão, no entanto, convencera o futuro sogro a ceder no acessório para continuar a mandar no essencial: o dono das leis fará reformas cosméticas, sem alterar as regras absurdas que oneram as mensalidades. Para Creonte, é importante, também, pôr a ruidosa Joana para fora da Vila do Meio-Dia.

Como na peça grega e no roteiro de Vianinha, a mulher consegue do senhorio mais um dia, 24 horas para que se possa organizar, saindo sem se sentir expulsa... Com isso, ilude a todos e ganha tempo para preparar a vingança. A passagem resume-se na canção *Basta um dia*. Vale reiterar o que já se disse: as músicas são interpretadas sem que qualquer pretexto se faça necessário; as personagens cantam, digamos, sem pudor, como se cantar fosse algo tão natural quanto falar — convenção semelhante à adotada nas revistas de ano brasileiras (as de Arthur Azevedo, por exemplo) e no musical norte-americano. Estamos em território não realista. Diz Joana: "Pra mim/ Basta um dia/ Não mais que um dia/ Um meio dia/ Me dá/ Só um dia/ E eu faço desatar/ A minha fantasia" (1998: 158-159).

Depois de novo encontro de Joana e Jasão, quando ela tenta seduzi-lo, sem sucesso, a moça canta *Gota d'água*, que voltará cantada por todos ao final: "Já lhe dei meu corpo, não me servia/ Já estanquei meu sangue, quando fervia/ Olha a voz que me resta/ Olha a veia que salta/ Olha a gota que falta/ Pro desfecho da festa" (1998: 165-166). É difícil não ceder à tentação de destacar trechos do texto, mesmo que apenas por sua beleza, como a fala de Joana pouco à frente, dita ao mesmo tempo que ela "tempera com ervas uns bolos de carne", conforme a rubrica. Note-se, ainda que de passagem, a variedade dos metros utilizados, entre os quais predomina o decassílabo.

Mais adiante, quase ao final da peça, recorda-se a filiação do trabalho de Paulo Pontes e Chico Buarque ao de Vianna. Este, no roteiro para a televisão, fez Medeia dizer aos filhos: "vocês vão para um lugar suave, as estradas são feitas com pedrinhas muito pequenas, coloridas... elas fazem barulho quando a gente anda, toca música... todos sabem da nossa presença... todos acenam para nós... ninguém se esquece da gente..." (1999: 156).

Pouco antes do envenenamento das crianças — que, em *Gota d'água*, de fato se cumpre —, os autores farão Joana dizer, em tom semelhante ao

A dramaturgia musical 311

proposto por Vianinha: "vamos embora/ prum lugar que parece que é assim:/ é um campo muito macio e suave,/ tem jogo de bola e confeitaria/ Tem circo, música, tem muita ave/ e tem aniversário todo dia" (1998: 173).

Como já se sabe, Creonte e Alma salvaram-se da vingança de Joana — Creonte rejeitou a oferta do bolo, levado por Corina (a Ama de *Gota d'água*) e pelas crianças à festa suntuosa de casamento. O texto, a exemplo do que faz noutras passagens, liga atmosferas distintas, obtendo efeito a um só tempo irônico e patético ao relacionar a cena trágica da morte de Joana e de seus filhos à da festa. A mulher "cai com eles no chão; a luz desce em seu *set*; sobem, brilhantes, luz e orquestra da festa onde todos, com a maior alegria, cantam *Gota d'água*; vai subindo de intensidade até o clímax, quando se ouve um grito lancinante... É Corina que grita; ao mesmo tempo Creonte bate palmas e a música para" (1998: 173-174).

No breve discurso que se segue, Creonte promove Jasão a herdeiro e sucessor. Jasão deverá "colaborar pra fazer nossa sociedade melhor". Os corpos mortos são trazidos à cena; passa-se um momento e, à maneira brechtiana, todos, inclusive os atores que interpretaram Joana e filhos, cantam a música-tema, com a projeção de manchete sensacionalista ao fundo. A peça alcança o que pretende: representar poeticamente o Brasil do milagre com seus eleitos e excluídos, sua ambiguidade moral, sua miséria e seu "trágico dinamismo". Somos os herdeiros — perplexos — daquele país.

*

A peça de Chico Buarque e Paulo Pontes colecionou elogios, mas também houve quem a visse de maneira menos favorável. Foi o caso do crítico literário Flávio Aguiar. Em *A palavra no purgatório*, livro em que reúne textos originalmente divulgados de 1967 a 1987, ele comenta, em artigo de 1983, alguns dos volumes da série *O nacional e o popular na cultura brasileira*, dedicada a vários setores (o volume relativo ao teatro, naquele momento, ainda não havia sido lançado).

Aguiar organiza as suas reflexões propondo perguntas a que ele próprio responde. Uma delas indaga sobre "que efeitos o projeto nacional-popular trouxe para a produção artística". O ensaísta afirma que, "pelo seu programa, nada de muito bom", apontando como aspecto negativo desse projeto — que permaneceu difuso, disseminado em diferentes obras artísticas e textos teóricos — o "dirigismo cultural" verificado, por exemplo, nas manifestações xenófobas contra a guitarra elétrica, nos anos 1960.

312   Com os Séculos nos Olhos

Flávio Aguiar condena também o "dirigismo crítico" que erigiu o que é nacional em critério de valor. Ele diz preferir os "vazamentos" que levam um artista de esquerda como Ferreira Gullar a compor "obra original, consistente, bela": em vez de se ater aos ditames daquele projeto, fechando-se nos "objetivos, nos fins, no futuro radiante" que recomendava, o poeta Gullar misturou identidade cultural, ou seja, a moldura nacional-popular, aos acidentes pessoais que a humanizam (Aguiar, 1997: 211).

Mencionando o "renascimento teatral" ocorrido a partir de *Gota d'água*,[48] Flávio compara esta peça à *Ópera do malandro*, de Chico Buarque, preterindo a primeira em favor da segunda: "Começou [o renascimento teatral] com *Gota d'água* — programática, dura, sem cintura, revivendo mitos de segunda mão (como aquela história de que a mulher do povo é melhor na cama do que a *fifota* burguesa)".

O laço que a peça quis estabelecer, "via prestação da casa própria/ conjunto habitacional", entre o povo *"bunquitibando* no palco" e a classe média "aperreada (já) pelo pagamento da esbórnia anterior conhecida como 'milagre brasileiro', *bunquissentada* na plateia", não agradou ao crítico. "Mas depois veio a *Ópera do malandro*, nada programática, reinventando Brecht e a invenção das cidades (...) no Rio dos anos 30" (na verdade, anos 1940). "Taí o vazamento", diz (1997: 211-212).

Importa registrar essas palavras de Flávio Aguiar porque a acusação de populismo, dirigida à geração (ou ao grupo) de Paulo Pontes, foi frequente nos anos 1960 e 1970 e também depois. Recorde-se a polêmica entre formalistas e engajados que, em 1968, opôs Luiz Carlos Maciel ou José Celso, de um lado, a Vianna Filho ou Augusto Boal, de outro. Seja como for, a riqueza temática e formal de *Gota d'água* não nos autoriza a reduzi-la a seus pressupostos ideológicos (equivocados ou não), como esperamos ter indicado na análise proposta acima.

---

48 Em *O teatro sob pressão*, Yan Michalski registra acerca do ano teatral de 1976: "De repente, sem uma explicação lógica, uma temporada surpreendentemente densa", embora as condições continuassem "sumamente desfavoráveis" e a censura mantivesse "o mesmo vigor dos anos anteriores". Michalski destaca nessa temporada, entre outros espetáculos, *O último carro*, de João das Neves: "No Rio, essa tendência continua sendo puxada por *Gota d'água* que, lançada no fim do ano anterior, atravessa toda a temporada de 1976 com impressionante sucesso popular. Sucesso repetido pelo mais importante lançamento de 1976, *O último carro*, texto e direção de João das Neves, que traz o Teatro Opinião [ou o Grupo Opinião] de volta ao primeiro plano da vida teatral carioca". Neves era o único remanescente do núcleo que fundara a companhia em 1964. O dramaturgo e diretor, "ao mostrar a dura realidade desse submundo [o de habitantes da periferia reunidos num trem de subúrbio] e ao cercá-la de generoso calor humano, criou o equivalente brasileiro de *Ralé*, a obra-prima de Gorki" (Michalski, 1989: 66-67).

Flávio Aguiar mantém, para com o projeto nacional-popular, uma atitude crítica, mas flexível e dialética, ao contrário de outros intelectuais que o negam peremptoriamente. O ensaio "A palavra de Paulo Pontes", de José Arrabal, em *O nacional e o popular na cultura brasileira — teatro* mostra-se *exemplar* nesse sentido (1983: 139-162). A evidente má vontade de Arrabal frente a Paulo Pontes empobrece o exercício de análise das ideias professadas pelo dramaturgo.

O surgimento daquele projeto arremata um período, dos anos 1920 aos 60, em que se explicita "a existência de muitos Brasis ideológicos no espaço-Brasil de todo mundo, e que esses Brasis-projeto não são coincidentes e são mesmo divergentes". Noutras palavras, ao mesmo tempo que buscava a improvável unidade, o programa nacional-popular representou uma fratura com relação às agendas formuladas pelas elites. Para o bem ou para o mal, terá sido "o único mais ou menos coerente e estável que as esquerdas brasileiras produziram na frente cultural" (1997: 212-213).

São especialmente sugestivas, no artigo, as palavras com as quais Aguiar comenta o ensaio de Marilena Chaui, pertencente à série em pauta:

> Na visão que Marilena desenvolve, a "nação" aparece como um espaço virtual — uma contingência necessária, sem o que a história não se explicita — indeterminado e mutante, conforme o relacionamento entre classes, Estado e cultura. A nação não é uma substância — una, indivisa — mas é o espaço próprio da divisão e da multiplicidade, da cacofonia. Marilena avança na direção de se perguntar se nós então não poderíamos pensar a realidade sem tal conceito, ou sem tal espaço, já que deles tanto se valem, em suas conspirações, as classes dominantes. Hesito. Prefiro temperar esta indagação por uma constatação e uma outra pergunta. A constatação: no reino das palavras, tudo é possível; a pergunta: será que as pessoas, nós, os mortais comuns, podemos viver sem esse tipo de referencial? Será que classe, raça, etnia, *bastam*? (Aguiar, 1997: 210).

Pode-se acrescentar que mesmo noções como as de raça e etnia constituem abstrações, imagens renitentes, mas cambiantes. Quanto à de classe, ou classes, no plural, encontrava-se na base do projeto nacional-popular desde fins dos anos 1950, quando este ganhou forma. Pensava-se em contribuir para que se compusesse e afirmasse um projeto de poder das camadas populares, associadas aos setores menos reacionários da classe média. Cabe perguntar quem o conduziria na prática; ou seja, a crítica ao dirigismo parece procedente.

De todo modo, esse programa, do ponto de vista estritamente político, fracassou, atropelado pelo regime autoritário, pelo mercado e por suas próprias limitações congênitas — embora tenha sido em parte reposto pelos governos reformistas eleitos a partir de 2002, governos que lograram reduzir a crônica desigualdade.[49] Descartados equívocos e lugares-comuns, valeria saber se é plausível voltar a pensá-lo hoje.

O rei de Ramos

Sem a percepção de que o mundo se encontrava, e se encontra, dividido entre países ricos e pobres (é claro: a ideia de nação também corresponde a aspectos materiais, nada quiméricos), peças como a *Ópera do malandro* não chegariam a ser escritas. A comédia critica as ilusões de um progresso monitorado pelo capital internacional, cuja sede geopolítica têm sido os Estados Unidos, progresso esse que permanece excludente para a maioria.

Um dos ângulos temáticos mais interessantes e atuais de *O rei de Ramos*, texto de que nos ocupamos agora, encerrando o ciclo das obras que nos propusemos compreender, é justamente o de apontar, em 1979, a tendência que se revelaria amplamente vitoriosa nas décadas seguintes.

Aludimos à radical mobilidade adquirida pelo capital, que desde então se internacionalizou cada vez mais, explorando mão de obra farta e barata ao redor do mundo, e que, na sua face especulativa, se tornou volátil, quase atmosférico. "Paul Virilio disse recentemente que, se parece bastante prematura a declaração de Francis Fukuyama sobre o 'fim da história', pode-se cada vez com mais confiança falar atualmente do 'fim da geografia'", observa o sociólogo polonês Zygmunt Bauman em *Globalização: as consequências humanas* (Bauman, 1999: 19).

É como se *O rei de Ramos* desse continuidade ao quadro bem-humorado, mas incisivo, delineado pela *Ópera* no ano anterior. Enquanto a peça de Chico Buarque aborda o nascimento de uma nova ordem econômica mundial

---

49 Antonio Delfim Netto, que fora o ministro do *milagre*, admite em artigo voltado para as perspectivas em 2014: "Desde a Constituição de 1988 [o Brasil] vem se empenhando em projetos de inclusão social como raramente em outras ocasiões de nossa história, conseguindo nos governos Lula e Dilma importante redução nos níveis da pobreza e corrigindo para melhor os índices de desigualdade pessoal e regional. Enfim, é um país que mudou de cara, tornou-se diferente no período" ("Fatores de esperança", em: *CartaCapital*, 29 de janeiro de 2014). O próprio Delfim parece ter-se tornado "diferente no período".

no segundo pós-guerra, a de Dias Gomes elabora os desdobramentos dessa ordem, em ação situada mais de três décadas depois.

*

A comédia de Dias Gomes — com músicas de Chico Buarque e Francis Hime, letras de Chico e Dias, cenários de Gianni Ratto —, dirigida por Flávio Rangel, estreou a 11 de março de 1979, no centenário Teatro João Caetano, no Rio de Janeiro.

A direção musical era de Hime; a coreografia, de Fernando Azevedo. Nos papéis principais, achavam-se Paulo Gracindo e Felipe Carone, que interpretaram os contraventores Mirandão e Brilhantina, ricos e despóticos banqueiros de jogo do bicho.

No volume no qual a peça foi publicada, no mesmo ano em que chegou à cena, encontramos depoimentos do diretor e do dramaturgo (depois reproduzidos na *Coleção Dias Gomes*, onde figura o teatro completo do autor).[50]

Flávio Rangel oferece uma explicação para o sucesso de *O rei de Ramos*. Trata-se quase de uma fórmula: de acordo com ele, quatro fatores fazem compreender o êxito do espetáculo. Primeiramente, a temática popular; no caso, a disputa entre banqueiros do bicho, somada a uma história de amor que lembra *Romeu e Julieta*, de Shakespeare. Depois, personagens familiares que, como diz Flávio, são "facilmente reconhecíveis" e podem ser encontradas "em qualquer esquina do Rio de Janeiro". Os dois últimos motivos para a aceitação do espetáculo teriam sido "humor simples e direto e sátira política" (Rangel, em: Gomes, 1992: 256).

Vale a pena recordar trecho do depoimento de Flávio Rangel, especialmente significativo, já mencionado no primeiro capítulo deste trabalho:

> A peça foi escrita por uma encomenda minha, na busca de retomar a tradição interrompida do musical brasileiro. E na busca permanente daquilo que tem sido a maior preocupação da geração à qual pertenço, e a uma visão de mundo semelhante, como a que informa Dias Gomes, Guarnieri, Plínio Marcos, Ferreira Gullar e preocupou Vianinha e Paulo Pontes: o estabelecimento de uma dramaturgia popular, e um estilo nacional de interpretação (1992: 258).

---

50 O texto de Flávio Rangel intitula-se Prefácio; o de Dias Gomes, O rei de Ramos.

A procura desses objetivos em *O rei de Ramos* incluiu reuniões nas quais Arthur Azevedo e outros autores de comédias de costumes do passado foram diversas vezes lembrados. A intenção da equipe foi também a de homenagear as "antigas revistas da Praça Tiradentes, que levavam ao palco os personagens do dia a dia da cidade" (Arthur escreveu algumas delas já no século XIX). Esses dados evidenciam o intuito mesmo de retomar o fio da meada, de recompor, quase que dos escombros, a tradição do teatro cantado (dos escombros na medida em que, embora essa tradição tenha chegado até 1960, corria o risco de se perder). A nota participante também aparece nas palavras de Flávio: "Aproveitamos toda e qualquer brecha da 'abertura' política anunciada (escrevo no dia 26 de março de 1979) para colocar no palco a opinião do povo sobre aquilo que se está passando" (1992: 258).

O rei de Ramos é, de fato, uma comédia musical — rubrica com que a peça foi publicada. Mas Flávio diz que se pode considerá-la "uma revista musical", usando as palavras livre ou equivocadamente. De qualquer maneira, é interessante ouvi-lo quando distingue entre essa peça e o musical americano. O espetáculo cantado norte-americano, segundo Flávio Rangel, quase sempre "parte da proposta musical para depois se preocupar com a temática e os personagens". *O rei de Ramos*, por sua vez, "propôs-se a ter todos os elementos constitutivos de sua ação girando em torno de seu tema principal" (1992: 258-259).

Passamos ao depoimento de Dias Gomes. É revelador que o dramaturgo lembre que Oduvaldo Vianna Filho tentou convencê-lo, ainda na década de 1960, "da necessidade de pesquisar as tradições do nosso teatro musical (a burleta, a revista), a fim de salvá-lo da extinção e dele arrancar raízes populares para a nossa dramaturgia" (Gomes, 1992: 261). No que diz respeito ao teatro musical e político nessa fase, como se percebe, os fios todos se comunicam.

É o próprio Dias Gomes quem afirma não se tratar de uma revista. As revistas costumam exibir estrutura fragmentária, o que não acontece com o texto em pauta. *O rei de Ramos*, diz o autor, "é uma peça onde a música desempenha um papel dramático, contribuindo para esclarecer e fazer andar a narrativa" (1992: 263). Mas Dias Gomes admite ter procurado utilizar, na peça, elementos da revista — como a figura de um narrador que abre alguns dos quadros falando em verso, ao passo que as demais réplicas foram compostas em prosa. Em verdade, podem ser tênues (embora efetivamente existam) as fronteiras entre a comédia musical e a revista, sobretudo a revista de enredo; esta, um subgênero que privilegia a história (como ocorre na comédia),

A dramaturgia musical 317

enquanto na revista de ano e nas suas descendentes a estrutura predileta é a da superposição de quadros.

O dramaturgo admite ainda algo mais importante: a existência de preconceito, por parte dos autores ditos sérios e por parte da crítica, contra o gênero musical — preconceito que o próprio Dias Gomes revela ter alimentado por algum tempo. A acusação contra o gênero é quase sempre a de frivolidade, superficialidade, a de se tratar de entretenimento sem ambições. Mas os voos rasos, a falta de ambição artística não são inerentes ao musical; podem, quando muito, ser o defeito de nascença de alguns dos textos e espetáculos dessa espécie. O rei de Ramos, entre outras peças, comprova a sua pertinência e eficácia.

Ao mesmo tempo que a comédia de Dias Gomes vale-se de um tema que se projeta sobre nossos dias (a propósito, seria instrutivo retornar às reflexões feitas por Roberto Schwarz no artigo "Altos e baixos da atualidade de Brecht", comentado no segundo capítulo), a peça o faz ultrapassando o pendor à idealização do popular, bem como à exortação direta, lançada ao público com o intuito de incitá-lo a interferir na mudança da ordem, traços que aparecem no teatro do período.

Essa tendência a idealizar o povo e a transformar o palco em tribuna para lançamento de programas políticos se verifica (embora de maneira secundária ou residual) mesmo numa peça madura como Gota d'água, constituindo um dos limites, e um dos aspectos menos permanentes, da dramaturgia que se pretendeu popular e política, ou seja, das obras que são as ascendentes de O rei de Ramos, nos anos 1960 e 1970. Nesse último texto, não há ilusões; como diz Flávio Rangel em seu depoimento, referindo-se às personagens da comédia, "ninguém presta" (Rangel, em: Gomes, 1992: 255).

*

Evocando estrutura e nomenclatura das revistas, Dias Gomes divide a sua peça em quadros; são 18, de extensão variada. O primeiro deles utiliza o recurso de lançar o restante da história no passado, fazendo com que as demais cenas sejam apresentadas em flashback, recurso já encontrado em Arena conta Tiradentes. No quadro de abertura, assistimos à morte de Mirandão Coração de Mãe, o dono do jogo em Ramos e arredores. Há, no entanto, malícia extrema no uso desse expediente épico: a morte de Mirandão, como só iremos saber muito depois, ao final da história, foi mero fingimento, não passou de mentira armada por ele e seus acólitos para ludibriar a imprensa e a polícia.

Ouvimos, nesse quadro inicial, o samba que serve como uma espécie de moldura para o enredo. A rubrica informa: "Palco totalmente iluminado, todas as personagens em cena". Ironicamente, o "palco totalmente iluminado" que, noutros contextos, indicaria desnudamento, ação às claras, às escâncaras, corresponde aqui a um artifício visando esconder o golpe de teatro que o autor, mestre no manejo do drama, nos prepara e que só vamos deslindar mais tarde. Recorrendo a termo proveniente da teoria musical, diríamos que toda a ação se faz sob a égide de uma grande "cadência de engano" (quando é sugerido um caminho harmônico, mas a música segue noutro sentido).

De passagem, note-se que, na peça de 1979, Dias Gomes em parte volta às pesquisas relativas a *Dr. Getúlio, sua vida e sua glória*, texto em que pela primeira vez trabalhou sob a inspiração das escolas de samba: "Viva o rei de Ramos/ Que nós veneramos/ Que nós não cansamos de cantar", entoam as personagens, todas convocadas a homenagear o falso defunto.

O próximo quadro inicia-se com a fala em versos de Pedroca, braço-direito de Mirandão. O brutamontes Pedroca abre várias cenas, sumarizando o que passou ou anunciando o que virá. A essa altura, ele recorda a própria trajetória: "Comecei humildemente/ como engolidor de lista,/ uma função que requer/ perfeito golpe de vista,/ além de um bom estômago/ e um certo pendor de artista". Os versos, ao mesmo tempo que criticam os poderosos em geral, comparando-os de maneira desabonadora a contraventores, reforçam o equívoco em torno da morte do déspota:

> Subindo assim por bravura
> e também merecimento
> de patente em patente
> até chegar no momento
> a uma espécie de ministro
> chefe do planejamento,
>
> por força das circunstâncias
> acumulando também a função
> de chefe de estado-maior,
> bispo de uma religião
> — que Deus perdoe a heresia –
> em que o papa é Mirandão.
>
> Agora que ele morreu
> e a cidade está em pranto,

A dramaturgia musical

uma coisa vou dizer
que pode causar espanto,
a verdade verdadeira:
Mirandão era um santo (Gomes, 1992: 273-274).

O diálogo que se segue, envolvendo Pedroca e Mirandão, decorre tempos antes da suposta morte, em *flashback*. O chefe surge "todo de branco, charuto, sentado a uma grande mesa cheia de telefones de todas as cores". As falas trocadas com o auxiliar apresentam os métodos violentos usados pelo bicheiro no controle de seus pontos de jogo. Ele manda quebrarem a *loja* aberta em seu território pelo rival, Nicolino Pagano, o Nico Brilhantina. Conforme acordo firmado entre os grandes banqueiros 20 anos antes, a Nicolino caberiam apenas os bairros de Copacabana e Leme, na Zona Sul da cidade.

Mirandão ordena a Pedroca: "Vai lá e quebra tudo. Como católico apostólico romano não posso permitir esse heresismo", diz na linguagem peculiar que Dias já havia explorado em novela de televisão, *Bandeira 2*, na qual pontificava o bicheiro Tucão, figura que serviu de molde ao rei de Ramos, tendo sido interpretada pelo mesmo Paulo Gracindo. O "heresismo" devia-se ao fato de o ponto ter sido instalado por Brilhantina e seus homens numa loja de umbanda, desrespeitando a religião...

Desfeito o lugar armado pelo adversário, e morto um dos homens de Brilhantina, Mirandão mostra-se generoso, nos termos de sua ética brutal. O rapaz assassinado deixa mulher e filhos, e o rei de Ramos determina: "Dê os pêsames à viúva em meu nome. Diga que garanto uma pensão pro resto da vida. E quanto aos meninos, pago os estudos até se formar em doutor. Como manda a ética". Em versos (retirados do samba em honra do bicheiro, há pouco citado), tais práticas se resumem assim: "Os seus desafetos e rivais/ misericordioso não matava/ mandava matar/ E financiava os funerais" (1992: 281).

O segundo eixo da trama é o do romance entre Taís, filha de Mirandão, e Marco, filho de Brilhantina. Os jovens tendem a ter atitudes independentes, rebeldes à autoridade dos respectivos pais, o que resultará em conflitos, emprestando movimento à história (que remete a tema clássico nas comédias, o amor proibido, com a oposição entre velhos e moços). Vemos Taís pela primeira vez no quarto quadro, no qual Mirandão, falando da festa de aniversário da menina, a ser realizada no pátio da escola de samba, lança mais uma de suas pérolas cômicas. De acordo com ele, a grande festa ficará "nos anais e menstruais da História" (1992: 293).

Ao ambientar passagens como a da festa no cenário de uma escola de samba, desta vez em chave realista, a peça faz lembrar *Dr. Getúlio* (nessa peça, uma das personagens principais é também um bicheiro, mas desenhado como vilão, enquanto o rei de Ramos define-se bem mais como figura caricata). Na cerimônia, situada no quinto quadro, os dois jovens se conhecem: atraem-se pelo olhar, dançam a valsa e se apaixonam à primeira vista, como na tragédia de Shakespeare. Assim se estabelecem as duas linhas básicas do enredo — a disputa entre os bicheiros pelos pontos de jogo, de um lado, e o amor escandaloso de Marco e Taís, que subverte a lógica da rivalidade entre os mais velhos, de outro.

Taís não sabe que Marco é filho do maior adversário de Mirandão. O rapaz, por seu turno, chegou há pouco da Europa, onde passou vários anos e estudou economia; ainda está, portanto, alheio às rixas. Os sentimentos que o diálogo mal poderia exprimir formulam-se, expressos com lírica precisão, na música que cantam juntos, a *Valsa de Marco e Taís*. A canção foi gravada por Nara Leão e Chico Buarque, sob o nome de *Dueto*, no disco da cantora intitulado *Com açúcar, com afeto*, de 1980. Uma parte da letra-diálogo:

> TAÍS
> Consta nos astros
> Nos signos
> Nos búzios
> Eu li num anúncio
> Eu vi no espelho
> Tá lá no evangelho
> Garantem os orixás
> Serás o meu amor
> Serás a minha paz
>
> MARCO
> Consta nos autos
> Nas bulas
> Nos mapas
> Está nas pesquisas
> Eu li num tratado
> Está confirmado
> Já deu até nos jornais
> Serás o meu amor
> Serás a minha paz

Essa disposição doce pode se converter noutra, bem distinta, caso algo se interponha à realização do romance, seja a ciência, o calendário ou o destino; nesse caso, "Danem-se/ Os astros/ Os autos/ Os signos/ As bulas/ Os búzios/ Os mapas/ Anúncios/ Pesquisas/ Ciganas/ Tratados/ Profetas/ Ciências/ Espelhos/ Conselhos/ Se dane o evangelho/ E todos os orixás/ Serás o meu amor/ Serás, amor, a minha paz" (Buarque, em: Gomes, 1992: 301-302).

A atmosfera habitualmente idílica (ou melancólica) das canções de amor ganha estrutura dual, dialética, temperada pelos sentimentos ferozes que devem nascer quando se é obrigado a lutar pelo grande amor. Vencidos os combates hipotéticos, as personagens e suas palavras repousam voltando ao refrão, como se lê acima: "Serás o meu amor/ Serás, amor, a minha paz". Vale registrar também o contraste frente aos episódios cômicos, que por alguns minutos cedem espaço ao lirismo dessa e de outras músicas.

Ao final do quadro, o humor tópico, satirizando figurões do momento político, surge na fala de Mirandão que parafraseia o estilo truculento do general João Batista Figueiredo. O bicheiro é informado de que "Brilhantina tá pra abrir uma fortaleza em nossa zona", e responde: "Me descobre aonde fica e mando arrebentar. Invado e arrebento!" (1992: 307). A réplica parodia a famosa declaração de Figueiredo ao assumir o governo, segundo a qual, se alguém tentasse impedi-lo de "fazer deste país uma democracia", como havia jurado, ele reagiria à altura: "Prendo e arrebento", disse o ex-chefe do SNI.

O também cronista Flávio Rangel, em textos publicados no jornal *Folha de S. Paulo* e depois reunidos no livro *Diário do Brasil* (Rangel, 1982), foi um dos críticos mais assíduos do governo e do "interessante estilo deixa que eu chuto" que era o do presidente, segundo Flávio. Aliás, o nome de um dos bicheiros em *O rei de Ramos* é justamente Deixa Que Eu Chuto. O humor foi sempre arma importante — quando menos, recurso compensatório ou, na terminologia freudiana, mecanismo de defesa — diante do regime autoritário.

O litígio em torno dos pontos de bicho tinha-se agravado, conforme versos ditos por Pedroca à entrada do sétimo quadro, e os rivais compreenderam "que era da conveniência/ de ambos levar um papo,/ espécie de conferência/ entre as partes em conflito,/ as duas superpotências" (1992: 312). A evolução dos bailarinos e a música destinam-se agora a figurar o clima hostil estabelecido entre as quadrilhas.

O encontro redunda em troca de tiros; Nico Brilhantina comparecera armado à pretensa conferência de paz e tentara matar o adversário. Nicolino acerta o disparo, mas, ao fugir, é alvejado pelos homens de Mirandão. Os capitães baixam ao hospital, onde o doutor Vidigal cuidará de ambos.

A personagem do médico comporta-se de modo semelhante ao de Pedroca, isto é, canta ou declama dirigindo-se ao público, fazendo as vezes de comentarista e narrador. Para ele, não deixa de ser "um ofício divertido", esse "de ser doutor de bandido". Falando como se tratasse de ações passadas, o que reforça o caráter épico de sua intervenção, diz: "Mirandão jorrando sangue/ de um buraco na barriga/ — era sensacional –/ parecia um chafariz/ em feriado nacional./ E o corpo de Brilhantina/ era um ralador de coco/ com vários furos a mais,/ sem contar os naturais..." (1992: 321).

Esse quadro, o oitavo, transcorre no hospital, valendo-se de recursos típicos das revistas; é o caso do canto em coro. Quando apenas solistas cantam, pode-se conservar certa verossimilhança, certo laço com o tratamento realista das situações, embora tênue. Já o canto coletivo afasta de vez qualquer intuito realista (desde que não haja nenhuma circunstância a justificá-lo dramaticamente, baile ou festa, por exemplo). Nas revistas, cenas desse tipo eram frequentes, e Dias Gomes as reproduz em seu texto.

A história parece alcançar uma espécie de ponto sem retorno, complica-se. Vem a informação de que o governo pretende lançar a zooteca, isto é, o bicho legal, que deverá operar sob as bênçãos, mas também sob o controle do Estado. Os lucros dos velhos banqueiros acham-se ameaçados. O coro, em pleno hospital, inclui enfermeiras, enfermeiros e tipos populares, atraídos pela boataria em torno da legalização do bicho; o grupo canta, entremeando as intervenções dos solistas (que são os banqueiros e seus respectivos adeptos):

> CORO
> A zooteca
> A zooteca
> De boca em boca só se fala em zooteca
> A zooteca
> A zooteca
> Essa fofoca inda vai dar muita meleca
> A zooteca
> A zooteca
> Inda vou ver muito banqueiro de cueca
> A zooteca
> A zooteca
> Daqui pra frente vai ser ferro na boneca! (1992: 346).

Como se não bastassem as dores de cabeça trazidas pela ameaça de legalização do jogo, Mirandão e Brilhantina, já descontentes com o namoro de Taís e Marco, têm de enfrentar situação ainda mais difícil: os dois jovens fugiram juntos. Ressalte-se a habilidade de Dias Gomes em trazer à cena problemas novos, acirrando a tensão dramática quando se poderia acreditar que esta houvesse atingido seu ponto mais alto.

Uma reunião dos cinco maiores bicheiros do Rio, para tratar do dilema da zooteca, culminará com outro golpe de teatro; outra vez, perfeitamente preparado. Nico Brilhantina, atingido por tiros disparados pelos comparsas de Mirandão (logo depois de Nico haver tentado matá-lo), ficara com uma bala na cabeça, que o doutor Vidigal, prudente, preferiu não extirpar logo.

Nicolino passara dificuldades sérias na infância, tendo disputado restos de comida, no lixo, com urubus. Ao final da reunião dos contraventores, que corria o risco de terminar em novo confronto entre os dois rivais, o feroz Nico entra a ter alucinações, *enxergando* os urubus vistos quando menino na sala em que se dá a conferência. Aquela bala no crânio lhe tirara o juízo.

A metamorfose vivida por ele altera comicamente os seus sentimentos. Nico torna-se um homem bom, agarrado à Bíblia, professando agora valores de paz e concórdia, inclusive no que toca a Mirandão, seu maior inimigo. A conversão de Nicolino recorda as mudanças de humor de Puntila, personagem da peça *O senhor Puntila e seu criado Matti*, de Brecht: sóbrio, o homem é inflexível, tirânico; bêbado, torna-se afável e virtuoso (mote cômico tradicional, aproveitado por Brecht).

Em *O rei de Ramos*, contudo, a metamorfose parece definitiva. Ainda é, no entanto, desabonadora, já que procede de circunstância exterior à personalidade de Nico. Seja como for, a conversão concorre para que Brilhantina ouça, favoravelmente predisposto, as ponderações do filho. Marco andara estudando a estrutura comercial do bicho e formulara um plano para modernizá-la e para enfrentar com êxito o iminente perigo da zooteca (que poderá até acarretar a prisão de Miranda e, imagina-se, também a de seus colegas).

Em paralelo, prepara-se uma passeata de protesto contra a zooteca, valendo-se Mirandão de seu prestígio para arregimentar o povo dos bairros onde era conhecido e respeitado. Em cena, uma sátira: trata-se da "Marcha com Deus e a família pela liberdade do bicho", caricatura das passeatas conservadoras ocorridas 15 anos antes. A marcha dá ensejo a nova cena cantada, quando os populares se manifestam contra o bicho legal.[51]

---

51 No texto, a "Marcha com Deus e a família pela liberdade do bicho" se anuncia no título do 15º quadro; todos os quadros trazem títulos, em geral irônicos. Recurso épico, os títulos configuram

Depois de alguma resistência, Mirandão resolve ouvir o que Marco tem a dizer. No primeiro capítulo deste trabalho, observamos que o fato de os jovens se bandearem para o lado eticamente sombrio onde habitam seus pais possui algo de inverossímil. Estamos, porém, numa comédia, e o objetivo maior não é o de imitar psicologias ou de proceder com respeito excessivo ao que é plausível, mas dar a ver os processos econômicos que envolvem o planeta, diante dos quais os indivíduos têm, de fato, duas opções básicas: adesão ou marginalidade. Em causa, a sobrevivência do jogo. Assim, Marco propõe que os bicheiros se reúnam em cartel, manipulando preços e inviabilizando a ação da concorrência:

> MIRANDÃO
> (Impressionado.) — Mas isso não dá cadeia?
>
> MARCO — Parece que não, porque esses cartéis dominam hoje quase todos os setores do comércio e da indústria, em todo o mundo capitalista. Se você e Brilhantina, em vez de viverem se digladiando, se unissem formando um cartel, o jogo do bicho não só seria invencível nacionalmente, como acabaria transpondo as fronteiras do país e dominando o mundo (1992: 401).

Os métodos? "Duas ou três grandes empresas concorrentes se unem, firmam um acordo para explorar determinado negócio. Ficam assim superfortes e podem eliminar todas as outras empresas concorrentes que não façam parte do acordo", diz Marco. Eliminar de que jeito? "Pela intimidação, pelo suborno, pela política de baixos preços, pela sabotagem e até mesmo... pelos meios mais violentos", explica o rapaz, diligentemente (1992: 400-401).

Resta acrescentar, *atualizando* os argumentos da peça, que, se o mundo capitalista já não tem rivais, esses processos tendem hoje a ser planetários, absolutos.

---

comentários às ações que se veem a seguir (ou seja, comentários prévios, que induzem à recepção crítica). No caso do 15º quadro, há o expediente adicional dos cartazes. A rubrica pede: "Balé. Com máscaras dos 25 bichos, os bailarinos marcham, portando cartazes que dizem: estou com o cavalo e não abro — liberdade para a borboleta — abertura para o veado — bicho amplo e irrestrito — viva a iniciativa privada — abaixo os bichocratas — 'animals lib' — o bicho é do povo como o céu é do avestruz — arena livre para o touro — o macaco tá certo — etc." (1992: 393). Os cartazes integram a tradição das revistas brasileiras, além de participarem do repertório das técnicas brechtianas. Nesse momento, referem diversos temas da atualidade em 1979, políticos ou de costumes: cavalos associados a Figueiredo (que praticava a equitação), a abertura política, os tecnocratas no governo, a campanha pela anistia, os movimentos de liberação das mulheres e dos homossexuais, a Arena (partido de situação) etc.

A dramaturgia musical   325

Faz-se "a divisão do mundo" entre os cinco bicheiros cariocas. Marco, Taís e Mirandão, no penúltimo quadro, falam de fenômeno que, em nossos dias, se confirmou amplamente: a globalização (termo inexistente, na acepção atual, em 1979) dos capitais. Eles cantam, eufóricos:

MARCO, TAÍS E MIRANDÃO
Do Caribe ao Rio da Prata
Desde o Congo a Hong-Kong
Mão de obra mais barata
Para o bicho prosperar.
Monto banca em Sri-Lanka
Fundo loja no Camboja
Abro um ponto em cada esquina
Lá da China Popular (1992: 403-404).

Canta-se o samba em homenagem a Mirandão quando ainda se pensa que ele foi, de fato, assassinado. Simples golpe de teatro. No funeral, pouco antes de se conduzir o pijama de madeira a seu pouso derradeiro, na hora em que já não há policiais e jornalistas por perto, o homem ressuscita. As personagens mais próximas tinham sido devidamente avisadas do *milagre*; o público, até então, não sabe do acerto. A falsa morte empresta à personagem de Dias algo do absurdo pirandelliano, em chave de marcha carnavalesca, porém.

A música final fala em "zonear o planeta", encerrando-se com estes versos:

TODOS
Viva o *holding*!
Viva o *dumping*!
Viva o truste!
Viva o lucro!

Viva o luxo!
Viva o bicho!
Multinacional!

Viva o bucho!
Viva o lixo!
Multinacional! (1992: 420).

Ideologicamente falando, a peça de Dias Gomes manifesta-se de modo claríssimo. No entanto, limita-se a mostrar ou a demonstrar (enfaticamente, como convém a uma comédia), com apoio na música, como opera o processo econômico global, no qual já não há lugar para improvisações ou amadorismo.

Parece-nos que a longa experiência autoritária ensinou algo aos artistas de esquerda. Ou, mais simplesmente, os tempos haviam mudado, e *O rei de Ramos* soube acompanhá-los. As obras devem agora delinear os quadros que julgam correspondentes à verdade histórica, sem se atribuírem e sem atribuírem a seu público a pesada responsabilidade pelas transformações imediatas, a exemplo do que, dadas circunstâncias conhecidas, outros textos pretenderam fazer.

A hora em 1979 era de abertura política — ainda frágil e ambígua. As peças de teatro voltavam, respondendo às novas condições, a ocupar o papel que lhes é assegurado em tempos menos agônicos: o de tão somente convidar ao debate e ao exame crítico da realidade. *O rei de Ramos* posiciona-se politicamente sem idealizar os seus protagonistas e sem exigir, de sua plateia, qualquer espécie de heroísmo.

É claro: existem aspectos extraestéticos a ser considerados. A promessa de um teatro efetivamente popular, acalentada havia muito, não se cumpriu. É difícil imaginar, contudo, de que maneira os artistas poderiam alterar esse quadro, que se refere não apenas à sua atividade, mas também à inserção desta no campo maior dos hábitos culturais e da estrutura de classes.

Feita a ressalva, que diz respeito aos limites sociais desse teatro — popular nos temas, mas de frequência restrita à classe média —, os objetivos da peça de Dias Gomes parecem ter sido largamente alcançados. Considerada a longa linha de espetáculos musicais e políticos que remonta a 1960, *O rei de Ramos* inova na maneira corrosiva e cética pela qual apresenta as personagens (inclusive as populares) e no viés adulto, humorado, alheio às intenções de catequese, pelo qual se relaciona com os leitores e espectadores.

Em síntese

Percorremos neste capítulo a produção de textos e espetáculos musicais de 1964 a 1979, analisando oito peças que se afiguram representativas do período e de algumas de suas principais tendências estéticas.

Os shows *Opinião*, de Vianinha, Armando Costa e Paulo Pontes, e *Liberdade, liberdade*, de Millôr Fernandes e Flávio Rangel, estrearam respectivamente em dezembro de 1964 e abril de 1965, no Rio de Janeiro, dando partida ao que se considerou teatro de resistência ao regime autoritário. Ambos correspondem à forma dos *textos-colagem*, sendo compostos por cenas de humor, breves narrativas, poemas, trechos de textos dissertativos, piadas e canções, material de origem vária.

Em *Opinião*, privilegiam-se figuras típicas (no sentido que o termo assume em Georg Lukács), vistas como representativas da população brasileira ou dos setores que, no país, se deviam opor ao Golpe: a classe média, o proletariado urbano e o campesinato. A unidade do show era promovida (às vezes precariamente) pela presença constante, em cena, dos atores-cantores; a causa da liberdade política, tema central, também dava lugar ou eventualmente se misturava aos motivos líricos.

O clima era de lamento pelo que se perdera em abril de 1964, mas simultaneamente de esperança ou, até, de otimismo pelo que se podia reaver. Pensava-se no "movimento insurrecional" como evento lastimável, mas transitório, passível de ser derrotado pela frente de oposição que o show simbolizava.

Liberdade, liberdade, embora também utilizasse o processo da colagem, garantia a sua unidade ao referir tudo o que se dizia em cena ao tema do título. Usaram-se textos devidos aos mais ilustres e diversos combatentes da liberdade ao longo dos tempos, sem esquecer o humor (os climas sério e cômico se alternam, tanto neste show quanto em seu congênere). Com isso, a peça de Millôr e Flávio Rangel universalizava os argumentos; nem assim o espetáculo escapou da censura, que o maltratou bastante em São Paulo e noutros estados. Ambas as produções deveram-se ao Grupo Opinião.

O mesmo grupo responde pela comédia *Se correr o bicho pega, se ficar o bicho come*, de Oduvaldo Vianna Filho e Ferreira Gullar, encenada em abril de 1966, no Rio, e pelo drama *Dr. Getúlio, sua vida e sua glória*, de Dias Gomes e Gullar, que estreia em agosto de 1968, em Porto Alegre. As peças integram a segunda categoria proposta, a dos *textos diretamente inspirados em fontes populares*.

Com o *Bicho*, voltava-se a praticar a dramaturgia propriamente dita. A peça mobiliza as convenções da farsa, ambientando a sua história no Nordeste. As falas foram escritas em verso, com destaque para o metro de sete sílabas, típico do cordel. Parodiando os desmandos e a irresponsabilidade ideológica, *Bicho* delineia o impasse político e a esperança de superá-lo, ainda plausível em 1966.

Dr. Getúlio se apropria das lições do povo de maneira mais cerebral, valendo-se do enredo carnavalesco para compor a sua estrutura. Já não se trata de utilizar modelos em certa medida prontos e de vigência quase inconsciente, como é o caso da farsa, dos heróis pícaros e da redondilha maior, mas de reelaborar, no sentido pleno da palavra, as fontes originais.

Gomes e Gullar trabalharam duas histórias em espelho: a do caudilho, cuja trajetória torna-se tema de samba-enredo (mas também se converte em cenas dramáticas, nas quais vemos os episódios que marcaram os últimos dias de Vargas), e a de Simpatia, presidente da escola de samba, que encontra seu rival no bicheiro Tucão (como Getúlio encontrara um de seus oponentes em Carlos Lacerda). Parece difícil aceitar o ex-ditador no papel de herói das causas nacionalistas, ainda que se deva atribuir esse perfil mais ao enredo ingênuo da escola que à visão dos dramaturgos.

As peças do Teatro de Arena de São Paulo analisadas aqui se chamam *Arena conta Zumbi* e *Arena conta Tiradentes*, ambas de Augusto Boal e Gianfrancesco Guarnieri, tendo estreado em maio de 1965 e abril de 1967. Esses *textos épicos de matriz brechtiana* oferecem lições de liberdade formal válidas ainda hoje. Mas a chave heroica ou mítica na qual se recortou a estampa de Zumbi dos Palmares, bem como a de Tiradentes (no caso do Alferes, em molde mais realista), pode ser discutida. O procedimento responde, no plano da forma, aos objetivos políticos dos dramaturgos, de exaltação, por vezes abstrata ou supra-histórica, da liberdade e de exortação à resistência ao regime.

O reparo a fazer: quando se tornam demasiado didáticos, textos e espetáculos perdem força. No entanto, deve-se considerar a presença do humor, amenizando a pedagogia às vezes imperativa dessas peças, e, reitere-se, a largueza épica propiciada pela narração coletiva em *Zumbi* e pela figura do Coringa em *Tiradentes*.

Gota d'água vem retomar, em dezembro de 1975, no Rio de Janeiro, o fio da meada nacional-popular. Alguns críticos acusam a peça de populismo (assim como o fazem em relação a outros textos do período). Mesmo que a acusação tenha algum sentido (as personagens, reclama-se, deveriam exibir consciência mais aguda de sua condição), ainda assim o texto logra retratar poeticamente o Brasil do *milagre* com bastante contundência.

Pode-se dizer que o ponto alto do drama é o estilístico, na precisão dos versos metrificados e rimados, capazes de incorporar a gíria e o termo chulo, ao lado de imagens especialmente expressivas ou inusitadas. Nesse aspecto, o da composição literária, *Gota d'água* atinge o nível mais alto entre as peças musicais naquelas décadas, acompanhada de perto por *Se correr o bicho pega*, com sua leveza cômica (nem todos os espetáculos cantados nessa fase, ressalve-se, foram escritos com propósitos estilísticos similares).

A dramaturgia musical 329

A qualidade dos versos aparece ao lado de estrutura dramaticamente consistente, ressalvada certa prolixidade desta, o que, como é inevitável, se transmite ao texto.[52]

Gota d'água e *O rei de Ramos* (este encenado no Rio em março de 1979) integram a categoria dos *textos inspirados na forma da comédia musical*. São peças predominantemente dramáticas (no sentido usado em Szondi e Rosenfeld) e não épicas, embora incorporem elementos narrativos, tomados ao teatro de revista (sobretudo no caso de *O rei de Ramos*), entre outras fontes. Esta última peça ultrapassa certa idealização do popular que ainda se adivinha em *Gota d'água* e a atitude exortativa que marca o teatro nos anos 1960. A crítica do autor à ordem econômica é, no entanto, claríssima. O texto descarta a ingenuidade, mas não dispensa a postura crítica.

Julgamos distinguir uma linha coerente e rica, que acompanha os tempos, comenta-os e deles busca participar, a se estender de 1964 a 1979, de *Opinião* a *O rei de Ramos*, ou de 1960 a 1979, se partirmos de *Revolução na América do Sul*, de Boal, e de *A mais-valia vai acabar, seu Edgar*, de Vianinha. A vertente não realista do teatro feito no pré-64 alimenta a floração dos musicais ao longo dos anos 1960 e 1970, peças que não raro souberam fixar tendências que ainda constituem o solo histórico sobre o qual nos movemos, hoje.

---

52 *Morte e vida severina*, de João Cabral, é outra peça das mais elaboradas no plano da composição literária. Não a incluímos nesse painel porque foi escrita na década de 1950 (embora encenada em 1960 e em 1965).

Para concluir

No depoimento que acompanha *O rei de Ramos* em livro, Dias Gomes cita o nome de Brecht, autor a que várias vezes os dramaturgos e diretores do período, no Brasil, fizeram referência e do qual tiraram lições. Ao recordar a sua resistência aos musicais, noutros tempos, Dias afirma que "a força política" de textos como a *Ópera dos três vinténs* ou *O senhor Puntila e seu criado Matti* "de modo algum foi quebrada pela intromissão da música. E é inegável que Brecht se serviu da música para obter uma comunicação maior, resultado nada desprezível num teatro que se propõe a ser político e popular" (1992: 264).

O mesmo Brecht e as mesmas revistas da Praça Tiradentes, também mencionadas por Dias Gomes no depoimento, haviam sido invocados por Chico de Assis ao rememorar *A mais-valia vai acabar, seu Edgar*, que ele encenara quase 20 anos antes de *O rei de Ramos* (Assis, em: Vianna Filho, 1981). Nessas duas décadas, os artistas empenhados em fazer do teatro, e particularmente do teatro musical, instrumento político viriam a se profissionalizar, adotando os padrões comerciais de produção ou tendo de se render a eles.

A montagem de *A mais-valia* fora feita em moldes quase amadores (embora não amadorísticos), enquanto a de *O rei de Ramos* resultou cara, custo que certamente se refletiu no preço dos ingressos, como já ocorrera em *Gota d'água*. Paradoxo relevante nesses dois últimos espetáculos, portanto, era o de se poder ver o povo no palco, mas não na plateia (pondere-se que as amplas audiências de *A mais-valia* foram compostas basicamente por universitários, oriundos em geral da classe média). O valor dos ingressos terá afastado, de saída, espectadores menos abonados, para não falar de hábitos sociais e culturais que em certa medida os separavam, e os separam, das salas de espetáculo.

Consideradas as práticas e circunstâncias objetivas que distinguem as peças entre si, interessa-nos sublinhar a linha estética e ideológica que as relaciona umas às outras, de 1960 a 1964 e de 1964 a 1979. A lembrança dos nomes de Bertolt Brecht e Arthur Azevedo (ou a menção das revistas) nos depoimentos de Chico de Assis, Flávio Rangel e Dias Gomes — associação que só ocorreria a brasileiros ou a gente afeiçoada ao Brasil — sinaliza a existência dessa linha que se estende por 20 anos; o sucesso de público que as montagens obtiveram e a capacidade dos textos de resistirem ao tempo, na forma do livro, são índices de sua eficácia.

Essa linha estético-política encontra ora estímulos, ora obstáculos na realidade cultural das últimas décadas, fortemente marcada pelas imposições de mercado. O teor dos textos e espetáculos pode ser crítico, mas a sua embalagem cada vez mais tem de obedecer aos modelos de patrocínio aceitos, estatais ou, sobretudo, privados. As saídas independentes ou alternativas deparam dificuldades materiais de produção e exibição por vezes intransponíveis.

Digamos que se trata de um jogo em pleno curso, inacabado. De qualquer modo, será útil indagar em que medida e de que maneira devem ser manejadas as lições do passado recente, contidas nas obras que buscamos interpretar. As respostas, segundo se percebe, envolvem também fatores extraestéticos. Mas peças de natureza semelhante à dessas podem, quando menos, tornar esses fatores mais transparentes — sem a necessidade de recorrer, para alcançá-lo, a idealizações ou a exortações.

Parece-nos que textos como *Gota d'água* e *O rei de Ramos*, compostos a partir da experiência literária e cênica que se acumulou nas obras que os precederam, com destaque para *Se correr o bicho pega*, na sua leveza irreverente, e para a liberdade épica dos musicais do Arena, apontam o caminho.

A arte de misturar as fontes populares às formas cultas — o samba, a bossa, a farsa, o cordel, o decassílabo; as estruturas épicas e dramáticas a se enriquecerem mutuamente; o olhar atento às circunstâncias políticas, dispensados o messianismo ingênuo e o "didatismo impositivo", são traços essenciais a elaborar com apoio no que se realizou nas décadas de 1960 e 1970. O intuito é o de não se deixar interromper mais a rica e generosa tradição do musical no Brasil, uma das searas onde classe média e povo podem se reunir, com fins lúdicos e críticos, ligados ainda hoje, sobretudo hoje, a objetivos amplamente políticos.

*

Ao se divisar a gênese dos musicais participantes em 1960, identificada como a vertente não realista do teatro político feito de 1958 em diante, pode-se avaliar de maneira mais precisa o conjunto dessa produção, especialmente quanto a seus vetores estéticos. Os aspectos ideológicos da linha em causa eram similares aos do texto e espetáculo realistas, com a diferença básica de que, nos musicais, se partia do princípio de que o realismo já não conseguiria interpretar e exprimir as demandas coletivas que então passavam, enfaticamente, a integrar a agenda dos artistas de teatro. Naquele instante, o início dos anos 1960, o realismo — de que o cinema também mostrava modelos variados, de Hollywood ao neorrealismo italiano — havia "caído de costas", escreveu Vianinha ao apresentar *A mais-valia*; embora, como se sabe, Vianna tenha voltado ao modelo mimético, enriquecendo-o com as conquistas modernas, a exemplo do que se vê em *Mão na luva*, *Papa Higuirte* e no admirável *Rasga coração*.

Já tivemos oportunidade de observar que as técnicas modernas não foram de uso exclusivo das chamadas vanguardas, mas se utilizaram segundo as perspectivas distintas dos engajados e dos formalistas. Vianna, assim como Guarnieri, busca na superposição de planos ou na deformação expressionista (de que Guarnieri lançaria mão em textos para a tevê como *Solidão*, de 1975) instrumentos para que se compreenda melhor o real, visto, portanto, como inteligível ou passível de totalização, em conformidade ao que, no plano da teoria pura, Lukács defendera em sua *Introdução a uma estética marxista*. Ao passo que, em artistas como o José Celso de *O rei da vela* ou o Glauber Rocha do filme *Terra em transe*, as aparências convulsas e caóticas da realidade são identificadas à substância mesma dessa realidade, e denunciadas como dificilmente domesticáveis pela razão; razão não raro associada, aliás, às instâncias repressivas da vida social.

Como outros já notaram, o regime autoritário não era dado a *sutilezas* ideológicas ou estéticas e não distinguiu entre engajados e formalistas, lançando-se sobre estes e aqueles, especialmente a partir de 1969. Para ficar em dois casos, Boal foi preso e torturado em 1971; uma vez liberto, teve de exilar-se; o mesmo ocorreria a José Celso em 1974. O que chamamos com alguma insistência de floração dos musicais calava-se (momentaneamente) à base de coação e pancada.

Seja como for, muito do que se apresenta como caótico a olhos perplexos pode, ontem e hoje, ter a sua origem detectada na arcaica estrutura de classes da sociedade brasileira, na qual "todos são iguais, mas uns são mais iguais que outros", para lembrar a velha e certeira blague; estrutura renitente, que teimosamente subsiste. Nesse âmbito, vale ressaltar: quando sugerimos a possibilidade ou mesmo a necessidade de uma teoria de matriz local para se entender melhor o teatro dos anos 1960 e 1970, particularmente o musical, aludíamos inclusive ao fato de que as técnicas adaptadas de autores como Piscator e Brecht ou da tradição nativa, às quais se somaram os processos inventados no calor da hora, lograram representar o país e sua arquitetura precária.

Assim, a colagem feita em *Opinião* obedece não apenas ao caráter de frente oposicionista que o show pretendeu ter, mas também à sugestão lukacsiana do "particular típico", no caso encarnado em atores-cantores chamados a simbolizar a classe média, os proletários, os camponeses. A irresponsabilidade dos heróis pícaros, no *Bicho*, atende às maravilhas às referências que se quiseram fazer à desorientação das forças políticas (sobretudo as de classe média) frente ao impasse imposto pelo Golpe. A liberdade épica de *Zumbi*, promovida pela narração coletiva, ou a de *Tiradentes*, disciplinada pela figura do Coringa, permanecem válidas para se recontarem amplas histórias e, note-se, não se encontraram em Brecht, de certo modo ultrapassando a sua influência, quase totêmica naquela fase. No que toca a esse aspecto, o da originalidade das peças, diga-se também que não se conhecem, na dramaturgia importada no período, exemplos similares ao de *Gota d'água*, até porque o texto em versos medidos e rimados constitui uma espécie de obras que cada cultura tem de inventar às próprias expensas. Para a fatura de grandes textos em verso, o que sabemos (por exemplo) dos gregos ou de Shakespeare não bastaria. O verso não se ensina, e fizemos o nosso.

A *Ópera do malandro*, atualizando alegremente o Brecht também gaiato e cáustico dos *Três vinténs*, como que prepara o dó de peito de *O rei de Ramos*, que de quebra vem demolir, na base da galhofa, a mística do povo puro e bom; o que há são pessoas e grupos defrontados ao salve-se quem puder do capitalismo triunfante e "dissolvente", para falar com Flávio Rangel. Sistema que tem no dinheiro o seu fetiche supremo e que, indiferente como uma força da natureza (monitorada por homens), corrói programas de boas intenções éticos e políticos, a exemplo do que todos os dias constatamos.

O rei de Ramos, a que não queremos atribuir importância desmesurada, mas apenas destacar como boa peça que é e como uma das obras que fecham produtivamente o período, encerra qualidades inclusive, ou sobretudo, porque religa o presente estético-político de 1979 à memória dos espetáculos cantados. A peça reedita e atualiza a tradição, emprestando acidez crítica às artes que remontam ao ameno, embora genial Arthur Azevedo.

O poder que os musicais têm de somar elementos diversos, e mesmo díspares, corresponderá à sua capacidade de aglutinação cultural, conforme referências de toda sorte — poéticas, sonoras, plásticas, éticas. Neles, o épico e o catártico, o espírito crítico e o lúdico se encontram.

À geração de dramaturgos, diretores, atores, cenógrafos e músicos que atuou nos anos 1960 e 1970, devemos a graça de já não haver por que falar em tradição interrompida. Esses artistas talharam as pontes que atam século e meio de realizações literárias e cênicas, projetando-as para o futuro, não necessariamente radioso, mas risonho e livre. Nós, contemporâneos, temos a tarefa — menos difícil que a de nossos ascendentes — de dar sequência àquele projeto.

Referências

Peças

ANDRADE, Jorge. *Vereda da salvação*, em: *Marta, a árvore e o relógio*. 2ª. edição. São Paulo: Perspectiva, 1986.

ANDRADE, Oswald. *O rei da vela*, em: *Teatro. Obras completas — 8*. Rio de Janeiro: Civilização Brasileira, 1973.

BOAL, Augusto. *Revolução na América do Sul*, em: *Teatro de Augusto Boal — 1*. São Paulo: Hucitec, 1986.

BOAL, Augusto e GUARNIERI, Gianfrancesco. *Arena conta Tiradentes*. São Paulo: Sagarana, 1967.

BOAL, Augusto e GUARNIERI, Gianfrancesco. *Arena conta Zumbi*, em: *Revista de Teatro*, nº 378. Rio de Janeiro: SBAT, 1970.

BORELLI, Romário José. *O Contestado*. Peça musical. Curitiba: Orion, 2006.

BRECHT, Bertolt. *A ópera de três vinténs*, em: *Teatro completo*, volume 3. Tradução: Wolfgang Bader e Marcos Roma Santa. Versificação das canções: Wira Selanski. 2ª. edição. Rio de Janeiro: Paz e Terra, 1992.

_____. *Ascensão e queda da cidade de Mahagonny*, em: *Teatro completo*, volume 3. Tradução: Luís Antônio Martinez Corrêa e Wolfgang Bader. 2ª. edição. Rio de Janeiro: Paz e Terra, 1992.

_____. *Os fuzis da senhora Carrar. Vida de Galileu. Mãe Coragem e seus filhos*, em: *Teatro completo*, volume 6. Tradução: Antônio Bulhões, Roberto Schwarz, Geir Campos. Rio de Janeiro: Paz e Terra, 1991.

_____. *A alma boa de Setsuan*, em: *Teatro completo*, volume 7. Tradução: Geir Campos e Antônio Bulhões. Rio de Janeiro: Paz e Terra, 1992.

_____. *O senhor Puntila e seu criado Matti*, em: *Teatro completo*, volume 8. Tradução: Millôr Fernandes. Rio de Janeiro: Paz e Terra, 1992.

BUARQUE, Chico. *Ópera do malandro*. São Paulo: Círculo do Livro, 1978.

BUARQUE, Chico e GUERRA, Ruy. *Calabar, o elogio da traição*. 23ª. edição, com texto revisto e modificado pelos autores. Rio de Janeiro: Civilização Brasileira, 1998.

BUARQUE, Chico e PONTES, Paulo. *Gota d'água*. 29ª. edição. Rio de Janeiro: Civilização Brasileira, 1998.

CALLADO, Antonio. *A revolta da cachaça — Teatro negro*. 2ª. edição. Com as peças *A revolta da cachaça*, *Pedro Mico*, *O tesouro de Chica da Silva* e *Uma rede para Iemanjá*. Rio de Janeiro: Nova Fronteira, 1988.

CHAVES NETTO, João Ribeiro. *Patética*. Rio de Janeiro: Civilização Brasileira, 1978.

COSTA, Armando, VIANNA FILHO, Oduvaldo e PONTES, Paulo. *Opinião*. Músicas: Zé Keti, João do Vale e outros. Rio de Janeiro: Edições do VAL, 1965.

EURÍPIDES. *Medeia. Hipólito. As troianas*. Tradução do grego e apresentação: Mário da Gama Kury. Rio de Janeiro: Jorge Zahar, 2001.

Feira Brasileira de Opinião. Peças de 10 autores, entre eles Carlos Henrique Escobar, Carlos Queiroz Teles, Dias Gomes e Gianfrancesco Guarnieri. Prefácio: Décio de Almeida Prado. São Paulo: Global, 1978.

FERNANDES, Millôr e RANGEL, Flávio. *Liberdade, liberdade*. 3ª. edição. Porto Alegre: L&PM, 1977.

GOMES, Dias. *O pagador de promessas*. Rio de Janeiro: Ediouro, s/d.

_____. *O rei de Ramos*. 2ª. edição. Rio de Janeiro: Bertrand Brasil, 1987.

_____. *Coleção Dias Gomes, volume 4 — os espetáculos musicais*. Coordenação: Antonio Mercado. Com as peças *Vargas*, *As primícias* e *O rei de Ramos*. Rio de Janeiro: Bertrand Brasil, 1992.

GOMES, Dias e GULLAR, Ferreira. *Dr. Getúlio, sua vida e sua glória*. Rio de Janeiro: Civilização Brasileira, 1968.

GOMES, Dias e GULLAR, Ferreira. *Vargas*. Rio de Janeiro: Civilização Brasileira, 1983.

GUARNIERI, Gianfrancesco. *Gimba, presidente dos valentes*. *Coletânea teatral*, Caderno nº 53. Rio de Janeiro: SBAT, 1959.

_____. *O melhor teatro de Gianfrancesco Guarnieri*. Com as peças *Eles não usam black-tie*, *A semente*, *Um grito parado no ar* e *Ponto de partida*. Seleção e prefácio: Décio de Almeida Prado. São Paulo: Global, 1986.

HOLLANDA, Chico Buarque de. *Roda-viva*. Rio de Janeiro: Sabiá, 1968.

MARCOS, Plínio. *Plínio Marcos — melhor teatro*. Com as peças *Barrela, Dois perdidos numa noite suja, Navalha na carne, O abajur lilás* e *Querô, uma reportagem maldita*. Seleção e prefácio: Ilka Marinho Zanotto. São Paulo: Global, 2003.

MARQUES, Fernando. *Últimos — comédia musical em dois atos*. Livro-CD. Prefácio: Ilka Marinho Zanotto. São Paulo: Perspectiva, 2008.

MELO NETO, João Cabral de. *Morte e vida severina e outros poemas para vozes*. 4ª. edição. Rio de Janeiro: Nova Fronteira, 2000.

NEVES, João das. *O último carro*. 3ª. edição. Rio de Janeiro: Grupo Opinião, 1976.

PONTES, Paulo. *Teatro de Paulo Pontes*. Volume 1. Com as peças *Brasileiro, profissão esperança, Um edifício chamado 200* e *Dr. Fausto da Silva*. Rio de Janeiro: Civilização Brasileira, 1998.

_____. *Teatro de Paulo Pontes*. Volume 2. Com as peças *Check-up, Em nome do Pai, do Filho e do Espírito Santo* e *Madalena Berro Solto*. Rio de Janeiro: Civilização Brasileira, 1999.

PRATA, Mário. *Fábrica de chocolate*. São Paulo: Hucitec, 1979.

SOUZA, Márcio. *Tem piranha no pirarucu* e *As folias do látex*. Rio de Janeiro: Codecri, 1978.

SUASSUNA, Ariano. *Auto da Compadecida*. 34ª. edição/13ª. reimpressão. Rio de Janeiro: Agir, 2004.

VIANNA FILHO, Oduvaldo. *A mais-valia vai acabar, seu Edgar*, em: *Oduvaldo Vianna Filho — 1. Teatro*. Rio de Janeiro: Muro, 1981.

_____. *Chapetuba Futebol Clube*. Em: *Oduvaldo Vianna Filho — 1. Teatro*. Rio de Janeiro: Muro, 1981.

_____. *O melhor teatro de Oduvaldo Vianna Filho*. Com as peças *Papa Higuirte, Rasga coração* e *Mão na luva*. Seleção e prefácio: Yan Michalski. 2ª. edição. São Paulo: Global, 1984.

_____. *Caso especial: Medeia*, em: *Cultura Vozes*. Volume 93. São Paulo: Vozes, número 5/1999.

VIANNA FILHO, Oduvaldo e GULLAR, Ferreira. *Se correr o bicho pega, se ficar o bicho come*. Rio de Janeiro: Civilização Brasileira, 1966.

VICENTE, José. *O teatro de José Vicente: primeiras obras*. Com as peças *Santidade, Hoje é dia de rock, O assalto* e *Os convalescentes*. Organização de Cida Morais. São Paulo: Imprensa Oficial, 2010.

VINICIUS, Marcus. *Boca do Inferno*. Rio de Janeiro: Funarte/SNT, 1980.

Teoria, história e crítica

ADORNO, Theodor W. *Notas de literatura*. Tradução: Celeste Aída Galeão e Idalina Azevedo da Silva. Rio de Janeiro: Tempo Brasileiro, 1991.

AGUIAR, Flávio. *A palavra no purgatório — literatura e cultura nos anos 70*. São Paulo: Boitempo, 1997.

ALMADA, Izaías. *Teatro de Arena*. São Paulo: Boitempo, 2004.

ANTUNES, Ricardo e RÊGO, Walquíria Leão (org.). *Lukács — um Galileu no século XX*. 2ª. edição. São Paulo: Boitempo, 1996.

ARRABAL, José e LIMA, Mariangela Alves de. *O nacional e o popular na cultura brasileira — teatro*. São Paulo: Brasiliense, 1983.

ASLAN, Odette. *O ator no século XX*. 3ª. reimpressão. Tradução: Rachel Araújo de Baptista Fuser, Fausto Fuser e J. Guinsburg. São Paulo: Perspectiva, 2007.

AZEVEDO, Arthur. *O theatro — crônicas de Arthur Azevedo (1894-1908)*. Livro-CD. Organizadoras: Larissa de Oliveira Neves e Orna Messer Levin. Campinas: Editora da Unicamp, 2009.

BADER, Wolfgang (org.). *Brecht no Brasil — experiências e influências*. Introdução e organização: W. Bader. Textos de Fernando Peixoto, Leandro Konder, Gerd Bornheim, Geir Campos e outros. Rio de Janeiro: Paz e Terra, 1987.

BARBOSA, Airton Lima (coordenador). "Que caminho seguir na música popular brasileira?". Debate com Flávio Macedo Soares, Caetano Veloso, Nelson Lins e Barros, José Carlos Capinam, Gustavo Dahl, Nara Leão e Ferreira Gullar. Em: *Revista Civilização Brasileira*, número 7. Rio de Janeiro: Civilização Brasileira, 1966.

BARCELLOS, Jalusa. *CPC — uma história de paixão e consciência*. Entrevistas com 33 pessoas sobre o CPC da UNE. Rio de Janeiro: Nova Fronteira, 1994.

BARROS, Nelson Lins e. "Música popular: novas tendências", em: *Revista Civilização Brasileira*, número 1. Rio de Janeiro: Civilização Brasileira, março de 1965.

BAUMAN, Zygmunt. "Tempo e classe", em: *Globalização: as consequências humanas*. Tradução: Marcus Penchel. Rio de Janeiro: Jorge Zahar, 1999.

BENJAMIN, Walter. "Que é o teatro épico? Um estudo sobre Brecht", em: *Magia e técnica, arte e política — ensaios sobre literatura e história da cultura*. Obras escolhidas, volume 1. Tradução: Sérgio Paulo Rouanet. Prefácio: Jeanne Marie Gagnebin. 5ª. edição. São Paulo: Brasiliense, 1993.

BERGSON, Henri. *O riso — ensaio sobre a significação do cômico*. 2ª. edição. Rio de Janeiro: Guanabara, 1987.

BETTI, Maria Silvia. *Oduvaldo Vianna Filho*. São Paulo: Edusp, 1997.

BLOOM, Harold. *Hamlet — poema ilimitado*. Tradução: José Roberto O'Shea. Ensaio seguido da peça de Shakespeare, em tradução de Anna Amélia de Queiroz Carneiro de Mendonça. Rio de Janeiro: Objetiva, 2004.

BOAL, Augusto. *Teatro do Oprimido e outras poéticas políticas*. Rio de Janeiro: Civilização Brasileira, 1975.

_____. *Hamlet e o filho do padeiro — memórias imaginadas*. Rio de Janeiro: Record, 2000.

BORBA FILHO, Hermilo. *Espetáculos populares do Nordeste*. Coleção Buriti. São Paulo: Desa, 1966.

BORNHEIM, Gerd. *Brecht — a estética do teatro*. Rio de Janeiro: Graal, 1992.

_____. "Sobre o teatro popular", em: *Encontros com a Civilização Brasileira*, número 10. Rio de Janeiro: Civilização Brasileira, abril de 1979.

BRECHT, Bertolt. *Pequeno órganon para o teatro*, em: *Estudos sobre teatro*. Tradução de Fiama Pais Brandão. 2ª. edição. Rio de Janeiro: Nova Fronteira, 2005.

_____. *Pequeno órganon para o teatro*. Tradução: Flávio Moreira da Costa. Cópia xerográfica.

_____. *A short organum for the theatre*, em: *Playwrights on playwriting*. Tradução para o inglês: John Willet. Volume editado por Toby Cole. Introdução: John Gassner. Nova York: Hill and Wang/Farrar, Straus and Giroux, 1961.

_____. "O mundo atual pode ser representado pelo teatro?" e "Teatro de diversão ou teatro pedagógico", em: *Revista Civilização Brasileira*, número 3. Rio de Janeiro: Civilização Brasileira, julho de 1965.

_____. *Escritos sobre teatro*. Seleção e tradução: Jorge Hacker. Buenos Aires: Nueva Visión, 1970.

_____. *A compra da latão* (1939-1945). Tradução de Urs Zuber e Peggy Berndt. Veja: Lisboa, 1999.

_____. *Diário de trabalho. Volume I, 1938-1941*. Organização: Werner Hecht. Tradução: Reinaldo Guarany e José Laurenio de Melo. Rio de Janeiro: Rocco, 2002.

_____. *Diário de trabalho. Volume II, 1941-1947*. Organização: Werner Hecht. Tradução: Reinaldo Guarany e José Laurenio de Melo. Rio de Janeiro: Rocco, 2005.

CABRAL, Sérgio. *Nara Leão — uma biografia*. 2ª. edição. Rio de Janeiro: Lumiar, 2001.

Cadernos de Literatura Brasileira. Número 6 — Ferreira Gullar. São Paulo: Instituto Moreira Salles, 1998.

CALADO, Carlos. *Tropicália — a história de uma revolução musical*. 4ª. edição. São Paulo: Editora 34, 2004.

CAMPOS, Cláudia de Arruda. *Zumbi, Tiradentes*. São Paulo: Perspectiva, 1988.

CARLSON, Marvin. *Teorias do teatro — estudo histórico-crítico, dos gregos à atualidade*. Tradução: Gilson César Cardoso de Souza. São Paulo: Unesp, 1997.

CASTRO, Ruy. *Chega de saudade — a história e as histórias da Bossa Nova*. 3ª. edição atualizada. São Paulo: Companhia das Letras, 2001.

Ciclo de debates do Teatro Casa Grande. Vários autores. Rio de Janeiro: Inúbia, 1976.

CORRÊA, Zé Celso Martinez. *Primeiro ato — cadernos, depoimentos, entrevistas (1958-1974)*. São Paulo: Editora 34, 1998.

COSTA, Iná Camargo. *A hora do teatro épico no Brasil*. Rio de Janeiro: Paz e Terra, 1996.

_____. *Sinta o drama*. Petrópolis: Vozes, 1998.

_____. "Sobre a atualidade de Brecht no seu centenário", em: *Crítica Marxista*, número 7. São Paulo: Xamã, 1998.

COUTINHO, Carlos Nelson. "Humanismo e irracionalismo na cultura contemporânea", em: *Revista Civilização Brasileira*, número 8. Rio de Janeiro: Civilização Brasileira, 1966.

COUTINHO, Henrique. "Confronto: música popular brasileira". Entrevistas com Edu Lobo, Luís Carlos Vinhas e José Ramos Tinhorão, em: *Revista Civilização Brasileira*, número 3. Rio de Janeiro: Civilização Brasileira, julho de 1965.

DALCASTAGNÈ, Regina. *O espaço da dor — o regime de 64 no romance brasileiro*. Brasília: Editora UnB, 1996.

DAMASCENO, Leslie Hawkins. *Espaço cultural e convenções teatrais na obra de Oduvaldo Vianna Filho*. Tradução: Iná Camargo Costa. Campinas: Unicamp, 1994.

Dionysos — Especial: Teatro de Arena. Organização: Maria Thereza Vargas, Carmelinda Guimarães e Mariangela Alves de Lima. Número 24. Rio de Janeiro: SNT, outubro de 1978.

Dionysos — Especial: Teatro Oficina. Organização: Fernando Peixoto. Número 26. Rio de Janeiro: SNT, janeiro de 1982.

DOMONT, Beatriz. *Um sonho interrompido — o Centro Popular de Cultura da UNE, 1961-1964.* São Paulo: Porto Calendário, 1997.

ESTEVAM, Carlos. *A questão da cultura popular.* Rio de Janeiro: Tempo Brasileiro, 1963.

EWEN, Frederic. *Bertolt Brecht — sua vida, sua arte, seu tempo.* Tradução: Lya Luft. São Paulo: Globo, 1991.

FAUSTO, Boris. *História concisa do Brasil.* São Paulo: Edusp/Imprensa Oficial do Estado, 2001.

_____. *História do Brasil.* 11ª. edição. São Paulo: Edusp, 2003.

FÉLIX, Moacyr e GULLAR, Ferreira. "Dias Gomes". Entrevista com o dramaturgo, em: *Encontros com a Civilização Brasileira*, número 6. Rio de Janeiro: Civilização Brasileira, dezembro de 1978.

FRANCIS, Paulo. "Carta de Nova York". Artigo sobre G. Lukács, em: *Oitenta*, volume 4. Porto Alegre: L&PM, primavera de 1980.

FREUD, Sigmund. *Os chistes e sua relação com o inconsciente.* Tradução: Margarida Salomão. Rio de Janeiro: Imago, 1977.

GARCIA, Silvana. *Teatro da militância.* São Paulo: Perspectiva, 1990.

_____. *As trombetas de Jericó — teatro das vanguardas históricas.* São Paulo: Hucitec/Fapesp, 1997.

_____. "Teatro político. Verso e reverso", em: *Folhetim.* Número 22. Rio de Janeiro: Teatro do Pequeno Gesto, 2005.

GARCIA, Silvana (org.) *Odisseia do teatro brasileiro.* Vários autores (palestras e depoimentos). São Paulo: Senac São Paulo, 2002.

GASPARI, Elio. *A ditadura derrotada.* São Paulo: Companhia das Letras, 2003.

GOMES, Dias. *Apenas um subversivo.* São Paulo: Bertrand Brasil, 1998.

_____. "Realismo ou esteticismo — um falso dilema", em: *Revista Civilização Brasileira*, números 5/6. Rio de Janeiro: Civilização Brasileira, março de 1966.

_____. "O teatro épico". Resenha do livro de A. Rosenfeld, em: *Revista Civilização Brasileira*, número 7. Rio de Janeiro: Civilização Brasileira, 1966.

GOMES, Flávio e XAVIER, Rômulo. "Além de Zumbi", em: *Nossa História.* Número 25. São Paulo: Vera Cruz, novembro de 2005.

GULLAR, Ferreira. *Cultura posta em questão, Vanguarda e subdesenvolvimento — ensaios sobre arte*. 3ª. edição. Rio de Janeiro: José Olympio, 2002.

_____. "A obra aberta e a filosofia da práxis", em: *Revista Civilização Brasileira*, números 21 e 22. Rio de Janeiro: Civilização Brasileira, setembro-dezembro de 1968.

HAMBURGER, Amélia Império e KATZ, Renina (orgs.). *Flávio Império*. Livro dedicado à produção do cenógrafo e pintor. Coleção Artistas Brasileiros. São Paulo: Edusp, 1999.

HOLLANDA, Heloísa Buarque de. *Impressões de viagem — CPC, vanguarda e desbunde*. Rio de Janeiro: Rocco, 1992.

JAMESON, Fredric. *Marxismo e forma — teorias dialéticas da literatura no século XX*. Tradução: Iumna Maria Simon (coordenação), Ismail Xavier e Fernando Oliboni. São Paulo: Hucitec, 1985.

_____. *O método Brecht*. Tradução: Maria Silvia Betti. Revisão técnica e prefácio: Iná Camargo Costa. Petrópolis: Vozes, 1999.

KÜHNER, Maria Helena. *Teatro em tempo de síntese*. Rio de Janeiro: Paz e Terra, 1971.

KÜHNER, Maria Helena e ROCHA, Helena. *Opinião: para ter opinião*. Rio de Janeiro: Relume Dumará/Prefeitura, 2001.

KUSNET, Eugênio. *Ator e método*. 5ª.edição. Rio de Janeiro: Funarte, 1997.

LENINE, V.I. *K. Marx. F. Engels. As três fontes*. Nosso Tempo, 1971.

LICHTHEIM, George. *As ideias de Lukács*. Tradução: Jamir Martins. São Paulo: Cultrix, 1973.

LOPES, Nei. *Zé Kéti — o samba sem senhor*. Rio de Janeiro: Relume Dumará, Prefeitura, 2000.

LOURENÇO, João (e outros). *A ópera de 3 vinténs*, com música de Kurt Weill. Programa do espetáculo do Teatro Aberto. Versão de João Lourenço e Vera San Payo Lemos. Encenação de João Lourenço. Direção musical de João Paulo Santos. Lisboa: Teatro Aberto, 2005.

LUKÁCS, Georg. *Introdução a uma estética marxista — sobre a categoria da particularidade*. 2ª. edição. Tradução: Carlos Nelson Coutinho e Leandro Konder. Rio de Janeiro: Civilização Brasileira, 1978.

_____. *Ensaios sobre literatura*. 2ª. edição. Vários tradutores. Coordenação e prefácio: Leandro Konder. Rio de Janeiro: Civilização Brasileira, 1968.

_____. *História e consciência de classe — estudos sobre a dialética marxista.* Tradução de Rodnei Nascimento. Revisão da tradução: Karina Jannini. São Paulo: Martins Fontes, 2003.

_____. "Tragédia e tragicomédia do artista no capitalismo", em: *Revista Civilização Brasileira*, número 2. Rio de Janeiro: Civilização Brasileira, maio de 1965.

_____. "Arte livre ou arte dirigida?", em: *Revista Civilização Brasileira*, número 13. Rio de Janeiro: Civilização Brasileira, maio de 1967.

MACHADO, Carlos Eduardo Jordão. *Um capítulo da modernidade estética — debate sobre o expressionismo.* São Paulo: Editora da UNESP, 1998.

MACIEL, Diógenes André Vieira. "Considerações sobre a dramaturgia nacional--popular: do projeto a uma tentativa de análise", em: *Estudos de Literatura Brasileira Contemporânea*. Número 25. Brasília: Universidade de Brasília, janeiro-junho de 2005.

MACIEL, Luiz Carlos. "O bicho que o bicho deu", em: *Revista Civilização Brasileira*, número 7. Rio de Janeiro: Civilização Brasileira, 1966.

_____. "Situação do teatro brasileiro", em: *Revista Civilização Brasileira*, número 8. Rio de Janeiro: Civilização Brasileira, 1966.

MAGALDI, Sábato. *Um palco brasileiro — o Arena de São Paulo.* São Paulo: Brasiliense, 1984.

_____. *O texto no teatro.* São Paulo: Perspectiva, 1989.

_____. *Panorama do teatro brasileiro.* 3ª. edição, revista e ampliada. São Paulo: Global, 1997.

_____. *Depois do espetáculo.* São Paulo: Perspectiva, 2003.

_____. "Bicho come todos os valores do teatro brasileiro", em: *Jornal da Tarde*. São Paulo, 30-09-1966.

MARQUES, Fernando. "Mesmo aos 60, ele não usa black-tie". Entrevista com Gianfrancesco Guarnieri, em: *Correio Braziliense*, Dois, 07-08-1994.

_____. "*Eles não usam black-tie* faz 40 anos". Entrevista com Gianfrancesco Guarnieri, em: *O Estado de S. Paulo*, Cultura, 21-02-1998.

_____. "Coração engajado". Resenha de *Oduvaldo Vianna Filho*, de Maria Silvia Betti, e entrevista com a autora, em: *Correio Braziliense*, Dois, 10-06-1997.

_____. "Do Golpe à Abertura: teatro musical e expressão política", em: *Humanidades*, número 44. Brasília: Editora UnB, 1998.

_____. "A palavra no palco — por que usar o verso em cena", em: *Folhetim*, número 16. Rio de Janeiro: Teatro do Pequeno Gesto, janeiro-abril de 2003.

_____. "As ilusões perdidas". Artigo sobre o teatro de Chico Buarque, em: *Cult*, número 69. São Paulo: Editora 17, maio de 2003.

_____. "O banquete da meia dúzia: fontes e estruturas de *Gota d'água*", em: *Folhetim*, número 19. Rio de Janeiro: Teatro do Pequeno Gesto, janeiro-junho de 2004.

_____. "Por um teatro político e popular: manifestos do musical brasileiro, 1966-1983", em: *Estudos de Literatura Brasileira Contemporânea*, número 25. Brasília: Universidade de Brasília, janeiro-junho de 2005.

MENEZES, Adélia Bezerra de. *Figuras do feminino na canção de Chico Buarque*. São Paulo: Ateliê/Boitempo, 2000.

MICHALSKI, Yan. *O teatro sob pressão — uma frente de resistência*. 2ª. edição. Rio de Janeiro: Jorge Zahar Editor, 1989.

_____. *Reflexões sobre o teatro brasileiro no século XX*. Organização: Fernando Peixoto. Rio de Janeiro: Funarte, 2004.

MORAES, Dênis. *Vianinha, cúmplice da paixão*. Edição revista e ampliada. Rio de Janeiro: Record, 2000.

MORAES, João Quartim de; REIS FILHO, Daniel Aarão (orgs.). *História do marxismo no Brasil. Volume I. O impacto das revoluções*. 2ª. edição revista. Campinas: Editora da Unicamp, 2003.

MORAES, João Quartim de (org.). *História do marxismo no Brasil. Volume II. Os influxos teóricos*. Campinas: Editora da UNICAMP, 1995.

_____. *História do marxismo no Brasil. Volume III. Teorias. Interpretações*. Campinas: Editora da UNICAMP, 1998.

MOSTAÇO, Edélcio. *Teatro e política: Arena, Oficina e Opinião — uma interpretação da cultura de esquerda*. São Paulo: Proposta, 1982.

MOURA, George. *Ferreira Gullar*. Rio de Janeiro: Relume Dumará, Prefeitura, 2001.

NAPOLITANO, Marcos. *"Seguindo a canção" — engajamento político e indústria cultural na MPB (1959-1969)*. São Paulo: Annablume, 2001.

NETTO, José Paulo. "Das obras de juventude de G. Lukács", em: *Encontros com a Civilização Brasileira*, número 3. Rio de Janeiro: Civilização Brasileira, setembro de 1978.

PAIVA, Salvyano Cavalcanti de. *Viva o rebolado! — vida e morte do teatro de revista brasileiro*. Rio de Janeiro: Nova Fronteira, 1991.

PASCHOAL, Marcio. *Pisa na fulô mas não maltrata o carcará — vida e obra do compositor João do Vale, o poeta do povo*. Rio de Janeiro: Lumiar, 2000.

PASTA JÚNIOR, José Antonio. *Trabalho de Brecht — breve introdução ao estudo de uma classicidade contemporânea*. São Paulo: Ática, 1986.

PATRIOTA, Rosângela. *Vianinha — um dramaturgo no coração de seu tempo*. São Paulo: Hucitec, 1999.

PEIXOTO, Fernando. *Teatro em pedaços*. 2ª. edição. São Paulo: Hucitec, 1989.

_____. "Entrevista com Gianfrancesco Guarnieri", em: *Encontros com a Civilização Brasileira*, número 1, julho de 1978.

PEIXOTO, Fernando (org.). *O melhor teatro do CPC da UNE*. São Paulo: Global, 1989.

PISCATOR, Erwin. *Teatro político*. Tradução de Aldo Della Nina. Rio de Janeiro: Civilização Brasileira, 1968.

POSADA, Francisco. *Lukács, Brecht e a situação do realismo socialista*. Tradução de A. Veiga Fialho. Rio de Janeiro: Civilização Brasileira, 1970.

PRADO, Décio de Almeida. *Exercício findo*. São Paulo: Perspectiva, 1987.

_____. *O teatro brasileiro moderno*. São Paulo: Perspectiva, 1988.

_____. *Seres, coisas, lugares*. São Paulo: Companhia das Letras, 1997.

_____. *História concisa do teatro brasileiro, 1570-1908*. São Paulo: Edusp, 1999.

_____. "'História é melhor lida de trás para diante'", em: *O Estado de S. Paulo*, Cultura, 03-08-1996.

RANGEL, Flávio. *Diário do Brasil*. Rio de Janeiro: Paz e Terra, 1982.

RIDENTI, Marcelo. *Em busca do povo brasileiro — artistas da revolução, do CPC à era da tv*. Rio de Janeiro: Record, 2000.

REGIS, Flávio Eduardo de Macedo Soares. "A nova geração do samba", em: *Revista Civilização Brasileira*, número 7. Rio de Janeiro: Civilização Brasileira, 1966.

ROSENFELD, Anatol. *O teatro épico*. 3ª. edição. São Paulo: Perspectiva, 1997.

_____. *Texto/contexto*. São Paulo: Perspectiva, 1973.

_____. *O mito e o herói no moderno teatro brasileiro*. São Paulo: Perspectiva, 1982.

_____. "Brecht", em: *Teatro moderno*. 2ª. edição. São Paulo: Perspectiva, 1987.

_____. *Prismas do teatro*. 1ª. edição/reimpressão. São Paulo: Perspectiva, 2000.

ROUBINE, Jean-Jacques. *A linguagem da encenação teatral, 1880-1980*. Tradução e apresentação: Yan Michalski. 2ª. edição. Rio de Janeiro: Jorge Zahar, 1998.

SANCHEZ, Pedro Alexandre. *Tropicalismo — decadência bonita do samba*. São Paulo: Boitempo, 2000.

SCHWARZ, Roberto. "Altos e baixos da atualidade de Brecht", em: *Sequências brasileiras*. São Paulo: Companhia das Letras, 1999.

_____. *Cultura e política*. São Paulo: Paz e Terra, 2001.

SIQUEIRA, José Rubens. *Viver de teatro: uma biografia de Flávio Rangel*. São Paulo: Nova Alexandria/Secretaria de Estado da Cultura de São Paulo, 1995.

SODRÉ, Nelson Werneck. "O momento literário", em: *Revista Civilização Brasileira*, números 21 e 22. Rio de Janeiro: Civilização Brasileira, setembro--dezembro de 1968.

SOUZA, Tárik de. "Geraldo Vandré", em: *Oitenta*, volume 1. Porto Alegre: L&PM, novembro-dezembro de 1979.

SÜSSEKIND, Flora. *As revistas de ano e a invenção do Rio de Janeiro*. Rio de Janeiro: Nova Fronteira/Fundação Casa de Rui Barbosa, 1986.

SZONDI, Peter. *Teoria do drama moderno (1880-1950)*. Tradução: Luiz Sérgio Repa. São Paulo: Cosac & Naify, 2001.

TERTULIAN, Nicolas. "Sobre um texto inédito de Lukács", em: *Crítica Marxista*, número 13. Tradução: Ivo Tonet. São Paulo: Boitempo, outubro de 2001.

VENEZIANO, Neyde. *O teatro de revista no Brasil: dramaturgia e convenções*. Campinas: Pontes/Editora da Unicamp, 1991.

_____. *Não adianta chorar: teatro de revista brasileiro... Oba!* Campinas: Editora da Unicamp, 1996.

VENTURA, Zuenir. *1968, o ano que não terminou — a aventura de uma geração*. 14ª. edição. Rio de Janeiro: Nova Fronteira, 1988.

VIANNA, Deocélia. *Companheiros de viagem*. São Paulo: Brasiliense, 1984.

VIANNA FILHO, Oduvaldo. *Teatro. Televisão. Política*. 2ª. edição. São Paulo: Brasiliense, 1983.

ZAPPA, Regina. *Chico Buarque*. Rio de Janeiro: Relume Dumará/Prefeitura, 1999.

Gravações

Arena conta Zumbi. Texto: Augusto Boal e Gianfrancesco Guarnieri. Música: Edu Lobo. Cassete. RGE Discos, 1989.

A arte de Elis Regina. Inclui as canções *Zambi*, de Edu Lobo e Vinicius de Moraes, e *Upa, neguinho*, de Edu Lobo e G. Guarnieri, ambas pertencentes a *Arena conta Zumbi*. CD (originalmente LP duplo). Universal Music, 1988.

Brecht no cinema. Caixa com três DVDs, que trazem os filmes *A vida de Bertolt Brecht* (2006), *Os carrascos também morrem* (1943), *Kuhle Wampe* (1932) e *A ópera dos três vinténs*, além de curtas e depoimentos. Beta/Versátil, 2010.

Chico Buarque 6 — Bastidores. Sexto DVD da série sobre a obra de Chico Buarque, este dedicado ao teatro. Com músicas, trechos de espetáculos e depoimentos. Direção de Roberto de Oliveira. RWR Comunicações, 2005.

Chico canta. Músicas da peça *Calabar*. Cassete. Philips, 1973. Gravação relançada em CD da Abril Coleções. São Paulo: Abril, 2010.

Cida Moreyra interpreta Brecht. Canções de Bertolt Brecht, a maioria em parceria com Kurt Weill. Versões de Cacá Rosset, Luiz Galizia e outros. Cassete. Continental, s/d.

Die Dreigroschenoper [A ópera de três vinténs]. Música: Kurt Weill. Texto: Bertolt Brecht. Com Lotte Lenya e outros cantores. Orquestra e coro conduzidos por Wilhelm Brückner-Rüggenberg. Gravação de 1958. CD. CBS, s/d.

Dueto. Canção pertencente a *O rei de Ramos*, originalmente gravada por Nara Leão e Chico Buarque no disco *Com açúcar, com afeto*, da cantora (1980), em: *Duetos*, de Buarque (coletânea). CD. BMG, 2002.

Elis canta Edu. "Elis Regina interpreta *Arrastão, Upa, neguinho* e outros clássicos de Edu Lobo". CD. USM Universal, 2009.

Gota d'água. Com Bibi Ferreira. "Os melhores momentos" (texto e canções) da peça de Chico Buarque e Paulo Pontes. LP. RCA Victor, 1977.

Maria Bethânia. Relançamento em CD do primeiro LP da cantora, de 1965. Inclui *Missa agrária*, de C. Lyra e G. Guarnieri, e *Carcará*, de João do Vale e José Cândido, ambas do show *Opinião*. RCA Victor, s/d.

Morte e vida severina. Texto de João Cabral de Melo Neto. Trilha sonora do filme homônimo de Zelito Viana, composta por Airton Barbosa. LP, 1977 (depois lançado em CD).

Nara. Primeiro disco da cantora Nara Leão, com *Marcha da quarta-feira de cinzas*, *Feio não é bonito*, *Canção da terra*, *Berimbau*, *Maria Moita* e outras canções. CD. Elenco/Universal. Originalmente lançado em 1964.

Ópera do malandro. De Chico Buarque. Com Chico e outros cantores. LP duplo. PolyGram, 1979.

Ópera do malandro. De Chico Buarque. Com Alexandre Schumacher, Mauro Mendonça, Lucinha Lins e outros. Espetáculo de Charles Möeller e Cláudio Botelho. Arranjos e orquestração: Liliane Secco. Regência: André Luís Góes. CD gravado ao vivo em agosto de 2003 no Rio de Janeiro. Biscoito Fino, 2003.

Show Opinião. Com Nara Leão, Zé Keti e João do Vale. Texto de Armando Costa, Oduvaldo Vianna Filho e Paulo Pontes. Músicas de diversos autores. Relançamento, em CD, do LP de 1965. PolyGram, 1995.

Agradecimentos

Sou grato a Regina Dalcastagnè pelo diálogo durante a redação da tese que deu origem a este livro. Agradeço também a Angélica Madeira, Maria Silvia Betti, André Luís Gomes e Luís Artur Nunes pela leitura e pelas observações.

Dedico este ensaio a meus pais: dona Lygia, com as canções cantaroladas distraída e diariamente, e doutor Fernando, engenheiro, homem dos números e admirador de Vinicius.

Este livro foi diagramado com a fonte
DejaVu Serif Condensed (corpo do texto)
e *Humanist 77BT* (títulos e subtítulos).
Impressão e acabamento nas oficinas da Paym Gráfica e Editora,
em novembro de 2014, para a Editora Perspectiva,
com os papéis pólen 80g (miolo)
e cartão supremo 250g (capa).